Weltz: Nachhaltige Innovation

Friedrich Weltz

Nachhaltige Innovation

Ein industriesoziologischer Ansatz zum Wandel in Unternehmen

Herausgegeben von Hans J. Pongratz und Friedrich Weltz

Bibliografische Information der Deutschen Nationalbibliothek

Die Deutsche Nationalbibliothek verzeichnet diese Publikation in der Deutschen Nationalbibliografie; detaillierte bibliografische Daten sind im Internet über http://dnb.d-nb.de abrufbar.

ISBN 978-3-8360-3581-1

Umschlagillustration unter Verwendung von Motiven von Klicker/pixelio.de, sellingpix – Fotolia.com, boians – Fotolia.com.

Druck: Rosch-Buch, Scheßlitz Printed in Germany

Inhalt

Einleitung 7

Aufsätze

TEIL A: INNOVATION ALS BETRIEBSPOLITISCHER PROZESS

Einleitung 17

A.1 Das Konzept der innerbetrieblichen Handlungskonstellation als Instrument der Analyse von Rationalisierungsprozessen in der Verwaltung 19

A.2 Wer wird Herr der Systeme? 37
Der Einsatz neuer Bürotechnologie und die innerbetriebliche Handlungskonstellation

A.3 Oft siegt die „Politik" über den technischen Sachverstand 47

A.4 Die Herrschaft der Zahlen 55
Verfügbarkeit von Daten in Unternehmen

TEIL B: INNOVATION ALS LEGITIMATIONSPROZESS

Einleitung 65

B.1 Der Traum von der absoluten Ordnung und die doppelte Wirklichkeit der Unternehmen 67

B.2 Management by Potemkin 77

B.3 Anspruch und Wirklichkeit von arbeitspolitischen Ansätzen 83
Das Beispiel Gruppenarbeit

B.4 Menschenbilder der Betriebsorganisatoren 95

TEIL C: INNOVATION ALS PROZESS DER KONFLIKTBEWÄLTIGUNG

Einleitung 109

C.1 Kooperative Konfliktverarbeitung 111
Ein Stil industrieller Beziehungen in deutschen Unternehmen

C.2 Die Zeitbombe tickt 127
Konfliktpotential beim Einsatz neuer Bürotechnik

C.3 Konfliktfeld Informationstechnik 135
Konfliktverarbeitung statt Konfliktverdrängung
C.4 Management als Hemmschuh 145
Die Revolution im Büro wird vertagt

TEIL D: INNOVATION ALS LERNPROZESS

Einleitung 153
D.1 Reengineering oder Evolution 155
Wissensverwertung, Macht und Innovation in Unternehmen
D.2 Aus Schaden dumm werden 169
Zur Lernschwäche von Verwaltungen
D.3 Eine Herausforderung, die weh tut 175
Qualitätsförderung im Büro
D.4 Die große Verschwendung 185
Über den Umgang mit dem Endbenutzer
D.5 Zwischen Planung und wirklichem Leben 195

TEIL E: ZU DEN FORSCHUNGSMETHODEN

Einleitung 202
E.1 Unser Forschungsansatz 203
Der kritisch-konstruktive Blick
E.2 Beobachtende Teilnahme 215
Ein Weg aus der Marginalisierung der Industriesoziologie

Literatur 226

Werkkontext

Leben mit der Industriesoziologie 235
Friedrich Weltz

Innovation als Forschungskonzept 251
Zum Werk und Wirken von Friedrich Weltz
Hans J. Pongratz

Das Rad neu erfinden 267
Friedrich Weltz

Auftraggeber 271
Verzeichnis ausgewählter Publikationen 272

Einleitung

„Die Idee zu diesem Band entsprang meiner Zusammenarbeit mit Friedrich Weltz während eines kürzlich beendeten Projekts zur industriesoziologischen Fallstudienforschung. Während der Recherchen entdeckte ich, dass die meisten seiner Aufsätze nichts von ihrer wissenschaftlichen und praktischen Relevanz eingebüßt haben und immer noch durch bemerkenswerte Prägnanz überzeugen. So entstand der Plan, die besten der verstreut veröffentlichten Artikel gebündelt zugänglich zu machen und so zum ersten Mal ihren inneren Zusammenhang als eigenständiges wissenschaftliches Werk erkennbar werden zu lassen."

„Als im Sommer 2009 Hans Pongratz mich fragte, was ich von der Idee hielte, einige meiner Aufsätze, die in Fachzeitschriften und Sammelbänden erschienen waren, in einem Buch zusammengefasst zu publizieren, hatte ich zunächst erhebliche Zweifel: War es denkbar, dass ein Soziologe, ein Betriebswirt oder auch ein ‚Praktiker' mit einer Sammlung von Aufsätzen, mit auf den ersten Blick recht unterschiedlicher Themenstellung, die zudem überwiegend vor einigen Jahrzehnten verfasst worden waren, etwas anfangen könnte? Relativ rasch wurde mir dann aber klar, dass doch ein recht enger inhaltlicher gemeinsamer Nenner besteht: Wie ein roter Faden zieht sich die Auseinandersetzung mit dem Thema der Gestaltung von Innovationen durch die Aufsätze."

(1)

Der rote Faden, der innere Zusammenhang dieser Aufsätze erklärt sich aus ihrer Entstehungsgeschichte: Die meisten von ihnen waren gewissermaßen Nebenprodukte von Forschungs- und Beratungsprojekten für Industrieunternehmen bzw. das BMFT (Bundesministerium für Forschung und Technologie) im Rahmen der Programme „Humanisierung des Arbeitslebens" und „Arbeit und Technik". Zielsetzung eines Großteils dieser Projekte war die Entwicklung und Erprobung von Formen menschengerechter Arbeit in Verbindung mit technisch-organisatorischen Veränderungen. Dabei wurde durchweg der enge Wechselbezug zwischen den beiden Gestaltungsdimensionen – der Implementation von Innovationen einerseits, der Entwicklung von Formen menschengerechter Arbeit andererseits – erkennbar, ein Wirkungszusammenhang, der unserer Meinung nach sowohl in der betrieblichen Praxis wie auch in der wissenschaftlichen Auseinandersetzung zu sehr vernachlässigt wird.

Der institutionelle Rahmen, in dem viele dieser Projekte durchgeführt wurden, war die *„Sozialwissenschaftliche Projektgruppe" (SPG)*, ein Zusammenschluss mehrerer Sozialwissenschaftler: Friedrich Weltz, Veronika Lullies, Heinrich Bollinger, Ulla Jacobi und Rolf Ortmann. Bei einem Teil der Aufsätze zeichnen Veronika Lullies, Heinrich Bollinger und Rolf Ortmann als Mitautoren, aber auch für die Entstehung der anderen Artikel war der enge Diskurs innerhalb der SPG wichtig und befruchtend.

Ein Großteil der in diesen Band einbezogenen Artikel erschien in Zeitschriften, die sich nicht an einen sozialwissenschaftlichen Leserkreis wandten: „Technische Rundschau", „Office Management" oder „Computerwoche" (in der auch die Buchpublikationen „Das Softwareprojekt" und „Qualitätsförderung im Büro" vorab als Artikelserien veröffentlicht wurden). Diese ‚Praxislastigkeit' war kein Zufall, sondern spiegelte nur konsequent das professionelle Selbstverständnis, das die Arbeit in der SPG leitete, wieder: Die ‚Praxis' wurde nicht nur als Untersuchungsgegenstand, sondern auch als *Partner in einem Forschungs- und Gestaltungsprozess* betrachtet.[1] Dieser Zugang erwies sich in mehrfacher Hinsicht von Vorteil für die Forschungsarbeit. Sie erleichterte den Feldzugang sehr: Es gab praktisch nie Schwierigkeiten, Unternehmen zu finden, die mit der SPG kooperierten. Und schließlich waren die Reaktionen auf die Publikationen sowohl eine wichtige Kontrolle wie auch Anregung für die weitere Arbeit.

Bleibt die Frage, welchen Erkenntniswert die Beiträge heute noch für die Gestaltung von technisch-organisatorischen Innovationen und für deren Erforschung besitzen. Sind sie nur noch von historischem Interesse? Oder tragen sie zum Verständnis der gegenwärtigen Situation bei? Die Beantwortung dieser Frage muss natürlich letztlich dem Urteil der Leser überlassen bleiben. Wir sind der Ansicht, dass die ausgewählten Aufsätze durchaus noch aktuelle Relevanz besitzen:

- zunächst für *Manager,* die mit den bisherigen Erfolgsrezepten des Change-Management unzufrieden sind, weil sie deren unzureichende Wirkung immer wieder erleben,
- dann für *Organisationsberater,* die ihre Fachgrundlagen nicht auf die typischen Toolbox-Sammlungen samt Best-Practice-Fällen beschränken, sondern um analytische Perspektiven erweitern wollen,
- des weiteren für *Betriebsräte* und *Gewerkschafter,* die zunehmend mit der Gestaltung und den Folgen von Veränderungsprozessen im Unternehmen konfrontiert sind – und die kritische Distanz dazu suchen, ohne auf Optionen der Mitgestaltung zu verzichten,
- und schließlich für *Wissenschaftler* in Forschung und Lehre, denen zu dieser Thematik nicht viele Texte zur Verfügung stehen, die einen analytischen Anspruch mit einem hohen Maß an Verständlichkeit verbinden.

1 Die Aufsätze „Unser Forschungsansatz – der kritisch-konstruktive Blick" und „Beobachtende Teilnahme – ein Weg aus der Marginalisierung der Industriesoziologie" in Teil E dieses Bandes befassen sich näher mit diesem Zusammenhang.

(2)

Wir sind uns bewusst, dass wir uns im Titel dieses Buches mit „nachhaltig" für einen modisch belasteten Begriff entschieden haben, der zudem aus der Forstwirtschaft stammt. Seine Wahl stand nicht am Beginn, sondern am Ende unserer Arbeit an der Zusammenstellung und Redaktion des Bandes, in deren Verlauf uns zunehmend bewusst wurde, dass er am Besten das trifft, was als gemeinsamer Nenner der ausgewählten Aufsätze gelten kann: Ansätze für eine Gestaltung des Innovationsprozesses, die seine *dauerhafte Fortentwicklung* gewährleisten. Der entscheidende Test für die Qualität einer Innovation, so meinen wir, ist nicht allein, welche unmittelbaren Wirkungen und Einsparungen durch sie erzielt werden können, sondern ihr ‚Nachleben', d.h. dass ihr weiterer Entwicklungsprozess inhärenter Teil ihrer Gestaltung ist.

Gemeinsam ist den Aufsätzen, dass in ihnen Innovation nicht als eine isolierte Maßnahme behandelt wird, für deren richtige Gestaltung es gilt, Regeln zu definieren, sondern als ein ständig fortschreitender, mehrdimensionaler Prozess, in dem die Unternehmen auf die Anforderungen reagieren, die sich aus dem Wandel der inner- wie überbetrieblichen Rahmenbedingungen ergeben.

Bei den weitaus meisten technisch-organisatorischen Innovationen handelt es sich um keine Neuerfindungen, die sozusagen auf der grünen Wiese stattfinden und auch nicht um endgültige, auf Dauer festgeschriebene Endprodukte, sondern um Glieder in einer Kette von Veränderungen. Sie knüpfen zum einen an bestehende Konstellationen von technologischen, organisatorischen und personenbezogenen Ausgangsbedingungen an. Diese können ihre Einführung und ihr ‚Funktionieren' erschweren oder erleichtern. Das gilt besonders für die bei den Mitarbeitern vorhandenen Motivationen, Qualifikationen und Erfahrungen, die ein wertvolles Potential beinhalten können, oder aber mögliche Blockaden.

Zum anderen ist damit zu rechnen, dass Innovationen in Zukunft ihrerseits zur Ausgangsbedingung werden für weitere, durch wandelnde Anforderungen notwendig werdende Veränderungen. Somit bestimmt sich die Qualität einer Innovation nicht allein dadurch, wie weit sie jeweils aktuell definierte Anforderungen erfüllt, sondern wie sehr bei ihrer Gestaltung die inner- und überbetrieblichen Ausgangsbedingungen berücksichtigt wurden – und wiederum ihre eigene Weiterentwicklung erleichtern oder erschweren. Man könnte von *nachhaltiger Innovation* sprechen als einem Gestaltungsprozess, der die im Unternehmen vorhandenen Ressourcen – nicht zuletzt die Qualifikationen, Erfahrungen und Motivation der Mitarbeiter – konsequent nutzt und dessen dauerhafte Weiterentwicklung inhärenter Teil bereits seiner Planung und Gestaltung ist.

(3)

Hierfür die organisatorischen und personellen Voraussetzungen sicherzustellen, ist entscheidend für die Innovationsfähigkeit eines Unternehmens. Fast alle der in unsere Auswahl einbezogenen Aufsätze setzen sich mit den verschiedenen Aspekten solch struktureller Bedingungen und Konstellationen auseinander, die einer kontinuierlichen innovativen Fortentwicklung förderlich sein können oder sie behindern.

Auf *betriebspolitischer Ebene* (Teil A) erscheint als wichtigste Voraussetzung für die Gewährleistung kontinuierlicher Innovation eine innerbetriebliche Handlungskonstellation, die eine kontinuierliche Reaktionsfähigkeit des Unternehmens gewährleistet. Dabei gibt es nicht *die* richtige Handlungskonstellation. Es gilt jeweils eine Verbindung von Stabilität und Flexibilität zu ermöglichen, also einerseits berechenbare Handlungsbedingungen für die an dem Veränderungsprozess Beteiligten bzw. von ihm Betroffenen zu schaffen und andererseits zu verhindern, dass die vorhandenen organisatorischen Strukturen und Verfahren ‚einbetoniert' werden und sich so Blockaden gegenüber Veränderungen ergeben – eine schwierige Gratwanderung.

Voraussetzung dazu ist, dass es eingespielte Verfahren, sozusagen eine feste Plattform gibt, auf der die unterschiedlichen Partikularinteressen ausgetragen werden und dass dabei eine gewisse Ausgewogenheit in deren Vertretung sichergestellt ist. Eine solche Plattform erfordert die Institutionalisierung von *Legitimationsverfahren*, die nicht einseitig an kurzfristigen Einsparungen ausgerichtet sind, sondern langfristige Entwicklungsaspekte berücksichtigen (Teil B).

Für die nachhaltige Tragfähigkeit von Veränderungsmaßnahmen ist die *Bewältigung des Konfliktpotentials* entscheidend, das die meisten Innovationen in sich bergen (Teil C). Dabei erscheint es wichtig, dass dieses nicht verdrängt, sondern offen ausgetragen wird, wobei es nicht allein um die Interessengegensätze von Arbeitgeber- und Arbeitnehmerseite geht, sondern auch zwischen den vielfältigen Partikularinteressen, die in jedem Unternehmen bestehen, etwa zwischen Zentral- und Fachabteilungen. Hierzu gilt es, tragfähige organisatorische Strukturen und Verfahren zu entwickeln. Die Vernachlässigung dieses Konfliktpotentials erscheint als zentrale Schwachstelle sowohl in der betrieblichen Praxis wie auch in der industriesoziologischen Analyse.

Wesentlicher Aspekt der Sicherstellung der Kontinuität von Innovationsprozessen ist schließlich deren feste organisatorische Verknüpfung mit individuellen und institutionellen *Lernprozessen* (Teil D). Nachhaltiges Veränderungsmanagement erfordert eine Innovationskultur, mit der neue Anforderungen in Lernchancen übersetzt werden und die betroffenen Mitarbeiter in institutionell gesicherter Weise einbezogen sind.

(4)

Dieser Band kann unseres Erachtens zweierlei leisten: Er gibt einen *systematischen Überblick* zu zentralen Problemstellungen und Lösungsansätzen technisch-organisatorischer Veränderungen in Organisationen; und er stellt einen *spezifisch industriesoziologischen Ansatz* zur Erforschung und beratenden Begleitung von Innovationen mit nachhaltiger Zielsetzung vor. Beides ist heute dringender vonnöten denn je. Denn die wirtschaftliche und gesellschaftliche Entwicklung in den Jahren seit dem Erscheinen dieser Schriften hat den Gestaltungsbedarf dramatisch verschärft.

Der Großteil der Aufsätze basiert auf empirischem Untersuchungsmaterial aus einer Zeit mit noch recht kontinuierlichen Entwicklungen in wirtschaftlicher, gesellschaftspolitischer, wie auch technologischer Hinsicht. Es gab zwar periodisch gewisse Einbrüche, aber keine sozusagen existentiellen Krisen, die diese Verhältnisse tiefgreifend verändert und damit die eingespielten betrieblichen und überbetrieblichen Lösungsansätze für die Planung und Implementierung von Innovationen grundsätzlich in Frage gestellt hätten. Besondere Bedeutung für die Innovationsfähigkeit der deutschen Unternehmen kam dabei der institutionellen Regelung und der Praxis der industriellen Beziehungen zu (zur kooperativen Konfliktverarbeitung als dominierendem Stil industrieller Beziehungen in deutschen Unternehmen vgl. Beitrag C.1).

Nun haben sich in den letzten Jahren die wirtschaftlichen und gesellschaftlichen Verhältnisse tiefgreifend verändert. Die Auswirkungen dieser Entwicklungen auf die Rahmenbedingungen für Innovationen in den Unternehmen seien hier nur kurz skizziert. Auf *betriebspolitischer Ebene* hat sich seit Mitte der 1990er Jahre in vielen Unternehmen die innerbetriebliche Handlungskonstellation grundlegend gewandelt. Bei der Planung und Einführung technisch-organisatorischer Veränderungen sind die Einflussmöglichkeiten bestimmter Zentralabteilungen, vor allem des Controlling und der Organisationsabteilungen, stark gewachsen; demgegenüber haben die Fachabteilungen wie auch die Personalabteilungen und schließlich vor allem die Organe der Arbeitnehmervertretung deutlich an Einfluss verloren. Schon früh zeichnete sich ein erheblicher Machtzuwachs des Controlling ab, der sich vor allem in einer deutlich erweiterten Einflussnahme auf arbeitspolitische und arbeitsorganisatorische Entwicklungen in den Unternehmen niederschlug, etwa in der einseitigen Orientierung an kurzfristig wirksamen Sparprogrammen, vor allem hinsichtlich der Einsparung von Arbeitskräften.

Zugleich war die *Personalpolitik* vieler Unternehmen verbunden mit einer massiven Vernachlässigung des Qualifikationspotentials der Belegschaften, sei es durch die Entlassung qualifizierter Mitarbeiter, sei es durch Einschränkungen bei der Weiterbildung. Bei vielen Beschäftigten wächst damit die Gefahr einer systematischen Demotivierung: bei hochqualifizierten Arbeitskräften, weil ihnen ohne Ressourcenausgleich immer mehr Aufgaben und Verantwortung aufgebürdet werden, und sie an die Grenzen ihrer Belastungsfähigkeit stoßen; bei weniger qualifizierten Arbeitnehmern, weil ihnen Entwicklungsmöglichkeiten vorenthalten und zunehmend prekäre Arbeitsbedingungen zugemutet werden.

Parallel dazu laufende Ansätze zur *Dezentralisierung* der Unternehmensorganisation wie auch der Delegation von Entscheidungsspielräumen nach ‚unten' widersprechen dem nur scheinbar, wird ihre Reichweite doch meist durch die umfassenderen zentralen Kontroll- und Steuerungsmöglichkeiten, die sich aus den neuen Entwicklungen in der Arbeitsorganisation und der Informationstechnik ergeben, weitgehend eingeschränkt. Unter den Bedingungen der Globalisierung und einer angespannten Lage auf dem Arbeitsmarkt veränderte sich die Machtverteilung zwischen Arbeitnehmervertretungen und dem Management zugunsten des Managements mit neuen Möglichkeiten einer einseitigen Durchsetzung seiner Zielsetzungen. Dabei spricht vieles dafür – und einzelne Beispiele zeigen das –, dass das Modell der kooperativen Konfliktverarbeitung durchaus auch unter den veränderten Rahmenbedingungen zur Bewältigung der neuen Anforderungen hätte beitragen können.

Wir wollen hier nun keine fundierte Einschätzung versuchen, wie sich diese neuen Rahmenbedingungen langfristig auf die Innovationsfähigkeit der Unternehmen auswirken werden. Unseres Erachtens geben die hier skizzierten Entwicklungen Anlass zur Sorge im Hinblick auf die Nachhaltigkeit der Innovationen in den Unternehmen.

(5)

Die vorherrschende Praxis des Change Management in Organisationen (vgl. Pongratz in diesem Band) hat derartige Widersprüche und Konflikte in den letzten beiden Jahrzehnten verschärft statt gemindert. Demgegenüber beinhaltet der Anspruch nachhaltiger Innovation die Forderung nach einer *grundlegenden strategischen Neuorientierung* in der Gestaltung technisch-organisatorischer Veränderungen. Die den vorliegenden Aufsätzen zugrunde liegenden Forschungs- und Beratungsprozesse haben exemplarisch gezeigt, dass dieser Ansatz eine erfolgversprechende Perspektive darstellt. Dennoch konnten sie bislang nur wenig Breitenwirkung erzielen (vgl. hierzu die selbstkritischen Überlegungen im Beitrag E.1).

Dieser Band setzt deshalb nicht an exemplarischen Gestaltungsbeispielen an, sondern konzentriert sich auf die daraus hervorgegangenen grundlegenden Einsichten. In diesem Sinne kann er auch gelesen werden als eine längst überfällige *sozialwissenschaftliche Einführung* in die Aufgaben, Probleme und Lösungsansätze des Change Management – oder wie wir sagen würden: nachhaltiger Innovation. Erfreulicher Weise haben wir mit Rainer Bohn einen Verleger gefunden, dem nicht nur an diesem Thema, sondern auch an der langfristigen Entwicklung der Fachdisziplin gelegen ist.

Die Aufsätze sind inhaltlich ungekürzt und unverändert gegenüber den Originalveröffentlichungen wiedergegeben mit Ausnahme kleinerer redaktioneller Korrekturen: Zwischenüberschriften und Überleitungstexte wurden weggelassen, die nicht vom Autor, sondern von Zeitschriftenredaktionen stammten, bei Bedarf Rechtschreibfehler behoben und gelegentlich einzelne Formulierungen oder formale Gestaltungselemente angepasst.[2] Die alte deutsche Rechtschreibung haben wir bei allen Wiederabdrucken beibehalten, für die neu verfassten Texte verwenden wir dagegen die neuen Regeln. Vereinheitlicht wurden auch die Literaturverweise: Innerhalb der Texte sind Fußnoten durch kurze Quellenverweise ersetzt; und die Literaturangaben zu allen Aufsätzen finden sich zusammengefasst in einem Literaturverzeichnis im Anschluss an Teil E.

Die Quellen der Originaltexte sind jeweils in einer Fußnote zu Beginn des Beitrags genannt. Wir bedanken uns bei *Heinrich Bollinger, Veronika Lullies* und *Rolf Ortmann* als Mitverfassern bei einzelnen der Aufsätze für die Zustimmung zu dieser Veröffentlichung. Den jeweiligen Quellenverweisen ist zu entnehmen, welche Mitglieder der Sozialwissenschaftlichen Projektgruppe an der Publikation mitgewirkt haben oder bei den zugrunde liegenden Forschungen maßgeblich beteiligt waren. Für die Bearbeitung der Texte haben wir dankenswerte Unterstützung erhalten durch *Anastasya Mozhova, Kerstin Jahn* und vor allem durch *Verena Steinwendner,* die mit bewährter Umsicht die Manuskripterstellung begleitet hat.

Die Einteilung des Bandes in größere *thematische Blöcke* soll die konzeptionellen Zusammenhänge innerhalb der Vielfalt dieser Schriften zum organisatorischen Wandel zur Geltung bringen. Die kurzen Einleitungstexte zu jedem Themenblock erläutern ebenso wie diese einführenden Überlegungen die inhaltlichen Verbindungen zwischen den Texten. Um den *Werkkontext* deutlich werden zu lassen, in dem die Aufsätze entstanden sind, haben wir dem Band einen Schlussteil mit ergänzenden Informationen und Kommentaren hinzugefügt. Er umfasst:

- eine autobiographische Erzählung von Friedrich Weltz zu den beruflichen und institutionellen Bedingungen, unter denen diese Arbeiten entstanden sind;
- eine Einführung in die hier versammelten Schriften vor dem Hintergrund von Konzepten und Forschungen zum Change Management von Hans Pongratz;

2 Auf viele interessante Aufsätze mussten wir verzichten, weil sie zu starke Zeitbezüge aufweisen oder aber erhebliche Überschneidungen mit anderen Texten. Um sie dennoch verfügbar zu machen, steht eine erweiterte Schriftensammlung in Form von PDF-Dateien zum Download unter folgender Internet-Adresse zur Verfügung: www.isf-muenchen.de/publikationen/artikel/id/368/lang/all.

- eine Liste von Organisationen, die Auftraggeber für die den Aufsätzen zugrunde liegenden Forschungs- und Beratungsprozesse waren;
- eine Übersicht ausgewählter Bücher und Artikel von Friedrich Weltz, die das gesamte Spektrum seiner sozialwissenschaftlichen Tätigkeit dokumentiert.

Natürlich hat eine Aufsatzsammlung nicht die Systematik eines Lehrbuchs: Sie setzt Schwerpunkte und lässt Lücken, sie verfolgt nicht jeden Entwicklungsstrang und referiert nicht den aktuellen Stand der Literatur. Als Einführung in eine komplexe Forschungsthematik bietet ein derartiger Auswahlband jedoch auch Vorteile gegenüber einer schematischen Darstellung: Er macht die Bewegungen und Argumentationslinien eines Erkenntnisprozesses nachvollziehbar, der vom permanenten Wechselbezug von Forschungsbefund, analytischer Interpretation und gestalterischer Relevanz angetrieben wird. Diese Form einer Einführung arbeitet gezielt wesentliche Zusammenhänge heraus, ohne je die Vielfalt und Offenheit von Innovationsprozessen aus den Augen zu verlieren.

Icking und Baierbrunn, im März 2011

Friedrich Weltz
Hans J. Pongratz

Teil A:

Innovation als betriebspolitischer Prozess

Einleitung

Alle Großorganisationen – privatwirtschaftliche Unternehmen wie Behörden oder Verbände – sind einem ständigen Veränderungsdruck ausgesetzt, d.h. dem Zwang zur Innovation, sei sie technischer, sei sie organisatorischer Natur. Dies ergibt sich aus dem ständigen Wandel der Rahmenbedingungen, unter denen sie ihre Ziele verfolgen: aus den Bedingungen auf dem Markt, auf dem sie ihre Produkte oder Dienstleistungen anbieten, aus dem Stand der technologischen Entwicklung, aus den gesetzlichen oder tarifvertraglichen Regelungen, aus der Lage auf dem Arbeitsmarkt u.a.

Wie die Unternehmen diesem Veränderungsdruck begegnen, ist von zentraler Bedeutung für ihre weitere Entwicklung, unter Umständen sogar für ihr Überleben. Eine klassische Erklärung, der wir in „Nachrufen“ auf Unternehmen immer wieder begegnen, ist, dass Entwicklungen verschlafen wurden. Schon ein oberflächlicher Blick auf die Praxis zeigt, dass dabei den Unternehmen offensichtlich ein breites Spektrum von Möglichkeiten offen steht, nicht nur, wie rasch und umfassend sie aktiv werden, sondern auch in der jeweiligen Gestaltung der ergriffenen Maßnahmen.

Nun gibt es in jedem Unternehmen, im Industriebetrieb ebenso wie im Dienstleistungsunternehmen oder in der Behörde, ein Mosaik von Partialinteressen. Diese Partialinteressen sind nicht ohne Weiteres eins zu eins aus den übergeordneten Zielsetzungen des Gesamtunternehmens ableitbar, sondern ergeben sich aus der Aufteilung der Aufgaben und Kompetenzen, aber auch individuellen Karriereinteressen. Jede Innovation, gleich ob es sich etwa um Rationalisierungsmaßnahmen handelt oder um die Neugestaltung der vom Unternehmen angebotenen Produkte oder Dienstleistungen, greift von Natur aus in dieses Geflecht von Partialinteressen ein, beinhaltet sie doch für sie jeweils potentielle Chancen oder auch Beeinträchtigungen. Dementsprechend steht bei jeder Innovation zu erwarten, dass von den Vertretern dieser Partialinteressen versucht wird, auf ihre Gestaltung Einfluss zu nehmen. Daraus folgt, dass diese Dimension konkurrierender Partialinteressen von zentraler Bedeutung für ein Verständnis von Innovationsprozessen ist, sowohl für ihren Ablauf als auch für ihr Ergebnis.

Dies wurde uns in einer Reihe von Untersuchungen, die sich mit der Gestaltung und den Auswirkungen technisch-organisatorischer Veränderungen in privatwirtschaftlichen wie in öffentlichen Betrieben befassten, zunehmend bewusst und führte zu der Entwicklung des analytischen Konzeptes der innerbetrieblichen Handlungskonstellation.

Im Beitrag A.1 *„Das Konzept der innerbetrieblichen Handlungskonstellation als Instrument der Analyse von Rationalisierungsprozessen in der Verwaltung"* wird dieser Ansatz entwickelt. Er enthält auch Überlegungen zur allgemeinen Bedeutung dieses Konzeptes als analytisches Instrument bei der Untersuchung von Veränderungsprozessen in Unternehmen.

Gerade die neue Informationstechnik, deren Einführung wir schon in ihren frühen Phasen in unseren Untersuchungen verfolgen konnten, erwies sich betriebspolitisch als ‚heißes Eisen', eröffneten sich doch mit ihr ganz neue Möglichkeiten einer zentralen Steuerung und Kontrolle des Arbeitsgeschehens.

Der Zusammenhang von Innovation und Partialinteressen ist ja nicht nur in einer Richtung wirksam, indem die innerbetriebliche Machtkonstellation die jeweilige Ausprägung des Innovationsgeschehens in einem Unternehmen prägt, auch in umgekehrter Richtung trifft dies zu: Jede Innovation – ob technologischer oder organisatorischer Natur – hat ihrerseits Rückwirkungen auf die innerbetriebliche Handlungskonstellation, führt zu Verschiebungen im Machtgefüge eines Unternehmens. Der Beitrag A.2 *„Wer wird Herr der Systeme"* setzt sich mit diesem Aspekt auseinander.

Diese grundsätzliche betriebspolitische Signifikanz technisch-organisatorischer Neuerungen führt dazu, dass ihre Gestaltung häufig vom Primat des Machtaspektes bestimmt wird. Der Beitrag A.3 *„Oft siegt die Politik über den Sachverstand"* untersucht dies am Beispiel der Softwareentwicklung. So war die Frage, wer über die Gestaltung und Art der Nutzung der neuen Informationstechnologie entscheiden konnte, von besonderer betriebspolitischer Bedeutung.

Zugleich werden mit der Entscheidung für eine bestimmte Alternative Weichen für die weitere technische Entwicklung gestellt. So war immer wieder erkennbar, dass eine einmal eingeführte Technologie ihrerseits eine gewisse Eigendynamik entfaltet, durch die dann die Richtung der weiteren Entwicklung in erheblichem Maße präjudiziert wird – auch dort, wo durchaus abweichende Lösungen denkbar gewesen wären. Der Beitrag A.4 *„Die Herrschaft der Zahlen"* illustriert dies am Beispiel informationstechnischer Innovationen, die damals unter dem Begriff „zentrale Datenverarbeitung" firmierten.

A.1 Das Konzept der innerbetrieblichen Handlungskonstellation als Instrument der Analyse von Rationalisierungsprozessen in der Verwaltung*

1. Zum Konzept der innerbetrieblichen Handlungskonstellation

Das Konzept der innerbetrieblichen Handlungskonstellation wurde von uns angewandt als analytisches Instrument in einem Projekt, das sich mit dem Prozeß der Einführung Organisierter Textverarbeitung in der Verwaltung auseinandersetzte.

Bei den Entscheidungs-, Planungs- und Durchsetzungsabläufen, die zur Einführung Organisierter Textverarbeitung führten, handelte es sich um komplexe, vielfach gebrochene und widersprüchliche Prozesse. Viele Abläufe, vor allem deren Resultate, ließen sich kaum geradlinig aus in den Betrieben bestehenden spezifischen Problemen ableiten; diese hatten meist eher den Stellenwert eines Anstoßes oder Auslösers für den Prozeß, eine „Ursache" waren sie nur selten. Auch der Versuch, die Einführung der Organisierten Textverarbeitung auf den allgemeinen Rationalisierungsdruck in der Verwaltung zurückzuführen, scheiterte, denn wann und wie sich dieser Veränderungsdruck tatsächlich in Initiativen umsetzte, war von Unternehmen zu Unternehmen so verschieden, daß letztlich gerade die Spannbreite, um nicht zu sagen die Beliebigkeit der Reaktionen beeindruckte.

Für das Verständnis dieses Einführungsprozesses mußten ganz offensichtlich betriebliche Vermittlungsprozesse mitberücksichtigt werden, die aus dem allgemeinen, übergeordneten betrieblichen Rationalisierungsinteresse nur sehr indirekt abgeleitet werden konnten, ihrerseits aber in erheblichem Maß auf dieses einwirkten. Die Beschäftigung mit diesen Vermittlungsprozessen verwies uns auf innerbetriebliche Macht- und Interessenauseinandersetzungen, die ihrerseits Ausdruck spezifischer Handlungskonstellationen waren.

Diese innerbetriebliche Handlungskonstellation wird konstituiert durch ein komplexes Ineinanderwirken unterschiedlicher Einflußgrößen. Hierzu gehört zunächst einmal die formale Kompetenzzuweisung, durch die Aufgabe, Zuständigkeit und Weisungsbefugnisse sozusagen offiziell ausgewiesen werden. Daneben

---

* Zuerst erschienen in: Jürgens, U./Naschold, F. (Hg.) (1983): Arbeitspolitik. Materialien zum Zusammenhang von politischer Macht, Kontrolle und betrieblicher Organisation der Arbeit. Opladen, S. 155–170 (Mitautorin: V. Lullies). Dieser Beitrag beruht auf Ergebnissen des HdA-Projektes „Textverarbeitung im Büro" (vgl. Weltz/Lullies 1983a).

erweisen sich die realen Einflußmöglichkeiten, die den Inhabern von Positionen offenstehen, als bedeutsam, die sich durchaus nicht immer aus der offiziellen Kompetenzverteilung ablesen lassen. Diese können abhängen von persönlichen Faktoren wie beispielsweise dem individuellen Verhandlungs- und Durchsetzungsgeschick, von der jeweilig zur Verfügung stehenden Hausmacht, die aufgrund persönlicher Faktoren und infolge früherer Prozesse und Konstellationen zustande kommt, von den Widerständen oder Hilfestellungen, die jeweils aktiviert werden können, etc.

Schließlich wird die Handlungskonstellation geprägt von den Interessen der verschiedenen betrieblichen Akteure. Dabei handelt es sich nicht nur um diejenigen Interessen, die der Positionsinhaber qua Stellenbeschreibung zu verfolgen hat, sondern diese erfahren gleichsam eine personenbezogene Brechung, denn in ihnen schlagen sich die eigenen Zielvorstellungen, die persönlichen Karriereambitionen, das jeweilige Selbstverständnis usw. nieder. Folglich kann jeder betriebliche Akteur sehr unterschiedliche Interessen verfolgen, je nachdem, welches betriebliche Problem zur Lösung ansteht.

Aus dem komplexen Zusammenwirken der verschiedenen Einflußgrößen der betrieblichen Handlungskonstellation ergibt sich, daß es von Fall zu Fall recht unterschiedlich ist, mit welchem Nachdruck und in welcher Weise man den Einfluß, über den man verfügt bzw. den man mobilisieren kann, jeweils nutzt, ob und in welcher Richtung man sich engagiert, um das betriebliche Geschehen zu beeinflussen. Dies wird wesentlich davon bestimmt, welchen Stellenwert das, was als betriebliches „Problem" definiert und gelöst werden soll, für die eigene Position hat. Denn die Bestimmung dessen, was als betriebliches „Problem" zu gelten hat und die „Lösung" dieses Problems sind – in unterschiedlichem Ausmaß – machtrelevant, sie hängen ab von der bestehenden innerbetrieblichen Machtkonstellation. Umgekehrt verändern Problemdefinition und Problemlösung aber auch die bestehende Machtkonstellation.

Aus dieser Beschreibung der innerbetrieblichen Handlungskonstellation geht bereits hervor, daß es sich hierbei um keine feste Größe handelt, sondern daß sie sich verändert, je nach dem, was als „Problem" definiert wird und zur Lösung ansteht. Nicht nur sind jeweils andere Teilbereiche beteiligt – oder betroffen –, es werden auch jeweils andere Interessen mobilisiert, andere Einflußverteilungen berührt und andere Durchsetzungsmittel angesprochen.

Aus dieser Konstellation von Partialinteressen, Kompetenzen und tatsächlichen Einflußmöglichkeiten, aus den sich daraus ergebenden Konflikten, Allianzen und Konkurrenzen und aus den damit verbundenen Durchsetzungs- und Legitimationsnotwendigkeiten beziehen nun die innerbetrieblichen Vermittlungsmechanismen ihre Dynamik.

Die innerbetriebliche Handlungskonstellation und die aus ihr ableitbaren Vermittlungsmechanismen heben selbstverständlich die Wirksamkeit der allgemeinen Handlungsbedingungen nicht auf – wie natürlich der innerbetriebliche Interessenpluralismus nicht den grundsätzlichen Interessengegensatz von Kapital und Arbeit aufhebt – aber sie bestimmen doch, sozusagen quer zu diesen, das betriebliche Geschehen in vielfältiger und subtiler Weise.

2. Die Handlungskonstellation bei der Einführung zentraler Schreibdienste

Wir wollen im Folgenden versuchen, das Konzept der Handlungskonstellation auf die Analyse des Einführungsprozesses zentraler Schreibdienste anzuwenden. Dabei muß es sich um eine typisierende Darstellung handeln, von der zweifellos ein Teil der untersuchten Fälle in Einzelheiten abwich. In den wesentlichen Grundzügen allerdings bestand eine bemerkenswerte Übereinstimmung.

Spezifisch betriebliche Handlungskonstellationen und dahinterliegende Interessens- und Machtstrukturen bestimmten bereits die erste, der Reorganisationsmaßnahme vorausgehende Phase der Definition des Problems. Während Fachabteilungen dabei tendenziell eher von akuten Problemen bei der „Schriftguterstellung" ausgingen, identifizierten Zentralabteilungen – etwa Organisation oder Personal eher die rein quantitativ verstandene Wirtschaftlichkeit des aus dem allgemeinen Zusammenhang der Verwaltungsarbeit isolierten Bereichs „Schreiben" als Problem. In dieser verengten Sichtweise wurden Personaleinsparungen zu dem entscheidenden Kriterium, demgegenüber qualitative Aspekte wie Reagibilität, Flexibilität und Qualität der Dienstleistungen, in den Hintergrund traten. Mit einer solchen Akzentuierung der Problemdefinition waren vielfach bereits von vorneherein die Weichen gestellt in Richtung auf arbeitsteilige, zentralistische Lösungen, deren Notwendigkeit und Effizienz in den nachfolgenden Phasen des Einführungsprozesses zu belegen waren.

Dabei spielten Durchsetzungs- und Legitimationsaspekte eine große Rolle. So wurden, um von der Geschäftsleitung den Auftrag für die Durchführung eines umfassenden Textverarbeitungs-Projekts zu erreichen, der Projektbeschreibung häufig detaillierte Berechnungen großer Leistungs- und Einsparungseffekte zugrunde gelegt, die dann im weiteren Verlauf für das Projekt praktisch zu Vorgaben wurden.

Das galt auch für die Phase der Planung, insbesondere, wenn sie vom grünen Tisch her erfolgte, und für die Ist-Erhebung, der anstatt der Erfassung der betrieblichen Realität eher die betriebspolitische Funktion zukam, durch die scheinbar unwiderlegbare Dokumentation der Notwendigkeit der Maßnahme und der prognostizierten Einsparungseffekte, die Durchsetzungschancen für das Projekt zu erhöhen.

Der Aspekt der Durchsetzung blieb auch nach der prinzipiellen Entscheidung der Geschäftsleitung wichtig, waren mit dieser doch die bestehenden Widerstände nicht immer ausgeschaltet, nicht die der Schreibkräfte und Sachbearbeiter, vor allem auch nicht die der mittleren und oberen Führungsebene.

Tatsächliche oder auch nur vermutete Widerstände beeinflußten die Konzipierung der Neuerung. Die Berücksichtigung ihrer „Machbarkeit“ führte in vielen Fällen zu erheblichen Modifizierungen des ursprünglichen Gestaltungskonzepts. Diese führten meist nicht, wie man vielleicht hätte erwarten können, zu einer stärkeren Berücksichtigung der Arbeitswirklichkeit und ihrer konkreten Erfordernisse, sondern wurden primär durch die Machtrealitäten bestimmt. So blieben vielfach bestehende Privilegien, die an sich bei einer konsequenten Umsetzung des Konzepts beseitigt hätten werden müssen, unangetastet. Kompetenzen, die an sich dem Schreibdienst hätten zugeordnet werden müssen, blieben diesem vorenthalten. Diese Anpassungen spiegeln wesentlich die bestehenden Machtkonstellationen bei der Durchsetzung Organisierter Textverarbeitung: die begrenzte Durchsetzungskraft des Organisationspromotors, vor allem aber des Schreibbereichs selbst.

Die Umsetzung der konzipierten Lösung in betriebliche Wirklichkeit war dann vielfach durch eine Reihe von Defiziten gekennzeichnet: Vor allem fehlende Einbeziehung und Schulung der betroffenen Schreibdienstleiterinnen, Schreibkräfte und Sachbearbeiter. Dabei handelt es sich meist nicht eigentlich um Pannen, sondern um die ganz konsequente Fortsetzung eines bestimmten Einführungsverlaufs, konsequente Resultate einer bestimmten Handlungskonstellation, nämlich einer klaren Teilung von Promotoren und Betroffenen, und bestimmter Zielkonzeptionen.

Insgesamt stellte sich der Einführungsprozeß als ein Geflecht von Initiativen und Widerständen, von divergierenden Interessen dar.

Zentraler Konfliktpunkt war dabei die Verfügung über Dienstleistungen: Wer kann über die Arbeitsleistung der Schreibkräfte und Sekretärinnen bestimmen? Dabei ging es nicht allein um die verfügbare Schreibkapazität, sondern vor allem um schwer vorschreibbare und definierbare Serviceleistungen.

Hinter diesem Auseinandersetzungspunkt war eine zweite Konfliktebene erkennbar, die zwar nur selten direkt angesprochen wurde, auf die sich aber die Interessen einerseits, die Widerstände und Befürchtungen andererseits zentral bezogen: Wer kontrolliert wen? Mit der Zentralisierung erhöhen sich ja nicht nur die Zugriffsmöglichkeiten auf die Arbeitsleistung und das Verhalten der Schreibkräfte, zugleich ergeben sich daraus auch verstärkte Kontroll- und Steuerungsmöglichkeiten der Arbeit der Fachabteilungen. Nach der Formel: Transparenz ermöglicht Kontrolle – Kontrolle ermöglicht Einflußnahme – Einflußnahme bedeutet Macht – verstärkt sich mit der Zentralisierung des Schreibdienstes tendenziell die Machtposition der Zentralabteilungen. Gerade dieser für die innerbetriebliche Handlungskonstellation entscheidende Aspekt bestimmte den Widerstand insbesondere auf der Führungsebene der Fachabteilungen; umgekehrt begründete er auch das besondere und nachdrückliche Interesse der Zentralabteilung an zentralistischen Lösungen des Schreibdienstes.

Dieser Zusammenhang verweist auf die herausragende Bedeutung der Kompetenzverteilung, wobei wir hier „Kompetenzen" im Sinn von „Zuständigkeiten" verstehen wollen. Vermutlich jede übergreifende organisatorische Innovation setzt gesonderte, für diese Veränderungsmaßnahme eigens ausgewiesene Kompetenzen voraus.

Für die Einführung der Organisierten Textverarbeitung waren derartige Veränderungskompetenzen besonders wichtig, da sie in die Zuständigkeiten und Arbeitsabläufe verschiedenster Bereiche eingreift und das bestehende Zuordnungs- und Einflußgefüge der Verwaltung verändert. Organisierte Textverarbeitung ist von ihrer Anlage her machtrelevant.

Die Schaffung einer zentralen Rationalisierungs- oder Innovationskompetenz in Form einer Organisationsabteilung oder die Zuordnung dieser Kompetenz an andere Positionen (unter Umständen auch eine Fachabteilung) war die entscheidende Voraussetzung dafür, daß sich ein bestehender Veränderungsdruck zu einer umfassenden Reorganisation des Schreibbereichs aktualisieren konnte. Zugleich bildete sich mit der Institutionalisierung derartiger zentraler Rationalisierungskompetenzen auch die spezifische Interessenlage heraus, die auf eine Lösung des Rationalisierungsproblems in Richtung einer Zentralisierung hinwirkte. So kam in den meisten von uns untersuchten Umstellungsfällen dem Organisator eine ausschlaggebende Stellung zu: Von ihm gingen die entscheidenden Impulse aus, sowohl als Initiator als auch als Gestalter der Rationalisierungsmaßnahmen. Selbst in Verwaltungen, in denen die erste Initiative von anderen, etwa einem Mitglied der Geschäftsleitung, ausging, war doch meist das Vorhandensein oder die Schaffung der Position des Organisators die wesentliche Voraussetzung für die Durchführung der Maßnahme: Nur über sie schien eine Realisierung denkbar. In vielen Verwaltungen bestand ein wechselseitiges Bedingungsverhältnis: Einerseits setzte die Einführung der Organisierten Textverarbeitung den Organisator voraus; andererseits erhöhte sich mit dem Organisator die Wahrscheinlichkeit, daß Organisierte Textverarbeitung eingeführt wurde. In den meisten Verwaltungen waren die Aufgabenzuweisungen von Organisatoren eher allgemein und unspezifisch, wie etwa „laufende organisatorische Überprüfung der Arbeitsabläufe", „Entwicklung organisatorischer Planungsmodelle", „Erhöhung der Wirtschaftlichkeit". Diese Aufgabenbeschreibungen beinhalteten in der Regel keine Blankovollmacht zur Durchführung von Veränderungen, die in die Zuständigkeiten der einzelnen Fachbereiche eingegriffen hätten. Hierzu bedurfte es meist eines gesonderten Auftrags der Geschäftsleitung.

Die Kompetenz des Organisators, aus der sich seine Handlungsmöglichkeiten ableiteten, beruhte also auf einer doppelten Basis:

- der allgemeinen Kompetenz, d.h. dem generellen Auftrag zur Weiterentwicklung des organisatorischen Rahmens der Verwaltung;
- der spezifischen Kompetenz, d.h. dem speziellen Auftrag zur Veränderung eines konkreten Teilbereichs, z.B. die Einführung Organisierter Textverarbeitung.

Während sich die allgemeine Kompetenz generell auf das Prinzip der Rationalisierung erstreckt, bezieht sich die spezifische Kompetenz auf eine konkrete Entscheidung der Geschäftsleitung, sie ist dadurch mehr oder weniger begrenzt und bedeutet, daß sie erlischt, wenn der Auftrag durchgeführt ist. Diese spezifische Kompetenz stellt gewissermaßen die inhaltliche Ausfüllung der allgemeinen Kompetenz dar.

Die Macht des Organisators ist folglich *abgeleitete Macht:* Zum einen nimmt er das generelle Prinzip der Rationalisierung wahr, zum anderen realisiert er einen spezifischen Auftrag – in beiden Fällen übernimmt er quasi kommissarisch Geschäftsleitungsfunktionen. Aus dieser besonderen abgeleiteten Machtbasis ergeben sich die für seine Handlungssituation charakteristischen Durchsetzungsprobleme und Interessen.

Aufgrund seiner abgeleiteten Machtbasis steht der Organisator als die zentrale Rationalisierungsinstanz unter dem Druck, die Notwendigkeit und vor allem die Effizienz der von ihm initiierten und durchgeführten Maßnahmen nachzuweisen. Erst mit diesem Nachweis schafft er die *Legitimation,* nicht nur für die spezifische Maßnahme, sondern für seine Position und seine Tätigkeit.

Die Bedeutung des Legitimationsaspekts für die Handlungssituation des Organisators ergibt sich bereits daraus, daß er zur Ausübung seiner allgemeinen Rationalisierungskompetenz ja meist einen Auftrag der Geschäftsleitung benötigt. Diesen Auftrag zu erlangen, muß für ihn also der erste Schritt sein, d.h., er muß aus dem auf den Betrieb insgesamt bezogenen generellen Rationalisierungsinteresse ein identifizierbares, abgrenzbares Problem „herausschneiden“, ihm die Form eines wie immer gearteten „Projekts“ geben und für den Auftraggeber = die Geschäftsleitung belegen, daß die Durchführung dieses Projekts notwendig und vorteilhaft für den Betrieb ist. Die Dokumentation der Notwendigkeit der von ihm geplanten Maßnahme erweist sich als umso wichtiger, je eher Widerstände gegen diese zu erwarten sind. Dies gilt insbesondere für die Einführung Organisierter Textverarbeitung, die ja in hohem Maße „machtrelevant“ ist.

So wurde die Einführung der Organisierten Textverarbeitung argumentativ meist äußerst sorgfältig vorbereitet, häufig sorgfältiger als alles Nachfolgende!

Zentrale Dimension der Argumentation war die Verbesserung der „Wirtschaftlichkeit“. Dabei ist folgender Zusammenhang zu berücksichtigen: Einerseits hatte der Nachweis der „Wirtschaftlichkeit“ für die Legitimation des Organisators zentrale Bedeutung, andererseits beeinflußte der Legitimationsaspekt seinerseits die Definition von „Wirtschaftlichkeit“: Was als „Wirtschaftlichkeit“ zu gelten habe und wie diese herzustellen sei, wurde nicht zuletzt von Legitimationsüberlegungen bestimmt. Der „Erfolg“ muß nachweisbar sein, muß also meßbar gemacht werden (etwa im Vorher-Nachher-Vergleich oder im Vergleich verschiedener organisatorischer Einheiten).

Unter diesem Gesichtspunkt schienen solche „Wirtschaftlichkeits“-Berechnungen besonders geeignet, die

– den erreichten „Erfolg“ eindeutig und quantifizierbar unter Beweis stellen;
– einen klaren Ursache-Wirkung-Zusammenhang herstellen, d.h. die erreichten „Erfolge“ eindeutig auf die unternommene Maßnahme beziehbar machen;
– den erreichten „Erfolg“ maximieren, d.h. möglichst günstig ausweisen.

Die Orientierung des Organisators an einer rein quantitativ gefaßten Wirtschaftlichkeit wird also erklärbar aus seinem besonderen Legitimationsbedarf, der charakteristisch war für seine betriebliche Handlungssituation: Von diesem Ausgangspunkt her wird auch das besondere Gewicht der Ist-Analyse verständlich: Sie diente nicht nur zur Herstellung von Transparenz als Voraussetzung für den zentralen Zugriff auf die Arbeitsleistung von Schreibkräften und Sachbearbeitern, sondern vor allem als Bezugsbasis für legitimatorische Erfolgsberechnungen und als Instrument für die Demonstration der eigenen Durchsetzungsfähigkeit. Verständlich wird auch das oftmals schwer begreifliche Beharren auf Anschlagserfassungen, deren begrenzten Aussagewert und Negativauswirkungen man selbst durchschaut: als scheinbar objektiver, allgemeiner Maßstab für die Leistungsfähigkeit des Schreibdienstes scheinen sie als Legitimationsinstrument unersetzlich.

Der Legitimationsaspekt bestimmte des Weiteren auch die konzeptuelle Gestaltung der Maßnahme: Die „gute“ Innovation ist die rechenhaft nachweisbare Innovation. Dimensionen der Entscheidung für bestimmte Gestaltungsformen waren dabei folgende:

– Arbeitsteilige, „entmischte“ Gestaltungsformen waren attraktiver, weil sie die Quantifizierung der Leistung und den zahlenmäßig ausgewiesenen Nachweis von Einsparungseffekten erleichtern.
– Insellösungen waren attraktiver, weil sie die unmittelbare Ableitung des „Erfolgs“ aus der Maßnahme und die rechnerische „Erfolgs“-Maximierung ermöglichten, indem negative Effekte der Maßnahme auf andere Bereiche unberücksichtigt bleiben konnten.

- „Rasche“ Lösungen waren attraktiver, weil sie schnell meßbare „Erfolge“ brachten.[1]

Es mußte für den Organisator entscheidend sein, inwieweit es ihm gelang, mit dem Nachweis der Legitimität der Maßnahme auch seine eigene Legitimation zu erreichen. Nicht nur erhöhte der Nachweis der Notwendigkeit und des Ertrags der Einführung der Organisierten Textverarbeitung die Durchsetzungschance für die Maßnahme bei der Geschäftsleitung oder den Fachabteilungen, sondern die Maßnahme hatte immer auch für ihn selber eine ganz persönliche Bedeutung. Ihr Erfolg war *sein* Erfolg, ihr Scheitern war sein Scheitern. Folglich mußte der „Erfolg“ nachweisbar sein; Mißerfolge durften nicht auf Fehler des Konzepts oder bei der Realisierung, sondern auf unvorhersehbare widrige Umstände zurückzuführen sein, weshalb eben Planung am grünen Tisch und Praxisferne bei der Einführung bevorzugt wurden.

Dieser Aspekt des persönlichen Erfolgs durch eine als erfolgreich eingestufte Maßnahme ist für den Organisator eng verknüpft mit dem Aspekt seiner Kompetenz: Ist die Zuweisung der Rationalisierungskompetenz für ihn die erforderliche Voraussetzung für erfolgreiche Arbeiten, so verstärkt die erfolgreiche Durchdringung von Fachbereichen seine Einfluß- und Zugriffsmöglichkeiten meist dauerhaft. Bezogen auf die Organisierte Textverarbeitung heißt dies, daß der Organisator nicht nur einer institutionell abgesicherten Kompetenzbasis bedurfte, um diese einzuführen, sondern daß sich mit der Einführung von Organisierter Textverarbeitung in der Regel auch die allgemeine Kompetenz- bzw. Machtbasis des Organisators erweiterte. Mit anderen Worten: Die abstrakt zugewiesene Rationalisierungskompetenz konkretisierte sich zu realer Macht. Die erhöhte Transparenz, die besseren Kontroll- und Steuerungsmöglichkeiten, die mit ihr verbunden waren, eröffneten verstärkte Zugriffsmöglichkeiten für den Organisator, wofür es nicht unbedingt notwendig war, daß der Schreibdienst nach Abschluß des Projekts direkt dem Organisator unterstellt blieb; die erreichte Transparenz sicherte die verbesserten Zugriffsmöglichkeiten auch ohne hierarchische Unterstellung. Diese besondere Handlungssituation der Rationalisierungsabteilungen – ehrgeizige Durchsetzungsinteressen bei noch relativ schwacher Durchsetzungskraft – führte zu der konstitutiven Schwäche vieler solcher Schreibdienste: die Diskrepanz zwischen gestellter Aufgabe und zugewiesenen Kompetenzen. Das organisatorische Konzept der Zentralisierung er-

1 Für die Datenverarbeitung hat Brinckmann gleichlautend festgestellt, „daß die Gesichtspunkte der internen Rationalisierung beim Auswahlprozeß von Anwendungsformen der DV-technik eher durchschlagen, weil die weitergehenden Anforderungen gegenüber jenen der Rationalisierung des einzelnen Verwaltungsvorganges – vielleicht auch der Verwaltungseinheit – weniger präzise und weniger quantifizierbar sind.“ (Brinckmann 1972, S. 116f.)

fordert ja, soll der zentrale Dienstleistungsbereich seinen Aufgaben gerecht werden, Durchsetzungskompetenzen gegenüber den Fachbereichen. Eben diese fehlen vielfach.

Aus dem beschriebenen Zusammenhang von Entstehungsprozeß und Ergebnis läßt sich nun die besondere Menschenfeindlichkeit und Restriktivität der „klassischen" zentralistischen Schreibdienstlösungen verstehen:

- Die konzeptionelle Gestaltung solcher Schreibdienste ist primär an einer Verstärkung zentraler Steuerung und Kontrolle orientiert; Legitimations- und Durchsetzungsaspekte spielen eine große Rolle.
- Dies hat Schreibdienstlösungen gefördert, in denen die Arbeitswirklichkeit gegenüber einer gewissen Planungseleganz vernachlässigt wird. Die „gute" Innovation ist nicht die funktionale Lösung, sondern jene, deren „Wirtschaftlichkeit" sich am besten quantifizierbar nachweisen läßt.
- Die Bedeutung legitimatorischer Aspekte hat eine einseitige Ausrichtung auf rechnerische Wirtschaftlichkeitsansätze bewirkt, die ihrerseits wiederum tayloristische, arbeitsteilige Formen der Arbeitsorganisation als besonders geeignet erscheinen lassen.

Durchsetzungsschwierigkeiten haben dann zwar vielfach zu einer Anpassung der Konzepte geführt, aber weniger an die Anforderungen der Arbeitswirklichkeit als an die Machtgegebenheiten des Betriebs. Resultat sind häufig Lösungen, die durch eine hohe Diskrepanz zwischen formalen Regelungen und realen Anforderungen der Arbeitswirklichkeit gekennzeichnet sind und eine geringe „offizielle" Problemlösungsfähigkeit aufweisen, d.h. um die Anforderungen, die sich aus den gestellten Aufgaben ergeben, zu erfüllen, muß das formale Regelwerk durchbrochen werden. Diese Diskrepanz zwischen formaler und realer Betriebswirklichkeit muß durch die inoffizielle Selbstorganisation der Betroffenen überbrückt werden, die so die Funktionsfähigkeit des Systems quasi subversiv gewährleisten.

Dort, wo dies nicht gelingt bzw. wegen fehlender Motivation unterbleibt, führt die mangelnde Problemlösungsfähigkeit des offiziellen Systems leicht zu zusätzlichen Restriktionen (Sollvorgaben, Anschlagszählungen, Verstärkung der Kontrolle, Prämienzahlung etc.).

In beiden Fällen führt das Auseinanderklaffen von Organisations- und Arbeitswirklichkeit zu besonderen Beanspruchungen für die Betroffenen.

Alternativen zu zentralistischen Lösungsmodellen und dem beschriebenen Vorgehen fanden wir folglich – sicher nicht von ungefähr – vorwiegend in Verwaltungen, in denen es entweder keine ‚Organisation' gab oder diese nur eine untergeordnete, ausführende Rolle spielte. In diesen Unternehmen wurden Organisationsvorhaben meist ohne besonderen Auftrag der Geschäftsleitung durchgeführt; sie entstanden sozusagen unter der Hand aus einer besonderen Arbeits-

und Problemsituation. Entsprechend richtete sich das Interesse der „Promotoren" auch auf die adäquate Lösung der auf einen bestimmten Bereich eingrenzbaren Aufgabe, ohne daß Abteilungsgrenzen überschritten wurden. Eine offizielle Kompetenz wurde ihnen in den Fällen häufig erst im Nachhinein zugewiesen, womit in der Praxis bereits durchgesetzte Zuständigkeiten sozusagen nachträglich institutionalisiert wurden. Daß hieraus dann im weiteren durchaus auch eine Ausdehnung von Kompetenzen für die Einführung der Organisierten Textverarbeitung im ganzen Haus erwachsen konnte, verweist nicht nur auf den engen Wechselbezug von Erfolg = Macht und Kompetenzzuschreibung, sondern auch darauf, daß derartige alternative Entstehungsabläufe eine Art Kompetenzvakuum voraussetzen, das durch die Initiative aus der Fachabteilung selber ausgefüllt werden konnte.

3. Zur Bedeutung des Konzepts der betrieblichen Handlungskonstellation

Mit dem Konzept der innerbetrieblichen Handlungskonstellation haben wir ein analytisches Instrument zur Verfügung, mit dessen Hilfe, so meinen wir, sich ein besseres Verständnis der betrieblichen Besonderheiten der Einführung Organisierter Textverarbeitung erschließt. Die scheinbaren Beliebigkeiten, Zufälle und Irrationalitäten, die diese Einführungsprozesse kennzeichnen, erhalten nun einen bestimmten, sozusagen systematischen Stellenwert. Scheint also der Wert dieses analytischen Ansatzes für die Untersuchung der Einführung Organisierter Textverarbeitung außer Zweifel zu stehen, so kann darüber hinaus die Frage gestellt werden, wie weit die Tragfähigkeit des Konzepts der betrieblichen Handlungskonstellation reicht. Beschränkt sich seine Gültigkeit ausschließlich auf die Organisierte Textverarbeitung und ist damit nur anwendbar auf die besondere historische Phase, auf die sich unsere Untersuchungen bezogen? Dahinter steht dann die Frage nach dem Stellenwert der analysierten Zusammenhänge. Wieweit sind nicht innerbetriebliche Handlungskonstellation und Vermittlungsmechanismen letztlich doch mehr oder minder unmittelbarer Ausfluß allgemeiner betrieblicher Handlungsbedingungen, wie sie durch einen gewissen technologischen und organisatorischen Entwicklungsstand sowie die allgemeinen sozialen und ökonomischen Rahmenbedingungen konstituiert werden?

Wir betonten schon eingangs, daß eine fundierte und systematische Untersuchung dieser Fragen, vor allem des Zusammenhangs von innerbetrieblichen und allgemeinen Handlungsbedingungen, in unserem Projekt nicht möglich war. Wir können hier nur einige Überlegungen anstellen, die sich auf der Basis unserer Befunde anbieten.

Auszugehen ist dabei davon, daß die Einführung und die jeweilige Gestaltung der Organisierten Textverarbeitung durch die innerbetriebliche Handlungskonstellation und den aus ihr abgeleiteten Vermittlungsmechanismus ihre besondere Prägung erhielten und daß dabei von Betrieb zu Betrieb z.T. recht beträchtliche Unterschiede feststellbar waren. Die Dynamik wie auch die Unterschiede lassen auf eine eigenständige Wirksamkeit der innerbetrieblichen Handlungskonstellation schließen. Andererseits spiegeln unsere Befunde aber auch die Gegebenheiten und Anforderungen einer bestimmten historischen Phase im Prozeß der Verwaltungsrationalisierung wider, die wir als Übergang von der reaktiven zur systematischen Rationalisierung beschrieben haben. Sie sind insofern auch Niederschlag der allgemeinen betrieblichen Handlungsbedingungen.

Zwischen beiden Ebenen – betriebliche Handlungskonstellation und Vermittlungsmechanismus einerseits, den allgemeinen Handlungsbedingungen andererseits – hat bei der Einführung Organisierter Textverarbeitung offensichtlich ein sehr komplexer Bezug bestanden, der für das Verständnis der unterschiedlichen Ausprägungen betrieblicher Rationalisierungsprozesse wichtig zu sein scheint. Einerseits darf man innerbetriebliche Handlungskonstellation und Vermittlungsmechanismen nicht losgelöst von den allgemeinen betrieblichen Handlungsbedingungen sehen. Sicher wurden sie im langfristigen Ablauf von diesen wesentlich beeinflußt. Andererseits entschied aber die innerbetriebliche Handlungskonstellation ihrerseits wesentlich darüber, ob und in welcher Form ein bestehender Veränderungsdruck vom Betrieb aufgenommen und umgesetzt wurde. Die besondere Ausprägung der Organisierten Textverarbeitung wie auch der Zeitpunkt ihrer Einführung waren also zugleich Ausdruck der allgemeinen betrieblichen Handlungsbedingungen wie auch der besonderen innerbetrieblichen Handlungskonstellation.

Verallgemeinert ausgedrückt hieße dies, daß einerseits die betriebliche Handlungskonstellation von der anstehenden Rationalisierungsproblematik mitbestimmt wird, jedoch umgekehrt sie ihrerseits bestimmend auf die Dynamik und spezifische Ausprägung der betrieblichen Rationalisierungsprozesse wirkt. Wie sich der allgemeine Veränderungsdruck in einem Unternehmen umsetzt, hängt nicht zuletzt von den in diesem Betrieb herrschenden Interessenkonstellationen und den sich aus ihnen ableitenden Vermittlungsmechanismen ab.

Auf diese Handlungskonstellation mögen unter Umständen ganz personenbezogene oder andere, eher zufällige Gegebenheiten Einfluß haben, sie verweist aber auch auf die institutionalisierte Kompetenz- und Organisationsstruktur des Betriebs. Durch diese werden die innerbetriebliche Interessenkonstellation wie die sich aus ihr ableitenden besonderen Durchsetzungs- und Legitimationsprobleme entscheidend geprägt. Aus diesen können sich Impulse ergeben, die dem Rationalisierungsprozeß eine besondere Radikalität und Dynamik verleihen, aber auch solche, die diesen verlangsamen oder blockieren.

Wir konnten im Rahmen unserer Untersuchungen solche „negativen“ Innovationskonstellationen nicht systematisch untersuchen, dies lag jenseits des Projektauftrags. In einigen Unternehmen konnten wir jedoch Verzögerungen oder Blockierungen von Innovationsvorhaben im Bereich der Textverarbeitung beobachten. Durchweg verwiesen diese auf Durchsetzungs- und Entscheidungsschwierigkeiten, also auf die innerbetriebliche Handlungskonstellation.

Mehr als irgendein anderes Moment dürften bestimmte betriebliche Handlungskonstellationen die Verlangsamung des Einführungsprozesses Organisierter Textverarbeitung bewirkt haben. Die immer wieder diskutierte Unfähigkeit von Unternehmen, das vorhandene Potential angebotener Textverarbeitungsanlagen zu nutzen, die weit unter den Erwartungen bleibenden Absatzzahlen von Textsystemen scheinen sich uns mit hieraus zu erklären. Zögernde Einführung neuer Formen der Textverarbeitung wird ja häufig vorwiegend als ein Motivations- und Qualifikationsproblem gesehen: Weil Qualifikation und Motivation bei Sachbearbeitern und Schreibkräften fehlen, könne bereits bereitstehendes maschinelles und organisatorisches Rationalisierungspotential nicht wirkungsvoll genutzt werden. Nach unseren Erfahrungen trifft dies nicht zu. Nicht die mangelnde Lernfähigkeit der Schreibkräfte, sondern die durch den innerbetrieblichen Interessenpluralismus, durch Macht und Einflußaspekte behinderte Lernfähigkeit des organisatorischen Systems der Unternehmen stellt den wichtigsten Hintergrund für eine raschere „Modernisierung“ und „Maschinisierung“ dar. Nicht die mangelnde Anpassungsfähigkeit der Beschäftigten, sondern die mangelnde Anpassungsfähigkeit der etablierten Interessenstruktur behindert den „Fortschritt“.

Auf die Einführung der Organisierten Textverarbeitung in der von uns untersuchten Periode – im Wesentlichen die 70er Jahre – bezogen, scheint uns dieser Interpretationsansatz tragfähig. Ob und in welcher Form das Ineinanderwirken von allgemeinen Handlungsbedingungen und innerbetrieblicher Handlungskonstellation auch bei anderen Rationalisierungsschwerpunkten – etwa der Einführung der Datenverarbeitung oder der Kostenstellenrechnung – und auch für die folgenden Perioden in gleicher Weise wirksam ist, wäre noch zu überprüfen.[2]

---

2 Es bietet sich hier ein ganzes Bündel von Fragestellungen an: Wie beständig ‚resistent‘ sind betriebliche Handlungskonstellationen? Wie schlägt sich außerbetrieblicher Veränderungsdruck in betrieblichen Handlungskonstellationen nieder? Ist die von uns beobachtete Vielfalt und Wirksamkeit betrieblicher Handlungskonstellationen nur ein Übergangsphänomen, das mit zunehmender Systematisierung des betrieblichen Rationalisierungsgeschehens, mit der Erweiterung und Verfeinerung des verfügbaren Rationalisierungsinstrumentariums an Bedeutung verliert? Wird es zu einer Nivellierung betrieblicher Handlungskonstellationen kommen? Solche Fragestellungen können in dem uns hier gesteckten Rahmen nicht behandelt werden, sie müßten Gegenstand zukünftiger Projekte sein.

Zweifellos haben der spezifische Charakter der Organisierten Textverarbeitung und wohl auch die besonderen Bedingungen der Frühphase ihrer Einführung der innerbetrieblichen Handlungskonstellation besonderes Gewicht verliehen.[3]

Wir haben eingangs darauf hingewiesen, daß es sich bei den untersuchten Fällen der Einführung Organisierter Textverarbeitung um „große" Innovationen handelte und daß neben diesen dem Prozeß einer „schleichenden" Rationalisierung der Verwaltungsarbeit große Bedeutung beigemessen werden muß. Dies galt etwa bereits für die sukzessive Überführung einzelner Bearbeitungsschritte sachbearbeitender Tätigkeiten in die EDV (Elektronische Datenverarbeitung), dies wird wohl zunehmend auch für den Bereich der Textverarbeitung gelten. Zweifellos werden solche „schleichenden" Rationalisierungsprozesse auch in Zukunft gerade im Verwaltungsbereich eine große Rolle spielen. Dafür sprechen nicht zuletzt die „betriebspolitischen" Vorteile eines solchen Vorgehens. Die damit erreichte Entthematisierung der Rationalisierung bietet sich gerade unter Durchsetzungs- und Legitimationsgesichtspunkten an. Es ist offenkundig, daß bei solchen Prozessen die innerbetriebliche Interessen- und Handlungskonstellation eine andere sein wird als bei „großen" Umstellungen und daß sich andere Durchsetzungs- und Legitimationsprobleme stellen. Grundsätzlich aber wird dadurch die Relevanz dieser Aspekte keineswegs aufgehoben – gerade die Tatsache, daß die Wahl „schleichender" Rationalisierungsstrategien auf Durchsetzungsgesichtspunkte verweist, beweist dies.

Auch ist zu fragen, wo die Grenzen solch „schleichender" Rationalisierungsprozesse liegen – ob nicht doch immer wieder umfassendere Maßnahmen notwendig werden, durch die bestehende Interessen- und Einflußgefüge explizit verändert werden.

Ähnlich wird sich mit der Etablierung der Durchsetzungsmacht der zentralen Rationalisierungsinstanzen, mit der Institutionalisierung von Interventions- und Rationalisierungsautomatismen die betriebliche Handlungskonstellation ändern. Wir haben schon angedeutet, wie sich damit die Durchsetzungsnotwendigkeiten verschieben, tendenziell weg von den zentralen Rationalisierungsabteilungen hin zu den Fachabteilungen. Grundsätzlich aber bleibt „Rationalisierung" auch unter solchen Bedingungen weiterhin Gegenstand vielfältiger und gegensätzlicher Einzelinteressen, selbst wenn die Austragung innerbetrieblicher Interessenkonflikte sich auf die Handhabung des Rationalisierungsinstrumentariums verschiebt und damit scheinbar entpersönlicht. Zudem dürfte die Wirksamkeit eines Teils der Interventionsautomatismen – wie etwa des Analysevorbehalts bei Planstellenanforderungen – auf eine Situation tendenziellen Personalwachstums beschränkt sein. Versuche aktiver und umfassender Personalreduzierung werden

3 Vgl. hierzu die Ausführungen im Abschnitt „Zum Stellenwert der Einführung Organisierter Textverarbeitung für unsere Fragestellung".

auf andere Instrumente zurückgreifen müssen, die zwangsläufig einer „praktischen“ Durchsetzung bedürfen und damit zu offenen Auseinandersetzungen führen können.

4. Zur Bedeutung des Konzepts der betrieblichen Handlungskonstellation als analytisches Instrument

Auch in Zukunft, auch unter veränderten Bedingungen wird, so meinen wir, die Berücksichtigung der innerbetrieblichen Handlungskonstellation für das Verständnis des Rationalisierungsgeschehens relevant sein. Der mögliche Beitrag solcher Analysen, die die Auswirkungen der betrieblichen Handlungskonstellation mit einbeziehen, erschöpft sich dabei, so meinen wir, nicht auf die Erklärung der Besonderheit einzelbetrieblicher Vorgehensweisen, er kann sich auch auf das Verständnis allgemeiner Phänomene beziehen, etwa die Diffusionsprozesse neuer organisatorischer und technischer Verfahren. Als zentrales Hemmnis dieser Diffusion werden häufig unzureichende Qualifikationen bei den Beschäftigten, zu geringe Anpassungsbereitschaft unterstellt. Hier scheint eine Korrektur notwendig: Als zentrales Hindernis für eine raschere erfolgreichere Einführung neuer Technologien und organisatorischer Verfahren müssen die Widerstände und Blockierungen, die aus dem innerbetrieblichen Interessenpluralismus resultieren, angesehen werden. Dies gilt natürlich insbesondere für die Organisierte Textverarbeitung und die neuen Textsysteme, aber auch wohl für den Einführungsprozeß der EDV. (Hier wäre ein Vergleich äußerst interessant: Die relativ starken Machtinteressen, die hinter der Einführung der EDV standen, haben zum Teil zu einer besonders schnellen Computerisierung geführt, zu einer Übermaschinisierung, die den realen Ausführungsmöglichkeiten voraneilte.)

Die Berücksichtigung innerbetrieblicher Interessen- und Durchsetzungsaspekte könnte auch zu einem besseren Verständnis jener Irrationalitäten betrieblichen Geschehens beitragen, das über eine Analyse allgemeiner betrieblicher Handlungsbedingungen und Strategien kaum zugänglich erscheint. Eine der verwirrendsten Erfahrungen, die uns nicht erst bei dieser Untersuchung immer wieder beschäftigte, war das Maß an scheinbarer Irrationalität, das ein Betrieb zu übernehmen imstande ist. Auch wir teilen das Staunen eines Schreibdienstberaters, der in einem Interview sagte: „Ich staune immer wieder aufs Neue, wie aus all dem Irrsinn doch etwas raus kommt!“ Dabei ist unverkennbar, daß der Freiraum für solche Irrationalitäten, d.h. schlicht das Maß an fachlicher Inkompetenz, an Eitelkeiten, Unberechenbarkeit etc. umso größer ist, je weiter man in der Hierarchie nach oben geht. Nur zu gut verstanden wir die Klagen vieler Sachbearbeiter, die meinten, besser arbeiten zu können ohne die Interventionen ihrer Vorgesetzten.

Bezogen auf die sachliche Aufgabenstellung mag diese Feststellung richtig sein. Bezogen auf die allgemeine Dynamik innerbetrieblichen Geschehens ist sie jedoch zu kurz gefaßt. Jene Irrationalitäten gewinnen eben unter Umständen durchaus eine ‚vernünftige' Qualität, wenn man sie nicht auf die jeweilige sachliche Aufgabenstellung, sondern auf das betriebliche Macht- und Durchsetzungssystem bezieht. Sehr häufig fanden wir sachliche Inkompetenz gepaart mit sehr ausgeprägten Qualifikationen zur Wahrung persönlicher und positionaler Interessen. Der ‚Beitrag' solcher Durchsetzungsqualifikationen zum betrieblichen Geschehen ist offenkundig: Sie tragen zu jener kompetitiven Aggressivität bei, aus der die innerbetrieblichen Vermittlungsmechanismen ihre besondere Dynamik beziehen. Die Folgen dieser kompetitiven Aggressivität – wir haben es bereits festgestellt – können sehr unterschiedlich sein: Sie kann zu Patt-Situationen führen, damit zu Blockierungen innerbetrieblicher Handlungs- und Anpassungsfähigkeit, sie kann aber diese auch befördern und sich nach außen umsetzen.

Von großer Relevanz dürfte eine derartige Betrachtungsweise auch für die Diskussion um die Möglichkeit und Notwendigkeit betrieblicher Mitbestimmung sein. Wir haben gezeigt, daß viele Einführungsabläufe geprägt sind durch die Ausrichtung der Konzepte an die gegebenen Macht- und Einflußverhältnisse; demgegenüber bleiben die Erfordernisse der Arbeitswirklichkeit vielfach vernachlässigt. Verwirklicht werden Konzepte, die zwar bestimmten Einzelinteressen entsprechen, die sich aber für die Betroffenen als besonders restriktiv erweisen; bei der Umsetzung dieser Konzepte treten hohe Reibungsverluste auf, ihre Anpassung an die Arbeitswirklichkeit erfolgt zu Lasten der Effizienz und zu Lasten der Beschäftigten. Aus diesem Zusammenhang läßt sich die funktionale Notwendigkeit von Mitbestimmung begründen: Die Gestaltung des Einführungsprozesses gerät in vielen Fällen gerade durch die Perfektion in die Gefahr, die Erfordernisse der Arbeitswirklichkeit zugunsten der Berücksichtigung von Partialinteressen zu vernachlässigen. Dadurch fördert sie die Entstehung von Lösungen, die offensichtlich nur begrenzt ‚wirtschaftlich' sind, sofern man Wirtschaftlichkeit in einem umfassenderen Sinn versteht und nicht nur auf die Höhe der Anschlagsleistung bezieht. Insofern könnte die Berücksichtigung der Interessen der betroffenen Arbeitskräfte in Form der Mitbestimmung eine größere Gewähr dafür bieten, daß Gesichtspunkte der Arbeitswirklichkeit einen zentralen Stellenwert für die Konzeptentwicklung erhielten und Probleme und Schwierigkeiten bei der Realisierung des Konzepts vermindert werden könnten.

Auch für die Gestaltung von Mitbestimmungsprozessen ergeben sich aus dem beschriebenen Zusammenhang entscheidende Konsequenzen: Immer wieder wird von Gewerkschaften und Arbeitnehmervertretungen darüber geklagt, daß sie zu spät in den Veränderungsprozeß eingeschaltet werden. Hier zeigt sich nun, welche entscheidende Bedeutung die rechtzeitige Einbeziehung der Arbeitnehmer-Interessenvertretung hat: Indem der Einführungsprozeß das Ergebnis bestimmt, setzt Mitbestimmung bei der Diskussion über die konkrete Einzelgestaltung von Veränderungsmaßnahmen zu spät an, denn durch die Handlungskonstellation werden die entscheidenden Weichen für die Gestaltung bereits an einem sehr frühen Zeitpunkt gestellt. Alternativen der Arbeitsgestaltung, die auf weniger restriktive Arbeitsbedingungen hinausliefen, haben nur dann eine Chance der Realisierung, wenn sie frühzeitig im Rahmen der betrieblichen Handlungskonstellation durch gewichtige durchsetzungsfähige Promotoren ins Spiel gebracht werden können; nur auf diese Weise können vermutlich die Bedürfnisse der Beschäftigten überhaupt zum Tragen kommen.

Schließlich scheint uns die Berücksichtigung der Wirksamkeit betrieblicher Macht- und Interessenkonstellationen für die Diskussion von Ansätzen zur Humanisierung der Arbeit wichtig. Hier kann es dann nicht mehr nur darum gehen, Konzepte menschengerechter Arbeit zu entwerfen, sondern in den Mittelpunkt des Interesses müßten auch die Einführungsbedingungen selbst gestellt werden und Ansatzpunkte für eine Projektorganisation entwickelt werden, die sicherstellen kann, daß menschengerechte Gestaltungskonzepte auch dauerhaften Bestand haben.

Eine eingehendere Auseinandersetzung mit der betrieblichen Handlungskonstellation könnte also, so läßt sich zusammenfassend feststellen, in folgender Hinsicht ergiebig sein:

1) Sie kann zu einem Verständnis der unterschiedlichen zeitlichen und inhaltlichen Gestaltung von Rationalisierungsabläufen in den einzelnen Betrieben beitragen.
2) Die Analyse des innerbetrieblichen Interessenpluralismus und seiner Folgen kann zu einer Korrektur der impliziten Heroisierung des Managements gerade durch viele ‚kritische' Analysen beitragen, die Managementstrategien durchgängig auf einen übergeordneten Interessenbezug hin interpretieren. Aus einer solchen Entmythologisierung des Managements bzw. betrieblicher Rationalisierungsprozesse können sich Ansatzpunkte für Überlegungen zu einer wirksameren Kontrolle managerieller Machtausübung ergeben.
3) Dies verweist auf die Mitbestimmungsdimension. Aus den Auswirkungen von Machtauseinandersetzungen und Partialinteressen auf einen Innovationsprozeß läßt sich die funktionale Notwendigkeit einer Mitbestimmung durch die betroffenen Arbeitskräfte ableiten, als Gegengewicht zu den Auswüchsen eines Planungsperfektionismus, der die Arbeitswirklichkeit vernachlässigt, wie auch einer einseitigen Ausrichtung auf die positionsbezogenen Partialinteressen einflußreicher Minderheiten.
4) Offensichtlich ist auch die Bedeutung der Auseinandersetzung mit innerbetrieblichen Handlungskonstellationen und Vermittlungsprozessen für Ansätze der Humanisierung der Arbeit. Konkret heißt dies etwa, daß primärer

Ansatzpunkt von Humanisierungsprojekten zunächst nicht Konzepte der Arbeitsorganisation, sondern die Projektorganisation sein muß. Versuche zur menschengerechten Arbeitsgestaltung, die lediglich ‚unten' ansetzen, ohne die bestehende Interessen und Machtstruktur zu berücksichtigen, werden auf Dauer keinen Bestand haben bzw. über kurz oder lang zum ‚Beitrag' eben dieser bestehenden betrieblichen Strukturen pervertiert.

5) Die Berücksichtigung der Wirksamkeit innerbetrieblicher Vermittlungsmechanismen bei der Analyse des technisch-organisatorischen Wandels kann zu einer Ausfüllung der Diskussion um Gestaltungsalternativen des technisch-organisatorischen Wandels beitragen, die, wie wir meinen, bislang relativ blaß geblieben ist.

6) Ein Verständnis der Wirksamkeit betrieblicher Handlungskonstellationen und Vermittlungsprozesse scheint uns relevant für die Interpretation der Diffusionsprozesse neuer organisatorischer und technologischer Verfahren.

A.2 Wer wird Herr der Systeme?

Der Einsatz neuer Bürotechnologie und die innerbetriebliche Handlungskonstellation*

1. Das Konzept der innerbetrieblichen Handlungskonstellation

Das Konzept der innerbetrieblichen Handlungskonstellation wurde als analytisches Instrument entwickelt in Projekten, die sich mit dem Prozeß der Einführung neuer Formen der Arbeitsorganisation und der Informationstechnologie auseinandersetzten, sowie in Begleitforschungsprojekten, in denen wir an den arbeitsorganisatorischen und personalpolitischen Gestaltungsprozessen bei technisch-organisatorischen Veränderungen selbst mitbeteiligt waren.

Thesenhaft dargestellt beinhaltet dieser Ansatz:

1. Ein Verständnis der Entstehungszusammenhänge, des Ablaufs und auch der Resultate des einzelbetrieblichen Rationalisierungsgeschehens ist durch den Bezug auf die gesamtbetriebliche Interessenlage kaum ausreichend herstellbar. Es erscheint der Bezug auf eine weitere Erklärungsebene notwendig: die der *innerbetrieblichen Handlungskonstellation.*

2. Diese innerbetriebliche Handlungskonstellation sehen wir konstituiert durch ein komplexes Ineinanderwirken unterschiedlicher Einflußgrößen:

a. die formale Kompetenzzuweisung, durch die Aufgabe, Zuständigkeit und Weisungsbefugnisse sozusagen offiziell ausgewiesen werden;
b. die realen Einflußmöglichkeiten, die den Inhabern von Positionen offenstehen und die nicht immer aus den offiziellen Kompetenzverteilungen ablesbar sind. Sie können von persönlichen Faktoren, wie beispielsweise dem individuellen Verhandlungs- und Durchsetzungsgeschick, von der zur Verfügung stehenden Hausmacht, die historisch zusammengekommen sein mag, oder auch von den Widerständen und Hilfestellungen, die jeweils aktiviert werden können, abhängen;
c. den Interessen der einzelnen betrieblichen Akteure. Dabei handelt es sich einerseits um Interessen, die der Positionsinhaber qua seiner betrieblichen Stellung verfolgen mag, andererseits erfahren diese eine gleichsam perso-

---

* Zuerst erschienen in: Infowelt 1986, S. 151–161. Dieser Beitrag bezieht sich wesentlich auf Befunde eines Projektes der Sozialwissenschaftlichen Projektgruppe München bei der BMW AG, das vom Bundesministerium für Forschung und Technologie (BMFT) im Rahmen des Programms „Humanisierung des Arbeitslebens" (HdA) gefördert wurde (vgl. Weltz/Lullies 1983a; Weltz/Lullies 1987).

nenbezogene Brechung durch die persönlichen Zielvorstellungen, Karriereambitionen, das jeweilige Funktions- und Selbstverständnis etc. Diese Interessenausprägung wird unterschiedlich sein, je nach der spezifischen betrieblichen Problemstellung.

3. Aus dem komplexen Zusammenwirken der verschiedenen Einflußgrößen der betrieblichen Handlungskonstellation ergibt sich, daß es sich bei ihr um keine feste Größe handelt, sondern daß sie sich verändert, je nachdem, was als Problem definiert ist und was als Lösung ansteht. Es sind nicht nur jeweils andere Teilbereiche beteiligt oder betroffen, es werden auch jeweils andere Interessen mobilisiert, andere Einzelverteilungen und Durchsetzungsmöglichkeiten berührt.

4. Aus dieser Konstellation von Partialinteressen, Kompetenzen und realen Einflußmöglichkeiten, aus den sich daraus ergebenden Konflikten, Allianzen und Konkurrenzen, aus den damit verbundenen Durchsetzungs- und Legitimationsnotwendigkeiten beziehen nun die innerbetrieblichen Vermittlungsmechanismen ihre Dynamik. Über diese innerbetrieblichen Vermittlungsmechanismen setzt sich die übergeordnete gesamtbetriebliche Interessenlage in das konkrete betriebliche Geschehen um.

5. Rationalisierung stellt sich damit dar als Teil und Ergebnis innerbetrieblicher Machtauseinandersetzungen: Ansatz- und Zielrichtung von Rationalisierungsmaßnahmen erscheinen mitbestimmt durch den Versuch etwa von Zentralbereichen, die eigene Einflußsphäre auszubreiten; ihre Durchsetzung kann dann zu einer Steigerung des Gewichts dieser Stellen – etwa der Datenverarbeitung oder der Organisationsabteilung – beitragen, und damit wiederum Rückwirkungen auf die innerbetriebliche Handlungskonstellation haben.

6. Das Ergebnis von Rationalisierungsmaßnahmen hängt nicht zuletzt davon ab, welche Interessen für ihre Durchsetzung mobilisiert werden können oder ihr entgegenstehen. Rationalisierungsprozesse reflektieren damit unter anderem auch letztlich die interne Macht- und Handlungskonstellation der jeweiligen Unternehmen, wobei auch hier natürlich wieder eine Wechselbeziehung besteht: Aus den veränderten Rationalisierungsbedingungen – z.B. neuen organisatorischen und technischen Mitteln – ergeben sich wiederum möglicherweise Konsequenzen für die betriebliche Handlungskonstellation.

7. Innerbetriebliche Handlungskonstellation und die aus ihr ableitbaren Vermittlungsmechanismen heben selbstverständlich die Wirksamkeit der allgemeinen Rahmenbedingungen nicht auf – wie natürlich der innerbetriebliche Interessenpluralismus nicht den grundsätzlichen Interessengegensatz von Kapital und Arbeit aufhebt. Aber sie bestimmen doch, sozusagen quer zu diesen, das betriebliche Geschehen in vielfältiger und subtiler Weise.

Zwischen beiden Ebenen – betrieblicher Handlungskonstellation und Vermittlungsmechanismen einerseits, den allgemeinen Rahmenbedingungen andererseits – besteht ein komplexer Bezug, der für das Verständnis der unterschiedlichen Ausprägungen betrieblicher Rationalisierungsprozesse wichtig ist. Einerseits darf man innerbetriebliche Handlungskonstellationen und Vermittlungsmechanismen nicht losgelöst von den allgemeinen betrieblichen Handlungsbedingungen sehen. Sicher werden sie im langfristigen Ablauf von diesen wesentlich beeinflußt. Andererseits entscheidet aber die innerbetriebliche Handlungskonstellation ihrerseits wesentlich darüber, ob und in welcher Form ein jeweils bestehender Veränderungsdruck vom Betrieb aufgenommen und umgesetzt wird und wirkt so bestimmend auf die Dynamik und spezifische Ausprägung betrieblicher Rationalisierungsprozesse ein.

8. Mit dem Konzept der innerbetrieblichen Handlungskonstellation haben wir ein *analytisches Instrument* zur Verfügung, mit dessen Hilfe, so meinen wir, sich ein differenzierteres Verständnis der Besonderheiten einzelbetrieblicher Rationalisierungsprozesse erschließt.

9. Mit dem Konzept der innerbetrieblichen Handlungskonstellation als Erklärungsansatz für betriebliche Rationalisierungsprozesse soll kein alternatives oder konkurrierendes Interpretationsmuster zu der ‚klassischen', auf den Gesamtbetrieb bezogenen Vorgehensweise der Industriesoziologie formuliert werden. Sie ist als ergänzende Perspektive zu verstehen, durch die bei der Analyse betrieblicher Rationalisierungsvorgänge eine zusätzliche Erklärungsebene eingeführt wird.

Diese bedeutet:

- daß innerbetrieblichen Vorgängen und Konstellationen eine größere Aufmerksamkeit gewidmet wird;
- daß betriebliche Rationalisierungsprozesse und ihre Auswirkungen stärker auf diese bezogen werden;
- daß neben der allgemeinen betrieblichen ökonomischen Rationalität die innerbetriebliche Machtrationalität stärker mit ins Blickfeld gelangt.

10. Neben dieser Perspektiverweiterung und Reakzentuierung in der Analyse des Rationalisierungsprozesses scheint uns die stärkere Berücksichtigung der innerbetrieblichen Handlungskonstellation noch eine Reihe weiterer Auswirkungen haben zu können:

- Sie kann zu einer Konkretisierung der Diskussion um die Gestaltungsalternativen des technisch-organisatorischen Wandels beitragen, die bislang ja relativ blaß geblieben ist.
- Ein Verständnis der Wirksamkeit innerbetrieblicher Handlungskonstellationen und Vermittlungsprozesse kann auch relevant sein für die Interpretation der Diffusionsprozesse neuer organisatorischer und technologischer Verfahren.

- Die Berücksichtigung innerbetrieblicher Interessen- und Durchsetzungsaspekte könnte auch zum besseren Verständnis jener Irrationalitäten betrieblichen Geschehens beitragen, das über gesamtbetrieblich orientierte Analyseansätze kaum so recht zugänglich erscheint. Es gehört ja zu den bemerkenswertesten Verdrängungsprozessen, daß diese Irrationalität, die uns bei der direkten Begegnung mit der betrieblichen Wirklichkeit immer so sehr beeindruckt, kaum je einen adäquaten Niederschlag findet.
- Die Analyse des innerbetrieblichen Interessenpluralismus und seiner Auswirkungen auf das Managementhandeln könnte zu einer Korrektur der impliziten Heroisierung des Managements gerade durch viele kritische Analysen führen, die Management-Strategien durchgehend auf einen übergeordneten Interessenbezug hin interpretieren. Aus einer solchen Entmythologisierung des Managements bzw. betrieblicher Rationalisierungsprozesse – nicht zuletzt durch die Methode der Experten-Interviews erleichtert – können sich Anhaltspunkte für Überlegungen zu einer wirksameren Kontrolle managerieller Machtausübung ergeben.
- Dies verweist auf die Mitbestimmungsdimension: Aus den Auswirkungen von Machtauseinandersetzungen und Partialinteressen auf Innovationsprozesse läßt sich die funktionale Notwendigkeit einer Mitbestimmung durch die betroffenen Arbeitskräfte ableiten, als Gegengewicht zu Rationalisierungsansätzen, die vielfach die Arbeitswirklichkeit weitgehend vernachlässigen, sondern einseitig an den positionsbezogenen Partialinteressen einflußreicher Minderheiten ausgerichtet sind.

2. Informationstechnologie und betriebliche Kontrolle

Der Zusammenhang von Ausübung innerbetrieblicher Kontrollstrukturen und dem Einsatz von Informationstechnologien erfordert in doppeltem Sinne Beachtung:

- Durch den Einsatz von Informationstechnologien wird eine Verstärkung der Ausübung betrieblicher Kontrolle ermöglicht;
- die Kontrolle über den Einsatz der Informationstechnik gewinnt zunehmend Bedeutung im Kontext betrieblicher Machtdurchsetzung.

Wer den Technikeinsatz kontrolliert, hat auch die Vorhand bei der Kontrolle durch Technik – ein plausibler, wenn auch nicht notwendiger Zusammenhang:

- Kontrolle, d.h. Überwachung und *Steuerung individuellen Arbeitsverhaltens,* etwa über Leistungserfassung, Vorgaben, Überwachung;
- Kontrolle, d.h. aber auch Steuerung des Geschehens in einzelnen Funktionseinheiten oder im betrieblichen Gesamtzusammenhang, etwa bei der For-

mulierung von Strategien, in der Bestimmung der Unternehmenspolitik. Ich möchte diese letztere Form als *,politische' Kontrolle* bezeichnen.

Grundsätzlich gewinnt dieser Aspekt der betriebspolitischen Kontrolle mit und über den Einsatz von Informationstechnologien zunehmend an Bedeutung. Bislang bewegten ja vor allem die verstärkten Möglichkeiten, über den Einsatz von Informationstechnologien *Arbeitsverhalten* zu kontrollieren, die Gemüter. Dies gilt für die industriesoziologische Diskussion wie für die Auseinandersetzung in den Gewerkschaften. Ohne Zweifel werden die Möglichkeiten, über Informationstechnologie individuelles Arbeitsverhalten – und zwar nicht nur das Arbeitsvolumen, sondern auch die Art der Ausführung – zu kontrollieren, erleichtert und ausgeweitet.

Einigkeit besteht bei Experten, daß die Bedeutung personaler Kontrolle gegenüber der Systemkontrolle an Bedeutung verliert, d.h. nicht mehr der Vorgesetzte überwacht die Einhaltung betrieblicher Normen, sondern das ‚System', sei es, daß es von vorneherein das Arbeitsverhältnis vorstrukturiert, sei es, daß es dessen Ablauf und Ergebnisse registriert. Erwartet wird eine Ausdünnung der mittleren hierarchischen Schichten, ein Prozeß, der offensichtlich schon in amerikanischen Unternehmen zu erheblicher Reduzierung von Managementpositionen geführt hat.

Parallel zu der Ausweitung der Kontrollmöglichkeiten durch und über das ‚System' laufen die Wirkungen der Veränderungen in den kooperativen Beziehungen, sowohl in horizontaler wie in vertikaler Richtung. Zumindest theoretisch wird dem Topmanagement der direkte Zugriff in die Arbeitssituation des einzelnen Sachbearbeiters ermöglicht; vor- und nachgelagerte Bereiche bekommen abweichendes Verhalten – etwa zeitliche Verzögerungen – eher mit als früher.

Unbestritten ist die Notwendigkeit, sich mit diesen Problemen und Belastungen auseinanderzusetzen. Dabei werden aber häufig gegenläufige Tendenzen übersehen: Der Einsatz ‚intelligenter' Technik, d.h. flexibel und multifunktional nutzbare Technikunterstützung, macht nur Sinn, wenn sie auch intelligent genutzt wird, d.h. ihrem Leistungspotential und den jeweiligen Aufgabenstellungen entsprechend. Solche intelligente, d.h. aufgaben- und situationsentsprechende Nutzung ist weder kontrollierbar noch vorschreibbar. Auf eine Formel gebracht: Die Anwendung des vollen Kontrollpotentials der neuen Informationstechnologien widerspricht der ihnen immanenten Nutzungslogik.

Stellt sich die Situation der Kontrolle individuellen Arbeitsverhaltens komplex und widersprüchlich dar, so gilt dies verstärkt noch für die Ausübung *betriebspolitischer Kontrolle,* d.h. der Steuerung des betrieblichen Geschehens, etwa Entscheidungen über Produktgestaltung, Absatzstrategien, Personalpolitik oder auch Rationalisierungspolitik – und damit letztlich auch über den Einsatz von Informationstechnologien selbst.

Wer wird nun ‚Herr der Systeme', d.h. wer wird den Einsatz der Systeme kontrollieren, und wer wird über die Systeme Kontrolle ausüben? Der Datenverarbeitungs-Spezialist, der Organisator, die Fachbereiche, das Top-Management oder die ‚Systeme' selbst? Die Antwort wird von Unternehmen zu Unternehmen unterschiedlich ausfallen, wobei meist das Besondere an der neuen Situation sein dürfte, daß es geteilte Herrschaft sein wird.

Verändern wird sich das Verhalten von Zentralbereichen (Datenverarbeitung, Organisation, Personal, Controlling) einerseits, Fachbereichen (Einkauf, Vertrieb, Produktion) andererseits. Für diesen ‚klassischen' Dualismus in der innerbetrieblichen Machtstruktur werden neue Rahmenbedingungen geschaffen. Vielfach wird erwartet, daß mit dem Einsatz der neuen Informationstechnologien die Stellung der Zentralabteilungen gestärkt würde. Dies scheint plausibel: Mehr Technik, mehr Integration, mehr Transparenz, zusätzliche Funktionen für die Zentralabteilungen, verbesserter Zugriff auf das Geschehen in den Fachbereichen. Es gibt aber auch Anhaltspunkte, die dafür sprechen, daß Verlagerungen des Machtschwergewichtes von den Zentralabteilungen zu den Fachbereichen möglich sind.

Zumindest die inhärente Logik der Technikentwicklung läßt dies denkbar erscheinen. Der Ansatz der klassischen zentralen Datenverarbeitung (DV), wie auch zentralistischer organisatorischer Ansätze (z.B. zentrale Datenerfassung und Schreibdienste) beinhaltet konsequenterweise eine Stärkung der planenden Zentralabteilungen. Die neuen Informationstechnologien, deren wesentliches Leistungsmerkmal die erweiterten Möglichkeiten zur flexiblen, situationsspezifischen Anwendung durch den Nutzer sind, müßten ja eigentlich dessen Position stärken. Ihm wird sozusagen als Dienstleistung ‚Technik' zur Verfügung gestellt, die er zur Erfüllung seiner Aufgaben nutzen soll. Je perfekter die Technik funktioniert, je lückenloser und vollständiger sich der technokratische Traum von dem flexiblen, aufgabengerechten Technikangebot erfüllt, desto mehr müßte der Anbieter der Technik sich in der Rolle des Dienstleisters bescheiden. Dies gilt zumindest für jene Aufgabenbereiche, bei denen eine volle Routinisierung der Bearbeitung nicht möglich oder nicht sinnvoll ist. Gerade auf der Unterstützung solcher Aufgaben wird das Schwergewicht der kommenden Phase der Technisierung der Büros liegen.

Zwar werden Ausbau und Perfektionierung der Informationssysteme die Steuerung des Geschehens in den Fachbereichen durch die Zentralbereiche erleichtern. Die flächendeckende und differenzierte Auswertung der in den Fachbereichen anfallenden Daten durch die Zentralabteilung wird ausgebaut und beschleunigt. Aber auch hier sind Grenzen denkbar, die eine Einschränkung des Einflusses der Zentralabteilung bewirken könnten. Gerade die Automatisierung der Kontrolle und Steuerung, etwa die systeminterne Sammlung und Auswertung von Kennziffern, kann den Ermessungs- und Interventionsspielraum der Zentralabteilungen reduzieren.

Vor allem aber ist die Planungs- und Entscheidungskonstellation beim Einsatz der neuen Informationstechnologien wesentlich komplexer geworden als bei der Einführung und Ausdehnung der zentralen DV. Diese war ja typischerweise gekennzeichnet durch den bilateralen Bezug zwischen der planenden und gestaltenden DV-Abteilung und dem jeweils betroffenen Fachbereich. Geprägt wird diese Situation durch eine strukturelle Asymmetrie: die überlegene technische Kompetenz des DV-Spezialisten, dem der Fachbereich häufig bestenfalls mangelnde Akzeptanz entgegensetzen konnte.

In dem Maße, in dem sich Technikeinsatz nicht mehr auf die Maschinisierung einzelner Arbeitsschritte in einzelnen Teilbereichen beschränkt, sondern mit systemischer Zielsetzung erfolgt, d.h. die integrierte Technikunterstützung vollständiger Arbeitsabläufe anstrebt, wächst die Notwendigkeit zur Koordination verschiedener Stellen und damit die Komplexität der Einführungssituation enorm. Aus der bilateralen Beziehung wird ein multilaterales Netz. Ein Indiz für diese Komplexität ist der astronomisch gestiegene Abstimmungsaufwand, der heute im Regelfall mit der Einführung ehrgeiziger Projekte der Informationstechnisierung verbunden ist. Mehr Abstimmung, das heißt im Regelfall aber auch Diffusion der Einflußmöglichkeiten und jeweils neue Entscheidungskonstellationen mit wechselnden Fronten und Koalitionen. Abgrenzungen, die bislang galten, werden infrage gestellt, Konkurrenzen, die bislang ‚schliefen' werden aktualisiert: zwischen Fachbereichen und Zentralabteilungen, mehr noch aber zwischen Fachbereichen selbst, und auch zwischen Zentralbereichen.

So wurde das Verhältnis zwischen DV-Abteilung und Organisationsabteilung in vielen Unternehmen in den letzten Jahren zunehmend problematischer. Die alte Arbeitsteilung, in der Ablauforganisation implizit durch die DV miterledigt wurde, während sich die Organisationsabteilung auf die Strukturorganisation konzentrierte bzw. sich bei tiefgreifenden Veränderungen der Arbeitsabläufe auf Randgebiete wie die Textverarbeitung beschränkte, erwies sich zunehmend als schwierig. Das Resultat dieses Zusammenwachsens: Neudefinition der Kompetenzverteilung, Konflikte.

Konfliktgeladen wurden auch die Abgrenzungen zwischen den Fachbereichen, etwa bei der Einführung bereichsübergreifender DV-Systeme.

Selbst die Konstellation zwischen Fachbereichen und Zentralbereichen stellt sich paradoxerweise in manchen Unternehmen offener dar, als dies angesichts der Kompliziertheit und Unübersichtlichkeit des Technikangebots zu erwarten wäre. Es gibt Beispiele, wo Fachbereiche mit Unterstützung interessierter Hersteller ohne Einbeziehung der zentralen DV-Abteilung eigene Lösungen erarbeitet haben.

Verstärkt werden solche Tendenzen durch das neue Angebot an leistungsfähigen Personal-Computern (PC). In vielen Unternehmen kam es ja in den letzten Jahren zu einer, von den Zentralabteilungen kaum kontrollierbaren, Explosion von PC-Anschaffungen, deren Einsatz zum Teil durchaus parallel oder subsidiär zu bereits bestehenden DV-Anwendungen erfolgte. Wesentlich war dabei der Wunsch nach flexibler, rascher und individuell gestaltbarer Technikunterstützung, aber auch das Bestreben, dabei von der zentralen DV-Abteilung unabhängig zu sein. In diese komplexe Handlungskonstellation ist zunehmend auch der Produktionsbereich mit einzubeziehen. Eine verstärkte Verzahnung des Technikeinsatzes im Bereich der Verwaltung und Produktion macht dies notwendig

Dies alles heißt natürlich nicht, daß Zentralabteilungen in Zukunft ihre Funktion verlieren werden. Deren Schwergewicht könnte sich jedoch von dem direkten Zugriff in die Gestaltung des Arbeitsgeschehens in den Fachabteilungen stärker auf das Angebot von Dienstleistungen (technische Infrastruktur, Beratung) und die Definition allgemein für das Unternehmen geltender Standards und Richtlinien verlagern. Mit der Bestimmung dieser Rahmenbedingungen sind weiterhin und sicherlich teilweise auch erweiterte Einflußmöglichkeiten verbunden. Innerhalb dieses Rahmens kann sich den Fachbereichen ein gewichtiger Gestaltungsspielraum eröffnen. Dabei ist zu betonen: kann. Inwieweit dieser Spielraum genutzt wird, ob und in welcher Richtung es zu Verschiebungen im betrieblichen Einflußgefüge kommt, dies erscheint weitgehend offen und dürfte erheblich von den jeweiligen Kompetenz- und Entscheidungsstrukturen der Unternehmen abhängen.

3. Die Politisierung des Technikeinsatzes

Grundsätzlich lassen Komplexität und mit ihr verbundene Offenheit der Entscheidungs- und Gestaltungskonstellation beim Einsatz neuer Informationstechnologien eine erhebliche *Politisierung* dieses innerbetrieblichen Aktionsfeldes erwarten. Zunehmend wird innerbetriebliche Politik über Technikeinsatz gemacht, Technikeinsatz von betriebspolitischen Aspekten abhängen. Diese Politisierung wird beträchtliche Auswirkungen haben: auf die Formulierung innerbetrieblicher Strategien, wie auf Richtung und Tempo des Technikeinsatzes selbst. Dabei dürfte diese Politisierung eher auf eine Verlangsamung des Technikeinsatzes hinwirken. Das Beispiel, wo in einem Unternehmen zwischen Datenverarbeitungsabteilung und Personalabteilung monatelang die Wahl eines Textsystems, dessen Anschaffung prinzipiell beschlossen war, erbittert umkämpft war, ist keine exotische Ausnahme. Die Datenverarbeitungsabteilung setzte – mit dem Argument der Kompatibilität – auf Systeme des Herstellers des Zentralcomputers. Die Personalabteilung – die für den zentralen Schreibdienst zuständig war – plädierte für die bereits dort eingesetzten Systeme. Dabei war dieser Kampf durchaus verständlich, wurden doch über die Wahl des Herstellers Weichen für die zukünftige Technisierung dieses Teilbereiches gestellt – und damit auch für die Einflußverteilung.

Vieles spricht dafür, daß die Kontrolle über den Einsatz von Technik zunehmend umkämpft sein wird. Die bilaterale Auseinandersetzung zwischen Zentral- und Fachbereichen um die Einführung neuer Technik und Organisationsverfahren wird in einen multilateralen Dauerkonflikt um die Gestaltung der Systeme übergehen, mit wechselnden Fronten und Koalitionen, vor allem mit neuen Anforderungen an Management, Organisation und Verfahren.

Zentrales Auseinandersetzungsfeld könnte in den nächsten Jahren das *Informationsmanagement* werden, d.h. die Bestimmung darüber, wie über welche Informationen im System verfügt werden darf. Die Offenheit der Gestaltungsmöglichkeiten in diesem Feld konstituiert dessen politische Brisanz. Allein eine Aufzählung jener Bereiche, die beim Informationsmanagement füglicher Weise mitreden können, illustriert, wie sehr gerade hier die ‚neue Komplexität' zum Tragen kommen dürfte: u.a. der jeweilige Fachbereich, seine Nachbarbereiche, die DV-Abteilung, die Organisationsabteilung, das Controlling, der Betriebsrat, der Datenschutzbeauftragte. Angesichts der politischen Bedeutung, die dem Informationsmanagement für die zukünftige Gestaltung nicht nur der Arbeit, sondern auch für das Gewicht, das einzelnen Funktionseinheiten im innerbetrieblichen Zusammenhang zukommen wird, erstaunt, wie wenig dies in vielen Unternehmen noch Thema ist. Dabei handelt es sich, ist erst einmal ein Anfang gemacht, sozusagen um einen Selbstläufer. So wurden in einer Bank Fragen des Informationsmanagements zunächst unter dem Aspekt der Datensicherung aufgegriffen. Sehr rasch politisierte sich die Auseinandersetzung, eine Projektgruppe wurde gebildet, in die sukzessive alle einflußreichen Bereiche ihre Vertreter entsandten. In Kürze wurde dieses Gremium eine Bühne lebhafter Auseinandersetzungen.

Neu definiert wird dabei die Rolle des *Spitzenmanagements*. Bislang war es ja beim Technikeinsatz im Büro hauptsächlich involviert bei Investitionsentscheidungen über die Anschaffung von Großcomputern. Der Ausbau der DV, die Füllung der maschinellen Kapazitäten verlief dann häufig weitgehend ohne Intervention der Unternehmensleitung. Angesichts der neuen Größenordnungen und vor allem der Politisierung des Technikeinsatzes ist das Spitzenmanagement stärker und direkter gefordert als bislang. In vielen Unternehmen, so scheint es, ist es dafür kaum gerüstet, in seinem Selbstverständnis wie in seinem fachlichen Know-how.

Für die *Beteiligung der Betroffenen* ergeben sich in der neuen Situation Gefährdungen, aber auch Chancen. Sicher besteht die strukturelle Asymmetrie zwischen Systemexperten – den DV-Spezialisten, Organisatoren – und Nutzer weiterhin oder sogar verstärkt. Sicher werden DV und Organisation bei Neuerungen weiterhin im planerischen Vorlauf sein und besteht weiterhin die Gefahr, daß damit Beteiligung zur nachträglichen Absegnung bereits getroffener Grundsatzentscheidungen degradiert wird, die nicht mehr korrigierbar erscheinen.

Das Prinzip „Friß Vogel, oder stirb!", das bislang so häufig die Einführung der zentralen DV gekennzeichnet hat, könnte aber beim Einsatz der neuen, flexiblen Informationstechnologien infrage gestellt werden. Wie bereits betont: Die neue Komplexität gilt für die Einführungs- wie für die Nutzungssituation gleichermaßen. Und damit könnten Spielräume für die Beteiligung der Nutzer eröffnet werden.

Zusammenfassend läßt sich feststellen: Der Einsatz der neuen Informationstechnologien birgt Probleme für Unternehmen und Beschäftigte – aber auch Chancen. Die Offenheit und Komplexität der Einsatz- und der Anwendungssituation wird in jedem Fall darauf hinwirken, daß die Technisierung der Büros sich bei weitem nicht so einheitlich und stromlinienförmig vollziehen wird, wie man es nach den Darstellungen sowohl enthusiastischer wie warnender Experten erwarten könnte.

Von Unternehmen zu Unternehmen, von Anwendung zu Anwendung werden sich je nach den gegebenen Entscheidungs- und Aufgabenkonstellationen deutlich Unterschiede ergeben. Insgesamt dürfte die Politisierung des Einsatzes der neuen Informationstechnologien auf eine – durchaus heilsame – Verzögerung ihrer Einführung hinwirken. Den Utopien der ‚transparenten Verwaltung' und des ‚papierlosen Büros', wie der Horrorvisionen des ‚gläsernen Sachbearbeiters' und der ‚totalen Kontrolle' ist eines gemeinsam: die Gefahr, dass sie als Self-fulfilling Prophecies wirken, in dem sie wirklichkeitsfremde Leitbilder suggerieren – und damit die gestalterische Phantasie bei Promotoren, wie bei Kritikern des Technikeinsatzes, einschränken. Und gerade wird in den nächsten Jahren bei beiden mehr als je zuvor gefordert.

A.3 Oft siegt die „Politik“ über den technischen Sachverstand*

Software-Entwicklungsprojekte, vor allem solche, durch die eine historisch entstandene DV-Landschaft in einem Unternehmen durch ein neues, integriertes System abgelöst werden soll, haben sich häufig mit sehr unterschiedlichen Interessen auseinanderzusetzen. Oft entwickelt die Wechselbeziehung zwischen technischer und „politischer“ Entwicklung eine Eigendynamik, die sich als schwer steuerbar erweist.

Im Rahmen des Projektes IPAS (Interdisziplinäres Projekt zur Arbeitssituation in der Software-Entwicklung) haben wir Ablauf und Struktur von bislang etwa 15 Software-Entwicklungsprojekten untersucht. Bei den ausgewählten Projekten handelt es sich zwar um keine repräsentative Stichprobe, es wurden jedoch sehr unterschiedliche Projekttypen in die Untersuchung einbezogen. Ein Projekttyp ist in unserer Auswahl verhältnismäßig häufig vertreten: Vorhaben, durch die eine historisch über einen längeren Zeitraum in einem Unternehmen entstandene DV-Landschaft durch ein neues, integriertes System abgelöst werden soll. Die folgenden Ausführungen sind stark, wenn auch nicht ausschließlich von den Erfahrungen in diesen Projekten geprägt.

Eine erste Analyse des vorliegenden Materials zeigt eine beträchtliche Vielfalt in der Gestaltung der Projekte, etwa in der formalen Projektorganisation, der projektinternen Arbeitsteilung, der Regelung der Kontakte zum Anwenderbereich, der Projektsteuerung und Kontrolle. Hinter dieser Vielfalt war aber auch eine Reihe von Gemeinsamkeiten zu erkennen.

Im Rückblick der Projektverantwortlichen auf den Verlauf nahm durchweg der Abschnitt bis zur eigentlichen Realisierung den weitaus größten Raum ein. Besonders in großen, ‚anspruchsvollen‘ Projekten hatte dieser Abschnitt wesentlich länger gedauert, als man es erwartet und geplant hatte, erwies sich als schwerer steuerbar und vor allem recht konfliktträchtig. Ein Schlüsselproblem, auf das sich die Schilderungen vor allem bezogen, war die Erarbeitung der Anforderungsspezifikationen, aus denen die Vorgaben für die Gestaltung der Software abgeleitet werden. Verbindliche, das heißt allgemein akzeptierte Anforderungsspezifikationen stellten sich in den meisten Projekten als der archimedi-

* Zuerst erschienen in: Computerwoche, 1991, Heft 3, S. 1–5 (Mitautoren: V. Lullies und R. Ortmann). Dieser Beitrag bezieht sich vor allem auf Befunde und Erfahrungen aus dem Projekt „Qualität im Büro“, das von der SPG im Auftrag der Siemens AG durchgeführt wurde (vgl. dazu Weltz et al. 1989).

sche Punkt dar, von dem aus die Lösung der anschließend auftretenden Probleme entscheidend abhing.

Zwar trafen wir Projekte, in denen der Prozeß der Anforderungsspezifizierung offensichtlich reibungslos verlaufen war – wo beispielsweise der Auftraggeber dem Software-Entwickler mehr oder minder spezifische Vorgaben übermittelt hatte, die dieser dann abarbeitete, mit nur gelegentlicher Abstimmung im weiteren Verlauf (wobei im Augenblick offen bleiben muß, wie lange die Erarbeitung der Anforderungsspezifikationen beim Auftraggeber gedauert hatte und wie zulänglich sich diese dann später erwiesen).

Anders allerdings verliefen Projekte, in denen eine Auseinandersetzung über die Definition der Anforderungen zwischen Auftraggebern, späteren Anwendern und Software-Entwicklern durch die Entstehung, die Organisation und institutionelle Stellung des Projektes im Unternehmen faktisch vorgegeben und damit unvermeidlich war. In diesen Projekten erwies sich die Erarbeitung der Anforderungsspezifikation fast durchweg als sehr aufwendig und kontrovers. Es wird von zahlreichen Sitzungen, Besprechungen, Entwürfen und Gegenentwürfen berichtet, die erforderlich waren, bis man sich auf eine Vorlage geeinigt hat, mit der alle beteiligten Stellen einverstanden waren. Die Zeit, die diese Sitzungen, ihre Organisation, Vorbereitung und Nachbereitung erforderte, addierte sich zu einem Volumen, das schließlich einen ins Gewicht fallenden Anteil am Gesamtaufwand ausmachte, allerdings nur zu einem Teil in der offiziellen Aufwandsberechnung auftauchte.

Der Weg zu dieser Einigung ähnelte meist einer ‚Echternacher Springprozession': Eine Vorlage wurde erarbeitet, in Frage gestellt, führte zu einer Überarbeitung, wenn nicht gar zu einer weitgehend neuen Vorlage, diese wurde wiederum diskutiert, mit erneuten Änderungsauflagen versehen usw. Nicht selten wurde auch die ‚endgültige' Vorlage dann im weiteren Projektverlauf noch mehrmals in Frage gestellt, modifiziert und erweitert. In den meisten Projekten wurden die Verzögerungen, die schließlich zur Überschreitung der ursprünglich veranschlagten Projektlaufzeit geführt hatten, nicht zuletzt auf den langwierigen Prozeß der Definition der Anforderungen zurückgeführt.

Die Erarbeitung eines verbindlichen Satzes von Anforderungsspezifikationen gestaltete sich in diesen Projekten so aufwendig, nicht allein, weil hier technische und fachliche Aspekte von hoher Komplexität berücksichtigt werden mußten, sondern weil sich im Laufe des Entwicklungsprozesses die Rahmenbedingungen und Vorgaben ständig änderten: durch die technische Entwicklung (neue Hard- und Softwareangebote, Veränderungen im Preisgefüge etc.), durch inner- oder außerbetriebliche Gegebenheiten (Organisationsstruktur, Geschäftspolitik, Marktanforderungen etc.) und schließlich durch die Eigendynamik des Entwicklungsprozesses selbst. Mit der zunehmenden analytischen Durchdringung des Gestaltungsproblems und der Konkretisierung einzelner Gestaltungsansätze ergaben sich häufig neue Ansatzpunkte und Anforderungen. Bei einem dreijährigen Entwicklungsprojekt führte allein die erste Präsentation des Systementwurfes zu 600 Anforderungsveränderungen.

Aufwendig gestaltete sich die Formulierung der Anforderungsspezifikationen aber vor allem deshalb, weil zahlreiche und häufig sehr unterschiedliche innerbetriebliche (teilweise auch außerbetriebliche) Stellen einzubeziehen waren, und weil auch die Notwendigkeit bestand, einen Konsens zwischen diesen Stellen zu bewerkstelligen. So wurden in einem anderen Projekt, in dem ein integriertes administratives DV-System von der DV-Abteilung eines Großunternehmens entwickelt wurde, insgesamt 26 Ausschüsse, Projektgruppen, Fachberatungsteams etc. gebildet, in denen etwa 30 verschiedene Stellen vertreten waren.

Zur Überraschung aller Beteiligten erwies sich dies in den meisten Projekten als ausgesprochen schwierig. Es fing bei dem Problem an, kompetenten Input von allen involvierten Stellen zu erhalten, und endete mit dem Problem, eine gemeinsame Basis für die häufig recht divergierenden Standpunkte und Interessen zu finden.

Die Notwendigkeit zum Interessenausgleich ergab sich aus den unterschiedlichen Wünschen, Zielvorstellungen und Erfahrungen, die Software-Entwickler einerseits sowie Auftraggeber, beziehungsweise Nutzer andererseits in den Entwicklungsprozeß einbrachten. Bei den Software-Entwicklern standen tendenziell technikimmanente Aspekte im Vordergrund (etwa geringer Speicherbedarf, Kompatibilität, ‚professionelle' Qualitätskriterien wie ‚Eleganz' der Programme), bei den Nutzern dagegen aufgaben- und arbeitsbezogene Aspekte (etwa Arbeitserleichterung und Reduzierung der Belastungen).

Divergenzen zeichneten sich auch zwischen einzelnen Gruppierungen von Nutzern ab. Die meisten Entwicklungsprojekte berührten – zumindest potentiell – bestehende Arbeits- und Einflußstrukturen in den Unternehmen, vor allem dort, wo der Einsatz von Software zu Veränderungen in den Aufgaben und Arbeitsstrukturen führte beziehungsweise führen konnte. Allein die Möglichkeit solcher Veränderungen verlieh Softwareprodukten eine betriebspolitische Qualität, das heißt sie wurden auf Interessenspositionen bezogen.

Abweichende Interessen waren schließlich innerhalb der Software-Entwicklung zu erkennen: etwa zwischen hierarchisch übergeordneten und ausführenden Positionen oder zwischen den in den einzelnen Phasen des Entwicklungsprozesses Beschäftigten und nicht zuletzt zwischen den Vertretern verschiedener Programmiersprachen, Betriebs- und/oder Datenbanksysteme.

Viele scheinbar ‚technische' Entscheidungen waren für die davon Betroffenen – in den DV-Abteilungen selbst wie in den Fachbereichen – zumindest potentiell mit Vor- und Nachteilen verbunden: Karriereaussichten, Qualifikationschancen, Handlungs- und Einflußspielräume wurden eröffnet oder eingeschränkt. Die Wahl etwa zwischen IBM oder DEC war keineswegs nur eine

Entscheidung über eine technische Anlage, sondern u.U. auch über persönliche Zukunftsperspektiven. Die Wahl einer Programmiersprache konnte sich auf die Einflußverteilung zwischen DV und Fachbereichen auswirken.

Entscheidungen über DV-Lösungen betrafen also zweierlei: die technische Lösung und deren nichttechnische Konsequenzen. Häufig waren diese Konsequenzen für die Betroffenen zunächst schwer einschätzbar und wurden oft erst im Verlauf des Entwicklungsprozesses, in der zunehmenden Konkretisierung des Softwareproduktes beziehungsweise bei seinem Einsatz im ‚Normalbetrieb' erkannt. Die Entwicklung aufgaben- und nutzungsgerechter Software setzt Wissen über den jeweils anderen Bereich voraus:

– bei den Software-Entwicklern vor allem über die Aufgaben, die Bedingungen und Anforderungen der Arbeitssituation, die durch das Softwareprodukt zu unterstützen sind;
– bei den Auftraggebern beziehungsweise Nutzern über das Leistungspotential und die Leistungsbeschränkungen der Software und die sich daraus ergebenden Möglichkeiten und Konsequenzen für die Gestaltung ihrer Aufgaben.

Dieses fachübergreifende Wissen war im Regelfalle nur recht lückenhaft vorhanden. Lernprozesse waren erforderlich, Lernprozesse, die die Grenzen zumindest einer engen Auffassung der eigenen Disziplin überschreiten mußten und für den Informationsaustausch – zwischen Anwendungsbereich und Entwicklungsbereich sowie im Entwicklungsbereich selbst – eine große Rolle spielten.

Dieser Informationsaustausch stieß in den meisten Projekten auf Schwierigkeiten: den Fachjargon auf beiden Seiten, Zeitmangel, Unterschätzung der Wissenserfordernisse. Spürbar war auch hier die Wirksamkeit der Interessensdimension. Meist spielten in diesen Lernprozessen die jeweiligen ‚Kontrahenten' eine zentrale Rolle. Für die Software-Entwickler waren die Auftraggeber beziehungsweise Nutzer die wesentliche Informationsquelle, wie umgekehrt sie für diese. Entsprechend blieb es nicht aus, daß Informationen interessengesteuert erfolgten, beziehungsweise auch vorenthalten wurden.

Diesen Behinderungen gegenüber erwiesen sich die formalisierten Instrumente der Wissensvermittlung (Ist-Analysen) meist als inadäquat. Als wesentlich tragfähiger erwiesen sich offensichtlich eingespielte persönliche Kontakte. Immer wieder wurde die enorme Bedeutung guter persönlicher Beziehungen zwischen den Akteuren in den verschiedenen Bereichen für den Erfolg eines Software-Entwicklungsprojektes betont, nicht zuletzt wohl weil diese eine informelle, nicht ‚explizite' Verarbeitung von Interessenaspekten erleichterten. All diese Schwierigkeiten waren umso erkennbarer, je ‚ehrgeiziger', das heißt umfassender, integrativer, die Zielstellung des Projektes war. Solche Projekte waren häufig von einer beeindruckenden Komplexität: durch ihren Umfang, durch die Zahl der zu berücksichtigenden Variablen, durch die Integration von Teilsystemen, durch die Bedeutung der Kompatibilität mit bereits eingesetzter Hard- und Software. Zu dieser Komplexität trug auch der Bezug zur Anwendungssituation bei. In dem Maße, wie die EDV-Verfahren zugleich umfassender und flexibler nutzbar werden, gewinnt die Anwendungssituation als Gestaltungsdimension an Bedeutung und muß im Prozeß der Software-Entwicklung mit berücksichtigt werden.

Man könnte von einer strukturellen Komplexität sprechen: Software-immanente Gegebenheiten, das technische Umfeld, die qualifikatorischen und motivationalen Voraussetzungen bei den Nutzern, die Struktur des Anwendungsfeldes und der Aufgaben müssen gleichermaßen berücksichtigt und aufeinander bezogen werden. Die Anforderungen, die sich aus diesen heterogenen Gestaltungsanforderungen ergeben, werden verstärkt durch die prozessuale Komplexität des Software-Entwicklungsprozesses.

Diese ergibt sich vor allem aus der Notwendigkeit zu ständigen Feedbackprozessen und Korrekturschleifen. Es gilt, die im fortschreitenden Entwicklungsprozeß gemachten Erfahrungen auf die vorangegangenen Entwicklungsschritte rückzubeziehen, was möglicherweise zu ‚retrospektiven' Korrekturen, etwa in der Definition der Zielvorgaben führt. Sowohl die mehrdimensionale wie auch die prozessuale Komplexität ist natürlich allen Entwicklungsprozessen gemeinsam. Diese doppelte Komplexitätsproblematik stellt sich jedoch bei Software-Entwicklungsprojekten in besonderer Schärfe und in spezifischer Ausprägung. Daraus ergeben sich spezielle Anforderungen an die Gestaltung des Software-Entwicklungsprozesses: an die Regelung der Arbeitsteilung und der Kooperationsbezüge wie auch ihres Ablaufes. Dies gilt sowohl innerhalb des Entwicklungsbereiches wie auch für die Beziehung zum Anwendungsfeld.

Dabei zeichnete sich ein Spannungsverhältnis ab zwischen der Notwendigkeit einer zunehmenden Arbeitsteiligkeit in der Organisation der Entwicklungsprozesse und der Notwendigkeit zur Integration. Fragen der Verteilung und Abgrenzung der Zuständigkeiten und Aufgaben sowohl innerhalb des Entwicklungsbereichs wie auch zwischen Entwicklungs- und Anwendungsbereich bekamen dadurch beträchtliche Brisanz.

Ein Spannungsverhältnis zeigte sich auch in der prozessualen Dimension zwischen der Notwendigkeit zu verbindlichen Zielsetzungen und Vorgaben und der Notwendigkeit zu ständigen Korrekturen im Laufe des Entwicklungsprozesses. Die zu Beginn eines Projekts definierten Zielvorgaben können nur vorläufigen Charakter haben. Ihre Korrektur wurde allerdings meist erschwert durch die ‚politische' Funktion dieser Zielvorgaben: Sie sind ja gewissermaßen die Vertraggeber und Entwickler wie auch Bezugspunkt der Aufgabenzuweisung und Zeitvorgabe für die einzelnen Software-Entwickler.

Fazit: Der Ablauf vieler Projekte stellt sich dar als ein Doppelprozeß von technischer Entwicklung und ‚politischer' Verarbeitung (Interessenaushandlung). Beide Prozesse sind auf vielfältige und meist schwer durchschaubare Weise miteinander verwoben: Aus der technischen Entwicklung ergeben sich Impulse für die politische Dimension, die ihrerseits immer wieder in diese hineinwirkt. Diese Wechselwirkung der beiden Dimensionen entwickelt eine Eigendynamik, die den Projektablauf wesentlich bestimmt.

Ein Symptom des Doppelcharakters der Software-Entwicklungsprozesse, das die Auseinandersetzungen über die Systemgestaltung zweifellos erschwert, ist der Umstand, daß häufig auf der technischen Ebene argumentiert wird, selbst wo es auch oder primär um politische Aspekte geht. Damit wird vermieden, daß diese ausdrücklich und offen auf den Tisch kommen. Es wäre wohl falsch, in diesen technischen Diskussionen nur Scheinargumentationen zu sehen, durch die die letztlich allein ausschlaggebenden ‚politischen' Aspekte nur verdeckt werden. Natürlich haben die technischen Aspekte Gewicht, können Argumentationen auf technischer Ebene die Entscheidungen mit beeinflussen, nur war in den Auseinandersetzungen meist schwer auszumachen (und vor allem nicht nachzuweisen), welche Ebene nun letztlich gerade den Ausschlag gegeben hatte. Mit dieser Doppelbödigkeit umzugehen, fällt offensichtlich nicht leicht; ohne Zweifel trägt sie zu der beträchtlichen Emotionalität bei, mit der diese Auseinandersetzungen häufig ausgetragen werden.

Bleibt noch die Frage, wie sich die Wirksamkeit der ‚politischen' Dimension auf die Qualität der Softwareprodukte auswirkt. Eine Beantwortung dieser Frage war im Rahmen unserer Untersuchung bislang nicht möglich. Wir müssen uns hier auf Vermutungen beschränken, die sich auf eher unsystematische Eindrücke stützen. Führt die ‚politische' Verarbeitung zu einer Verwässerung der konzeptionellen Entwürfe, zu Kompromissen, die schließlich die Qualität des Produkts beeinträchtigen, oder wird durch sie eine Anpassung an die realen Anforderungen der Einsatzsituation geleistet, also eine stärkere Durchsetzung des Aufgabenbezugs? Vermutlich geht es hier nicht um ein Entweder-Oder. Bislang spricht alles dafür, daß die Qualität des Softwareproduktes nicht zuletzt von der Qualität der ‚politischen' Verarbeitung abhängt.

Mit anderen Worten: Die ‚politische' Verarbeitung ist ein notwendiger Teil des Software-Entwicklungsprozesses – zumindest bei jenen innerbetrieblichen, integrativen Projekten, auf die sich unsere Ausführungen primär beziehen. Bei solchen Projekten setzt die Beherrschung der software- und ablauftechnischen Komplexität die Beherrschung der politischen Komplexität voraus. Mit Sicherheit ist ein Ausblenden des Konfliktpotentials – wie in jenem Projekt, in dem ein ‚fertiger' Auftrag an die Software-Entwickler als Vorgabe übermittelt wurde – nicht die Lösung. Es mag zwar zu einer rascheren Abwicklung der ersten Phasen des Projektes führen, allerdings auf Kosten der späteren Aufgabenangemessenheit des Produkts und damit auch seiner Akzeptanz im Anwendungsbereich. In den meisten Projekten waren Bemühungen zu erkennen, sich den Problemen und Anforderungen dieses Doppelprozesses von technischer und politischer Entwicklung zu stellen. Insgesamt jedoch vermittelten nur wenige Projekte den Eindruck, daß es gelungen ist, die politische ‚Eigendynamik' wirklich in den Griff zu bekommen. Vor allem erweisen sich gegenüber dieser Problematik die verfügbaren Instrumente als kaum wirksam – im Gegenteil: eine einseitige Orientierung an diesen ‚Tools' verstärkt die Gefahr einer untergründigen und damit unkontrollierten Wirkung der politischen Eigendynamik.

Abschließend eine Erfahrung, die wir in fast allen Projekten machten: Zwar bezogen sich die Gesprächspartner in ihren Berichten über den Projektablauf offen, ausführlich und sehr reflektiert auf die ihn bestimmenden Kontroversen und ‚politischen' Interessen, zugleich waren ihre eigenen Analysen wesentlich von dieser Dimension geprägt. „Das war eben politisch", war in vielen Gesprächen ein häufig wiederkehrendes Leitmotiv. Diese Betrachtungsweisen fanden aber offenbar kaum einen, zumindest keinen für uns erkennbaren Niederschlag in den Lehren und Konsequenzen, die man aus den Erfahrungen abgeschlossener Projekte zog. Diese konzentrierten sich im Wesentlichen dann doch wieder auf Fragen der Beherrschbarkeit der software- und ablauftechnischen Komplexität. Zunächst erschien uns das inkonsequent, eher enttäuschend. Im Kontext der innerbetrieblichen Praxis sind diese Reaktionen jedoch verständlich und durchaus realitätsgerecht. ‚Politik' wird ja in den Unternehmen nicht als eigene Dimension gehandelt, sondern ist integrale Qualität allen Geschehens; ihre Wirksamkeit wird nicht zuletzt gerade dadurch bestimmt, daß sie sich verdeckt vollzieht. Die Forderung nach der Entwicklung von Instrumenten und Verfahren, die explizit der politischen Verarbeitung von Entwicklungsprozessen gelten, wäre entsprechend eher naiv.

Trotzdem meinen wir, daß eine ausdrückliche Auseinandersetzung mit der Frage, wie der Eigendynamik des Doppelprozesses bei Software-Entwicklungsprojekten entgegengewirkt werden kann, sowohl in der Praxis, in den Unternehmen und den Softwarehäusern, wie auch in der wissenschaftlichen Diskussion, notwendig ist. Notwendig erscheint auf allgemeiner Ebene eine Entmythologisierung der Softwareentwicklung, durch die ihr Doppelcharakter als Prozeß technischer Entwicklung und ‚politischer' Auseinandersetzung deutlich gemacht wird.

Notwendig erscheinen schließlich organisatorische Modelle, die eine tragfähige Grundlage für die Verarbeitung von Interessensgegensätzen und Konfliktpotential liefern und damit die Thematisierung der ‚politischen' Diskussion erleichtern.

A.4 Die Herrschaft der Zahlen

Verfügbarkeit von Daten in Unternehmen*

Produktion, Verteilung und Verwertung von Daten haben in den letzten Jahren explosionsartig zugenommen. Natürlich gab es – insbesondere in Großunternehmen – immer schon beeindruckende Zahlenwerke: Produktionsdaten, Finanzdaten, Absatzdaten, Personaldaten, Qualitätsdaten, Leistungsdaten. Zwar stützten sich Planung und Entscheidungen auch in der Vergangenheit wesentlich auf Zahlen. In den letzten Jahren hat sich jedoch ein *Sprung in eine neue Dimension* vollzogen:

- Zu den Daten, die schon seit langem erhoben und ausgewertet wurden, kommen ständig neue hinzu.
- Diese Daten stehen sehr viel schneller zur Verfügung. Wo früher die Erfassung und Aufbereitung von Daten Tage, Wochen, Monate dauerte, stehen diese heute in Stunden oder gar Sekunden zur Verfügung. (Viele Bearbeitungsprozesse in Fertigung und Büro arbeiten bereits mit Real-time-Daten, also mit Daten, die zeitgleich mit dem Arbeitsgeschehen verfügbar sind.)
- Daten können wesentlich differenzierter aufbereitet werden: Aufgliederungen, Gruppenbildungen, Indexwerte, Zeitreihen, Extrapolationen, Durchschnittswerte und Abweichungen, Simulationsrechnungen usw.
- Datensätze sind gestaltungsfähig. Sie können vom jeweiligen Bearbeiter selbst für seine spezifischen, aktuellen Interessen aufbereitet werden.
- Der Aufwand für die Produktion und die Aufbereitung von Zahlen ist dramatisch gesunken. Dies gilt für Erfassung, Verarbeitung und Darstellung. Bei vielen Arbeitsoperationen fallen Zahlen praktisch als Nebenprodukt an, ohne gesonderten Erfassungsaufwand. Die zentral oder dezentral bereitstehenden Rechenkapazitäten bewältigen umfangreichste Auswertungsoperationen, und die Aufbereitung in Tabellenwerken, Übersichten, Graphiken kann weitgehend automatisiert werden.

Klassisches Beispiel für diese neue Verfügbarkeit von Zahlen sind die Datensätze, die durch den Einsatz der Registrierkassen mit Einlesevorrichtungen produziert werden. Sie machen das Verkaufsgeschehen transparenter, mit einer

---

* Zuerst erschienen in: Technische Rundschau, 1990, Heft 42, S. 52–57. Dieser Beitrag bezieht sich vor allem auf Befunde des Forschungsprojektes der SPG „Neue Bürotechnik und Management“, das vom Bundesministerium für Forschung und Technologie (BMFT) im Programm „Arbeit und Technik“ gefördert wurde (vgl. dazu Lullies et al. 1990).

Schnelligkeit, die ihre operative Ansatzmöglichkeit dramatisch ausweiten. Die Verfügung der daher erfassten Daten kann darüber hinaus neue Geschäftsfelder eröffnen, ja die *Daten selbst* werden zum *vermarkteten Artikel.*

Ein Beispiel aus Amerika: Die McKesson Corporation ist einer der führenden Großhändler, die Apotheken mit Arzneimitteln beliefern. Ursprünglich aus Kostengründen wurden bei den Kunden Computerterminals installiert, um den Bestellprozeß zu erleichtern. Die Reaktion der Kunden war positiv, und nach kurzer Zeit stellte man fest, daß die Kunden über das System auch Produkte bestellten, die McKesson im Allgemeinen nicht in seinem Angebot führte. Dies ermöglichte McKesson eine Ausweitung seines Angebots mit geringem Risiko. Schließlich begann McKesson, seine Verkaufszahlen der pharmazeutischen Industrie zu verkaufen, und erschloß sich damit eine neue Einkommensquelle, die völlig auf Informationen beruhte.

Zwar hatte das Management auch früher schon Zugriff auf Daten in reicher Auswahl, aber eben erst mit einer gewissen Verzögerung, und zwar umso mehr, je differenzierter, je höher der Verarbeitungsgrad der Daten war. Die Erfüllung von Wünschen, die vom Standardprogramm abwichen – etwa nach zusätzlichen Differenzierungen, Gruppen- und Indexbildungen – kostete zusätzliche Zeit, eine Zeitspanne, die meist größer war als die, die für operative Entscheidungen zur Verfügung stand.

Operative Entscheidungen mußten also überwiegend auf der Grundlage früherer Erfahrungen, von Intuition und einigen selektiven Anhaltspunkten gefällt werden. Differenzierte, analytisch aufbereitete Daten standen zumeist nur für die Analyse post factum, zur kritischen Durchleuchtung dessen, was geschehen war, zur Verfügung, waren aber nicht mehr oder minder zeitgleich und unmittelbar für Ad-hoc-Interventionen verwertbar. Mit dieser ‚neuen Verfügbarkeit' von Daten ändert sich ihr *Gebrauchswert:* Sie werden *unmittelbar* aktions- und entscheidungsrelevant. Dies ist etwas grundsätzlich Neues. Auch operative Entscheidungen können und müssen sich in zunehmendem Maße auf umfangreiche, für den jeweiligen Zweck analytisch aufbereitete Datensätze stützen.

Konsequente Endform dieser unmittelbaren Aktionsrelevanz computergenerierter Daten ist die *automatische Selbststeuerung.* In Produktionsprozessen ist diese schon seit längerem im Einsatz. Jetzt beginnt sie sogar in Entscheidungsverfahren Anwendung zu finden – etwa über das Instrument des ‚elektronischen Dokuments', das heißt eines selbststeuernden Prozesses der Erstellung von Entscheidungsvorlagen. So kann zum Beispiel, wenn die Ergebniszahlen um einen bestimmten Betrag hinter dem Plan zurückbleiben und sich Unterschiede zwischen verschiedenen Regionen ergeben, das ‚Dokument' eine Reihe von Arbeitsschritten auslösen, etwa die Zusammenstellung detaillierter Berichte, in denen regionale Unterschiede analysiert werden.

Die Ausführung analytischer Operationen ist also *nicht Ergebnis* anlaßbezogener Interventionen, sondern *selbstinduziert,* Teil der Struktur des elektronischen Dokuments selbst. Von hier zur computergesteuerten Entscheidung scheint es nur ein kleiner Schritt zu sein.

Ermöglicht wird diese neue Verfügbarkeit und unmittelbare Aktionsrelevanz von Daten durch das gestiegene Leistungspotential der Informations- und Kommunikationstechnik: die ständig wachsenden Rechenkapazitäten, die Vernetzung, die Möglichkeiten der individuellen Datenverarbeitung. Aber umgekehrt gilt auch: Die Impulse, die der Einsatz der neuen Informationstechnik in den Unternehmen mit sich bringt, beruhen nicht zuletzt auf dieser Wirksamkeit von Daten und den damit verbundenen Veränderungen der innerbetrieblichen Realität. Die Computerisierung und die mit ihr verbundene Durchdringung der Unternehmen mit Zahlen werden gerne gleichgesetzt mit einem Gewinn an Transparenz, erhöhter Objektivität und damit Rationalität des innerbetrieblichen Geschehens. In der Tat, die Beispiele, die zur Illustration dieser Aussagen angeführt werden, sind beeindruckend. Beziehen wir uns wieder auf das Registrierkassenbeispiel: Die anfallenden Daten scheinen ein vollständiges, unverfälschbares Bild des Verkaufsgeschehens im Konzern zu liefern, eine unbestechliche, objektive Grundlage für die Analyse der Situation und die Einleitung von Maßnahmen.

Die Informationsbasis von Entscheidungen hat sich wesentlich verbessert. Sie können sich an mehr zuverlässigen und eindeutigen Daten orientieren, ein erheblicher Fortschritt gegenüber der früheren Situation, in der man vorwiegend auf Eindrücke, Aussagen, Interpretationen angewiesen war. Allerdings, dieser Fortschritt hat – wie jeder Fortschritt – seinen Preis. Gemeint ist hier der nicht unbeträchtliche Aufwand für Rechenkapazitäten, Endgeräte, Netzwerke. Gemeint sind hier die tiefgreifenden Veränderungen, die die ‚Datifizierung' in den Unternehmen mit sich bringt.

Diese zahlenmäßige Durchdringung *verändert die innerbetriebliche Realität* – nicht nur ihre Darstellung, sondern sie selbst. In dem Maße, in dem Analysen, Planungen, Entscheidungen sich mehr und mehr ausschließlich auf Daten beziehen, bestimmt deren Erfassung, Verarbeitung und Darstellung, welche Aspekte und welcher Teil der innerbetrieblichen Realität in die Planungen und Entscheidungen eingeht – *und damit aktionsrelevant* wird. Und in dem Maße, in dem das innerbetriebliche Geschehen in all seinen Details und Facetten in Zahlen belegbar wird, werden diese Zahlen selbst zur Realität. Sie sind nicht mehr Ausdruck und Symbol der Realität, sie werden eigentlich handlungsrelevanter Teil der innerbetrieblichen Realität. Als ‚wirtschaftlich' gilt zum Beispiel nur, was sich zahlenmäßig erfassen und belegen läßt. Dabei bestimmt die Methode die Definition und nicht umgekehrt.

Diese ‚Datifizierung' der innerbetrieblichen Realität erscheint weitgehend unproblematisch überall dort, wo eine eindeutige, nicht interpretationsbedürftige Beziehung zwischen dem tatsächlichen Geschehen und seinem zahlenmäßigen Ausdruck besteht, also wo durch die Zahl das innerbetriebliche Geschehen direkt wiedergegeben wird. So kann die Zahl verkaufter Schuhe, eventuell noch charakterisiert durch Farbe, Preisklasse, Größe, wohl im Regelfall als eindeutige Entscheidungsgrundlage dienen. Solche Eindeutigkeit, solch unproblematische Beziehung zwischen Zahl und Gegenstand besteht allerdings nicht überall.

Mit der Erfassung der Schreibleistungen von Sekretärinnen und Schreibkräften scheint zusätzliche Transparenz hergestellt. Die Leistung einzelner Schreibkräfte und Sekretärinnen wird nach einem scheinbar objektiven Kriterium – dem Anschlag – gemessen, damit meßbar und vergleichbar gemacht. Diese Reduzierung der Leistung auf dieses eine, quantifizierbare Kriterium des Anschlags ist jedoch verbunden mit einer erheblichen und, wie die Erfahrung gezeigt hat, nicht unproblematischen Veränderung in der *Definition von Leistung* – und damit zumeist der erbrachten Leistung selbst. In die Beurteilung der Leistung einer Sekretärin im realen Arbeitszusammenhang – etwa durch ihren Chef – geht eine Vielzahl verschiedener Beurteilungskriterien ein, und zwar als Ganzes: die Fehlerfreiheit und das Erscheinungsbild der von ihr geschriebenen Texte, ihre Fähigkeit, auch schwierige Textvorlagen zu verarbeiten, die Bereitschaft, bei besonderen Anlässen Überstunden zu machen oder auf Pausen zu verzichten, ihre Belastbarkeit in kritischen Situationen, ihre Fähigkeit, ihre Arbeit richtig einzuteilen, richtige Prioritäten zu setzen. Die Fähigkeit aber, schnell viele Anschläge zu produzieren, ist in diesem Spektrum nur ein – häufig sogar untergeordneter – Aspekt, dessen Bedeutung auch von diesem Gesamtspektrum beeinflußt wird: Ein langsameres Schreibtempo wird unter Umständen um anderer Vorzüge willen in Kauf genommen.

Systematisch vernachlässigt werden in der Reduzierung auf den Anschlag die vielen anderen Leistungen, die von Sekretärinnen und Schreibkräften neben oder im Zuge ihrer Schreibarbeit geleistet werden: Diese reichen von der Korrektur mangelhafter Orthographie, Interpunktion oder Grammatik der Textvorlagen bis zur Vielfalt organisatorischer, administrativer oder auch interpretativer Leistungen.

Nun war diese Vernachlässigung natürlich nicht zufällig. Sie ermöglichte sozusagen den Taschenspielertrick, mit dem der hohe Produktivitätszuwachs zentraler Schreibdienste herbeigerechnet werden konnte – dokumentiert in den gestiegenen Anschlagsleistungen. Unberücksichtigt bleiben die ‚Sekundärkosten' dieser Rationalisierung: etwa die zusätzlichen Arbeiten, die von Sachbearbeitern und Führungskräften nun selbst übernommen werden mußten.

Diese sind zahlenmäßig aber nicht belegbar und damit nicht aktionsrelevant. Die Folgen dieser zahlenmäßigen Erschließung der ‚Textverarbeitung' sind bekannt: Die Einrichtung zentraler Schreibdienste, die Einsparung von Schreibkräften und Sekretärinnen wurde über sie durchsetzbar. Mochten auch Praktiker, die mit der Arbeitsrealität vertraut waren, die Problematik der Erhebungen und Berechnungen durchschauen, sie hatten trotzdem die schlechteren Karten: Die Zentralisten verfügten über die Zahlen.

Die durch die zahlenmäßige Erfassung und Repräsentation hergestellte ‚Transparenz' kann selektiv und damit irreführend sein. Dies gilt insbesondere dort, wo eine adäquate Wertung bestimmter Daten wesentlich vom jeweiligen Kontext, in dem sie stehen, abhängt.

So wurde bei einer amerikanischen Telefongesellschaft ein System entwikkelt, das automatisch Leistungszahlen für die einzelnen Arbeiter berechnete: Die für einzelne Arbeiten errechneten Vorgabezeiten wurden mit dem tatsächlichen Zeitaufwand verglichen (wobei dessen Erfassung automatisiert über das System, an dem die Reparaturarbeiten ausgeführt wurden, erfolgte). Diese scheinbar absolut ‚objektiven' Daten gaben allerdings ein völlig irreführendes Bild von dem tatsächlichen Leistungsstand der Arbeiter. Da die besonders qualifizierten Arbeiter die besonders schwierigen Aufgaben zugeteilt bekamen, sank damit ihre ‚Leistung'.

Dieses Phänomen, eines der Routineprobleme bei Akkordentlohnung, ist nicht neu. Bemerkenswert erscheint vielmehr seine Wiederentdeckung im Zusammenhang mit der Auseinandersetzung um die Auswirkungen der neuen Informationstechnik. Interessant ist allerdings dessen innerbetriebliche Verarbeitung: Während die unterschiedliche Wertigkeit verschiedener Akkordvorgaben gemeinsames, wenn auch unter Umständen kontroverses Wissen von Arbeiter und Meister war, anschaulich und unmittelbar auf die konkrete Arbeitsausführung beziehbar, fehlt diese Anschaulichkeit bei der ‚automatisierten' Leistungsabrechnung. Dies hat zur Folge, daß Leistungsdaten von den Zentralstellen, in denen sie ausgewertet wurden, über einen längeren Zeitraum *fehlinterpretiert* werden konnten.

Je komplizierter ein Sachverhalt, je mehr bei seiner Wertung Interdependenzen oder Konstellationen berücksichtigt werden müssen, desto schwieriger wird seine angemessene rein zahlenmäßige Wiedergabe, desto größer die Gefahr einer selektiven, einseitigen Abbildung.

Versuche, dem zu begegnen, stoßen auf ein zusätzliches Problem: Je komplexer die zahlenmäßige Wiedergabe ist, desto mehr entfernt sie sich notwendigerweise von der erfahrbaren Realität.

Nochmal am Beispiel der Schriftguterfassung illustriert: Eine DIN-A4-Seite ist unmittelbar und anschaulich auf konkrete Arbeitserfahrung beziehbar; dies gilt für 1500 Anschläge als ‚Gegenwert' einer DIN-A4-Seite schon nur noch eingeschränkt. Abstrakt und nur schwer nachvollziehbar werden Daten, die sich auf gewichtete Anschlagswerte beziehen, die der besonderen Eigenart der Textvorlage gerecht zu werden suchen – etwa die Gewichtung von Texten mit zahlreichen Fachausdrücken mit dem Faktor 1.3.

Je raffinierter und komplexer die Konstruktion von Indexwerten oder Kennziffern, desto komplizierter wird es, den anschaulichen Bezug zur Realität, die sie wiedergeben sollen, herzustellen. Desto größer wird auch die Gefahr, daß die Daten zur Realität werden, eben nicht nur als Indikatoren, sondern als das Eigentliche erscheinen.

Zahlen strukturieren also innerbetriebliche Realität – und werden damit zur innerbetrieblichen Realität. Innerbetriebliches Handeln orientiert sich nicht nur an Zahlen, es wird auch von der Verfügbarkeit von Zahlen strukturiert: Wo es Zahlen gibt, da ist auch Aktion. Dieser Zusammenhang gilt insbesondere für die Rationalisierungspolitik der Unternehmen. Klassisches Beispiel hierfür ist die Qualitätsförderung, die vor allem dort ansetzt, wo Fehler, Abweichungen, Defizite quantitativ meßbar und zählbar sind, kaum aber an nicht quantifizierbaren ‚qualitativen' Mängeln, etwa im Bereich der Büroarbeit.

Wesentlich bestimmt werden dabei Gebrauch wie auch Wirkung von Daten noch durch einen weiteren Zusammenhang: *Wer die Daten hat, hat die Macht.* Argumentationen, die sich auf Zahlen stützen können, haben von vorneherein zusätzliches Gewicht. Dies gilt paradoxerweise gerade in Unternehmen mit perfektionierten Legitimationsverfahren. Eine schöne Milchmädchenrechnung sticht eine Argumentation ohne Zahlen allemal aus. Und ebenso in umgekehrter Richtung: *Wer die Macht hat, kann auch über Daten ‚verfügen'* und damit seine Macht konsolidieren. Wer bestimmen kann, wie Daten entstehen, bestimmt damit auch, welcher Teil innerbetrieblicher Realität aktionsrelevant wird. Auseinandersetzungen um Methoden sind deshalb alles andere als akademisch, sondern ‚betriebspolitisch' relevant. Der amerikanische Soziologe Paul Attewell hat diese ‚politische' Qualität von Daten sehr anschaulich an einigen Beispielen illustriert. Seine Untersuchung kommt zu dem Schluß:

> „Statistiken in Bürokratien sind das Produkt vielfältiger (bisweilen willkürlicher) Entscheidungen und komplexer organisatorischer Prozesse; sie spiegeln eher die Besonderheiten der Rahmenbedingungen der Maßstäbe als objektive Eigenschaften der Organisation wider." (Attewell 1986)

Ein Kreislauf zeichnet sich ab: Wer über die Daten verfügt, verfügt über die Macht – und meist auch die Macht, die Daten so zu strukturieren, daß sie wiederum seine Position stärken. Dieser Zusammenhang erklärt die – für Außenstehende bisweilen schwer nachvollziehbare – Inbrunst, mit der in Unternehmen häufig um Zahlen gekämpft wird. Vieles spricht auch dafür, daß der *erbitterte Kampf* gegen den ‚Wildwuchs' der Anschaffung und der Nutzung ‚dezentraler' Technik – etwa Personalcomputer – nicht allein von der Sorge um technische Kompatibilität bestimmt wird, sondern auch über die dezentrale Verfügung über

Daten und die damit verknüpften Verschiebungen in der innerbetrieblichen Machtverteilung.

Die Entwicklung der Macht und der Einflußverteilung in vielen Unternehmen spiegelt diesen Regelkreis wider. Der Aufstieg des zentralen Controlling in vielen Unternehmen war nur denkbar auf der Grundlage der Daten, die von den zentralen Rechenzentren geliefert werden konnten, und stellte seinerseits zusätzliche Anforderungen an die Produktion von Daten. Ähnliches gilt für die zentralen Marketing- und Marktforschungsabteilungen. Anderseits kann die neue Verfügbarkeit von Daten, vor allem die Eröffnung dezentraler Zugriffs- und Gestaltungsmöglichkeiten, mit einer Neuverteilung innerbetrieblicher Einfluß- und Machtstrukturen in umgekehrter Richtung verbunden sein: Gestaltungsfunktionen verlagern sich dann von den Zentralbereichen zurück in die Fachbereiche.

Allerdings hat diese Macht ihren Preis. Die Wirkung der Daten ist allgemein. Sie kann sich verselbständigen und sich damit auch gegen ihre Besitzer richten. *Aus der Herrschaft über Zahlen wird die Herrschaft der Zahlen.*

Die Auswirkungen sind in vielen Unternehmen zu spüren: starre, schematisch gehandhabte Legitimations- und Entscheidungsverfahren, eingeschränkte Handlungs- und Verantwortungsbereitschaft im Management, mangelnde Berücksichtigung der jeweils spezifischen, situativen Anforderungen der ‚Praxis'.

Mehr Transparenz der innerbetrieblichen Realität, mehr Objektivität und Rationalität in den Entscheidungsabläufen sind keine selbstverständliche Folge, die sich sozusagen automatisch mit dem Einsatz der neuen Informations- und Kommunikationstechnik einstellt. In dem Maße, in dem die Herrschaft der Daten sich konsolidiert, kommen auch ihre problematischen Folgen zum Tragen.

So können sich Entscheidungsträger hinter diese Zahlen zurückziehen und sich auf diese als Legitimation einer rationalen Vorgehensweise berufen. Daraus ergäbe sich die Ironie, daß das Streben nach größerer Rationalität bisweilen zu größerer Irrationalität führe, stellt Attewell fest.

„In the Age of the Smart Machine – the Future of Work and Power" lautet der Titel von Shoshanna Zuboffs Buch (Zuboff 1988). *Smart* – dieser Ausdruck bezeichnet sehr gut die Stärken und Grenzen der neuen Informations- und Kommunikationstechnik wie auch der Herrschaft der Zahlen.

Die neue Verfügbarkeit von Daten, die zunehmende ‚Datifizierung' der innerbetrieblichen Realität erfordert neue Qualifikationen – darüber besteht kein Zweifel. Meist werden diese neuen Qualifikationsanforderungen aber primär auf das Leistungsangebot der neuen Technik bezogen. Manager müssen lernen, mit Maschinen und Techniken zu leben, die in mancher Beziehung ‚smarter' als sie selbst sind, stellt der amerikanische Wirtschaftswissenschaftler Gerstein (1987) fest. Er meint damit die Anerkennung dessen, was er als einen der wichtigsten Vorzüge der Informationstechnik bezeichnet: „die Verbesserung menschlicher Urteilsfähigkeit durch die Partnerschaft mit Maschinen".

Diese Forderung ist sicher berechtigt, sie ist jedoch zu ergänzen durch die Forderung nach einer gesunden Skepsis gegenüber den Produkten dieser Technik. Ein kritischer, distanzierter Umgang mit Zahlen erscheint wichtiger denn je, das Bewußtsein, daß die Erschließung der ‚Realität' über Zahlen *voller Tücken* und *Irrwege* sein kann und daß ein Verständnis der komplexen Wirklichkeit der Arbeits- und Vertriebsprozesse auch der anschaulichen, unvermittelten Erfahrung bedarf.

Allerdings, vieles deutet darauf hin, daß eben diese Qualifikationen im Management zunehmend verlorengehen. Gefragt sind analytisches, deduktives Vorgehen – und damit entsprechende Qualifikationen. Gefördert wird diese Entwicklung durch die Akademisierung des Managements. Insbesondere die zunehmende Besetzung von Nachwuchspositionen mit Absolventen aus zahlen- und methodenorientierten Studiengängen – Betriebswirtschaftler, Wirtschaftsingenieure, Informatiker – trägt zu einem Klima bei, in dem Daten und Methoden viel, die unmittelbare Erfahrung der ‚Praxis' wenig zählt.

Paul Attewell konstatiert für die Vereinigten Staaten eine ähnliche Entwicklung: „Management Science" gewinne an Attraktivität, was sich in den Lehrplänen der Business-Schools niederschlage. Es werde der Glaube vermittelt, daß geschäftspolitische Entscheidungen ‚wissenschaftlich' zu fundieren seien, wenn man nur die richtigen quantitativen Daten habe. Auch hier die Wechselwirkung: Die Herrschaft der Zahlen verstärkt die Zahlengläubigkeit und wird ihrerseits durch sie gestärkt. Technikorientiertheit, Methodenfetischismus finden ihre Entsprechung in datenbestimmten Entscheidungsautomatismen. Fazit: Die Herrschaft der Zahlen ist keine Utopie mehr, sondern praktizierte Wirklichkeit – eine Herausforderung, der sich das Management in Zukunft in zunehmendem Maße wird stellen müssen.

Teil B:
Innovation als Legitimationsprozess

Einleitung

Bei der Untersuchung und Begleitung von Innovationsvorhaben wurde immer wieder erkennbar, dass bei deren Planung und Einführung Angaben über die ‚offiziell' gehandelten Daten, Organisationsstrukturen, Kompetenzbereiche und Arbeitsplatzbeschreibungen nicht immer identisch waren mit dem, was in der innerbetrieblichen Wirklichkeit praktiziert wurde, dass gewissermaßen eine doppelte Wirklichkeit in den Unternehmen bestand. Im Beitrag B.1 *„Der Traum von der absoluten Ordnung und die Doppelwirklichkeit der Unternehmen"* setzen wir uns mit diesem Phänomen auseinander.

Wesentlich zur Entstehung dieser Doppelwirklichkeit in den Unternehmen hat ein Führungsstil beigetragen, wie er in vielen Unternehmen praktiziert wird und den wir in unserem Beitrag B.2 nach dem historischen Vorbild als *„Management by Potemkin"* bezeichnen: die Herstellung eines geschönten Bildes der Zustände im Unternehmen, das nach innen wie nach außen als Wirklichkeit gehandelt wird.

In unseren Untersuchungen wurde immer wieder erkennbar, dass besonders die nach ‚Außen' und auch intern ‚offiziell' vertretenen Grundsätze der Arbeitspolitik und ihre reale Praktizierung deutlich voneinander abwichen. Die neunziger Jahre des vorigen Jahrhunderts waren besonders reich an solch neuen Ansätzen, etwa jene die unter dem Sammelbegriff „Lean Production" zusammengefasst wurden. Schon bald nach ihrer Propagierung war damals die Diskrepanz zwischen dem programmatischen Anspruch dieser Ansätze und ihrer Umsetzung in der innerbetrieblichen Praxis Thema zahlreicher kritischer Stellungnahmen. Besonders eklatant war der Widerspruch von arbeitspolitischem Anspruch und seiner Realisierung in der innerbetrieblichen Praxis beim Konzept der Gruppenarbeit, mit dem in den neunziger Jahren in vielen Unternehmen experimentiert wurde. Beitrag B.3 *„Anspruch und Wirklichkeit von arbeitspolitischen Ansätzen: das Beispiel Gruppenarbeit"* hat dieses Phänomen zum Thema.

Deutlich wurde immer wieder, wie die Begleiterscheinungen der Doppelwirklichkeit eine funktions- und anforderungsgerechte Gestaltung von Neuerungen gefährden können. Sucht man nach einer Erklärung, warum es trotzdem zu diesem Auseinanderdriften von offizieller und praktizierter Realität in den Unternehmen kommt, so stößt man zunächst auf den Rechtfertigungsdruck, mit dem jede Veränderung, gleich ob technischer oder organisatorischer Natur, konfrontiert wird – verursacht sie doch Kosten, birgt Risiken, greift unter Umständen in erprobte und durchaus noch befriedigend funktionierende Verfahren ein, berührt das Mosaik von Partialinteressen. Jede Veränderung des Status quo bedarf somit einer Legitimationsbasis, mit der sie betriebspolitisch begründet werden kann.

Dabei spielen Wirtschaftlichkeitsrechnungen eine große Rolle. So war es sicher kein Zufall, dass die Entdeckung dieser Doppelwirklichkeit für uns – wobei es sich wie so oft nicht um eine wirkliche Entdeckung handelte, sondern darum, dass bislang diffuse Erfahrungen und Eindrücke auf einen Nenner gebracht wurden – durch ein Schlüsselerlebnis herbeigeführt wurde, das ich in einem unserer Begleitforschungsprojekte hatte. Um einen arbeitsorganisatorischen Vorschlag, den wir dem Projektgremium vorgelegt hatten, durchzubringen, untermauerten wir ihn mit einer Berechnung, die seine überlegene Wirtschaftlichkeit nachweisen sollte – nach einem im Unternehmen praktizierten Verfahren, dessen Defizite wir intern zuvor analysiert und ad absurdum geführt hatten. Obwohl nun die Mehrheit der Mitglieder des Projektgremiums sich der Schwächen, der Scheinhaftigkeit unserer nun vorgelegten Berechnungen bewusst war, wurde unser Vorschlag doch abgesegnet.

Dies verweist auf die im Management dominierenden Ziel- und Leitvorstellungen. Idealtypisch, so stellte es sich uns nach unseren Erfahrungen in zahlreichen Diskussionsrunden dar, in denen es um die Einführung neuer arbeitsorganisatorischer oder technologischer Neuerungen ging, ließen sich zwei Grundmuster solcher Leitvorstellungen erkennen:

- ordnungsbezogene Leitvorstellungen – innerbetriebliches Geschehen soll berechenbar, rechenbar und steuerbar gemacht werden;
- aufgabenbezogene Leitvorstellungen, die an den Notwendigkeiten der jeweils zu erfüllenden Aufgaben orientiert sind.

Grundsätzlich erwiesen sich die auf ordnungspolitischen Leitvorstellungen basierenden Legitimationsverfahren in den betriebspolitischen Auseinandersetzungen gegenüber primär aufgabenbezogenen Legitimationsverfahren durchsetzungskräftiger, obwohl sie der praktizierten Betriebswirklichkeit weniger gerecht wurden. Dabei machten wir allerdings vor allem in unseren Beratungs- und Begleitforschungsprojekten immer wieder die Erfahrung, dass offiziell vertretene Zielsetzungen und Leitvorstellungen nur bedingt zu einem wirklichen Verständnis des Managementhandelns ausreichten.

Im letzten Beitrag B.4 zu diesem Themenblock setzen wir uns mit einer Dimension auseinander, die neben den durch betriebswirtschaftliche Lehrmeinungen geprägten Leitbildern eher, wie wir glauben, zu wenig Beachtung fand: *„Menschenbilder der Betriebsorganisatoren"*.

B.1 Der Traum von der absoluten Ordnung und die doppelte Wirklichkeit der Unternehmen*

In jedem Unternehmen gibt es zwei Ebenen der Realität: die *offizielle Wirklichkeit* der ausgewiesenen Regeln, der festgelegten Abläufe, der festgeschriebenen Strukturen von Zuständigkeiten und die *praktizierte Wirklichkeit,* das heißt das reale Arbeitsgeschehen, das sich *quer* durch die offiziellen Strukturen und *hinter* den festgelegten Verfahren vollzieht.

Die offizielle Wirklichkeit, das sind der Organisationsplan (‚Kästchen', Kurzzeichen, wer ‚berichtet' an wen), formale Kompetenzzuweisungen, festgelegte Arbeitsabläufe (Dienstwege), formalisierte Legitimationsverfahren (Beantragung von Planstellen oder neuer Technik usw.), Stellenbeschreibungen, Dienst- und Geschäftsordnungen, Betriebsvereinbarungen, tarifvertragliche Regelungen.

Die praktizierte Wirklichkeit, das sind die tatsächlichen Kooperations- und Arbeitsweisen. Sie weichen zum Teil erheblich von den durch Dienstanweisungen, Organisationsplänen und durch Verfahrensvorschriften fixierten Regelungen ab: Arbeitswirklichkeit und offizielle Wirklichkeit decken sich durchaus nicht immer.

Die Begleiterscheinungen solcher Doppelwirklichkeiten sind bekannt, zum Beispiel:

- ‚Dienstweg' und tatsächliche Kooperationsbeziehungen können sehr unterschiedlich sein.
- Vorschriften und Verfahrensregelungen bleiben häufig ‚Papier' und werden in der tagtäglichen Praxis nur sehr lose berücksichtigt.
- Auflagen von ‚Oben' werden erfüllt und zugleich unterlaufen.

Jedes Unternehmen braucht ein allgemeingültiges System von Regeln: Vorschriften, Festlegungen von Verfahrensweisen (‚Dienstwege') und Zuständigkeiten (Arbeitsteilung), Legitimationsanforderungen. Solch notwendigerweise feste Regeln können allerdings in ihrer Anwendung sinnwidrig und behindernd wirken. Häufig bestehen Diskrepanzen zwischen den aktuellen Erfordernissen, die sich aus der jeweiligen Arbeitssituation ergeben, und den Vorgaben der ‚offiziellen' Festlegungen.

---

* Zuerst erschienen in: Hildebrandt, E. (Hg.): Betriebliche Sozialverfassung unter Veränderungsdruck. Berlin 1983, S. 85–97. Dieser Beitrag basiert vor allem auf Erfahrungen und Befunden aus den Begleitforschungsprojekten beim KBA, der BMW AG und der Zahnradfabrik Friedrichshafen.

Diese Diskrepanzen werden in der Praxis durch eine naturwüchsige Selbstorganisation der ‚Basis' überbrückt. Das Arbeitsgeschehen wird an die Anforderungen der jeweiligen Aufgaben, Handlungssituationen oder auch Interessen- und Machtkonstellationen angepaßt. Umständliche Verfahren, Dienstwege, hierarchische Umwege werden abgekürzt, sperrige Vorschriften, Zuständigkeiten werden umgangen.

Diese Selbstorganisation durch die Beschäftigten kann funktionell durchaus zu einer größeren Reaktions- und Leistungsfähigkeit des Systems führen. Sie kann als Korrektiv der formalen Organisation des Unternehmens betrachtet werden. Ohne ihren Beitrag wäre kaum eine Großorganisation funktionsfähig. Ein Dienst nach Vorschrift, würde die meisten Unternehmen ebenso wirksam lahmlegen wie ein Streik.

Andererseits birgt solche naturwüchsige Selbstorganisation für das Unternehmen die Gefahr, daß das Arbeitsgeschehen nur mehr begrenzt transparent und steuerbar ist und die Wirksamkeit ‚offizieller' Feedbackmechanismen eingeschränkt wird. Damit wird auch der Anpassungsdruck und die Reaktionsfähigkeit, dem das Unternehmen ausgesetzt ist, reduziert.

Unternehmen, insbesondere Großunternehmen, sind ja immer der Gefahr einer ‚Fossilisierung' ausgesetzt, das heißt der bürokratischen Verkrustung von Verfahren und Strukturen, einer systembedingten Einschränkung ihrer institutionellen Lernfähigkeit und damit ihrer Reaktions- und Innovationskraft.

Die Wirksamkeit dieser Selbstorganisation erklärt unter anderem das Phänomen, daß sich in Unternehmen einerseits ständig, sozusagen unter der Hand, Wandel vollzieht – eine Vielzahl kleiner Änderungen, zum großen Teil ad hoc und ohne formale Prozeduren, daß aber anderseits notwendige, tiefgreifendere Änderungen mit strukturellen Verschiebungen oft erstaunlich lange auf sich warten lassen.

Viele Unternehmen gleichen damit einem Erdbebengebiet, wo sich unmerklich – höchstens durch kleine Erschütterungen signalisiert – im Untergrund Verschiebungen vollziehen und damit Spannungen aufbauen, die sich dann eines Tages mit einem Schlag im großen Erdbeben entladen. Die Geschichte vieler Großunternehmen ist gekennzeichnet durch solche periodischen Erdbeben. Die Unfähigkeit der Unternehmen zur kontinuierlichen Evolution kommt sie teuer zu stehen. Jedes dieser Erdbeben bedeutet nicht nur Vernichtung von vorhandenen Erfahrungen, eingespielter Kooperations- und Kommunikationsnetze, bewährter informeller Verfahren, sondern vor allem auch Verunsicherung und Motivationsverlust, die eher lähmend wirken können.

Mit der Diskrepanz zwischen offizieller und praktizierter Realität richtig umzugehen, muß wesentlicher Aspekt von Unternehmensführung sein. Erfolg, ja sogar das Überleben von Unternehmen hängen davon ab, daß offizielle und praktizierte Realität nicht zu weit auseinanderdriften, daß praktizierte Realität in die offizielle Realität Eingang finden kann.

Die Kosten der Schizophrenie zwischen den beiden Realitäten kennen wir alle: Bürokratisierung, Unbeweglichkeit, Investitionsruinen, also Technik, die kaum oder nicht sinngemäß genutzt wird, Brachliegen von Qualifikationen, Demotivation der Mitarbeiter. Je zentralistischer und perfekter ein Unternehmen durchorganisiert ist, je perfekter die Kontrollverfahren formal organisiert und geregelt sind, desto größer die Gefahr, daß die beiden Wirklichkeiten auseinanderfallen, vor allem auch daß das, was praktiziert wird, nur systematisch verfälscht in die ‚offizielle' Wirklichkeit eingeht. Potemkin hat zumindest der Überlieferung nach solche Verfälschung zum Prinzip erhoben – und es ist kein Zufall, daß dies im zentralistisch und absolutistisch geführten zaristischen Rußland geschah.

Die Kunst ‚Türken zu bauen', ist ein in Jahrhunderten perfektioniertes Handwerk, dem wir in allen Großorganisationen begegnen und das sich im Gleichschritt mit den Methoden der Kontrolle und Steuerung von ‚Oben' verfeinert und perfektioniert. Das Ergebnis: Zahlen und Berichte, die in solchen Großorganisationen erzeugt werden, spiegeln die Arbeitswirklichkeit nur bedingt richtig wider und sind häufig das Ergebnis systematischer Verfälschung. In den offiziellen Wirtschaftlichkeits-Berechnungen ausgewiesene Einsparungen und der tatsächliche Zugewinn an ‚Wirtschaftlichkeit' können recht weit auseinanderliegen.

Nun gibt es natürlich auch in den Unternehmen Versuche, offizielle und praktizierte Realität deckungsgleich zu halten. Sie reichen vom Berichtswesen und von Leistungskontrollen bis zum innerbetrieblichen Vorschlagswesen und den neuen partizipativen Ansätzen wie Organisationsentwicklung oder Qualitätszirkel. Sie alle sind mit dem Problem der systematischen Filterung und Verfälschung der Realität konfrontiert. Die formalisierten Ist-Analysen zu Organisationsumstellungen oder zur Vorbereitung von DV-Verfahren geben immer nur *bestimmte* Aspekte der Arbeitswirklichkeit wieder – schon die formalisierten Erhebungs- und Auswertungsraster bedingen dies. Die meisten der Informationen, die von Unten nach Oben, von der Peripherie ins Zentrum kommen, werden vorstrukturiert, vorselektiert. Je stärker die Kontrolle, je stärker der Legitimationsdruck, je größer also die Notwendigkeit einer Korrektur, desto weniger gelingt es, einen *offenen* Bezug zur Arbeitswirklichkeit herzustellen. Allgemein kann gelten, daß die Unternehmen Schwierigkeiten haben, mit der Doppelwirklichkeit umzugehen, das heißt zu verhindern, daß es zu einer ‚Schattenwirtschaft' kommt, die nur noch begrenzt steuerbar ist.

Heute ist die Gefahr des Auseinanderklaffens von offizieller Wirklichkeit und Arbeitswirklichkeit besonders groß. Dazu trägt paradoxerweise gerade der Ausbau des Berichtswesens und der Legitimationsverfahren bei, die Transparenz sicherstellen sollen. Zweifellos wird ‚Transparenz' hergestellt, aber eine

Transparenz, deren Raster zugleich die Probleme und die besonderen Erfordernisse der Arbeitswirklichkeit eher verdeckt als erhellt. Zwischen den Planern in den Elfenbeintürmen der Organisations- und DV-Abteilungen und den Anwendern draußen in den Fachbereichen gibt es nur sehr dünne und vielfältig vermittelte Verbindungslinien, mit dem Effekt, daß die DV-Verbindungsleute im Laufe ihrer Tätigkeit selbst die Blickweise der Datenverarbeitung übernehmen und der Arbeitssituation in Fachbereichen zunehmend fremd gegenüberstehen. Verfahren werden entwickelt und perfektioniert, ohne Bezug zu ihrer tatsächlichen Nutzung – etwa beim Ausbau der Datenverarbeitung. Folge: Die erwarteten Erleichterungen und die Unterstützung durch Technikeinsatz stehen häufig bloß auf dem Papier oder werden durch neue zusätzliche Belastungen mehr als aufgewogen.

Das Verhalten vieler Manager sowie ihre Wahrnehmung der innerbetrieblichen Aktionsbedingungen stehen in einem merkwürdigen Widerspruch zu ihren Zielvorstellungen. Man ist sich der Doppelwirklichkeit im Unternehmen durchaus bewußt. Genauer gesagt, man bewegt sich in ihr, richtet sich in ihr ein – indem man sich zum Beispiel an den realen Machtverhältnissen orientiert, sich aber zugleich an die formalen Dienstwege und Zuständigkeiten hält. Der souveräne Umgang mit der Doppelwirklichkeit ist eine zentrale Qualifikation des erfolgreichen Managers, so wie er dem Mitarbeiter an der Basis das Überleben erleichtert.

Die praktizierte Wirklichkeit und die Gegebenheiten, die sie bestimmen – wie die innerbetrieblichen Machtkonstellationen, personenbedingten Gegebenheiten, Anforderungen der täglichen Arbeitspraxis – wirken in starkem Maße als Bezugspunkt für das Verhalten von Managern und Mitarbeitern. Dies bedeutet aber nicht, daß die Existenz der offiziellen Wirklichkeit geleugnet wird. Sie wird vielmehr gleichsam als Aktionsparameter genutzt, an dem man sich orientiert, selbst dann, wenn man von ihrer Scheinhaftigkeit weiß.

Der Umgang mit der doppelten Wirklichkeit der Unternehmen ist für Manager und Mitarbeiter weitgehend *unreflektierte Selbstverständlichkeit.* Man könnte fast von einer ‚doppelten Moral' sprechen: Jeder weiß, daß es die andere ‚unmoralische' Welt gibt, jeder partizipiert an ihr – und tut doch so, als gäbe es sie nicht. Klassisches Beispiel: Wirtschaftlichkeits-Rechnungen, von denen jeder weiß, daß sie mit der Realität wenig zu tun haben und die dann in innerbetrieblichen Aushandlungsprozessen doch für bare Münze genommen werden – nicht als realitätsgerechte Berechnung, sondern als ‚politisches' Datum, auf das man sich beziehen kann.

Von dieser Doppelbödigkeit des innerbetrieblichen Geschehens und dem gespaltenen Verhalten innerbetrieblicher Akteure merkwürdig unberührt stehen nun die Zielvorstellungen vieler Manager, insbesondere im Rationalisierungsmanagement (Organisation, DV, Controlling usw.). Sie sind ausgerichtet an dem

Idealbild eines Unternehmens, in dem alles seine Ordnung hat, ein Rädchen in das andere greift, für jede Teilaufgabe die beste Lösung gefunden und realisiert ist. Entwicklung im Unternehmen wird begriffen als der Weg zu dieser totalen Ordnung. Organisation wird begriffen als Herstellung solch absoluter (und endgültiger) Ordnung.

In der ‚reinen' Lehre dieser Gralsritter des Ordnungsprinzips ist für die Doppelwirklichkeit mit ihren Brüchen und Widersprüchen kein Platz. Wenn überhaupt, so wird sie als zu beseitigender Rest vor- oder unorganisierter innerbetrieblicher Zustände behandelt, nicht aber als notwendiges und dauerhaftes Faktum, auf das sich jede innerbetriebliche Maßnahme beziehen muss.

Wie ist solche Verdrängung zu erklären? Wie ist zu erklären, daß die Ziel- und Ordnungsvorstellungen, von denen die innerbetrieblichen Gestaltungsmaßnahmen bestimmt werden, die realen Bedingungen, auf die sich beziehen, schlicht ignorieren?

Eine umfassende Erklärung kann hier nicht versucht werden – sie ist in jedem Falle vielschichtig und komplex. Sie wird sich auf die innerbetrieblichen Machtkonstellationen ebenso beziehen müssen wie auf die Durchsetzungsbedingungen von (zentralen) Gestaltungsmaßnahmen. Sie wird das Verhältnis von Zentral- und Fachbereichen berücksichtigen müssen wie auch die Wirksamkeit zentraler und zentrifugaler Tendenzen in Unternehmen.

Wir haben sie auch in den Ordnungsvorstellungen zu suchen, die die Handlungen innerbetrieblicher Akteure bestimmen, und dies verweist auf die Ausbildung, in der ja letztlich solche Leitbilder geprägt werden. Es sind in modernen Großunternehmen im Wesentlichen vier Berufsgruppen, die das Geschehen bestimmen: Juristen, Techniker (Naturwissenschaftler), Betriebswirte und – in jüngster Zeit zunehmend – Informatiker. Diesen sehr unterschiedlichen Fachrichtungen ist eines gemeinsam: Fachwissen ist die Beherrschung eines Satzes von Regeln, Gesetzen, Methoden. Über die Anwendung dieser Regeln und Verfahren ist im Unternehmen Ordnung herzustellen. Für die Widersprüche der Arbeitspraxis ist in der Weltsicht dieser Disziplinen wenig Platz.

Die innerbetrieblichen Aktionsbedingungen in der Vergangenheit machten es den Unternehmen leichter, mit der Doppelwirklichkeit zu leben. Möglich war auch die Diskrepanz von Ordnungsvorstellungen und Verhalten, die ‚doppelte Moral'. Die Reichweite und der Zwangscharakter innerbetrieblicher Gestaltungs- und Ordnungsmaßnahmen war so begrenzt, daß er Spielraum für die Doppelbödigkeit innerbetrieblichen Geschehens offenließ: für Insellösungen, für Regelungen, deren Befolgung irgendwie immer doch noch Interpretationssache war, für ein Nebeneinander von regulierten und unregulierten Tätigkeitsbereichen. Der Traum von der absoluten Wirksamkeit des Ordnungsprinzips blieb eben nur ein Traum.

In den letzten Jahren allerdings haben sich bislang latente Spannungen radikalisiert und aktualisiert. Verantwortlich waren dafür unter anderem die Perfektionierung des Kontroll- und Steuerungsinstrumentariums der Unternehmen sowie das Leistungspotential der Informations- und Kommunikationstechnik. Diese Entwicklungen drängen auf eine *explizite Auseinandersetzung* mit der Doppelwirklichkeit, machen deren bisherige Verdrängung in der innerbetrieblichen Planungs- und Gestaltungspraxis zunehmend schwierig.

An sich könnte man ja erwarten, daß diese Ansätze, insbesondere der Einsatz der neuen Informations- und Kommunikationstechniken eher dazu beitragen, die beschriebenen Spannungen abzubauen:

- Die Kommunikation und die Kooperation zwischen Teilbereichen und damit die Koordination ihrer Aktivitäten könnten erleichtert werden.
- Feedbackmechanismen könnten verstärkt und beschleunigt werden.
- Damit bestehende Spannungen und Widersprüche können sich auflösen: etwa der Widerspruch zwischen formalisierter Festlegung und Anpassungsfähigkeit. Vernetzung und Integration einerseits, flexible Nutzungsmöglichkeiten durch den einzelnen Nutzer anderseits scheinen dafür die Voraussetzung zu bieten.
- Die könnte zu größerer Transparenz des Gesamtsystems führen.

Die Utopie von der umfassenden ‚systemischen' Rationalisierung, von der automatisierten Selbststeuerung und damit der abstrakten Ordnung, von der Auflösung der Widersprüche und Spannungen, die diese immer wieder gefährden und behindern, scheint dank dem Potential der neuen Informations- und Kommunikationstechnik realisierbar. Es ist diese Utopie, die die Konzepte der Integration über den Computer – von CIM (Computer Integrated Manufacturing) bis CIB (Computer Integrated Business) – so attraktiv machen.

Die abstrakte Schönheit dieses Ideals von der vollkommenen Integration und der automatisierten Selbstorganisation ist verführerisch wie die des Perpetuum mobile. Und es fragt sich, ob auch ihre schreckliche Plausibilität von der Vernachlässigung einiger unauffälliger, wenn auch fundamentaler Gegebenheiten lebt: der Tatsache nämlich, daß die Überwindung der Widersprüche und Spannungen durch die perfekte Integration die Aufhebung der Wirksamkeit eben jener Widersprüche und Spannungen voraussetzt. Die ‚systemischen' Konzepte der Computerintegration zielen nicht auf eine Ausschaltung der ‚politischen' Qualität des innerbetrieblichen Geschehens, der Doppelwirklichkeit und letztlich auch der Selbstorganisation der Teileinheiten. Sie *ignorieren vielmehr deren Existenz.*

Für die totalitären Kontroll- und Steuerungsansätze wie für die CIM-Utopien gilt jedoch, daß ihre Verwirklichung letztlich die (weitgehende) Beseitigung von Divergenzen zwischen ‚offizieller' und praktizierter Wirklichkeit erfordern. Sonst funktionieren sie nicht und machen auch keinen Sinn.

Aus der Sicht der technik- und planungsgläubigen Protagonisten der Computerintegration spricht alles dafür, daß dies gelingt. Hält man sich allerdings an die bisherigen realen innerbetrieblichen Erfahrungen, so ist eher Skepsis angebracht. Gerade die Kombination von Vernetzung und flexiblen Nutzungsmöglichkeiten birgt einen hohen Bedarf an ‚offizieller' Regelung von Modalitäten, die bislang *pragmatisch* im Rahmen der Doppelwirklichkeit ‚verarbeitet' wurden. Mit solchen Festschreibungen ist eine unvermeidliche – wenn auch durchaus ungewollte Politisierung dieser Prozesse der Selbstorganisation verbunden, so daß zunächst eher eine Verschärfung bestehender Widersprüche und Spannungen zu erwarten ist.

Die Wirklichkeitsferne der ‚ordentlichen', methodenorientierten Gestaltungsansätze und Instrumente, ihre begrenzte Fruchtbarkeit für die Lösung innerbetrieblicher Probleme wird zunehmend deutlich. Paradoxerweise ist es gerade die Wirksamkeit der Doppelwirklichkeit, die es möglich machte, ihre Inadäquatheit zu verdecken. Erforderlich werden Ansätze, die das Faktum der innerbetrieblichen *Doppelwirklichkeit* nicht nur ignorieren oder als zu beseitigendes Krankheitssymptom behandeln, sondern als *legitimen Gestaltungsgegenstand.*

Sozialwissenschaftliche Untersuchungen und Analysen müssen immer beides zum Gegenstand haben: Das ‚offizielle' System der Organisationsstrukturen, der Regelungen und anderer ‚objektiver' Größen, wie etwa den Technikeinsatz *und* die praktizierte Arbeitswirklichkeit, d.h. die Arbeitsvollzüge und die Kooperationsformen der Beschäftigten. Stärker als andere Wissenschaftsdisziplinen scheint die Soziologie daher berufen, sich mit der ‚Doppelwirklichkeit' der Unternehmen auseinanderzusetzen, mit der ihr immanenten Widersprüchlichkeit und den daraus sich ergebenden Konsequenzen für die Unternehmen wie auch für die Beschäftigten.

Sie hat das allerdings bislang, so meine ich, nur sehr selektiv getan, etwa bei Behandlung bestimmter Einzelthemen – wie dies zum Beispiel Burkart Lutz in seiner Auseinandersetzung mit der Wirkungsweise des Leistungslohnes getan hat. Es ist eher erstaunlich, wie wenig die Auseinandersetzung mit der Doppelwirklichkeit der Unternehmen Niederschlag in der industriesoziologischen Forschungspraxis gefunden hat. Dabei muss wohl für jeden Soziologen, der die betriebliche Realität nicht nur durch den Filter formalisierter Erhebungsinstrumente und die Brille formaler Kategorien erfahren hat, die Begegnung mit den Auswüchsen dieser betrieblichen Doppelwirklichkeit ein beeindruckendes Erlebnis gewesen sein. Aber so anschaulich und lebhaft viele mündliche Berichte von Sozialforschern aus dem ‚Felde' sind, in den schriftlichen Darstellungen erscheint dann die betriebliche Realität meist recht stromlinienförmig auf die jeweils behandelte Fragestellung bezogen. Woher dieses *Auseinanderklaffen?*

Notwendiges Opfer eines höheren Anspruches an Allgemeingültigkeit oder theoretischer Aussagekraft? Ausfluß eines Wissenschaftsverständnisses, das so sehr am ‚Allgemeinen' ausgerichtet ist, daß das Besondere, das Widersprüchliche notwendigerweise in den Hintergrund treten muß? Glaube an die eingängige Schönheit und durchgängige Gültigkeit des eigenen Erklärungsansatzes, in dem für Widersprüchlichkeiten kein Platz ist?

Nun ließe sich einwenden, daß mit dem Begriff der betrieblichen Doppelwirklichkeit letztlich nur die altbekannte Gegenüberstellung von formaler und informaler Organisation wieder aufgegriffen wird. Spricht das Gegensatzpaar von ‚offizieller' und ‚praktizierter' betrieblicher Realität nicht den gleichen Sachverhalt an? Neuer Wein in alten Schläuchen? Nicht so ganz. In der Unterscheidung von formeller und informeller Organisation wird dem institutionellen betrieblichen Regelsystem das soziale System gegenübergestellt. Formale und informale Organisation werden als sich ergänzende Teile eines Systems betrachtet, wobei die informellen Beziehungen als Öl oder Sand im Getriebe der formalen Organisation wirken. Die analytische Stoßrichtung der Unterscheidung von ‚offizieller' und ‚praktizierter' Realität dagegen zielt auf einen anderen Sachverhalt: auf die *Widersprüche und Spannungen,* die sich in einem von ökonomischen Zwängen *und* Machtaspekten bestimmten Zwecksystem ergeben, dessen Zielerreichung von menschlicher Kooperation, Qualifikation und Motivation abhängig ist. Die Untersuchung und Analyse von Abweichungen und Widersprüchen zwischen offizieller und praktizierter Realität und ihrer Auswirkungen kann Aufschluß geben über strukturelle Widersprüche und Spannungen, denen das betriebliche Geschehen aus seiner doppelten ökonomischen und sozialen Bestimmtheit ausgesetzt ist: *die Doppelwirklichkeit als Symptom.*

Nun ist ja das Konzept funktionaler Komplementarität von formeller und informeller Organisation – trotz seiner eingängigen Schönheit – für die empirische Forschung in der Bundesrepublik erstaunlich folgenlos geblieben. Außer in einigen eher sozialpsychologisch orientierten Studien über informelle Gruppen lebt das Konzept hauptsächlich in den Lehrbüchern der Organisationssoziologie. Der dominierende Strang der neueren deutschen Industriesoziologie konnte mit der Gegenüberstellung von formeller und informeller Organisation nie so recht etwas anfangen. Das leuchtet auch ein, beinhaltet doch deren funktionalistischer Ansatz implizit eine eher harmonistische Grundtendenz, die der stärker konfliktorientierten Ausrichtung der deutschen Industriesoziologie konträr lief, wie auch die Tatsache, daß diese sich überwiegend als *Industriesoziologie* und nicht so sehr als *Betriebssoziologie* verstand. Dem Wirken und den Auswirkungen allgemeiner Bestimmungsgrößen – etwa des technisch-organisatorischen Wandels, des Interessengegensatzes zwischen Kapital und Arbeit – galt vor allem ihr Interesse.

Diese Ausrichtung an allgemeinen und objektiven Aspekten, zweifellos Stärke der deutschen Industriesoziologie, birgt zugleich die Gefahr einer gewissen *Einseitigkeit*. Der Betrieb, begriffen als ‚Strategie', die Entwicklung von Technikeinsatz und Arbeitsorganisation gesehen als Reflexion von ‚Produktionskonzepten', mit solchen Ansätzen gelang es zweifellos, wichtige Sachverhalte und Entwicklungen zu fassen und auf einen Nenner zu bringen. Zugleich drohten jedoch gewisse Aspekte betrieblicher Realität aus dem Blick zu geraten. Produktionskonzepte und betriebliche Wirklichkeit waren nie ganz identisch, ging die betriebliche Praxis nie ganz in den offiziellen Konzepten und Strategien auf.

So war etwa der Taylorismus in der deutschen Industrie zweifellos weniger verbreitet, als es die Rationalisierungsdiskussion in Industrie und Wissenschaft oder selbst ein Blick auf Organisationspläne und Stellenbeschreibungen in den Unternehmen hätte vermuten lassen. Die Funktionsfähigkeit vieler Betriebe wurde letztlich dadurch gewährleistet, daß tayloristische ‚Produktionskonzepte' in der betrieblichen Praxis eben nicht voll erfüllt wurden. Wenn sich Arbeiter und Angestellte bei ihrer tagtäglichen Arbeit tatsächlich so verhalten hätten, wie es das offizielle tayloristische System ihnen vorgab – in einer Woche hätte dies zu chaotischen Verhältnissen geführt.

Die Interessenausrichtung der Industriesoziologie, wie ihre analytische Stringenz, führte nicht nur zur Vernachlässigung bestimmter inhaltlicher Felder, etwa der Managementsoziologie, sondern hatte zum Teil auch Auswirkungen, die dem kritischen Selbstverständnis vieler Industriesoziologen kaum entsprechen dürften. So konnte sich aus der Vernachlässigung der Doppelwirklichkeit leicht ein zu glattes, stromlinienförmiges Bild betrieblicher Rationalisierungsprozesse ergeben, eine eher schmeichelhafte *Überzeichnung der Rationalität betrieblichen Vorgehens bzw. des Managementhandelns,* und damit implizit eine Heroisierung der Effizienz des Managements. Und so führte gerade die analytische Stringenz mancher Studien zu einer tendenziellen Unterschätzung von Einfluß- und Interventionsmöglichkeiten der Arbeitnehmervertretungen oder auch bestimmter Teilgruppen des Managements. Paradoxerweise dürfte damit manche arbeitnehmerorientierte Studie zu einer überzogenen Technikorientierung in den Gewerkschaften beigetragen haben.

Gerade die Widersprüchlichkeit der betrieblichen Doppelwirklichkeit bietet Ansatzpunkte für eine wirksame Vertretung von Arbeitnehmerinteressen gegenüber der Durchsetzung von Rationalisierungsmaßnahmen. Mancher Anspruch auf Produktivität und Wirtschaftlichkeit bei der Legitimation von Rationalisierungsmaßnahmen steht auf schwachen Beinen. Gerade hier klaffen offizielle Wirklichkeit und Praxis nicht selten weit auseinander. Sich mit diesen Widersprüchen und Brüchen auseinanderzusetzen, steht deshalb besonders einer arbeitnehmerorientierten Soziologie gut an.

Vieles, was im Namen der Wirtschaftlichkeit in Unternehmen vertreten wird und geschieht, macht unter strikten *Wirtschaftlichkeitsgesichtspunkten* kaum Sinn – ist aber sehr wohl unter Aspekten interner *Machtauseinandersetzungen* oder *Legitimationserfordernissen* zu verstehen. Nun sind in jüngster Zeit betriebsinterne Entscheidungsprozesse und Machtauseinandersetzungen stärker in den Bereich soziologischer Betrachtung gerückt – zweifellos eine wichtige Erweiterung des Blickwinkels. Ohne Berücksichtigung dieser Aspekte bleibt ein Verständnis der neuen Entwicklungen insbesondere in der Verwaltungsrationalisierung unvollständig.

Was ergibt sich daraus für die *Praxis der Sozialforschung?* Ein neues Begriffspaar für die Lehrbücher, eine Bezeichnung, die zum Begriff hochstilisiert wird? Die Forderung nach einer Reorientierung soziologischer Forschung? Natürlich nicht. Es sei hier keinem neuen Ansatz das Wort geredet. Aber eine stärkere Berücksichtigung der betrieblichen Doppelwirklichkeit muß in mehrfacher Hinsicht Konsequenzen für das Vorgehen der Sozialforschung haben.

Auf *methodischer Ebene:* z.B. Mißtrauen gegenüber Darstellungen und Selbstdarstellungen des Managements, etwa in den so genannten ‚Experteninterviews'; mehrdimensionale Forschungsansätze, in denen etwa Untersuchungen des Arbeitsverhaltens, der Kooperationsformen mit Analysen des formalen Regelsystems, der innerbetrieblichen Macht- und Interessenkonstellationen kombiniert werden.

Auf *qualifikatorischer Ebene:* Vertrautheit mit den technischen und verfahrensmäßigen Rahmenbedingungen des jeweiligen Untersuchungsgegenstandes, z.B. mit der formalen Regelung betrieblicher Entscheidungs- und Legitimationsabläufe, der Kontroll- und Steuerungsverfahren, etwa Wirtschaftlichkeitsberechnungen.

In Bezug zu den *Gewerkschaften:* z.B. Aufzeigen der Widersprüche, Diskrepanzen und Defizite betrieblicher Praxis – etwa bei der Handhabung der ‚Wirtschaftlichkeit'. Aufzeigen der sich daraus ergebenden Handlungsansätze und Interventionschancen.

In Bezug auf die *Unternehmen:* Den Unternehmen quasi den Spiegel vorzuhalten, in dem die Widersprüchlichkeit der ‚Doppelwirklichkeit' deutlich werden muss, wie auch die sich daraus ergebenden Ansatzpunkte für das Managementhandeln.

B.2 Management by Potemkin*

Im Frühjahr 1787 brach Zarin Katharina II. aus Moskau auf, um den Süden Rußlands zu inspizieren. In ihrer Begleitung waren ihr Berater und Geliebter Großfürst Potemkin sowie zahlreiche Beobachter aus dem Ausland, darunter auch – inkognito – Kaiser Joseph II. von Österreich. Was man antraf, waren blühende Dörfer, ein augenscheinlicher Wohlstand. Kein Wunder, denn Großfürst Potemkin hatte die Dörfer, die man besuchen würde, sorgfältig präparieren lassen. Was die Teilnehmer jener historischen Inspektionsreise sahen, war also eine Attrappe. Wenige Werst abseits der Route herrschten Elend und Verwahrlosung wie in fast allen Dörfern des Zarenreichs.

Diese Potemkinschen Dörfer machten Eindruck: bei der Zarin, bei den Besuchern aus dem Ausland und nicht zuletzt bei Potemkin selbst. Was die Bauern dachten, ist nicht überliefert, es hat sie nie jemand gefragt und es hat sich wohl auch niemand dafür interessiert.

Ergebnis: Das Potemkin-Syndrom war zwar nicht erfunden – es hatte es ja schon immer gegeben – aber auf den Begriff gebracht worden: die Herstellung einer Scheinwelt zur (Selbst-)Bestätigung eines autokratischen Regimes.

Der aktuelle Bezug ist offenkundig. Die Entwicklung und das Schicksal der DDR sind ein Paradebeispiel für die Wirksamkeit und die Grenzen des Potemkin-Syndroms: Autokratische Machthaber gaukeln der Welt und sich selbst eine heile Fassade vor. Das selbsterzeugte, verfälschte Bild der Wirklichkeit wird zur Realität. Privilegien werden mit Verdienst gleichgesetzt, die Insignien der Macht mit Macht. Täuschung als Methode wird zur Selbsttäuschung. Der Betrüger wird zum Betrogenen. Es ist diese Dialektik des Potemkin-Syndroms, die die Wirksamkeit des Scheinprinzips letztlich gegen seinen Erzeuger selbst kehrt. Sie ist wichtiges Herrschaftsinstrument autokratischer Systeme *und zugleich* ihre größte Gefahr. Was macht dieses Potemkin-Syndrom so wirksam und zwar in doppelter Richtung: für die Erhaltung, wie für die (Selbst-)Zerstörung des autokratischen Status quo?

Das Funktionsprinzip des Potemkin-Syndroms ist im Grunde einfach: Wer was zu sagen hat, wird einbezogen in die – sehr realen – Vorteile der Scheinwelt. Er darf, um beim Vergleich zu bleiben, die Potemkinschen Dörfer bewohnen; wer nichts zu sagen hat, bleibt draußen – aber da er nichts zu sagen hat, scheint dies keine Folgen zu haben. Funktionäre, Offiziere, Sportler, ‚Kulturschaffende', Wissenschaftler: Alle, die zum größten Ruhm des Systems und seiner Macht-

---

* Zuerst erschienen in: Technische Rundschau, 1990, Nr. 33, S. 10–12. Dieser Beitrag basiert auf Erfahrungen aus verschiedenen Begleitforschungs- und Beratungsprojekten.

haber beitragen, werden fürstlich belohnt – im wörtlichen Sinn, denn in der Tat geht es hier wirklich zu wie an feudalen Hofhaltungen. Die Privilegien, die sich die Mächtigen und die Zuträger schaffen, werden aber zu goldenen Käfigen, deren Gitter zwar abschirmen, zugleich aber die Sicht auf die Realität versperren. Aus den Wirkungsmechanismen dieser Scheinwelt erklärt sich die Bedeutung, die der *Rhetorik* zukommt: Man versichert nicht nur der Welt, sondern vor allem sich selbst, immer wieder aufs Neue, daß alles in Ordnung sei – und wird so selbst zum *Gefangenen der eigenen Rhetorik.* Der Schein selbst wird zur handlungsbestimmenden Wirklichkeit, zum primären Bezugspunkt von Aktionen: Festreden, Publikationen, Slogans, Leitsätze, Gelöbnisse, Indoktrination in jeder Form und vor allem Ausschaltung jeder Kritik. Kritik ist nicht nur unbequem, sie ist Verrat, da sie ja die Wirklichkeit des Scheins gefährden könnte. Insofern ist auch kein Platz für konstruktive Kritik. Auch sie stellt die Scheinwelt in Frage und ist deshalb nicht zulässig.

Und in dem Maße, wie die Wirklichkeit hinter dem Anspruch, der da ständig an sie gestellt wird, zurückbleibt, wird der Schein zum Eigentlichen. Nicht mehr um die Verbesserung der sozialen und der wirtschaftlichen Verhältnisse geht es, sondern um die Perfektion des Scheins.

Die Machbarkeit der Scheinwelt versperrt nicht nur den Blick auf die ‚reale' Welt, sondern führt auch zu einer Fehleinschätzung des tatsächlich Machbaren. Die Gesetze des offiziellen Scheins werden zum Handlungsparadigma. *Was nicht sein darf, kann nicht sein.* Zynismus und Selbstbetrug ergänzen einander mit verheerenden Folgen. Mit der Verachtung der realen Welt und ihrer Forderungen gerät diese selbst aus dem Blick. Die Opfer, die Machtlosen, sind letztlich die einzigen, die noch den Durchblick, den Blick durch die offizielle Scheinwirklichkeit auf die reale Welt haben.

Nur so wird die unfaßbare Fehleinschätzung der inneren Situation durch die Machthaber der DDR erklärbar, trotz des Riesenapparates des Staatssicherheitsdienstes. Aber dieser diente eben nicht als Nachrichtendienst, sondern als Instrument, um die Wirksamkeit des Potemkin-Syndroms abzusichern. ‚Staatssicherheit' hieß Erhaltung des Scheins – auch vor sich selbst. Mehr als alles andere dürfte die Wirksamkeit des Potemkin-Syndroms zum *Scheitern der Planwirtschaft* beigetragen haben. Diese ist ja in besonderem Maße auf Transparenz angewiesen. Zugleich fordert sie in besonderem Maße potemkinsche Verfälschungen heraus. Paradoxer Zusammenhang: ein System, dessen Funktionsfähigkeit ganz auf völlige Transparenz angelegt ist und zugleich die Herstellung von Transparenz nicht zuläßt. Der Zusammenbruch des DDR-Systems ist begleitet von einem sehr hörbaren Aufatmen auf unserer Seite. Nun endlich wissen wir wirklich, wie herrlich weit wir es gebracht haben; nun endlich können wir uneingeschränkt mit uns selbst zufrieden sein. Es ist gegenwärtig sicher der falsche Zeitpunkt, das Salz des Zweifels in diese Suppe der Selbstzufriedenheit zu schütten, aber trotzdem sei die Frage gestellt, ob dieser Zusammenbruch im Osten nicht auch *Lehren für uns* enthält. Denn dem Potemkin-Syndrom begegnen wir auch hier im goldenen Westen – und nicht nur in der Politik.

Da stand noch vor ein paar Jahren der Name Nixdorf für Unternehmertum, dynamische Unternehmensentwicklung im High-Tech-Bereich und dynamische Zukunftsperspektiven, um dann unversehens tief in den roten Zahlen und damit im gütigen Schoß der Firma Siemens zu landen – auch eine ‚Vereinigung'. Ähnliche Unternehmensschicksale: Borgward, Grundig, AEG, Coop, Krupp – glänzende Namen und ein unvermitteltes und meist unvermutetes Ende. Alle diese Zusammenbrüche verweisen nicht zuletzt auch auf die Wirksamkeit des Potemkin-Syndroms: Man ging der eigenen Selbstdarstellung als zukunftsorientiertes Erfolgsunternehmen selbst auf den Leim. Der unternehmerische *Erfolg* wurde zum *Mythos,* nicht nur in der Werbung und den PR-Maßnahmen, sondern auch im eigenen Hause. Folge: Überschätzung der eigenen Stärken, Vernachlässigung kritischer Schwachstellen, Fehleinschätzung des Machbaren und Notwendigen. In klassischer Weise ist das Potemkin-Syndrom beim Einsatz der neuen Informationstechnik erkennbar: die geschönten ‚Erfahrungsberichte' in den Werbeprospekten der Hersteller und einschlägiger Fachzeitschriften, die überhöhten Absatzprognosen, die immer wieder durch die Realität widerlegt werden, die zweifelhaften Wirtschaftlichkeitseffekte, die verdeckt bleiben, und die Desillusionierung an der Basis. Nun ließe sich einwenden, dies seien exotische Ausnahmen, die sich nicht verallgemeinern ließen. Aber jeder, der Unternehmen nicht nur aus der Sicht der Vorstandsetagen und Hochglanzbroschüren kennt, wird dem Potemkin-Syndrom in vielfältiger Form begegnet sein: jenem Klima von schönfärbender Verfälschung der Realität, in dem ein kritisches Infragestellen des Status quo kaum gedeihen kann, jener Kombination von Selbstzufriedenheit an der Spitze und Unzufriedenheit an der Basis. Die Parallelen zu autokratischen politischen Systemen sind unverkennbar: die glorifizierende Selbstdarstellung nach innen und außen in Festreden, Firmenzeitschriften usw.; die Beschwörung von Unternehmenskultur, Corporate Identity, Betriebsklima; die Unfähigkeit, mit interner und externer Kritik umzugehen. Manche Unternehmen vermitteln das Bild feudaler Hofhaltungen: ein Herrscherhaus von Gottesgnaden in den Vorstandsetagen, beflissene Höflinge in den mittleren Führungsebenen und die Dienerschaft, von der fraglose ‚Pflichterfüllung' erwartet wird.

Die Privilegien, mit denen sich die Inhaber von Leitungsfunktionen ausstatten, sind für die Unternehmen meist nicht nur ein kostspieliger, sondern auch ein gefährlicher Luxus: Sie schaffen *Filter,* durch die die – ja häufig unangenehme – Wirklichkeit nur selektiv und verspätet zu dringen vermag. Konsequenz: Unterschätzung der Anforderungen, die sich aus diesen wandelnden Bedingungen an das Unternehmen stellen, und Vernachlässigung der Zukunftsaufgaben. Selbstdarstellung und Wirklichkeit haben wenig miteinander zu tun. Es geht weniger darum, das zu tun, was notwendig ist, als den Eindruck zu erwecken, daß alles in Ordnung sei. Diese Gefahr ist umso größer, als die Wirksamkeit der Potemkinschen Dörfer eine sehr reale Basis hat: In einer schönen Welt lebt es sich leichter, mit Erfolg leichter als mit Mißerfolg, und der Erfolg des Systems färbt auf den einzelnen ab. Das gilt für die ‚Oben' wie für die ‚Unten', und das gilt im Inneren wie nach Außen. Der verstärkte und systematische Gebrauch des ‚schönen Scheins' in Werbung und Public Relations, die Erfindung von Corporate Identity und Unternehmenskultur als Instrumente der Erzeugung von Identifikationen und Motivationen machen so Sinn. Die Gefahr dabei ist, daß auch hier aus Täuschung Selbsttäuschung wird. Das Bild, das man in Werbung und Public Relations von sich selbst zeichnen läßt, wird für bare Münze genommen.

Macht heißt, so hat ein kluger Mann gesagt, darauf verzichten können zu lernen. Dies gilt für Individuen, das gilt auch für Institutionen. Autokratisch geführte Unternehmen geraten immer in Gefahr, ihre Lernfähigkeit zu verlieren – dank der Wirksamkeit des Potemkin-Syndroms, das blind macht für bestehende Schwächen und zukünftige Anforderungen – blind macht vor allem für die kleinen, unmerklichen Veränderungen in den Bedingungen und den Anforderungen der Außenwelt und den Defiziten des eigenen ‚Apparats'. Nun besteht zweifellos über den Markt ein Regulativ, das in der Politik (weitgehend) fehlt: Vor dem Kriterium des Markterfolgs versagt die Wirksamkeit des Potemkin-Syndroms. Allerdings ist es, wenn dieses Regulativ zu greifen beginnt, in der Regel bereits zu spät: Der Markt reagiert ja auf die Sünden der Vergangenheit, und diese sind meist kaum kurzfristig zu korrigieren. Natürlich gibt es in allen Unternehmen Versuche, Transparenz herzustellen, sozusagen hinter die Fassaden der Potemkinschen Dörfer zu schauen: der Ausbau der unternehmensinternen Controlling- und Organisationsabteilungen, das Engagement externer Beratungsinstitute, der Einsatz von Verfahren der Organisationsentwicklung – sie dienen letztlich dem Zweck, Transparenz zu schaffen. Aber alle diese Instrumente greifen nur in einem Klima, in dem *auch sein kann, was nicht sein darf,* in dem die häufig schwierige und wenig schmeichelhafte Wirklichkeit zugelassen ist und nicht allein der schöne Schein zählt.

Sind diese Voraussetzungen nicht gegeben, so tragen die ausgeklügelten Kontroll- und Berichtsverfahren nur dazu bei, ein verfälschtes Bild von der Situation und den Handlungsnotwendigkeiten gleichsam statistisch zu untermauern. Wie der Staatssicherheitsdienst in der DDR bewahrt das perfekteste Controlling nicht vor der Krise, wenn es nur eingesetzt wird, um systemgerechtes Verhalten *herbeizuprüfen.* Nixdorf zum Beispiel besaß ein ausgebautes Berichtswesen und wurde doch von der Krise unvorbereitet, wenn auch nicht ungewarnt, getroffen. Im Gegenteil: Unternehmensinterne Kritiker (denn die gab es durchaus) wurden mit Zahlen, die dieses Berichtswesen geliefert hatte, zum Schweigen gebracht.

Hier schließt sich der Kreis: Eben jene Instrumente, die einer Durchleuchtung der Wirklichkeit dienen sollten, tragen dazu bei, ein verfälschtes Bild von ihr zu liefern. Die Instrumente werden Teil des Potemkin-Syndroms. Wie in den planwirtschaftlichen Systemen zeichnet sich in manchen Unternehmen jener paradoxe Zusammenhang ab: Mit der immer anspruchsvolleren Durchplanung des Arbeitsgeschehens in Fertigungsbetrieben und Verwaltungen steigen die Anforderungen an ‚Transparenz'. Zunehmend werden die zentral verfügbaren Informationen auch die Arbeitswirklichkeit tatsächlich wiedergeben.

Je perfekter also ein Unternehmen durchrationalisiert und ‚systemisch' organisiert ist, desto verletzlicher wird es auch gegenüber der Wirksamkeit des Potemkin-Syndroms. Zugleich wächst die Gefahr systematischer Verfälschungen. Das Bewußtsein um diese Gefahr ist in den Unternehmen vorhanden, allerdings mehr an der Basis als in den Führungsetagen. Dem entspricht der Umgang mit dem Potemkin-Syndrom. Es werden gegenwärtig zahlreiche „Management-by-..." Verfahren gehandelt, durch die eine erfolgreiche Unternehmensführung zu gewährleisten sei. Die Anwendung dieser Verfahren in der Praxis verläuft jedoch eher zögerlich. Ein Verfahren allerdings erfreut sich universaler Anwendung, ohne irgendwo gelehrt zu werden: „Management by Potemkin". Wäre es nicht an der Zeit, sich damit auseinanderzusetzen?

B.3 Anspruch und Wirklichkeit von arbeitspolitischen Ansätzen

Das Beispiel Gruppenarbeit*

Die deutschen Unternehmen tun sich schwer mit der Einführung und Umsetzung neuer Ansätze der Arbeits- und Organisationsgestaltung, durch die eine Flexibilisierung starrer Strukturen und Abläufe erreicht werden soll. Ihre Verbreitung in den Unternehmen vollzieht sich eher zögerlich, ihre Umsetzung erfolgt vielfach halbherzig und ohne Konsequenz und bleibt deshalb in den Anfängen stecken. Dies gilt exemplarisch für die Gruppenarbeit. Deren Einführung in den Unternehmen verlief sehr viel langsamer und zäher, als es bei einem Instrument, das mit so großen Vorschußlorbeeren angekündigt wurde, eigentlich zu erwarten gewesen wäre. Große Bereiche, die eigentlich gerade für die Einführung von Gruppenarbeit prädestiniert erscheinen – wie etwa Entwicklung und Verwaltung – blieben bislang praktisch völlig ausgespart.

Die Erfahrungen, die man mit der Gruppenarbeit machte, fielen von Unternehmen zu Unternehmen, ja von Betrieb zu Betrieb innerhalb einzelner Unternehmen, außerordentlich unterschiedlich aus. Einerseits begegnen wir Unternehmen, in denen die Einführung von Gruppenarbeit sehr positiv als ein wichtiger Beitrag zu einer höheren Leistungsfähigkeit des Unternehmens bewertet wird, auf der anderen Seite stehen Betriebe, in denen die Gruppenarbeit offensichtlich als Flop betrachtet wird.

Dazu ist allerdings festzustellen, daß wir uns bei dieser Aussage nur sehr eingeschränkt auf systematische und umfassende Evaluierungen beziehen können. Es gibt zwar eine Reihe von Untersuchungen, die sich mit den soziologischen und arbeitswissenschaftlichen Auswirkungen der Gruppenarbeit auseinandersetzen, wie etwa die Befragungen, die das SOFI Göttingen bei Mercedes Benz durchgeführt hat. In den meisten Unternehmen fehlt jedoch eine systematische Evaluierung des ‚Ertrages' von Gruppenarbeit unter betriebswirtschaftlichen Aspekten, bzw. bezüglich ihres Beitrages zu den Zielsetzungen, die mit ihrer Einführung verbunden waren. Meist bleibt es bei sehr vordergründigen oder fragwürdigen Gegenüberstellungen der Kosten und Einsparungen, die mit der Grup-

---

* Zuerst erschienen in: Arbeit, 1997, Jg. 6, S. 379–391. Der Beitrag basiert auf dem Manuskript eines Referates, das auf dem Workshop „Potentiale und Perspektiven neuer Arbeitsstrukturen im Betrieb" des Institutes für Arbeitswissenschaft der Universität Kassel und der Volkswagen AG im April 1997 gehalten wurde. Darin wurden Erfahrungen aus der Beratungstätigkeit bei der Einführung von Gruppenarbeit bei der Hella AG und der Daimler Benz AG verarbeitet.

penarbeit in Verbindung gebracht werden. Diese Defizite sind meiner Meinung nach nicht nur darauf zurückzuführen, daß eine umfassende Evaluierung methodologisch außerordentlich schwierig ist, sondern auch auf die diffusen Erwartungen und Zielsetzungen, die hinter dem Entschluß, Gruppenarbeit einzuführen, stehen und die eine Bewertung schwierig machen, weil klare Bezugsgrößen fehlen.

Unverkennbar ist jedoch, auch ohne systematische Evaluierung, daß sich der Einsatz von Gruppenarbeit in vielen Unternehmen nicht ‚gelohnt' hat. Weder traf die erhoffte Verbesserung der Produktivität ein, noch waren positive Auswirkungen auf die Motivation und die Stimmung in der Belegschaft festzustellen. Kaum erstaunlich, daß in vielen Unternehmen, in denen man vor einigen Jahren mit hohen Erwartungen – oder auch mit Skepsis – mit dem Experiment Gruppenarbeit begonnen hatte, Ernüchterung und Desillusionierung eingekehrt ist, ja teilweise man stillschweigend sich wieder voll an den alten ‚bewährten' Modellen der Arbeitsorganisation und Leistungspolitik ausrichtet – soweit man diese überhaupt je aufgegeben hatte.

Woran lag es nun, wenn die Einführung von Gruppenarbeit nicht zu den gewünschten Ergebnissen führte? Nach den aus mehreren Unternehmen vorliegenden Erfahrungen können vorwiegend folgende Defizite dafür verantwortlich gemacht werden:

- vage und abweichende Erwartungen bei Mitarbeitern und Führungskräften;
- unklare, widersprüchliche Zielsetzungen bei der Planung und der Einführung;
- unklare oder falsche Zuordnung der Verantwortlichkeiten;
- unzureichende Maßnahmen und Ressourcen, durch die die Voraussetzungen für eine erfolgreiche Gruppenarbeit geschaffen werden (Bereitstellung von Betreuungskapazitäten, Qualifizierungsmöglichkeiten für Führungskräfte und Mitarbeiter, Freiräume für die Gruppen, z.B. Gruppengespräche);
- ungenügende Einbeziehung und mangelndes Engagement der Führungskräfte; die Einführung von Gruppenarbeit wird von ihnen nicht als Teil ihrer eigentlichen Führungsaufgabe und -verantwortung aufgefaßt;
- fehlende Neubestimmung von Zielsetzungen, Vorgaben und Maßnahmen im Verlauf des Einführungsprozesses.

Diese Auflistung von Schwachpunkten macht deutlich, daß Erfolg oder Mißerfolg von Gruppenarbeit nicht allein oder sogar primär in den Gruppen selbst entschieden wurde, also davon abhing, ob diese bereit und in der Lage waren, wirklich als Gruppe zu arbeiten und die ihnen übertragenen Aufgaben zu erfüllen, sondern in hohem Maße in ihrem Umfelde: wie weit von Unternehmensseite konsequent die notwendigen Voraussetzungen für die Gruppenarbeit geschaffen wurden, inwieweit das Management diese nicht nur unterstützte, sondern als immanenten Teil seiner Führungsaufgabe sah. Vor allem wurde immer wieder deutlich, daß unrealistische Zielsetzungen, basierend auf unrealistischen oder verschwommenen Erwartungen, eine schwere Hypothek für die Gruppenarbeit beinhalteten.

Allgemein läßt sich feststellen: Gruppenarbeit ist in den Unternehmen noch ein Fremdkörper geblieben, selbst dort wo sie in Teilbereichen schon relativ erfolgreich praktiziert wird. Sie ist bei weitem kein Selbstläufer, der sich quasi selbsttätig in der betrieblichen Praxis durchsetzt.

Diese Feststellung wird illustriert durch die Ergebnisse einer Befragung, die das Fraunhofer-Institut für System- und Innovationsforschung (ISI) bei 1305 Unternehmen durchgeführt hat.

Tab. 1: Verbreitung neuer Organisationsprinzipien (Angaben in Prozent)

	Eingeführt	Optimale Nutzung
Gruppenarbeit	32	6
Aufgabenintegration	43	9
Dezentralisierung	24	8
Entwicklungsteams	42	6
Zertifizierung (ISO 9000 etc.)	39	32

Bemerkenswert erscheint an diesen Ergebnissen – wobei deren Bedeutung und empirischer Wert hier im einzelnen nicht diskutiert werden kann – weniger der Anteil der Unternehmen, die angaben, die neuen Organisationsmethoden bereits eingeführt zu haben, als die Diskrepanz zwischen diesen Werten und der Zahl jener Unternehmen, in denen man der Ansicht war, die neuen Organisationsansätze bereits ‚optimal' zu nutzen. Während etwa ein Drittel der Unternehmen angaben, Gruppenarbeit eingeführt zu haben, war man nur in 6 Prozent davon überzeugt, diese auch wirklich zu nutzen, was auch immer das im einzelnen heißen mag, wobei mit Sicherheit dieser Wert sich bei eingehender Analyse noch weiter reduzieren würde. Zwischen dem formalen Akt der Einführung von Gruppenarbeit und ihrer tatsächlichen Praktizierung scheint ein weiter Weg.

Bezeichnend erscheint mir dabei auch, daß dagegen diese Diskrepanz zwischen formaler Einführung und tatsächlicher Umsetzung bei der Zertifizierung nach Qualitätsstandards – wie etwa ISO 9000 – (also einer eher ‚herkömmlichen' Form organisatorischer Neuerung) wesentlich geringer ist.

Diese Befragungsergebnisse des ISI werden bestätigt durch die Befunde früherer Untersuchungen anderer Institute. „Die Hälfte der Konzepte – gemeint sind wohl Versuche, Gruppenarbeit einzuführen – ist Augenwischerei", zu diesem Schluß kommt zum Beispiel eine Untersuchung der Universität Mannheim aus dem Jahr 1993 über Gruppenarbeit in deutschen Unternehmen. Was unter dem Etikett Gruppenarbeit firmiere, verdiene häufig den Namen nicht, sei nur Scheinpartizipation. Von einem Bruch mit bestehenden Verfahrensweisen und Strukturen könne keine Rede sein, oft handele es sich lediglich um Organisationskosmetik. Und das IAO Stuttgart (Fraunhofer-Institut für Arbeitswirtschaft und Organisation) stellte in einer Untersuchung fest: „Die Lücke zwischen dem, was man für unverzichtbar hält, und dem, was tatsächlich umgesetzt wird, ist zum Teil groß." Häufig werde gar kein Bruch mit den bestehenden Strukturen vollzogen, sondern „durch die Hintertür eine neue, subtile Form der Arbeitsteilung eingeführt". Diese Untersuchungsergebnisse decken sich mit den Eindrükken, die ich bei der Begleitung der Einführung von Gruppenarbeit in verschiedenen Unternehmen gewonnen habe.

Worauf ist es nun zurückzuführen, daß in so vielen Unternehmen bei der Einführung von Gruppenarbeit offensichtlich eher zögerlich und halbherzig vorgegangen wird?

Welche Zielperspektiven den Entschluß zur Einführung von Gruppenarbeit und deren Planung bestimmten, ist im Nachhinein meist schwer festzustellen. Retrospektiv ergibt sich der Eindruck, daß ausgesprochen und unausgesprochen Erwartungen an einen raschen Beitrag zur Verbesserung der ‚Wirtschaftlichkeit', d.h. im Regelfall vor allem Kosteneinsparungen, bestimmend für die Entscheidung waren. Bisweilen dürfte diese auch nicht zuletzt eher ein Tribut an eine Moderichtung gewesen sein, der man relativ ungeprüft folgte, denn Ergebnis einer sorgfältigen Prüfung der spezifischen Erfordernisse des eigenen Unternehmens. Inzwischen läßt sich vielfach nach der anfänglichen Euphorie eine gewisse Desillusionierung bezüglich des Ertrages von Gruppenarbeit feststellen, aber mir scheint, man ist im Begriff, wieder das Kind mit dem Bade auszuschütten, bzw. die falschen Schlüsse aus den gemachten Erfahrungen zu ziehen. So wie man vor einigen Jahren weitgehend ungeprüft und unreflektiert das Dogma von der Gruppenarbeit übernommen hat, so wird dieses nun wieder verworfen.

Zum Verständnis dieser Situation ist es nützlich, wenn wir uns noch einmal vergegenwärtigen, wie es eigentlich dazu kam, daß Gruppenarbeit in deutschen Unternehmen eingeführt wurde.

> „Anfang der 90er Jahre sah sich die deutsche Automobilindustrie mit der Herausforderung konfrontiert, einen erheblichen Kosten- und Produktivitätsrückstand gegenüber dem japanischen Wettbewerb aufzuholen. Die Ursachenforschung für diesen Rückstand ergab u.a. einen erheblichen arbeitsorganisatorischen Reformbedarf. Die auch bei Mercedes Benz in den vergangenen Jahrzehnten vorangetriebene Arbeitsteilung in der Produktion erwies sich – entgegen ihrer ursprünglichen Intention – in verschiedener Hinsicht als ein Hemmschuh für ein effizientes und flexibles Arbeiten. Die Arbeitsabläufe waren von Doppelarbeit, taktabhängigen Wartezeiten und einer insgesamt zu geringen Einsatzflexibilität der Mitarbeiter geprägt. Darüber hinaus wurden durch die Arbeitsteilung viele Mitarbeiter quali-

fikatorisch eher unter- als überfordert. (...) Die Unternehmensleitung entschied sich daher gemeinsam mit dem Gesamtbetriebsrat, eine umfassende Arbeitsreform in die Wege zu leiten. Sie verfolgt das Ziel, die Effizienz der Produktions- und Arbeitsabläufe zu verbessern und die Handlungs- und Entscheidungsspielräume der Mitarbeiter zu erweitern. Als zentrales Instrument dieser ‚Arbeitsreform' wurde die Erprobung der Gruppenarbeit angesehen."

Diese Äußerung von Heiner Tropitzsch, Personalvorstand der Mercedes Benz AG beschreibt sehr präzise die Ausgangssituation und die Zielsetzungen, die die Einführung neuartiger Organisationsansätze vor einigen Jahren in deutschen Unternehmen bestimmte. Man stand unter einem starken Druck, sowohl Produktivität als auch die Reaktionsfähigkeit zu steigern. Man war der Überzeugung, daß mit einer Verfeinerung des herkömmlichen Rationalisierungsinstrumentariums den verschärften Anforderungen des Wettbewerbs nicht begegnet werden könne.

Diese Ansicht wurde dem Management – und dies hieß in der Regel der Unternehmensspitze – nicht zuletzt durch eine Fülle von Publikationen nahe gelegt, die eine Lösung der bestehenden Probleme versprachen. Die deutschen Unternehmen wurden in den letzten Jahren von einer wahren Flut neuer Management-, Organisations-, und Motivationslehren überschwemmt, die jeweils mit dem Anspruch verbreitet wurden, zu einer grundsätzlichen Lösung der Probleme beizutragen, die im Zuge der verschärften globalen Konkurrenz auftraten: Kontinuierlicher Verbesserungsprozeß, Kaizen, Lean Production, Lean Administration, Lean Management, Lean Thinking, Restructuring, Reengineering, Turnaround Management, Wertsteigerungsmanagement, Competition, Harvard Konzept, Credibility Management, Change Management, Shareholder Value, um nur einige Schlagworte aufzuführen, unter denen in den letzten Jahren neue Managementansätze propagiert wurden.

Zentrale Botschaft eines Teils dieser Konzepte war, daß sie Wege aufzeigten, die Kosten in den Griff zu bekommen. Nicht zuletzt mit dem Verweis auf japanische oder amerikanische Erfahrungen wurde die Ansicht propagiert, daß den neuen Anforderungen mit einer Perfektionierung tayloristischer Ansätze und Methoden der Rationalisierung, die zu einer immer stärkeren Arbeitsteilung und Reglementierung geführt hatten, auf die Dauer nicht zu begegnen sei, daß es neuer Ansätze der Arbeits- und Unternehmensorganisation bedürfe.

Wesentliches Merkmal der meisten dieser Ansätze und Lehren ist ihre starke arbeitspolitische Komponente. Eine Verbesserung der Produktivität – vor allem auch der Qualität und der Flexibilität der Fertigung – sei nur durch eine Mobilisierung der Motivations- und Qualifikationsreserven, die bei den Mitarbeitern meist ungenutzt bleiben würden, zu erreichen.

Die ‚Entdeckung' dieser arbeitspolitischen Komponenten einer betrieblichen Leistungspolitik entbehrt allerdings nicht einer gewissen Ironie. Keiner der arbeitspolitischen Ansätze, die in den letzten Jahren mit großem Nachdruck propagiert wurden, ist grundsätzlich neu. Die Lehren, die da in amerikanischer oder japanischer Verpackung importiert wurden, beinhalten zu einem erheblichen Teil Vorgehensweisen, die früher in der betrieblichen Praxis deutscher Unternehmen durchaus gängig waren und die nicht zuletzt erst unter dem Einfluß amerikanischer Managementdoktrinen verdrängt wurden. Dies gilt insbesondere für die Gruppenarbeit, die ja noch in den fünfziger und sechziger Jahren in vielen Unternehmen weit verbreitet war und erst im Zuge der immer stringenteren Durchrationalisierung der Unternehmen im Sinne einer Taylorisierung der Arbeitsprozesse eingeschränkt wurde. Bereits in den siebziger und achtziger Jahren wurden in zahlreichen Projekten des Programms „Humanisierung des Arbeitslebens" (HdA) die Schwächen solch stark arbeitsteiliger, taylorisierter Formen der Arbeitsorganisation aufgezeigt und Modelle alternativer Arbeitsorganisation entwickelt – wie etwa eben der Gruppenarbeit und partizipativer Arbeitsgestaltung. Diese wurden zwar in einigen Projekten durchaus erfolgreich erprobt, blieben jedoch ohne dauerhafte Resonanz. Es bedurfte wohl erst des besonderen, durch die Krise erzeugten ‚Leidensdruckes' und der damit ausgelösten Verunsicherung des Managements – vielleicht auch des Appeals amerikanischer oder japanischer Verkleidung – solchen arbeitspolitischen Ansätzen ausreichende Attraktivität und damit breitere Aufmerksamkeit zu verschaffen.

Die neuen arbeitspolitischen Ansätze setzen dem Circulus des tayloristischen Regelkreises, in dem perfektionierte Arbeitsteilung und Reglementierung der Arbeitsvollzüge, möglichst genaue Kontrolle und Demotivation der Mitarbeiter sich wechselseitig bedingen, einen umgekehrten Regelkreis entgegen, in dem eine Wechselwirkung von Arbeitsintegration und Arbeitsanreicherung, Selbstorganisation und Arbeitsmotivation hergestellt werden soll.

In diesem Sinne wird das Konzept der Gruppenarbeit, zumindest wo es in anspruchsvollerer Weise propagiert wird, nicht nur als eine neue Form der Arbeitsorganisation verstanden, sondern als grundsätzlich neuer arbeits- und leistungspolitischer Ansatz, der in seiner Wirkungsbreite weit über den Bereich der eigentlichen Gruppe hinausweist:

- Arbeitsintegration und Spielräume zur Selbstorganisation sollen die Mobilisierung von Motivation und Eigeninitiative der Mitarbeiter bewirken, Leistungszurückhaltung gegensteuern und damit nicht nur höhere Arbeitsproduktivität, sondern auch bessere Qualität bewirken.
- Auf der Grundlage des erhöhten Motivations- und Qualifikationsniveaus soll eine Flexibilisierung des Arbeitskräfteeinsatzes und damit eine Reduzierung der Störzeiten, bessere Anlagenauslastung, erhöhte Reaktionsfähigkeit erreicht werden.

- Damit werden auch Voraussetzungen für eine Verlagerung von ‚indirekten' Leistungen vor Ort geschaffen, durch die eine Reduzierung von Durchlaufzeiten, Vermeidung unwirtschaftlicher Doppelarbeit etc. erreicht werden kann.
- Schließlich wird Gruppenarbeit auch als Baustein in einem das gesamte Unternehmen umspannenden Konzept gesehen (etwa als Teil der ‚fraktalen' Fabrik) in dem das Unternehmen als ein Verbund eigenverantwortlich agierender Teileinheiten begriffen wird.

Diese Auflistung der Zielperspektiven von Gruppenarbeit macht schon deutlich, daß dieser Ansatz nicht primär auf eine rasche Kostenreduzierung hinzielt – es gibt ohne Zweifel andere Instrumente, die hierfür geeigneter sind –, sondern auf Flexibilisierung betrieblicher Abläufe und Arbeitsstrukturen. Dies schließt natürlich nicht aus, daß im Zuge dieser Flexibilisierung der Arbeitsvollzüge und -strukturen sich mittel- oder langfristig auch Kosteneinsparungen ergeben, aber eben erst als mittelbare Folge dieser Veränderungen in den Arbeitsstrukturen und -abläufen. So wird die Verlagerung von indirekten Arbeiten in die Gruppen nicht von heute auf morgen zu Kosteneinsparungen führen, diese ergeben sich erst, wenn Zug um Zug in den indirekten Bereichen Kapazitäten abgebaut werden, was erfahrungsgemäß eine gewisse Zeit erfordert.

Wesentlicher Aspekt dieser arbeitspolitischen Komponenten der neuen Ansätze – und das gilt insbesondere für die Gruppenarbeit – ist, daß sie sozusagen auf einem Geschäft auf Gegenseitigkeit beruhen: Nur wo sich für beide Seiten, Unternehmen und Mitarbeiter, Vorteile ergeben, wo also eine Äquivalenz gegeben ist, kann Gruppenarbeit auf Dauer ‚funktionieren'.

All dies heißt: Die Einführung von Gruppenarbeit erscheint nur empfehlenswert, wenn:

- keine raschen Kosteneinsparungen notwendig sind oder als vordringlich erachtet werden;
- Arbeits- und Sozialstrukturen herzustellen sind, in denen die gemeinsame Übernahme von Aufgaben durch die Gruppe Sinn macht;
- Aufgabenintegration über mehrere Arbeitsplätze hinweg möglich und sinnvoll ist, d.h. einerseits Produktivitäts-, Qualitäts-, oder Flexibilitätsgewinne, andererseits Verbesserungen der Arbeitssituation der einbezogenen Mitarbeiter zu erwarten sind;
- den Gruppenmitgliedern neue (langfristige) Perspektiven eröffnet werden (können); Vorleistungen von Unternehmensseite – etwa Bereitstellung von Betreuungskapazitäten, Qualifizierungsangebote, Freiräume für die Gruppen – erbracht werden (können);
- konsequente Unterstützung durch die Führungskräfte sichergestellt ist.

Diese Vorbedingungen der neuen arbeitspolitischen Ansätze wurden nun in der Praxis häufig nicht berücksichtigt. Die Notwendigkeit der ‚Reziprozität' wurde ignoriert. Der Aspekt der Kostenreduzierung dominierte. Symptomatisch für diese einseitige Sicht ist etwa die Feststellung von Thomas Mielke von der Roland Berger und Partner GmbH:

> „Für die Arbeitgeber liegen die Vorzüge der Gruppenarbeit meist klar auf der Hand: Wenn sie ganze Arbeitsabläufe auf Gruppen verteilen und diesen in hohem Maße Verantwortung übertragen, steigen Produktivität und Effizienz."

Dieses verkürzte Verständnis der Funktions- und Wirkungsweise von Gruppenarbeit ist auf dem Hintergrund der angespannten wirtschaftlichen Situation zu sehen, in der sich viele Unternehmen in der Zeit ihrer Einführung befanden, wie auch der für die Unternehmen ‚günstigen' Arbeitsmarktsituation, d.h. der hohen Zahl von Arbeitslosen. Diese Situation wurde in vielen Unternehmen genutzt zu einem massiven Personalabbau und darüber hinaus zu einer umfassenden Offensive zur Eroberung von leistungspolitischem Terrain. Die Effekte dieser leistungspolitischen Offensive sind beeindruckend. In vielen Unternehmen wurden – teilweise ohne größere technische oder organisatorische Veränderungen – gewaltige Einsparungsgewinne erzielt, d.h. ein gleich hoher oder gar höherer Ausstoß wurde mit einer vielfach drastisch verringerten Belegschaft erzielt. Immer wieder drängt sich dem außenstehenden Betrachter die Frage auf, was denn eigentlich zuvor all die vielen Leute, die nun offensichtlich überflüssig geworden sind, getan haben. Mit den propagierten arbeitspolitischen Ansätzen hatte dies allerdings meist wenig zu tun. Wenn es hart auf hart ging, setzten sich in der Regel nicht die arbeitspolitischen Maximen, sondern betriebswirtschaftliche Vorgaben und Maßstäbe durch.

Beispiel: In einem Montagebetrieb wurde Gruppenarbeit mit hohem Anspruch an Mitsprache der Gruppen bei der Arbeitsgestaltung eingeführt. Wesentlicher Teil des angekündigten Konzeptes war ein umfangreiches Qualifizierungsprogramm sowie Freiräume für Gruppengespräche. Einige Wochen, nachdem man mit diesem Einführungsprogramm begonnen hatte, erhielt der Betrieb einen umfangreichen Auftrag, der eine möglichst volle Auslastung der bis dahin nicht voll genutzten Kapazitäten erforderlich machte. Daraufhin wurde durch die Betriebsleitung, ohne Abstimmung mit den Gruppen, das Einführungsprogramm bis auf weiteres ‚auf Eis gelegt'. Folge war eine weitgehende Demotivation in den Gruppen, die Bereitschaft, sich für Gruppenarbeit zu engagieren, ließ merklich nach.

Kein gutes Klima für die Einführung von Gruppenarbeit: In vielen Unternehmen bedeutete dies, daß Gruppenarbeit einerseits von Beginn an, mit teilweise sehr hochgespannten Erwartungen als Beitrag zur Kostenreduzierung konfrontiert war und daß andererseits nur geringe Bereitschaft bestand, notwendige

Vorleistungen zu erbringen, nicht nur wo diese Geld kosteten, sondern auch, wo sie eine Einschränkung managerieller Verfügungsgewalt bedeutet hätten.

Die vergangenen Jahre waren in den meisten Unternehmen also nicht eine Zeit der Arbeitspolitiker, sondern vielmehr der Rechner. Michael Schumann spricht von einer ‚Verbetriebswirtschaftlichung' der Planungsvorstellungen in vielen deutschen Unternehmen. Die Personalseite und die Betriebsräte wurden primär herangezogen, um die Personaleinsparungen, die herbeigerechnet worden waren, abzuwickeln.

Eine Doppelstrategie zeichnet sich ab: Auf der einen Seite wird eine Offensive der Kostenreduzierung durch einen harten leistungspolitischen Kurs gefahren mit einer möglichst geringen Einbeziehung der Arbeitnehmer. Andererseits werden die Lippenbekenntnisse zu dem neuen arbeitspolitischen Kurs unverändert oder gar verstärkt geäußert, sogar neue Programme zur Mobilisierung der Mitarbeit der Belegschaft an der Verwirklichung der Ziele des Unternehmens aufgelegt.

Ein klassisches Beispiel einer solchen Doppelstrategie lieferte die Mercedes-Benz AG. Einerseits wurde das „Mercedes-Benz Erfolgsprogramm" (MBE) gestartet, in dem einer ‚neuen' Arbeitspolitik ein hoher Stellenwert zugewiesen wurde, durch die „die Identifikation mit der Arbeit, die Erfüllung der vereinbarten Leistungsanforderungen und die aktive Mitarbeit an der Optimierung gefördert" werden sollte. Auf der anderen Seite startete die Unternehmensleitung in einem forschen Alleingang eine ‚Rückholaktion' in Sachen Lohnfortzahlung.

Ergebnis dieser ‚Doppelstrategie' ist in vielen Unternehmen eine seltsam gespaltene Realität, in der an sich Unvereinbares stillschweigend nebeneinander praktiziert wird: eine auf Konfrontation angelegte Leistungspolitik und eine Arbeitspolitik, die Partizipation als zentrale Zielstellung verkündet. Auf der Strecke bleibt das ‚deutsche', auf kooperative Konfliktverarbeitung angelegte Modell industrieller Beziehungen.

Irritierend an diesem Zustand ist nicht allein seine innere Widersprüchlichkeit, sondern daß er eigentlich sowohl von den Praktikern in den Unternehmen als auch von den Wissenschaftlern – Soziologen, Psychologen, Betriebswirten – offensichtlich als weitgehend selbstverständlich hingenommen wird. Die arbeitspolitischen Dogmen werden unter weitgehender Ignorierung ihres Schicksals in der Praxis unverändert verkündet: Wie weit sie wirklich umgesetzt werden, und zu welchen Ergebnissen sie führen. Andererseits wird in der Praxis auf ihre Anwendung verzichtet, ohne daß hinterfragt wird, warum ihr Einsatz nicht von Erfolg begleitet war. Damit wird die Chance vertan, aus ihrem Gelingen oder Scheitern zu lernen, neue und unter Umständen tragfähigere oder durchsetzungsfähigere Ansätze der Arbeitspolitik zu entwickeln bzw. die vorhandenen Ansätze so zu modifizieren, daß sie dem gegenwärtigen leistungspolitischen Klima gerecht werden.

Auf die Gruppenarbeit bezogen heißt dies nicht so sehr, daß wir uns damit auseinandersetzen müssen, ob Gruppenarbeit einen konstruktiven Beitrag zur Flexibilisierung und Innovationsfähigkeit der Unternehmen leisten kann. Auf solch grundsätzlicher Ebene ist diese Frage bereits durch die Praxis positiv beantwortet. Die bisherigen Erfahrungen zeigen, daß unter günstigen Einführungsbedingungen und bei konsequenter Gestaltung, Gruppenarbeit sehr wohl dazu beitragen kann, die Unternehmen flexibler, leistungsfähiger und schließlich auch wirtschaftlicher zu machen.

Zu fragen ist vielmehr:

- Unter welchen Umständen lohnt die Einführung von Gruppenarbeit? Hat in dem gegenwärtig in vielen Unternehmen herrschenden leistungspolitischen Klima das arbeitspolitische Instrument ‚Gruppenarbeit' eine Chance, erfolgversprechend eingesetzt zu werden? Kann sie unter diesen Bedingungen zur Flexibilisierung der Unternehmen und zur Verbesserung ihrer Innovationsfähigkeit beitragen?
- Welche Auswirkungen hat der Einsatz von Gruppenarbeit unter diesen Bedingungen für und auf die Mitarbeiter? Trägt sie dazu bei, den Mitarbeitern dieses Klima erträglicher zu machen, oder verschärft sie es? Verstärkt sie die herrschende Verdrossenheit, oder trägt sie dazu bei, diese abzubauen?

Darüber hinaus konfrontiert uns die gespaltene Realität in den Unternehmen mit einer Reihe von spannenden Fragen, deren Beantwortung mir sowohl für die betriebliche Praxis als auch für die Sozial- und Wirtschaftswissenschaften außerordentlich wichtig erscheint.

- Ist ein harter leistungspolitischer Kurs, ein Vorgehen mit ‚Feuer und Schwert' unter bestimmten Umständen erfolgversprechender als die auf Kooperation und Motivation angelegten arbeitspolitischen Ansätze? Die Rechnung der Rechner scheint ja aufgegangen zu sein. In oft erstaunlich kurzer Zeit gelang es in vielen Unternehmen den Turnaround, d.h. die Rückkehr in die Gewinnzone, zu erreichen. Die meisten Unternehmen präsentieren sich heute leaner, ‚schlanker', gewinnbringender als noch vor wenigen Jahren.
- Welche langfristigen Auswirkungen haben die Doppelstrategie und die daraus resultierende gespaltene betriebliche Realität auf die Unternehmen?
- Welche Konsequenzen hat die Doppelstrategie der Unternehmen für die Bedeutung und Wirkung arbeitspolitischer Ansätze? Dienen partizipative Ansätze unter bestimmten Bedingungen dazu, einen harten leistungspolitischen Kurs ertragbar zu machen, für die Mitarbeiter, wie vor allem für die Rationalisierer selbst? Opium für die Belegschaft, Tranquilizer für die Manager? Heißt das unter Umständen, daß grundsätzliche Korrekturen in unserem Verständnis arbeitspolitischer Ansätze notwendig sind?

Eine Vielzahl von Fragen, auf die hier keine gültigen Antworten gegeben werden können, mit denen wir – das heißt Praktiker und Wissenschaftler – uns aber dringend auseinandersetzen müssen. Hier nur einige Anmerkungen:

In Bezug auf die weiteren Chancen für Gruppenarbeit: Grundsätzlich stehen wir vor einem Dilemma: Gerade die Unfähigkeit vieler Unternehmen, Gruppenarbeit produktiv einzusetzen, unterstreicht, wie notwendig eben dieses Instrument für sie ist. Die Erfolgschancen einer ‚katalysatorischen' Wirkung der Einführung von Gruppenarbeit hängen in solchen Fällen nicht zuletzt von den je gegebenen personalen Konstellationen ab, etwa einem durchsetzungsfähigen und kompetenten Machtpromotor. Aber auch dann bedürfen partizipative Ansätze, um wirksam zur Entfaltung kommen zu können, eines ‚kompatiblen' leistungspolitischen Klimas.

Grundsätzlich bin ich davon überzeugt, daß die Auseinandersetzung mit dem Ansatz ‚Gruppenarbeit' für deutsche Unternehmen notwendig ist und eine Chance beinhaltet, mit den Schwierigkeiten, mit denen sie nach wie vor zu kämpfen haben, fertig zu werden. Eine einfache Rückkehr zur tayloristischen Tagesordnung, wie auch eine weitere Verhärtung des leistungspolitischen Kurses, ist keine auf Dauer tragfähige Lösung. Die Probleme, die zur Auseinandersetzung mit den arbeitspolitischen Ansätzen führten, wurden ja nur einseitig, zu Gunsten von Kosteneinsparung und vielfach zu Lasten der Innovationsfähigkeit und Flexibilisierung, angegangen.

Grundsätzlich bin ich auch davon überzeugt, daß auf die Dauer kein Unternehmen gut mit einer Doppelstrategie und der daraus resultierenden gespaltenen betrieblichen Realität fahren wird. Neben fragwürdigen Auswirkungen auf die Belegschaft, sind auch negative Rückwirkungen auf das Management selbst zu erwarten, etwa auf seine Fähigkeit, die betriebliche Situation realistisch einzuschätzen und damit ihr angemessen gerecht zu werden.

In jedem Falle ist wichtig, daß wir – Organisatoren, Betriebsräte, Personalmanager etc. in den Unternehmen und Betriebswirte, Soziologen, Psychologen in den Forschungsinstituten und Universitäten – uns ‚unliterarisch', d.h. jenseits all der dogmatischen Lehren, die heute häufig die Wahrnehmung der jeweiligen betrieblichen Bedingungen präformieren, genau und detailliert mit diesen auseinandersetzen. Wichtig erscheint mir in diesem Zusammenhang, daß Verfahren einer mehrdimensionalen Evaluierung arbeitspolitischer Experimente entwickelt werden, in denen sowohl betriebswirtschaftliche als auch soziale Aspekte berücksichtigt werden.

Persönlich für mich habe ich die Folgerung gezogen: eine verstärkte Skepsis gegenüber Dogmen, die mit dem Anspruch auf Allgemeingültigkeit verbreitet werden. Walter Leonhardt zog in einem Vortrag kürzlich das Fazit seiner politischen Erfahrungen. Er habe gelernt, allen Ideologien, die mit dem Anspruch, allein selig zu machen, verbreitet würden, zu mißtrauen. Es komme darauf an, sich selbst Prioritäten zu setzen, um dann zu überlegen, wie diese unter den jeweils gegebenen Bedingungen am besten zu verwirklichen seien. Dies, so meine ich, wäre auch für das Management eine gute Handlungsmaxime. Das schließt nicht aus, das man all die Managementlehren, die auf dem Markte angeboten werden, zur Kenntnis nimmt, aber eben nicht als jeweils alleingültige Patentlösung, sondern als Anregung für eine eigene Lösung, die in der Auseinandersetzung mit den besonderen betrieblichen Bedingungen erarbeitet wird. Ein solches Vorgehen hieße auch eine Rückbesinnung auf eigene traditionelle Stärken, die angesichts der Faszination, die die neuen Managementlehren und die schnellen Erfolge eines harten leistungspolitischen Kurses auf das Management ausübten, vielfach in Vergessenheit geraten sind. Zu diesen gehört nicht zuletzt das deutsche Konsensmodell der kooperativen Konfliktverarbeitung, das sich über Jahrzehnte als eine tragfähige Basis für ein Zusammenwirken von Unternehmen und Belegschaft bei der Bewältigung des technisch-organisatorischen Wandels erwiesen hat.

Ich bin mir bewußt, daß diese Empfehlungen das Leben für Praktiker und vor allem für Wissenschaftler wesentlich komplizierter und komplexer machen – komplex wie die betriebliche Realität, mit der wir es zu tun haben, eben ist. Für die Praktiker beinhalten sie die Forderung, sich genau und voraussetzungslos mit den betrieblichen Gegebenheiten auseinander zu setzen, für die Wissenschaftler unter Umständen den Verzicht auf griffige Verallgemeinerungen und damit auch geringere Chancen zur persönlichen Profilierung.

B.4 Menschenbilder der Betriebsorganisatoren*

Die nachfolgenden skizzenhaften Beschreibungen der Zielsetzungen und Leitvorstellungen betrieblicher Organisatoren sind nicht das Ergebnis systematischer Befragungen und Analysen, sondern die Zusammenfassung von Eindrücken, die sich uns bei einer Untersuchung über den Einführungsprozeß von Organisierter Textverarbeitung in Verwaltungen vermittelten, die durch nachfolgende Begleitforschungsprojekte bestätigt wurden. Wir versuchten nachzuzeichnen, wie sich der Prozeß der Einführung einer technisch-organisatorischen Veränderung vollzogen hatte, wobei unser Interesse von der Erwartung bestimmt wurde, daß zwischen Ergebnis und Gestaltung des Prozesses eine Wechselbeziehung bestünde.

Unsere Erwartungen wurden zwar bestätigt, jedoch widersprach das Bild, das sich uns bei der detaillierten Rekonstruktion des Einführungsprozesses ergab, in vielem den Vorstellungen, die gemeinhin über die Durchführung von Rationalisierungsmaßnahmen bestehen und die letztlich natürlich auch uns geleitet hatten. Es entstand das Bild eines vielfach gebrochenen, komplexen und vor allem aber widersprüchlichen Prozesses, an dem eine Vielzahl von Akteuren beteiligt ist mit sehr unterschiedlichen, häufig widerstreitenden Interessen, ein Geflecht von Initiativen, Konkurrenzen, Widerständen.

Dieses Ergebnis mag für jeden, der mit betrieblicher Wirklichkeit unmittelbar vertraut ist, kaum überraschend sein; trotzdem widerspricht es dem, was in den Lehrbüchern der Betriebswirtschaft und der Organisationslehre über die Funktionsweise von Unternehmen steht. Ihnen zufolge ist das Industrieunternehmen ja ein Verband zur möglichst wirtschaftlichen Erzeugung von Gütern oder Dienstleistungen, sind Unternehmer oder Management bei der Leitung des Unternehmens an dieser Zielsetzung orientiert, dienen Rationalisierungsmaßnahmen zur Verbesserung der Wirtschaftlichkeit und sind der Organisator, der Planer, der EDV-Spezialist praktisch die Spezialisten zur Herstellung dieser verbesserten Wirtschaftlichkeit.

Zwischen diesen generellen Bestimmungen und der tatsächlichen betrieblichen Wirklichkeit, wie sie sich uns bei der Beobachtung oder Rekonstruktion der Entscheidungs-, Planungs- und Einführungsprozesse erschloß, mag sicher ein grundsätzlicher Zusammenhang bestehen. Im konkreten Einzelfall war dieser höchstens auf der rhetorischen Ebene herzustellen, ein Verständnis der einzelnen Aktionen und Handlungen der betrieblichen Akteure erschloß sich daraus

---

* Zuerst erschienen in: Rammert, W. (Hg.): Technik und Gesellschaft, Jahrbuch 2. Frankfurt/M. 1983, S. 109–128 (Mitautorin: V. Lullies). Dieser Beitrag basiert vor allem auf Erfahrungen aus den Begleitforschungs- und Beratungsprojekten.

nur schwer. Besonders in größeren Unternehmen stellte sich dieser Einführungsprozeß als ein Kampf aller gegen alle, als ein Vielfrontenkrieg zwischen Organisation, Personalabteilung, Betriebsrat, EDV-Abteilung, betroffenen Fachabteilungen etc. dar, wobei unter Umständen Vorgesetzte und Mitarbeiter auch ihrerseits unterschiedliche Interessen einbrachten. Für das Verständnis dieser Konkurrenzen, Widerstände, Initiativen halfen uns die ,ordentlichen' rationalen Konzepte der Betriebswirtschaft oder der Organisationslehre da wenig weiter.

Ein besseres Verständnis erschloß sich uns erst, als wir die Hoffnungen und Befürchtungen mit einbezogen, die die Akteure jeweils mit der Neuerung verbanden und die letztlich darüber entschieden, ob sie diese vorantrieben und unterstützten oder bekämpften und behinderten. Diese Zielsetzungen und Interessen der einzelnen betrieblichen Akteure lassen sich auf ihre jeweilige betriebliche Position beziehen; aus der spezifischen Aufgabenstellung ergeben sich betriebliche wie persönliche Sonderinteressen. Je nach der Konstellation solcher Teilinteressen und den Durchsetzungsmöglichkeiten, die den einzelnen betrieblichen Akteuren zur Verfügung standen, entstand eine ganz spezifische innerbetriebliche Handlungskonstellation, die den Einführungsprozeß bestimmte.

Zugleich wurde aber auch zunehmend deutlich, daß hinter den Aktionen der betrieblichen Akteure nicht nur persönliche oder positionsgebundene Ziele standen, sondern auch allgemeinere, weiterreichende subjektive Leitvorstellungen darüber, was Rationalisierung zu bewirken habe, wie die Menschen, auf die sich diese Maßnahmen beziehen, reagieren und was letztlich der anzustrebende Idealzustand im Unternehmen sei. Daß auch diese Leitvorstellungen tendenziell typischer Weise bestimmten Positionen zuzuordnen waren, machte die Auseinandersetzung mit dieser subjektiven Dimension für uns noch spannender.

,Verbesserung der Wirtschaftlichkeit', ,Kosteneinsparung', ,Erhöhung der Produktivität', so oder ähnlich lauteten viele Antworten auf unsere Frage nach den Gründen der Einführung Organisierter Textverarbeitung. Sehr rasch wurde uns klar, daß wir mit diesen Antworten wenig mehr als Leerformeln zu hören bekamen, die für sich genommen noch wenig aussagten, und durch die hindurch es nun zu den konkreten Vorstellungen vorzudringen galt. Der Versuch, aussagekräftigere Angaben zu erlangen, erwies sich dann vielfach als überraschend schwierig. Erschwerend war dabei, so schien es uns, weniger die mangelnde Bereitschaft, mit uns offen zu diskutieren, als eine bestimmte argumentative Eigenheit. Hierzu gehörte zunächst eine gewisse Vorliebe für Tautologien. So wurde etwa ,Erhöhung der Wirtschaftlichkeit' durch ,Kosteneinsparung' konkretisiert – oder auch umgekehrt.

Häufig stand auch die Maßnahme für die Zielsetzung. Die Überlegenheit des angestrebten organisatorischen Zustands erschien so selbstevident, daß er zum Ziel an sich wurde. Man ging von bestimmten, nicht weiter in Frage gestellten Prämissen aus und leitete aus diesen unmittelbar das ,Ziel' ab, so z.B.:

„Die Ansage des Schriftguts über Diktiergeräte ist wirtschaftlicher, also ist ein hoher Anteil an Phonodiktaten zu erreichen.“

Neben solch tautologischen oder verkürzten Argumentationsmustern begegneten wir solchen, bei denen der rechtfertigende Tenor dominierte. Mehr damit beschäftigt, mögliche Kritik zu widerlegen als eigene Ziele zu definieren, reflektierte sich in ihnen die polemische Diskussion um die ‚Zentralisierung'. Besondere legitimatorische Bedeutung wurde dabei dem ‚Humanaspekt' zugemessen:

Bei vielen Gesprächspartnern allerdings stießen wir mit Fragen, die sich auf ‚betriebspolitische' Zielsetzungen bezogen, ins Leere, auch dort, wo die Planung der Maßnahme wie ihre Durchsetzung durchaus konsequent und folgerichtig die Verfolgung bestimmter Zielrichtungen erkennen ließen. Es bedürfte eingehender Sondierungen, wollte man feststellen, ob diese Ziele tatsächlich weitgehend ‚blind' verfolgt wurden, sozusagen als bedingter Reflex auf die Handlungskonstellation, ohne daß man sie sich bewußt vergegenwärtigt hätte. Teilweise scheint dies der Fall gewesen zu sein, wie etwa bei jenem Organisator, der in einem mittelgroßen Unternehmen die Einführung eines Schreibdiensts maßgeblich gestaltet hatte und bei dem in der Interviewsituation erzeugte Denkanstöße ein ausgesprochenes Aha-Erlebnis auslösten.

Insgesamt erwies sich die direkte Diskussion der Zielvorstellungen als relativ unergiebig. In den meisten Fällen erschöpfte sie sich in der Wiedergabe plausibler und naheliegender Argumente, die im Wesentlichen auf der Ebene eingefahrener Begründungsschemata blieben. Aber auch dort, wo begründete und reflektierte Angaben über die Zielvorstellungen gemacht wurden, trugen diese kaum wesentlich bei zum Verständnis etwa der Frage, warum man so vorgegangen war und nicht anders. Vor allem aber schien auf der Basis dieser Zielangaben nur eine eher oberflächliche und zufällige Differenzierung unterschiedlicher Orientierungen möglich. Gleichwohl vermittelte ein großer Teil der Gespräche mit Organisatoren, Datenverarbeitern oder Mitgliedern der Geschäftsleitung den Eindruck, daß den einzelnen Äußerungen bestimmte unterschiedliche Orientierungsmuster unterlagen, aus denen sie ihre besondere Bedeutung bezogen.

Ein solches Orientierungsmuster könnte man als *Rationalisierungsverständnis* bezeichnen, welches die Vorstellungen darüber wiedergibt, was Rationalisierung zu bewirken habe und wie dieses Ziel zu erreichen sei. Hier fanden wir recht konsistente Strukturen. Diese umfaßten sowohl das Rationalisierungsinstrument, an dem man vorrangig orientiert war, als auch die Vorstellungen über bestehende Rationalisierungsdefizite und die komplementären Rationalisierungsaufgaben. Darin enthalten waren schließlich auch die Vorstellungen über den Weg, auf dem eine rationalisierte Verwaltung zu erreichen sei.

Als Grundtypen solchen Rationalisierungsverständnisses waren zu erkennen:

- Das technikorientierte Rationalisierungsverständnis:
  - *Instrumenteller Bezugspunkt:* die Möglichkeiten der installierten oder möglicherweise verfügbaren Technik, insbesondere natürlich die EDV-Anlage, ihre Leistungsfähigkeit, ihre ‚Logik', ihre Erfordernisse.
  - *Das Rationalisierungsdefizit:* die ungenügende oder nichtsystemgerechte Nutzung des installierten technologischen Leistungssystems der EDV; ungenügendes Angebot maschineller Kapazitäten.
  - *Die Rationalisierungsaufgabe:* maximale Nutzung bzw. Erweiterung der Kapazität des technologischen Leistungssystems; d.h. vor allem sukzessive Überführung möglichst vieler betrieblicher Arbeitsvorgänge in das EDV-System, damit Maximierung der Wirtschaftlichkeit.
  - *Der Weg:* weitgehende Substitution menschlicher Arbeit durch die Maschine.
- Das organisationsorientierte Rationalisierungsverständnis:
  - *Instrumenteller Bezugspunkt:* das Leistungssystem des Angebots organisatorischer Verfahren, die durch sie herzustellende Transparenz, Ordnung, Steuerbarkeit, Einheitlichkeit betrieblicher Arbeitsvorgänge.
  - *Das Rationalisierungsdefizit:* der ‚naturwüchsige' Zustand des betrieblichen Arbeitsgeschehens, seine mangelnde ‚Ordnung' und Steuerbarkeit, seine Intransparenz und Vielfalt.
  - *Die Rationalisierungsaufgabe:* Herstellen maximaler Transparenz, Einheitlichkeit, Regelhaftigkeit und damit Steuerbarkeit betrieblicher Arbeitsvorgänge durch den Einsatz organisatorischer Verfahren.
  - *Der Weg:* Erhöhung der Produktivität menschlicher Arbeit durch den Einsatz von Organisationsverfahren und technischen Hilfsmitteln, zentrale Steuerung und Kontrolle.
- Das arbeitsorientierte Rationalisierungsverständnis:
  - *Instrumenteller Bezugspunkt:* die Arbeitsaufgabe, der für ihre Erledigung notwendige Arbeitsaufwand, die Gestaltung des jeweiligen Arbeitszusammenhangs.
  - *Das Rationalisierungsdefizit:* umständliche, aufwendige Erledigung bestimmter Arbeitsaufgaben, Doppelarbeit, zusätzliche Belastungen durch übertriebene oder nicht aufgabengerechte Reglementierung.
  - *Die Rationalisierungsaufgabe:* Einsatz organisatorischer und technischer Hilfsmittel zur ‚besseren', d.h. wirksameren und einfacheren Gestaltung von Arbeitsaufgaben.
  - *Der Weg:* Unterstützung menschlicher Arbeit durch organisatorische und technische Hilfsmittel.

Die drei beschriebenen Orientierungen unterscheiden sich wesentlich in der Vorstellung des ,perfekten Betriebs', also durch die leitende Utopie, voneinander.

Für den *Technikorientierten* ist der Endzustand der voll in die EDV überführte Betrieb, in dem das ganze Geschehen EDV gerecht abläuft und ein Maximum an Wirtschaftlichkeit erreicht ist. Menschliche Arbeit besteht für ihn darin, das EDV-System mit Informationsrohmaterial zu füttern; nur eine kleine Elite wird mit der Steuerung des EDV-Systems befaßt sein. – Für die Textverarbeitung heißt dieses, daß sie als eigener Bereich mehr oder minder verschwindet. Sie wird nur ein Teilschritt im Prozeß integrierter Informationsverarbeitung und -übermittlung sein. Die Lösung des Problems ,Textverarbeitung' ist schlicht eine Frage EDV-gerechter Systematisierung und sukzessiver Überführung ins EDV-System.

Der *Organisationsorientierte* sieht im ,perfekten' Betrieb durch den ,rationalen' Einsatz organisatorischer Verfahren volle Transparenz hergestellt; das betriebliche Geschehen ist voll erfaßt, kontrollierbar und gesteuert. Dadurch wird für den Einsatz menschlicher Arbeit höchste Wirtschaftlichkeit erreicht, natürlich auch durch den extensiven Einsatz technischer Hilfsmittel. – Textverarbeitung kann dabei durchaus als eigene Stufe in dem arbeitsteiligen Produktionsprozeß der Verwaltung erhalten bleiben, nämlich dort, wo sich der Aufwand einer Übertragung in das standardisierte EDV-System nicht lohnt. Dabei ist die Frage der Organisation dieses Bereichs – zentral oder dezentral – nicht notwendigerweise prädeterminiert.

Dem *Arbeitsorientierten* fehlt meist ein gleichermaßen griffiges utopisches Modell, ein ähnlich klares Zielbild vom ,perfekten' Betrieb. Darin liegt wohl eine wesentliche Schwäche seines pragmatischen Ansatzes gegenüber den wesentlich dogmatischeren an- deren Ansätzen, seine geringere Attraktivität für Lehrmeinungen, die Schwierigkeit, ihn als Alternative plastisch anschaulich zu machen. Zielbild ist im Wesentlichen ein Betrieb, in dem die jeweiligen Arbeitsbereiche ,aufgabengerecht' gestaltet sind, und dadurch menschliche Arbeit produktiv eingesetzt ist. Dies wird natürlich von Fall zu Fall sehr unterschiedlich aussehen, daher das diffusere Zielbild des ,perfekten' Betriebs. Für die Textverarbeitung bedeutet dies eine schrittweise Weiterentwicklung des Einsatzes maschineller und verfahrensmäßiger Hilfsmittel, etwa der Standardisierung, soweit diese durch den Charakter des Schriftguts, also der Arbeitsaufgabe, nahegelegt sind. Standardisierung und Maschinisierung erscheinen dabei nicht als eigenständige Zielsetzungen.

Deutlich unterscheiden sich diese drei Orientierungsmuster durch ihre Auffassung von dem Stellenwert menschlicher Arbeit als Gegenstand der Rationalisierung. *In technikorientierter Sicht* erscheint menschliche Arbeit schlicht als ein Störfaktor, den es durch Ausweitung und Perfektion des technischen Systems möglichst weitgehend zu reduzieren gelte. *In organisationsorientierter Sicht* erscheint menschliche Arbeit sozusagen als ein Wildwasser, dessen Energien es durch Reglementierung, Kontrolle und Steuerung zu zähmen und zu kanalisieren gelte. *In arbeitsorientierter Sicht* wird die Qualität und Produktivität menschlicher Arbeit wesentlich abhängig von den jeweiligen Arbeitsbedingungen und Arbeitsregelungen gesehen.

Die Konsequenzen dieser unterschiedlichen Auffassungen von der betrieblichen Rolle menschlicher Arbeit für deren Steuerung und Kontrolle sind offensichtlich. Selbstorganisation oder Selbststeuerung, jene heute zunehmend gebrauchten Modeworte, können in der technikorientierten wie in der organisationsorientierten Zielkonzeption letztlich wenig mehr bedeuten als die durchaus reglementierte Erfüllung einer Arbeitsaufgabe, bei der lediglich unmittelbare Kontrolle bzw. die gesteckten Zielvorgaben etwas weniger ‚hautnah' spürbar sind.

Beeindruckend war insgesamt, wie ausgeprägt die beschriebenen Orientierungsmuster uns entgegentraten. Frappierend auch, wie einleuchtend sie auf bestimmte betriebliche Positionstypen zugeschnitten waren. Es überrascht nicht, daß technikorientierte Konzeptionen vorwiegend von EDV-Leuten vertreten wurden, daß wir dem organisationsorientierten Argumentationsmuster vor allem bei Organisatoren begegneten. Arbeitsorientierte Vorstellungen waren weniger eindeutig einem bestimmten Positionstyp zuzuordnen.

Die beschriebenen Orientierungen sind also recht offenkundig auf die jeweiligen ‚positionalen' Aufgaben und Interessen zugeschnitten. Indem diese subjektiven Orientierungen verfolgt werden, wird scheinbar immer auch das objektiv Notwendige getan; sie können als das übergeordnete Betriebsinteresse identifiziert werden, was ihrer Verwirklichung so starken Nachdruck verleiht. Daß dies bei der Durchsetzung von Maßnahmen von Wert ist, leuchtet ein.

Überraschend allerdings dann doch, wie prägend diese positionalen Interessen sein müssen. Ganz offensichtlich werden Einflüsse, die durch Herkunft, Ausbildung und früheren Erfahrungshintergrund gegeben sein mögen, relativ rasch durch diese zugedeckt. Wir konnten das in einigen Fällen während der Laufzeit dieser und der vorangegangenen Studie in unserem eigenen Erfahrungsfeld beobachten: etwa, wie sich die Sicht- und Argumentationsweise einer Schreibdienstleiterin, die in eine rein organisierende Tätigkeit übergewechselt hatte, allmählich und fast unmerklich von einer eher arbeitsbezogenen zu einer stärker organisationsbezogenen Orientierung verschob.

Jedes Rationalisierungsverständnis sowie die ihm entsprechenden betrieblichen Gestaltungsvorstellungen enthält – explizit oder implizit – bestimmte Grundannahmen über menschliches Verhalten. Jede arbeitsorganisatorische Regelung, jedes System des Leistungsanreizes oder der Leistungskontrolle arbeitet stillschweigend mit gewissen Prämissen darüber, wie menschliches Verhalten sich im Arbeitszusammenhang auswirkt.

Natürlich war es nicht Ziel unserer Gespräche, diese sozialpsychologischen Grundannahmen zu ermitteln, die den organisatorischen Konzepten und Zielvorstellungen unserer Gesprächspartner zugrundelagen, oder zu klären, wieweit diese bewußt reflektiert wurden. Aus einer Fülle von Einzeläußerungen und Anhaltspunkten entstand jedoch in vielen Gesprächen ein recht plastisches Bild von den Vorstellungen unserer Gesprächspartner darüber, wie menschliches Arbeitsverhalten bestimmt und wie es zu beeinflussen sei. Und uns erschien die Beschreibung dieses Menschenbildes wichtig, weil wir den Eindruck gewannen, daß es einen recht zentralen Bezugspunkt für die Zielvorstellungen und wohl auch für das Handeln vieler unserer Gesprächspartner darstellt, insbesondere von Organisatoren.

Dominierend in diesem Menschenbild ist eine recht pessimistische Einschätzung des Verhältnisses der Menschen zu ihrer Arbeit: Arbeitsverhalten erscheint von der Neigung bestimmt, möglichst wenig zu tun und möglichst wenig Verantwortung zu übernehmen – weniger also durch ein an der Sache orientiertes Interesse oder durch Eigenmotivation als durch materielle Anreize. Gemessen wird dabei Verhalten an dem Zielbild des ‚idealen' Mitarbeiters: Er ist vernünftig, d.h. er spricht auf Anreize und Regelungen, mit denen man ihn konfrontiert, auf berechenbare Weise an; er ist einsichtig, d.h. er sieht die Dinge nicht von seiner eigenen Position, sondern von der des Betriebes her; er ist umgänglich, d.h. er stellt das betriebliche Herrschaftssystem nicht in Frage. Eigeninitiative oder Phantasie sind nur in engen Grenzen gefragt – nur dort, wo Lücken des betrieblichen Regelwerks zu füllen und wo Fehler zu korrigieren sind. Motivation ist wichtig, nicht Selbständigkeit. Wenig Verständnis besteht für die individuelle Interessenlage der Mitarbeiter; Verhalten, das aus dieser resultiert, wird leicht mit Unvernunft gleichgesetzt.

Dieses Menschenbild bleibt allerdings nicht frei von Widersprüchen: Einerseits erscheint der Mensch als unerwachsen, der Leitung bedürftig, andererseits verfolgt er doch als ‚homo oeconomicus' konsistent seine Interessen, vor allem beim Reagieren auf materielle Anreize. Bestimmend ist eine biologistische Auffassung menschlichen Verhaltens; es erscheint durch weitgehend unveränderliche Grundbedürfnisse vorgegeben und nicht als Ergebnis früherer Lernprozesse und Erfahrungen. Aus dieser Sicht muß der Mensch als kaum lern- und entwicklungsfähig erscheinen. Der Mensch ist, wie er ist, darauf hat man sich einzurichten.

Versucht man nun, den Querbezug dieser Auffassung von menschlichem Verhalten zu organisatorischen Konzepten herzustellen, so verweisen sie fast zwangsläufig und logisch auf arbeitsteilige und restriktive Organisationsformen, die

- vor allem negative Eventualitäten ausschließen;
- ‚richtiges' Verhalten möglichst genau vorgeben;
- die Kontrolle dieses Verhaltens möglichst weitgehend ermöglichen;
- möglichst wenig der Eigeninitiative, viel mehr den ökonomischen Anreizen überlassen;
- ‚undynamisch' sind, d.h. Verhalten definitiv und dauerhaft vorstrukturieren.

Die unsoziologische, biologistische Auffassung menschlichen Verhaltens ermöglicht – und dies ist wohl der entscheidende Zusammenhang – eine Umkehrung von Ursache und Wirkung. Da der Blick für die Bestimmtheit menschlichen Verhaltens durch die soziale und institutionelle Situation fehlt, bleibt man auch blind für die Auswirkungen der Arbeitsorganisation. Demotiviertes Verhalten wird als Bezugsgröße, nicht als Folge organisatorischer Gestaltung gesehen. Aus dem „die *sollen* nicht denken" wird ein „die *wollen* nicht denken".

Und damit ist ein Regelkreis hergestellt: Man schafft eine Arbeitsorganisation, die demotiviertes und desinteressiertes Verhalten erzeugt; mit diesem Verhalten rechtfertigt man dann die Arbeitssituation, die man geschaffen hat. Durch arbeitsteilige, taylorisierte Arbeitsorganisation erzeugt man eben jene Interessenlosigkeit und Motivationsdefizite, die dann ihrerseits zur Demonstration der Notwendigkeit der gewählten Arbeitsorganisation herangezogen werden können. Damit entfällt auch die Notwendigkeit, sich mit anderen Gestaltungsformen auseinanderzusetzen. Indem man die Arbeitssituation gemäß bestimmter Verhaltenserwartungen strukturiert, stellt man sicher, daß diese auch erfüllt werden.

Aus der besonderen Beanspruchung der Frau durch die Doppelrolle in Beruf und Familie wird ihr Desinteresse an verantwortlicher und qualifizierter Arbeit abgeleitet. Aus dem Verzicht auf Karriere wird auf die Bereitschaft zu monotoner Arbeit geschlossen.[1] Bisweilen wird auch der ‚biologische' Nachweis geführt, Frauen seien für bestimmte Tätigkeiten ungeeignet. Aus der größeren Fingerfertigkeit der Frauen einerseits, ihrer angeblichen ‚Unfähigkeit zur Abstraktion' andererseits ergibt sich zwingend, daß sie am besten als Schreibkräfte einzusetzen seien.

Die Einführung arbeitsteiliger, tayloristischer Organisationskonzepte wird so zum sich selbst verstärkenden, geschlossenen Prozeß:

- Sie bewirkt Verhalten, das sie rückwirkend notwendig erscheinen läßt.
- Sie schafft damit ihre eigene Legitimation.
- Sie reduziert damit Korrekturchancen, da die nachteiligen Folgen, die sie erzeugt, in der ‚geschlossenen' Argumentation zur Selbstbestätigung uminterpretiert werden können.

---

1 Wir haben diese Argumentation in anderem Zusammenhang widerlegt (vgl. Weltz et al. 1979).

Abgesichert wird dieser Zirkelschluß durch eine Reihe von Ableitungen, etwa:

- Ausbleibende Kündigungen werden als Indikator der Zufriedenheit interpretiert, wobei unberücksichtigt bleibt, ob tatsächlich Beschäftigungsalternativen bestehen.
- Fehlende Motivation führt zu der Folgerung, „eigentlich zählt für die nur das Geld", wobei unberücksichtigt bleibt, ob die Arbeitssituation überhaupt Motivation ermöglicht.
- Wo Interesse an der Arbeit fehlt, wird nicht auf den Inhalt oder die Gestaltung der Arbeit geschlossen, die vielleicht demotivierend sind, sondern es heißt: „Die wollen es ja gar nicht anders, die sind eigentlich an der Arbeit gar nicht interessiert".
- Wo nicht mitgedacht wird, heißt es: „Die verstehen davon nichts", ohne zu überprüfen, ob überhaupt die Chance zum Mitdenken gegeben wurde.
- Fehlender Widerstand wird mit ‚Akzeptanz' gleichgesetzt und: „Dem Wollenden geschieht kein Unrecht", wie uns der Organisator einer großen Behörde sagt.

Solche Position kann sich als ‚realistisch' verstehen, da sie Verhaltenspotentiale nicht mit in Rechnung zieht. Gegenpositionen, die das tun, werden als idealistisch abgetan. Man selbst bedaure am meisten, daß man sich nicht an solch optimistischen Verhaltenserwartungen orientieren könne, aber die Erfahrungen hätten ja gezeigt, daß dies nicht möglich sei.

So wird das Scheitern von ‚Experimenten', die halbherzig und ungeschickt durchgeführt wurden, als Beweis ihrer grundsätzlichen Undurchführbarkeit herangezogen. Wir trafen z.B. häufig auf folgenden Zusammenhang: Versuche der Aufgabenbereicherung scheiterten, weil die notwendige qualifikatorische Vorbereitung unterblieb. Daraus wurde dann auf mangelndes Interesse oder mangelnde Fähigkeit der Schreibkräfte geschlossen. In anderen Fällen scheiterte der Übergang von Schreibkräften in Vorzimmerpositionen sehr häufig an mangelnder Vorbereitung. Die plötzliche Umstellung überforderte die Schreibkräfte, reduzierte natürlich auch meist die Bereitschaft, sich in solch eine Situation zu begeben. Daraus wurde dann auf grundsätzliches Desinteresse der Schreibkräfte an anderen Tätigkeiten geschlossen. Ein weiteres Beispiel: In einem Schreibdienst wurde bei einer Arbeitsgruppe der Versuch gemacht, Urlaubs- und Krankmeldungen selbst abzugeben, jedoch ohne entsprechende informatorische Vorbereitungen. Als dann eine Krankmeldung unterblieb, wurde das Experiment als mißglückt abgeblasen.

Ein zusätzlicher Mechanismus, mit dem diese ‚realistische' Sicht sich selbst bestätigt und verstärkt, ist die Verabsolutierung von Einzelfällen. Die Ausnahme wird zur Regel. Am abweichenden Einzelfall wird die Unmöglichkeit liberaler Regelungen bewiesen. So wurde z.B. die Unmöglichkeit von Verfahren der

Selbstaufschreibung oder Selbstkontrolle an einzelnen Fällen des Mißbrauchs abgeleitet. Daß es sich dabei um Einzelfälle handelte, die quantitativ kaum ins Gewicht fielen, blieb dabei unberücksichtigt.

Es gibt also offensichtlich eine Reihe von Mechanismen, die das ‚realistische' Verständnis menschlichen Verhaltens vor alternativen Betrachtungsweisen absichern und ihm auch eine hohe argumentative Durchsetzungskraft verleihen. Trotzdem muß es erstaunen, wie ein solch geschlossenes und verkürztes Interpretationsmuster zustande kommen bzw. erhalten bleiben kann. Zu untersuchen wäre hier die Ausbildung der Organisatoren mit dem zunehmenden Raffinement von Methoden und Instrumenten, die ihnen beigebracht werden. Nicht mehr die Arbeitswirklichkeit, sondern ihre methodengerechte Erfassung ist Gegenstand des Interesses. Gerade mit der zunehmenden Akademisierung, mit dem besseren Ausbildungsgrad der Organisatoren erhöht sich die Gefahr einer bornierten und realitätsfernen Interpretation der sozialpsychologischen Gegebenheiten.

Diese Feststellungen erscheinen zwar kaum haltbar angesichts des großen Gewichts, das gerade der Vermittlung sozialpsychologischer Theorien innerhalb der Organisatoren- und Managementausbildung der letzten Jahre beigemessen wird. Unsere Erfahrungen deuten jedoch darauf hin, daß eben diese Ausbildung für die organisatorische Praxis wie für das Führungsverhalten weitgehend folgenlos geblieben ist. Dies erscheint bei genauerer Überlegung nicht überraschend. Aufgenommen in diese Ausbildung wurden ja weitgehend nur derartige Ansätze, die ihrerseits menschliches Verhalten mehr oder weniger mechanistisch auf feste Bedürfnisse zurückführen. So sind auch handlungstheoretische Ansätze zur Ermittlung von Arbeitszufriedenheit, in denen neben dem ‚Bedürfnis' nach Entlohnung die Bedeutung intrinsischer Arbeitsmotivationen hervorgehoben wird, nicht wesentlich über das behavioristische Reiz-Reaktions-Schema hinausgegangen. Für die gesellschaftliche Entstehung und Veränderung dieser Bedürfnisse ist hier kein Raum mehr.

Gelehrt wird so die Bedeutung menschlicher Grundbedürfnisse und Methoden, wie diese besser oder schlechter erfüllt werden können – unberücksichtigt bleibt die soziale Vermittlung dieser Bedürfnisse und der Prozesse ihrer Befriedigung. Zweifellos hat dieser mechanistische Grundzug die Lehrbarkeit dieser Theorien wie ihre Aufnahme in Management-Konzepte (‚Management by Motivation') erleichtert; zugleich haben diese Theorien aber bestehende Auffassungen über die ‚Natur des Menschen' eher verfestigt als abgebaut.

Einschneidende Bedeutung für die Ausprägung dieser Sichtweise menschlichen Verhaltens kommt neben der Ausbildung zweifellos den Erfahrungen der Organisatoren mit ihrer Funktion im Betrieb zu. Derjenige, dessen Aufgabe vorwiegend darin besteht, Konzepte zu entwickeln, mit denen Arbeitsvollzüge rationeller, und das heißt in der Regel schneller und kostengünstiger, zu organisieren sind, der folglich letztendlich immer daran gemessen wird, wie viele

Köpfe eingespart werden können durch seine Arbeit, muß ja beinahe zwangsläufig zu einer Haltung kommen, in der Arbeitskräfte ebenso wie Maschinen Investitionssummen bzw. Kostenfaktoren sind, wobei Arbeitskräfte im Gegensatz zu Maschinen immer noch den Mangel an Berechenbarkeit und Zuverlässigkeit aufweisen.

Wir begegneten einer Reihe von Organisatoren, die sich in ihrem Unternehmen als nicht beliebt definierten. Nur wenige von ihnen schafften es, die Ablehnung, auf die sie bei Mitarbeitern stießen, nicht auf ihre Person, sondern eben auf ihre Aufgabe zu beziehen. Und nur sehr wenige konnten für diese Ablehnung Verständnis aufbringen.

So hatten wir den Eindruck, daß sich mancher Betriebsorganisator wie das ‚ungeliebte Kind' fühlte, und eine gewisse Neigung zu Selbstmitleid war bei ihnen relativ weit verbreitet. Eng damit zusammen hing die Klage vieler Organisatoren, daß man sie lediglich am Mißerfolg und selten am Erfolg messe.

Dies sahen die meisten Organisatoren nicht als gegen ihre Position gerichtet, sondern als Ausdruck persönlicher Mißachtung an. Eine mögliche Strategie, um damit zurechtzukommen, liegt dann beispielsweise in dem oben beschriebenen pessimistischen Deutungsmuster menschlichen Verhaltens. Als weitere Strategie der persönlichen Stabilisierung läßt sich auch begreifen, daß viele Organisatoren im Planungsprozeß offenbar eine Art Berührungsangst vor der Arbeitswirklichkeit haben und die Planung am grünen Tisch vorziehen. Man setzt sich lieber der Realität nicht aus, um nicht verletzt zu werden. Folge davon ist zwangsläufig eine zunehmende Entfernung vom Arbeitsgeschehen, was wiederum jene in sich geschlossenen, zugleich aber bornierten und mechanistischen Interpretationsmuster befördert.

Insgesamt war – und dies ist zunächst nicht sonderlich überraschend – eine weitgehende Entsprechung von subjektiven Vorstellungen und Vorgehen zu erkennen. Vereinfacht ausgedrückt: Technik- oder organisationsorientiertes Rationalisierungsverständnis und mechanistisches Menschenbild passen recht gut zu dem Vorgehen bei der Einführung organisierter Textverarbeitung und deren Gestaltung in vielen Betrieben. Dabei würde, so meinen wir, die naheliegende Annahme, daß eben Zielvorstellungen Verhalten steuern, dem Wirkungszusammenhang nur verkürzt und unvollständig gerecht. Sicher wurde im konkreten Einzelfall die Wahl der Gestaltungsalternativen von den Zielvorstellungen und Orientierungen des Promotors bestimmt. Aber – und dieser Zusammenhang ist zwar weniger evident, aber letztlich wichtiger – diese Zielvorstellungen reflektieren auch die positionsbedingten Interessen und Zwänge des Akteurs.

Zielvorstellungen und Orientierungen einerseits, betriebliche Handlungskonstellation andererseits stehen in einem komplexen Wechselverhältnis. Aus Wechselbeziehungen resultieren Widersprüche, auf die man im Betriebsgeschehen und vor allem bei der Auseinandersetzung mit managerieller Selbstdarstellung immer wieder stößt: etwa den Widerspruch von ‚Theorie' und ‚Praxis', von Planungsvorstellungen und betrieblicher Realität; oder etwa den Widerspruch zwischen Rationalisierungsverständnis und Humanisierungsrhetorik. Angesichts der realen betrieblichen Handlungsbedingungen muß der gedankliche Ansatz der ‚Humanisierung', soweit er nicht sowieso zur reinen Motivationsmanipulation degeneriert ist, notwendigerweise weitgehend abgehoben von der betrieblichen Praxis bleiben.

Diese Wechselbeziehung erklärt auch, warum all die Aufklärungs- und Schulungsaktivitäten zur ‚Menschenführung' und ‚Motivation' für die betriebliche Praxis weitgehend folgenlos blieben, wenig mehr bewirkten als eine Perfektion legitimatorischer Rhetorik. Allerdings begegneten wir auch ‚Lernprozessen', die zumindest gewisse Verunsicherungen in den geschlossenen Zirkel von Rationalisierungsorientierung und Humanisierungsrhetorik zu bringen schienen. In einigen Gesprächen, die wir mit Organisatoren oder anderen Rationalisierungspromotoren führten, war gerade in jüngster Zeit eine gewisse Nachdenklichkeit herauszuspüren, die uns neu schien. Gesprächspartner, die sich früher noch recht markig und ungebrochen zu Zielsetzungen und Vorgehensweisen der Rationalisierung geäußert hatten, begannen nun über den Sinn ihres Tuns nachzudenken und Zweifel zu äußern. Nicht nur die Situation auf dem Arbeitsmarkt, auch die spürbaren Folgen des kontinuierlich dichter werdenden Maschenwerks des betrieblichen Kontroll- und Leistungssystems scheinen zu Zweifeln über den Sinn der Entwicklung, zu der das eigene Tun beigetragen hat, geführt zu haben.

Ausschlaggebend für diese Lernprozesse dürfte letztlich die eigene Betroffenheit gewesen sein: Die Zwänge des Systems, zu deren Perfektion man selbst beigetragen hat, schlagen auf einen selbst zurück. Das Netz ‚versachlichter' Kontrollen und Leistungsvorgaben, das man selbst mit ausgebaut und genutzt hat, nimmt einen nun selbst gefangen. Beginnt die Rationalisierung ihre Väter zu fressen?

Es wäre natürlich naiv, aus solcher Umorientierung allein verbesserte Chancen für eine ‚offenere', weniger zwanghafte Rationalisierungsgestaltung abzuleiten. Dies hieße in der Tat, das Gewicht subjektiver Orientierungen überzubewerten. Immerhin müssen sie doch als Faktor für die weitere Entwicklung mit berücksichtigt werden.

Teil C:

Innovation als Prozess der Konfliktbewältigung

Einleitung

Jede technisch-organisatorische Veränderung berührt notwendigerweise das bestehende Gefüge an eingefahrenen Arbeits- und Kooperationsweisen und damit auch abgesteckte Einflusssphären. Sie kann Einschränkungen von Kompetenzen beinhalten, erworbene und bewährte Qualifikationen entwerten bzw. neue Qualifiationen erfordern, schließlich auch eine Bedrohung des Arbeitsplatzes bedeuten. Damit sind Innovationsvorhaben naturgemäß konfliktträchtig.

Im Zentrum der Aufmerksamkeit der wissenschaftlichen und öffentlichen Diskussion steht der Interessenkonflikt zwischen Arbeitgeber- und Arbeitnehmerseite. Beitrag C.1 *„Kooperative Konfliktverarbeitung – ein Stil industrieller Beziehungen in deutschen Unternehmen"* beschreibt die Ausprägungen und Auswirkungen der industriellen Beziehungen bei der Einführung technisch-organisatorischer Innovationen. Dabei wurde für die deutschen Unternehmen ein Stil industrieller Beziehungen ermittelt, den wir als kooperative Konfliktverarbeitung bezeichneten. In deutlichem Gegensatz dazu stand die in britischen Unternehmen vorwiegend praktizierte offene Konfrontation.

Besonders die Einführung neuer Informationstechnologien erwies sich meist als konfliktträchtiger als vermutet, wie im Beitrag C.2 *„Die Zeitbombe tickt – Konfliktpotential beim Einsatz neuer Bürotechnik"* dargestellt wird. Unbestimmtheit wird mit der Einführung integrierter Systeme der Informationsverarbeitung durch detaillierte Regelung ersetzt:

> „Die Konflikte, die mit der Einführung neuer Informationstechnik verbunden sind, beziehungsweise von ihr ausgelöst werden, können als die Geburtswehen gesehen werden eines Überganges zu neuen Strukturen, zu einer neuen Verfasstheit der Unternehmen. Daß bei diesem Übergang Widersprüche angegangen und damit schlafende Hunde geweckt werden, ist nur folgerichtig." (C.2)

Eine Schwierigkeit, die die Bewältigung solcher Konfliktkonstellationen erschwert, ist die Tatsache, dass die von einer technisch-organisatorischen Veränderung tangierten Partialinteressen meist nicht klar und explizit formuliert in den Aushandlungsprozess eingebracht werden, sondern vielfach – zum Teil auch bewusst – unter der Oberfläche gehalten werden, zum Teil auch den Protagonisten von Partialinteressen erst im Zuge der Auseinandersetzungen um die Gestaltung einer Innovation selbst klar werden.

Die Konfliktpotentiale einer Innovation sind zu Beginn ihrer Planung den involvierten Parteien häufig nur sehr undeutlich bewusst, zeichnen sich erst im Zuge ihrer Implementierung ab. Besonders diffus scheint sich diese Gemengelage bei der Einführung neuer Informationstechnik den involvierten Parteien –

Akteuren wie Betroffenen – darzustellen. Es ist nicht zuletzt dieser Umstand, der für die bei solchen Vorhaben häufigen – scheinbar nicht vorauszusehenden – Korrekturen, Verzögerungen und Budgetüberschreitungen verantwortlich ist. Die Unternehmenslandschaft gleicht damit einem Minenfeld, das sich dem Betrachter als blühende Wiese darstellt. Dass diese unter Umständen unter der Oberfläche schlummernden Konfliktpotentiale thematisiert und in der Gestaltung und Implementation der neuen Informationstechnik berücksichtigt werden, dass sozusagen das Minenfeld geräumt wird, die Konfliktklärung nicht auf später vertagt wird, ist eine wesentliche Voraussetzung für die Gestaltung auch langfristig tragfähiger Lösungen. Im Beitrag C.3 *„Konfliktfeld Informationstechnik – Konfliktverarbeitung statt Konfliktverdrängung"* haben wir am Beispiel der Einführung neuer Informationstechnik dargestellt, wie wichtig solche Konfliktverarbeitung ist.

Dabei erwies sich immer wieder, dass Blockierungen und daraus resultierende Verzögerungen bei der Einführung von Neuerungen häufig nicht so sehr den primär von einer Neuerung betroffenen Arbeitskräften zugeordnet werden mussten, sondern dass vielfach Angehörige des – vor allem mittleren – Managements dafür verantwortlich zeichneten. Im Beitrag C.4 *„Management als Hemmschuh – die Revolution im Büro wird vertagt"* wird dies wieder am Beispiel der Einführung neuer Informationstechnik untersucht.

C.1 Kooperative Konfliktverarbeitung

Ein Stil industrieller Beziehungen in deutschen Unternehmen*

Die folgende Darstellung bezieht sich auf Ergebnisse eines deutsch-englischen Forschungsprojektes, in dem exemplarisch an der Analyse einer Reihe von Fällen technisch-organisatorischer Innovation in deutschen und englischen Betrieben der Zusammenhang von betrieblicher Beschäftigungspolitik und industriellen Beziehungen untersucht wurde. Finanziert wurde die Untersuchung von der Deutsch-Britischen Stiftung für das Studium der Industriegesellschaft. Empirische Basis des deutschen Teils der Untersuchung waren sieben Fallstudien in Unternehmen, in denen in den letzten Jahren größere technisch-organisatorische Veränderungen durchgeführt wurden. Wir versuchten jeweils den Prozeß der Einführung dieser Neuerungen wie deren wesentliche beschäftigungspolitischen Aspekte nachzuzeichnen.

Schon die geringe Zahl der Fallstudien macht deutlich, daß unsere Untersuchung nicht ‚repräsentativ' ist; sie konnte und wollte es nicht sein, schon aus Gründen des Umfanges und der Kosten. Sie versteht sich vielmehr als Pilotstudie, die an einigen wenigen exemplarischen ‚Fällen' versucht, Grundzüge und Gemeinsamkeiten eines Systems industrieller Beziehungen und eines Stils der Bewältigung des technisch-organisatorischen Wandels zu skizzieren.

Dabei muß auf einige Besonderheiten unserer Auswahl hingewiesen werden:

a) Wir wählten nur ‚erfolgreiche' Fälle aus, in denen die Veränderung relativ rasch und ohne hemmende Konflikte oder Pannen durchgezogen wurde.
b) Unsere Auswahl beschränkte sich auf Großbetriebe bzw. Großunternehmen.
c) Nur ‚große' Veränderungen wurden behandelt, d.h. wir wählten nur „Fälle" aus, bei denen sich das technische und organisatorische System eines Betriebes sozusagen durch einen Sprung veränderte: z.B. den Neubau einer größeren Anlage –etwa einer Walzstraße in einem Stahlwerk – oder einer umfassenden Veränderung der Arbeitsorganisation – etwa durch die Einführung elektronischer Datenverarbeitung in einer Verwaltung.

---

* Zuerst erschienen in: Gewerkschaftliche Monatshefte, 1977, Heft 5, S. 291–301, und Heft 8, S. 489–494. Dieser Beitrag fasst die Ergebnisse einer Untersuchung zusammen, die im Auftrag der Anglo-German Foundation, London, in deutschen und britischen Unternehmen durchgeführt wurde.

Grundzüge der kooperativen Konfliktverarbeitung

Rationalisierung konstituiert notwendigerweise für die betrieblichen Interessenparteien einen Konfliktgegenstand: Das eingespielte, anerkannte und festgeschriebene System der Verteilung von Belastungen und Leistungen wird in Frage gestellt und muß neu definiert werden. So kam es überraschend, daß in den untersuchten Betrieben die Planung und Durchführung der zur Diskussion stehenden Innovationsprojekte offensichtlich weitgehend *konfliktfrei und unkontrovers* verlaufen war. Die Vorhaben waren zwar überall Gegenstand von Verhandlungen, zum Teil auch Auseinandersetzungen gewesen, die jedoch nie bis zum offenen Konflikt gediehen waren. Allgemein ergab sich der Eindruck, daß sich die Rationalisierungsvorhaben in einer Atmosphäre der ‚Sachlichkeit' vollzogen hatten.

Dieser Befund mag nicht zuletzt mit einer Reihe von *Voraussetzungen und Bedingungen* zusammenhängen, die den in solchen Vorhaben enthaltenen potentiellen Konfliktstoff entschärften; etwa der Tatsache, daß in keinem der Betriebe Entlassungen als Folge der Rationalisierungsmaßnahme notwendig wurden. Darüber hinaus aber beeindruckte auch die Belastbarkeit der betrieblichen industriellen Beziehungen im Zusammenhang mit dem Komplex Rationalisierung. Zugleich wurde deutlich, wie sehr die Durchführung von Innovationsprojekten auf funktionierende industrielle betriebliche Beziehungen angewiesen ist.

Der Versuch, diese besondere Belastbarkeit zu erklären, verwies sehr rasch über die unmittelbare Behandlung des Rationalisierungsfalles, den wir untersuchten, hinaus. Die Behandlung der Innovationsprojekte als Auseinandersetzungsgegenstand zwischen Management und Arbeitnehmervertretern war nur zu verstehen, wenn man sie in einen Stil betrieblicher industrieller Beziehungen eingebettet sah, den wir als *kooperative Konfliktverarbeitung* bezeichnen möchten.

Charakteristisch für diesen Stil betrieblicher Konfliktaustragung ist:

- das Bestreben der Vertreter beider Seiten, eine offene und harte *Konfrontation zu vermeiden,* durch die die Gegensätzlichkeit beider Positionen festgeschrieben würde;
- die Bereitschaft zum Kompromiß, d.h. Lösungen zu finden, in denen die Interessen beider Seiten in vertretbarer Weise berücksichtigt sind;
- den Verzicht auf die Vertretung maximalistischer Positionen, d.h. der volle Spielraum des jeweils nach der rechtlichen oder faktischen Lage Erreichbaren wird nicht voll ausgereizt. Dieser Verzicht auf die extreme Nutzung der jeweils gegebenen Durchsetzungschancen erfolgt im Vertrauen auf ein ähnliches Entgegenkommen der anderen Seite bei nächster Gelegenheit;
- die Bezogenheit auf von beiden Seiten als gemeinsam definierte betriebliche Interessen, bei gleichzeitiger Anerkennung divergierender Interessen beider Seiten;

- die grundsätzliche Anerkennung des gesetzlichen *und tarifvertraglich festgelegten Rahmens* als verbindlich, zugleich aber die Bereitschaft, innerhalb dieses Rahmens Lösungen zu finden, die den spezifischen betrieblichen Erfordernissen und Gegebenheiten gerecht werden. Dies bedeutet unter Umständen, daß dieser Rahmen durch stillschweigendes Übereinkommen beider Seiten ‚stillgelegt', d.h. den spezifischen betrieblichen Erfordernissen angepaßt wird.

Die gesetzlichen und tarifvertraglichen Regelungen, insbesondere die des Betriebsverfassungsgesetzes (BetrVG) erscheinen dabei als ein loser Rahmen, der zwar die Positionen der beiden Kontrahenten in groben Zügen umreißt, nicht aber die tatsächliche Austragung der Auseinandersetzung im Einzelfalle determiniert. Sie werden zwar als wichtige Voraussetzungen und Orientierungslinien für das Handeln betrachtet, nicht jedoch als Richtschnur für die tägliche Arbeit. Die Existenz eines festen Rahmens, der von beiden Seiten als verbindlich anerkannt wird, stellt dabei die zentrale Voraussetzung für die Großzügigkeit des Vorgehens im Einzelfall dar. Darüber, daß der Buchstabe des Gesetzes oder des Tarifvertrages erfüllt werden muß, gibt es keinen Zweifel; ebenso einig ist man sich aber darüber, daß man dabei nicht am Buchstaben kleben bleiben sollte.

Dieses entlastete Verhältnis im Umgang mit dem Rahmen überbetrieblich und betrieblich fixierter und formal verbindlicher Regeln wird möglich durch einen informellen Verhaltenskodex, durch den im einzelnen sehr genau vorgezeichnet ist, wie sich die beiden Parteien zu verhalten und was sie jeweils vom anderen zu erwarten haben. Zu diesem *System inoffizieller Spielregeln* gehört als zentraler Grundsatz die ‚vertrauensvolle Zusammenarbeit'. Dabei ist zweifellos ein gewisses *Fingerspitzengefühl* notwendig, was man der anderen Seite (noch) zumuten kann bzw. was die Situation (noch) trägt. Nur so ist es z.B. zu verstehen, daß die meisten Ausschüsse und Gremien ihre Entscheidung nicht per Abstimmung fällen, sondern ausargumentieren.

Wichtig erscheint dabei auch die Legitimation der eigenen Ansprüche nicht nur durch die Berufung auf das Betriebsverfassungsgesetz, sondern durch die Identifizierung der eigenen Sache mit dem letztlich als gemeinsam und übergeordnet verstandenen *Betriebsinteresse*. Es kommt darauf an, die eigene Position so darzustellen, daß sie mit dem betrieblichen Interesse identisch erscheint, so daß die andere Seite – eben auch jenem gemeinsamen Interesse verpflichtet – daraus abgeleitete Forderungen als gerechtfertigt anerkennen muß.

Die kooperative Konfliktverarbeitung vollzieht sich auf betrieblicher Ebene: als Auseinandersetzung zwischen Management und Betriebsrat. Ihr Gegenstand sind mehr oder minder ausschließlich betriebliche Belange. Diese *Betriebsbezogenheit* ist jedoch nicht nur Handlungsebene und Realität, sie ist mehr, sie ist Programm. Das bestehende Konfliktpotential wird grundsätzlich innerhalb des betrieblichen Rahmens ausgetragen und bereinigt. Die Einbeziehung außerbetrieblicher Institutionen wird soweit wie möglich vermieden. So scheinen die Gewerkschaften für den Betriebsrat weniger als Berufungsinstanz, wenn man mit dem betrieblichen Management nicht mehr zurechtkommt, eher als Institution, die Dienstleistungen zur Verfügung stellt, über die man im eigenen Hause nicht verfügt.

Jeder im betrieblichen Geschehen entstehende – oder von außen hereingetragene – Konfliktstoff enthält potentiell die Gefahr, daß durch ihn die beiden Parteien zur offenen Konfrontation gezwungen werden und so die gegensätzlichen Positionen im Verlauf der Auseinandersetzung irgendwann festgeschrieben werden. Eben zu verhindern, daß man zu solchen Konfrontationen gezwungen werde – oder in sie hineinstolpert – gehört zu den zentralen ‚Leistungen' der kooperativen Konflikt-Bewältigung. Ein nicht unbeträchtlicher Teil der Überlegung und des Zeitaufwandes der Betriebsräte und ihrer Verhandlungspartner im Management ist diesem Ziel gewidmet. Man will auf jeden Fall den Konflikt auf niedriger Flamme halten – oder überhaupt bereits im Entstehen entschärfen.

Dem dienen nicht zuletzt die Häufigkeit und die Kontinuität der Kontakte der wichtigsten Verhandlungspartner auf beiden Seiten. In den von uns untersuchten Betrieben standen Betriebsratsvorsitzender und seine wichtigsten Betriebsratskollegen einerseits, Personalleiter, Betriebsleitung andererseits in ständiger Verbindung. Ein wesentlicher Teil dieser Kontakte ist *präventiven Sondierungen* gewidmet, durch die informell zunächst die beiderseitigen Positionen abgetastet und dann abgesteckt werden. Man versucht herauszufinden, welche Lösung für die andere Seite noch zumutbar erscheint, deutet die eigene Position an und umreißt wohl im Regelfall in groben Zügen dann den in den offiziellen Verhandlungen zu erreichenden Kompromiß. In den darauffolgenden institutionalisierten Sitzungen wird häufig nur das nachvollzogen, was bereits in diesen informellen, präventiven Sondierungen ausgehandelt wurde. So wird vermieden, daß es zu ‚Pannen' kommt, d.h. daß man in einer öffentlichen Sitzung in eine Position gedrängt wird, die einen zum Konflikt zwingt und aus der dann ein Rückzug nicht ohne Peinlichkeit oder Gesichtsverlust möglich ist.

Parallel dazu wird häufig eine Politik vorbeugender oder *antizipatorischer Konfliktreduzierung* betrieben, durch die der Konfliktstoff bereits im Vorfeld konkreter Anlässe vorstrukturiert und entschärft werden soll. In diesem Zusammenhang gewinnen Betriebsvereinbarungen ihre spezifische Bedeutung. Durch sie können mögliche Konflikte vermieden und Lösungen erleichtert werden. „Durch Betriebsvereinbarungen, die wir in guten Zeiten getroffen haben, machen wir uns in schlechten Zeiten das Leben leichter." Die an der kooperativen Konfliktverarbeitung Beteiligten stehen dabei stets unter besonderer Notwendigkeit, sich gegenüber den von ihnen Vertretenen als deren Interessenverwalter auszuweisen. Dies gilt insbesondere für den Betriebsrat, der sich als gewähltes Organ der Belegschaft dieser gegenüber als erfolgreicher und harter Sachwalter ihrer Interessen ausweisen muß, schon um seine Wiederwahl sicherzustellen.

Es gehört offensichtlich zum Stil der kooperativen Konfliktverarbeitung, daß die Kontrahenten Verständnis für die besonderen *Darstellungsnotwendigkeiten* der anderen Seite zeigen. Man sieht ein, daß der ‚Gegner' von Zeit zu Zeit Erfolge vorweisen muß und daß dies notwendigerweise sich so darstellen muß, als gehe es auf die eigenen Kosten. So werden Verhandlungsergebnisse, zu denen man unter Umständen auf relativ gütlichem Wege gekommen ist, gerne mal dramatisiert.

Wir haben die Grundzüge der kooperativen Konfliktverarbeitung beschrieben, zu klären ist nun noch, warum sie so funktioniert, vor allem, woher ihre besondere Belastbarkeit gerade im Zusammenhang mit dem Rationalisierungskomplex herrührt.

Unsere These lautet nun, daß beide Seiten, durchaus in Wahrung ihrer eigenen Belange, in die kooperative Konfliktverarbeitung bestimmte Interessen einbringen, durch die nicht nur für sie die Praktizierung dieses Stils sinnvoll erscheint, sondern auf deren Grundlage zugleich sich ein *System von Gratifikations- und Sanktionsmitteln* ausbildet, das zur *Stabilisierung* dieses Auseinandersetzungsstils beiträgt.

Von Seiten des *Managements* wurden als Sanktions- und Gratifikationsmittel in die Auseinandersetzung vor allem eingebracht:

- materielle Leistungen an die Belegschaft, die über die tarifvertraglich vereinbarten hinausgehen und zur Legitimation des Betriebsrates der Belegschaft gegenüber herangezogen werden können (Lohnzugeständnisse, Arbeitszeitregelung, Sozialleistungen etc.);
- Bereitstellung von Ressourcen für den Betriebsrat (Freistellungen, Schulung, Schreibkräfte, Büromöbel, Räumlichkeiten, Kraftfahrzeuge etc.);
- Bereitstellung von Informationen, die über das durch das Betriebsverfassungsgesetz festgelegte Maß hinausgehen;
- Mitbestimmung im Sinne von Einräumung von Einflußspielräumen.

Von Seiten des *Betriebsrates* wurden als Sanktions- und Gratifikationsmittel vor allem eingebracht:

- Stillhalten, wo der Sache bzw. der Rechtslage nach eine Intervention im Belegschaftsinteresse möglich wäre;
- Übernahme von (unangenehmem) Management – z.B. wenn die Sicherstellung der sozialen Gerechtigkeit bei Entlassungen, Sozialleistungen etc. gewährleistet werden soll;
- Mitvertretung bzw. Mitverantwortung von Managemententscheidungen, z.B. bei technologischen Veränderungen;

– Neutralisierung von Ansprüchen, die aus der Belegschaft angemeldet werden, bzw. der Betriebsrat bringt die Kooperation der Belegschaft mit ein (Disziplinierungsinstanz).

Die kooperative Konfliktverarbeitung kann als ein *System wechselseitiger Abhängigkeiten* gesehen werden, in dem beide Seiten zur Wahrung der eigenen Interessen auf das Entgegenkommen der anderen Seite angewiesen sind. Mit der Gewährung bzw. dem Entzug dieses Entgegenkommens stehen beiden Seiten Mittel zur Hand, der Gegenseite ein Einhalten der eingespielten Spielregeln und *,Wohlverhalten'* nahezulegen.

Was ist nun der Preis, den man für das Wohlverhalten der anderen Seite zahlt? Bedeutet das Kooperationsangebot, das man macht, daß man schließlich nicht mehr konfliktfähig ist und daß es zu einer *Konfliktverdrängung* kommt? Führt dies nicht über kurz oder lang zu einer Nichtberücksichtigung gewisser Grundinteressen der Betriebe, wie insbesondere auch der Belegschaft?

Eine solche Konfliktverdrängung scheint zumindest in den von uns untersuchten Betrieben nicht stattgefunden zu haben. Dafür spricht auch eine Reihe objektiver Gründe.

Dem Betriebsrat wird aus einer der kooperativen Konfliktverarbeitung innewohnenden Logik nahegelegt, den ihm nach Rechts- und Machtsituation offenen *Einflußspielraum zu nutzen.* Nur dann nämlich wird sein Angebot an ,Wohlverhalten' dem Management gegenüber Gewicht haben. Ein Verzicht auf aktive Einflußnahme entwertet automatisch sein Kooperationsangebot. Je mehr er sich einschaltet, desto mehr kann er entziehen; je nützlicher und gewichtiger die eigene Kooperation ist, desto gewichtiger auch die Drohung ihres Entzuges. Insofern bedeutet Mitbestimmung nicht nur Mitverantwortung, sondern auch eine gewisse Stabilisierung der eigenen Position.

Dies liegt nicht zuletzt daran, daß das Management seinerseits an einem ,aktiven' Betriebsrat interessiert sein muß. Nur ein Betriebsrat, der sich deutlich gegenüber der Belegschaft als unabhängig profiliert, wird mit Erfolg als betriebliche Disziplinierungsinstanz auftreten. Ein inaktiver oder ,gekaufter' Betriebsrat kann das nicht.

Nun erscheint es allerdings nicht ausgeschlossen, daß im Zusammenspiel von Management und Betriebsrat der *Schein* einer Konfrontation erzeugt wird, durch den der Belegschaft gegenüber verdeckt wird, daß der Betriebsrat letztlich doch nichts anderes ist als ein gefügiges Instrument des Managements. Von unseren Gesprächspartnern auf beiden Seiten wurde die Möglichkeit solcher Manipulationen verneint. Immer wieder wurde betont, daß man sich davor hüten müsse, in eine Kungelei zu verfallen, da dieses sich nicht auszahle. Man müsse zwar zu Kompromissen bereit sein, letztlich aber doch die Interessen der eigenen Seite im Auge behalten. Damit seien dem Spiel wechselseitiger Erfolgsnachweise klare Grenzen gesetzt: Irgendwann müßten auch objektiv konkrete Erfolge nachgewiesen werden.

Zweifellos trägt dieser Mechanismus dazu bei, das System der kooperativen Konfliktbewältigung vor zu starker Korrumpierung zu schützen; er dürfte auch erklären, daß dieses System die Belastungsprobe der letzten zwei Jahre in den untersuchten Betrieben relativ unverändert überstanden zu haben scheint: ohne Entmachtung des Betriebsrates und ohne offene Konfrontationen.

Welche Resultate zeitigt die kooperative Konfliktaustragung für Management und Betriebsrat, für Betrieb und Belegschaft?

Für *Management und Betriebsrat* führt sie zweifelsohne zu einer Stärkung der Position. Die Wiederwahl der Betriebsräte, das gestiegene Gewicht der Personalleitung innerhalb des Managements sprechen dafür.

Auf die Situation der *Betriebe,* insbesondere der Großbetriebe, bezogen, scheint eine zentrale ‚Leistung‘ der kooperativen Konfliktverarbeitung die Gewährleistung einer gewissen Unabhängigkeit oder Autonomie gegenüber außerbetrieblichen Einflüssen zu sein. Sie sichert den Betrieben innerhalb der Beschränkungen, die ihnen durch außerbetriebliche Regelungen und Gegebenheiten gesetzt sind, eine gewisse Bewegungsfreiheit, wobei andererseits nicht übersehen werden darf, daß zugleich durch sie auch ein gewisses Maß an Berücksichtigung dieses Rahmens gewährleistet wird.

Mit der kooperativen Konfliktverarbeitung ist auf betrieblicher Ebene ein Vehikel entwickelt, das zu einer Stabilisierung der industriellen Beziehungen beiträgt, die Wahrscheinlichkeit ‚unkontrollierter‘ Konflikte reduziert und die betriebliche Beschäftigungspolitik ‚negotiabel‘ macht, d.h. eine Verhandlungsebene schafft, auf der Interessen und Angebote beider Seiten eingebracht, ausgehandelt und auf die konkrete betriebliche Beschäftigungspolitik umgesetzt werden können. Für die Durchführung technisch-organisatorischer Innovation heißt dies: Kooperative Konfliktverarbeitung ermöglichte – und erzwang – eine Beschäftigungspolitik, die verhinderte, daß das Thema Rationalisierung kontrovers wurde und zugleich den Rationalisierungsprozeß beschleunigte.

Ergibt sich also für den einzelnen Betrieb aus der kooperativen Konfliktverarbeitung zweifellos eine positive Bilanz, so ist die Frage nach den Auswirkungen für die *Belegschaft* schwerer zu beantworten. Wenn überhaupt, so ist sie wohl nur gruppenspezifisch möglich. Für die Stammbelegschaft, d.h. vor allem deutsche männliche Fachkräfte, hat die durch die kooperative Konfliktverarbeitung getragene Beschäftigungspolitik der Großbetriebe in den letzten Jahren tendenziell Vorteile gebracht, die zentralen Interessen dieser Gruppen entsprachen. Der Preis für diese Verbesserungen – vor allem die Intensivierung des Arbeitstempos, die Schematisierung der Arbeitsinhalte, die Entwertung vorhandener Qualifikationen – schien zunächst nicht so schwer zu wiegen, sei es, weil die Auswirkungen erst nach und nach spürbar wurden, sei es, weil sie vor allem andere trafen, etwa eben jene Randgruppen, die nicht zur eigentlichen Stammbelegschaft zu zählen waren (z.B. Frauen, ausländische und ungelernte Arbeitskräfte). Deren Situation hat sich eher verschlechtert.

Zu diskutieren ist in diesem Zusammenhang die Rolle des Betriebsrates als Disziplinierungsinstanz. Hier tritt der Betriebsrat ja meist als Vertreter der ‚starken' Stammbelegschaft disziplinierend den schwachen Randgruppen und den Außenseitern gegenüber. Als Kritik wäre anzumelden, daß er oft mehr an der Sicherung der Privilegien der starken Gruppen, denn an einer Verbesserung der Situation der schwachen Gruppen interessiert ist.

Selbstverständlich handelt es sich bei der kooperativen Konfliktverarbeitung nur um einen von mehreren *Auseinandersetzungsstilen* zwischen Betriebsrat und Management. Wir haben uns bislang auf seine Beschreibung konzentriert, weil dieser Auseinandersetzungsstil in den untersuchten Betrieben dominierte. Dabei darf nicht vergessen werden, daß ja unsere Auswahl sich auf ‚erfolgreiche' Fälle beschränkte, in denen Innovationsprojekte ohne Konflikt durchgezogen wurden. Aus anderen Untersuchungen kennen wir andere Formen der Auseinandersetzung zwischen Management und Betriebsrat. Diese seien hier noch abschließend beschrieben, mehr um den Stil der kooperativen Konfliktverarbeitung in Perspektive zu setzen, als um ein detailliertes Bild anderer Auseinandersetzungsstile zu geben.

Die offene Konfrontation

Die Auseinandersetzung zwischen Management und Betriebsrat wird von beiden Seiten eindeutig als Austragung widerstreitender Interessen verstanden und praktiziert. Der Bezug von Belegschaftsinteressen auf betriebliche Interessen wird zwar gesehen, nicht aber als oberste Handlungsmaxime verstanden. Beide Seiten bestimmen ihre Position vielmehr primär in Absetzung zur anderen Seite. Forderungen werden aus der eigenen Interessenlage abgeleitet und legitimiert.

Bei der Durchsetzung dieser Forderungen orientiert man sich tendenziell an einer maximalistischen Position. Wie viel man jeweils durchzusetzen vermag bzw. versucht, hängt wesentlich von der normativen Ausgangslage (BetrVG, Tarifverträge, Betriebsvereinbarungen) sowie der aktuellen Machtsituation (Lage auf dem Arbeitsmarkt oder Absatzmarkt, Aktivierungsmöglichkeiten der Belegschaft etc.) ab.

Entsprechend sind die Regelungen des Betriebsverfassungsgesetzes als Bestimmungsgrößen der Auseinandersetzung relativ wichtig. Die genaue Kenntnis der Rechtslage bzw. die Fähigkeit, diese zu nutzen, ist wesentlich für das eigene Durchsetzungsvermögen. In Verhandlungen durchgesetzte Positionen werden nach Möglichkeit formal abgesichert (Betriebsvereinbarung).

Der Betriebsrat tritt dem Management primär als Fordernder gegenüber, er entzieht sich Versuchen, ihn als Disziplinierungsinstanz gegenüber der Belegschaft einzusetzen.

Die Auseinandersetzung zwischen den beiden Seiten findet fast ausschließlich in Ausschüssen und Kommissionen statt, d.h. öffentlich und institutionalisiert. Es fehlt die Informalität, die Bedeutung der Vertraulichkeit und ungeschriebenen Spielregeln der kooperativen Konfliktverarbeitung.

Kontakte der Vertreter beider Seiten beschränken sich weitgehend auf die Arbeit in Kommissionen und *Gremien*. Diese sind Abstimmungsgremien; Parität bedeutet meist auch zugleich zahlenmäßige Gleichbesetzung.

Konfliktverdrängung

Hier agiert der Betriebsrat vorwiegend als verlängerter Arm der Geschäftsleitung, ganz im Sinne des als vorrangig und übergeordnet verstandenen Betriebswohls, mit dem die Interessen der Belegschaft weitgehend gleichgesetzt werden. Eine Orientierung an davon abgesetzten, eigenständigen Interessen der Belegschaft fehlt weitgehend. Der Geschäftsleitung gegenüber tritt der Betriebsrat kaum als Fordernder auf, eher vertritt er die Erwartung der Geschäftsleitung gegenüber der Belegschaft, insbesondere gegenüber Randgruppen, wie Ausländer, Neueingetretene. Er nimmt der Geschäftsleitung die Wahrnehmung bestimmter, vornehmlich personeller Aufgaben ab, vor allem die Disziplinierungs- und Verteilungsfunktionen (etwa Einhaltung der Dienstzeiten, Ausarbeitung von Sozialplänen bei anstehenden Entlassungen etc.).

Zwischenresümee

Schon die kurze Beschreibung dieser beiden Kontrasttypen läßt deutlich werden, daß die kooperative Konfliktverarbeitung als eine Art *Mittelweg* zwischen den beiden anderen Varianten betrachtet werden kann. Aus dem Versuch, den Interessen des Betriebes und denen der Belegschaft gleichermaßen gerecht zu werden, ergibt sich eine Gratwanderung zwischen offenem Konflikt und totaler Konfliktverdrängung, eben kooperative Konfliktverarbeitung.

Aussagen über die quantitative Verteilung verschiedener Stile der Konfliktaustragung in der deutschen Industrie können hier nicht gemacht werden. Dazu stellen die wenigen Fallbeispiele unserer Untersuchung bei weitem keine ausreichende Basis dar, zumal wir uns ja bei unserer Auswahl auf erfolgreiche ‚Fälle' beschränkten.

Das Material anderer Untersuchungen allerdings läßt vermuten, daß zumindest im Bereich der Fertigung in mittleren und größeren Betrieben der von uns gezeichnete Stil der kooperativen Konfliktverarbeitung vorherrschend ist. Offen dagegen muß bleiben, wie sich die Verhältnisse in der Verwaltung und in den Dienstleistungen, in kleinen Betrieben, aber auch in Zentralen der Großkonzerne darstellen.

Wir sind uns bewußt, daß wir mit unserer Darstellung der kooperativen Konfliktverarbeitung selbst in den untersuchten Betrieben nur einen Teil des Feldes Konfliktverarbeitung abgedeckt haben: nämlich die Beziehungen zwischen Management und institutioneller betrieblicher Arbeitnehmervertretung, genauer noch: ihres exekutiven Kerns – repräsentiert durch Betriebsratsvorsitzenden, seinen Stellvertreter und einen kleineren Kreis von meist freigestellten Betriebsräten. Es ist nicht ausgeschlossen, daß in anderen Bereichen sich die Verhältnisse anders darstellen: etwa in den Beziehungen zwischen Arbeitern und betrieblichen Vorgesetzten.

Vieles spricht dafür, daß die Orientierung und die Verhaltensweisen der Gesamtheit der Betriebsräte und Vertrauensleute nicht unbedingt identisch sind mit jenen ihres exekutiven Kerns. Bislang scheint jedoch aus diesen Bereichen kein entscheidender Einfluß auf die von uns behandelte institutionalisierte Ebene der Konfliktaustragung zwischen Management und Arbeitnehmervertretung ausgegangen zu sein.

All die angeführten Einschränkungen führen so zwar zu dem Schluß, daß mit der kooperativen Konfliktverarbeitung nur ein Teil und nur ein Aspekt der Wirklichkeit der industriellen Beziehungen in der Bundesrepublik gefaßt ist, aber die Verfügbarkeit dieses Musters der Auseinandersetzung zwischen Management und betrieblicher Arbeitnehmervertretung hat die industriellen Beziehungen, besonders in ihrer Wechselwirkung mit der betrieblichen Beschäftigungspolitik, und den Prozeß der Rationalisierung zumindest in wichtigen Teilen der deutschen Industrie erheblich beeinflußt.

Auf den gesetzlichen Rahmen, insbesondere auf das BetrVG bezogen, kann die kooperative Konfliktverarbeitung als eine ‚Antwort' des Managements und der betrieblichen Arbeitnehmervertretung gesehen werden, durch die dieser den betrieblichen Belangen angepaßt wird. Oder in Umkehr: Seine spezifische Wirkung erhält das Gesetz nicht zuletzt durch diese spezifische Form der Verarbeitung in den Betrieben.

Der gesetzliche und tarifvertragliche Rahmen

Zweifellos muß darin eine wichtige ‚Leistung' gesehen werden – die Anwendung allgemeiner Regelungen auf den Einzelfall ohne zu Unsinnigkeiten führenden Schematismus einerseits, deren Diskreditierung andererseits stellt ja ein zentrales Problem der Umsetzung allgemeiner Normen in die Praxis dar.

Umgekehrt heißt dies: Wie sich z.B. das Betriebsverfassungsgesetz und die flankierenden gesetzlichen und tarifvertraglichen Regelungen in der Praxis auswirken, hängt nicht zuletzt von der Form ihrer Verarbeitung im Einzelbetrieb ab. Die Praktizierung des von uns beschriebenen Stils der kooperativen Konfliktverarbeitung dürfte in den betreffenden Betrieben dazu beigetragen haben, daß zumindest ein gewisser Mindeststandard der Umsetzung des normativen Rahmens gewährleistet ist. Wir haben ja gezeigt, daß die grundsätzliche Anerkennung der Verbindlichkeit des normativen Rahmens durch beide Seiten ein wesentlicher Grundzug der kooperativen Konfliktverarbeitung ist.

In diesem Zusammenhang ist natürlich die Verpflichtung des Betriebsrates durch das Betriebsverfassungsgesetz zur vertrauensvollen Zusammenarbeit und zur Berücksichtigung der betrieblichen Belange von besonderer Bedeutung. Zweifellos ergibt sich daraus zunächst eine gewisse Asymmetrie insofern, als dem Betriebsrat scheinbar jegliche Sanktionsmittel genommen sind, um seinen Forderungen Druck zu verleihen. Gerade bei der Unbestimmtheit des Gesetzes in vielen Punkten, die die konkrete Anwendung vielfach zur Auslegungsfrage werden läßt und die eine Berufung auf den Buchstaben des Gesetzes erschwert, erscheint eine solche ‚politische' Durchsetzung besonders wichtig. Die Offenheit des Gesetzes gibt aber auch – so haben wir gezeigt – dem Betriebsrat zugleich Sanktionsmittel zur Hand. Die Drohung des Entzuges seiner Kooperation bedeutet, zumindest bei einem Betriebsrat, der aktiv von seinem Aktionsspielraum Gebrauch macht, eine durchaus ernst zu nehmende Waffe.

Dies darf allerdings nicht den Blick auf eine konstitutive Schwäche des dualen Systems der Vertretung der Arbeitnehmerinteressen versperren. Die Arbeitsteilung zwischen Gewerkschaften und Betriebsräten setzt eine funktions- und verhandlungsfähige Vertretung der Arbeitnehmerinteressen auf überbetrieblicher wie auf betrieblicher Ebene voraus. In Betrieben, in denen kein aktiver Betriebsrat besteht, ergeben sich Vertretungsdefizite und damit tendenziell auch eine Vernachlässigung gewisser, an sich normativ abgesicherter Grundrechte der Arbeitnehmer. Diese Vertretungsdefizite dürften gerade in den letzten Jahren an Gewicht gewonnen haben, in denen zunehmend Bereiche mit tendenziell schwachen Betriebsratsvertretungen (Kleinbetriebe, Verwaltungs- und Dienstleistungssektor) Schwerpunkte des Rationalisierungsprozesses wurden.

Der Zusammenhang mit betrieblicher Beschäftigungspolitik

Die Entstehung kooperativer Konfliktverarbeitung auf betrieblicher Ebene kann wesentlich als Produkt der allgemeinen Beschäftigungssituation in der expansiven Rekonstruktionsphase in der Bundesrepublik bis 1974 betrachtet werden, wie sie ihrerseits zweifellos diese wesentlich mit beeinflußt hat. Auf eine Formel gebracht: Die Stabilität der industriellen Beziehungen trug die wirtschaftliche Expansion, wie umgekehrt die wirtschaftliche Expansion die Stabilität industrieller Beziehungen festigte. Dies erzeugte ein Klima der ‚Berechenbarkeit', das den Betrieben langfristige Planungen und damit den Prozeß der Innovation erleichterte.

Expansion, kontinuierliche wirtschaftliche Prosperität garantierte bis 1973 nicht nur eine lang anhaltende Vollbeschäftigung, sondern zunächst noch darüber hinaus eine ständige Ausweitung der Beschäftigtenzahl. Damit war den Betrieben nicht nur die Möglichkeit geboten, eine Politik der Beschäftigungsstabilisierung zu praktizieren, sondern auch unangenehme Folgelasten des Rationalisierungsprozesses auf ‚schwache' Randgruppen zu konzentrieren, während dem ‚starken' Kern der deutschen Arbeitskräfte sogar zusätzliche Qualifikations- und Aufstiegsmöglichkeiten geboten werden konnten. Die betriebliche kooperative Konfliktverarbeitung ‚lebte' von diesen Voraussetzungen, wie sie umgekehrt mit bewirkte, daß die betriebliche Beschäftigungspolitik bestimmte Grundinteressen der Arbeitskräfte – vor allem Beschäftigungssicherung und stetiger Einkommenszuwachs – berücksichtigte.

Hat diese Grundkonstellation den Prozeß technisch-organisatorischer Innovation zugleich erleichtert und als aktuellen Konfliktstoff entschärft, so sind in den letzten Jahren, in denen nicht mehr Expansion, sondern Intensivierung im Vordergrund der Investitionen stand und zugleich die Situation auf dem Arbeitsmarkt von stabiler Vollbeschäftigung zu hoher und lang anhaltender Arbeitslosigkeit umschlug, konstitutive Schwächen des Systems industrieller Beziehungen deutlich geworden, die bislang weitgehend verdeckt blieben.

Die Beeinflussung des technisch-organisatorischen Innovationsprozesses durch die betriebsbezogene kooperative Konfliktverarbeitung versagt weitgehend gegenüber in zentralen Konzernhauptquartieren vorgeplanten Veränderungen, insbesondere bei organisatorischen Veränderungen. Diese gewinnen gerade in der Phase der Intensivierung und der zunehmenden Erfassung des Verwaltungsbereichs durch den Rationalisierungsprozeß an Bedeutung. Die industriellen Beziehungen auf betrieblicher Ebene – insbesondere das System der kooperativen Konfliktverarbeitung – sind prinzipiell betriebsbezogen, d.h. beschränken sich auf die Behandlung einzelbetrieblicher Belange und die Behandlung im einzelbetrieblichen Rahmen. Damit entsteht tendenziell ein Regelvakuum bei Problemen, die den einzelbetrieblichen Rahmen sprengen, ohne allgemeine Bedeutung zu erlangen (z.B. Betriebsstilllegung, Massenentlassung).

Die kooperative Konfliktverarbeitung erleichtert eine betriebliche Beschäftigungspolitik, die den innerbetrieblichen Arbeitsmarkt im Interesse der Beschäftigungsstabilität der Kernbelegschaft nach außen hin möglichst weitgehend abdichtet. Eine solche Beschäftigungspolitik, insbesondere der starken Großbetriebe, führt unter den veränderten Arbeitsmarktbedingungen zunehmend zu einer Beeinträchtigung der Funktionsfähigkeit des Arbeitsmarktes.

Das System der kooperativen Konfliktverarbeitung basiert wesentlich auf einem Gleichgewicht der von beiden Seiten eingebrachten Interessen, aber auch der ihnen zur Verfügung stehenden Konzessionsmasse, etwa durch ‚Wohlverhalten'. In dem Maße, in dem die Betriebe nun in der veränderten Arbeitsmarktsituation den Prozeß der intensiven Innovation vorantreiben, reduzieren sich ihre Möglichkeiten (bzw. ihre Bereitschaft), beschäftigungspolitisches Wohlverhalten zu zeigen. Nun, da ihre Konzessionsmasse sich deutlich verringert, wächst zugleich ihr Bedarf an ‚Kooperation' seitens der Arbeitnehmervertreter. Damit droht das System der kooperativen Konfliktverarbeitung zu einem einseitigen Instrument zur Durchsetzung betrieblicher Belange zu degenerieren.

Insgesamt – so ließe sich zusammenfassend feststellen – wächst die Gefahr, daß die Kontrolle und Korrektur des Rationalisierungsprozesses nur unzureichend geleistet wird und daraus negative Folgewirkungen entstehen, nicht nur für die betroffenen Arbeitskräfte, sondern auch für die Gesamtgesellschaft.

Gewerkschaften, Betriebsräte, aber auch das Management stehen diesen Problemen bislang noch weitgehend unvorbereitet gegenüber. Die ambivalente Stellung gegenüber dem Humanisierungsprogramm der Regierung und die Behandlung des Problems der Arbeitslosigkeit sind Ausdruck dafür. Die in Zeiten der expansiven Innovation erprobten und ja weitgehend erfolgreichen Strategien und Orientierungen der kooperativen Konfliktverarbeitung auf betrieblicher und überbetrieblicher Ebene erschweren nun, da die Unternehmen gleichsam mit ‚leeren Taschen' den Prozeß der Arbeitsintensivierung verstärkt vorantreiben, die zunehmend notwendige Entwicklung neuer Ansätze.

Solche Ansätze könnten etwa sein: eine Überprüfung, wieweit die Formel „Rationalisierung als Voraussetzung des wirtschaftlichen Wachstums schafft Wohlstand für alle" unter den veränderten heutigen Bedingungen noch trägt; eine kritische Analyse des Verhältnisses betrieblicher und überbetrieblicher Vertretung der Arbeitnehmerinteressen oder etwa die Frage, wieweit die entwickelten ‚kooperativen' Durchsetzungsstrategien einem Stil industrieller Beziehungen, den man als ‚kontrollierte Konfrontation' bezeichnen könnte, weichen müssen.

Die Bedeutung für die Gewerkschaften

Die Vertretung der Arbeitnehmerinteressen auf betrieblicher Ebene durch die Betriebsräte ist für die Rolle und Situation der Gewerkschaften ein bestimmender Faktor. Trotz der im dualen System angelegten Arbeitsteilung von betrieblicher und überbetrieblicher Vertretung der Arbeitnehmerinteressen haben die Betriebsräte die von den Gewerkschaften verfolgte Politik stark beeinflußt, wie natürlich auch die Tätigkeit der Betriebsräte ihrerseits wesentlich durch die von den Gewerkschaften ausgehandelten tarifvertraglichen Regelungen bestimmt ist.

In diesem Zusammenhang gewinnt die kooperative Konfliktverarbeitung auf betrieblicher Ebene wiederum spezifische Bedeutung. Als Orientierungsbezug hat sie das Verhalten der Betriebsräte in einem – wie wir meinen – für die

Gewerkschaften widersprüchlichen Sinne beeinflußt. So darf einerseits nicht übersehen werden, daß Betriebsräte dazu beigetragen haben, den Gewerkschaften Bereiche und Gruppen zu erschließen, in denen sie nur eine schwache Basis hatten. Auch können die Betriebsräte als dezentrales Kollektiv gegenüber Verselbständigungs- und Bürokratisierungstendenzen der großen Industriegewerkschaften betrachtet werden. Nicht nur durch die geographische Nähe, auch durch die Notwendigkeit, sich regelmäßig einer Wiederwahl zu stellen, scheint zumindest ein gewisser Kontakt mit der Basis nahegelegt zu werden.

Andererseits hat die starke Betriebsbezogenheit der Vertretung von Arbeitnehmerinteressen durch die Betriebsräte zu einer ausgeprägten Identifizierung mit einzelbetrieblichen Belangen geführt. Daraus entwickelte sich zum Teil ein Betriebsegoismus, der die Vertretung betriebsübergreifender Belange schwächte (Beispiel: Abbau der Überstunden zugunsten von Neueinstellungen). Gerade die kooperative Konfliktverarbeitung verstärkte nun tendenziell die Autonomie der einzelbetrieblichen Arbeitnehmervertretungen gegenüber den Gewerkschaften, indem sie zu einer dauerhaften Sicherung der einzelbetrieblichen Basis beiträgt, zugleich diese Sicherung wesentlich mit der Verfolgung einer ‚kooperativen' Politik verbunden sieht. Dies wirft die Frage auf, wieweit nicht gerade der Einfluß der ‚starken' Betriebsräte in den Gewerkschaften deren Konfliktfähigkeit reduziert.

Die Eigendynamik der kooperativen Konfliktverarbeitung auf betrieblicher Ebene und die sich aus ihr ergebenden Orientierungs- und Verhaltensweisen der Betriebsräte müssen bei der Entwicklung gewerkschaftlicher Strategien als wichtiges und nicht ohne weiteres veränderbares Datum in Rechnung gestellt werden. Dies gilt etwa für Überlegungen zur betriebsnahen Tarifpolitik ebenso wie für die Versuche einer Aktivierung der Vertrauensleutekörper zur Überwindung der ‚Betriebsferne' der Gewerkschaften. Besonders wichtig erscheint uns dieser Aspekt auch im Zusammenhang mit der Rolle der Betriebsräte bei der Behandlung betrieblicher Rationalisierungsstrategien: Solange diese sich an den Mechanismen der kooperativen Konfliktverarbeitung orientieren, muß deren Belastbarkeit durch die Gewerkschaften erst klar begrenzt eingeschätzt werden.

Zusammenfassende Bewertung

Ohne die Bedeutung der betrieblichen kooperativen Konfliktverarbeitung überbewerten zu wollen, scheinen uns doch in ihr wesentliche Aspekte der Stärke und der Schwäche der kollektiven Vertretung von Arbeitnehmerinteressen zum gegenwärtigen Zeitpunkt beinhaltet: Stärke insofern, als die von den Betriebsräten verfolgten ‚kooperativen' Strategien zweifellos durchaus erfolgreich die durch den gesetzlichen und tarifvertraglichen Rahmen und die Beschäftigungssituation umgrenzte Möglichkeit der Einflußnahme wahrnahmen (ein Aspekt, der auch heute nicht übersehen werden sollte); Schwäche insofern, als insbesondere unter den veränderten Rahmenbedingungen die Grenzen und Defizite dieses Stils der Einflußnahme deutlich werden.

C.2 Die Zeitbombe tickt

Konfliktpotential beim Einsatz neuer Bürotechnik*

Die Arbeitswelt in Büros und Verwaltungen ist oft das Ergebnis jahrzehntelanger Übung, vielfach geprägt von Zufällen und ungeschriebenen Gesetzen, doch dabei von erstaunlicher Stabilität. Viele Anwender der neuen Bürotechnologie machen die Rechnung ohne den Wirt, wenn sie die zähe Eigendynamik von Verwaltungen vorschnell und allein mit technischen Lösungen durchbrechen wollen.

Jede Verwaltung, die länger als zwei Jahre besteht, lebt mit ihrer Vergangenheit und der Last dieses Erbes:

- Regelungen, die aus Anlässen entstanden, die nicht mehr bestehen;
- einer Organisation, die um Personen gemacht wurde, die nicht mehr da sind;
- Kompromissen, die aus Gegensätzen entstanden, die es nicht mehr gibt:
- Ungereimtheiten, die allmählich und unmerklich entstanden sind.

Jede Verwaltung lebt mit einem Regelwerk, das den Anforderungen der ‚Praxis' nicht voll entspricht:

- Regelungen, die zu umständlich sind, um praktizierbar zu sein;
- Regelungen, die einander widersprechen;
- Regelungen, die sich auf Verhältnisse beziehen, die in der Praxis keine oder nur eine untergeordnete Rolle spielen;
- also insgesamt: Regelungen, die sich als schlicht nicht praktikabel erweisen.

Jede Verwaltung lebt mit der Tatsache, daß die Wirklichkeit des Regelwerks und die praktizierte Arbeitswirklichkeit unter Umständen beträchtlich voneinander abweichen:

- Regelungen, die stillschweigend durchbrochen werden oder schlicht in Vergessenheit geraten sind;
- De-facto-Regelungen, die in der Praxis befolgt werden, obwohl sie nie offiziell erlassen wurden;
- Personen, deren Einflußnahme weit über die ihnen offiziell zugewiesenen Kompetenzen hinaus gehen;

---

* Zuerst erschienen in: Technische Rundschau, 1987, Heft 38, S. 51–57. Dieser Artikel basiert auf Befunden des HdA-Forschungsprojektes „Konfliktfeld Informationstechnik" (vgl. Lullies et al. 1990) sowie auf Erfahrungen, die in den Begleitforschungsprojekten beim Kraftfahrt-Bundesamt, Flensburg, und der BMW AG, München, gemacht wurden.

- Personen, die Kompetenzen, die ihnen zugewiesen sind, nur zum Teil wahrnehmen.

Und jede Verwaltung lebt mit dem Konfliktstoff, der sich aus all dem ergibt:

- sich überschneidende Zuständigkeitsbereiche;
- Durchbrechung und Nichtanwendung von ‚Vorschriften';
- breite und abweichende Interpretationsspielräume über die Gültigkeit offizieller Regelungen;
- Diskrepanzen von Verantwortung und faktischer Zuständigkeit.

Den außenstehenden Beobachter frappiert immer wieder, wie Verwaltungen mit diesen Widersprüchen, Ungereimtheiten und Ungenauigkeiten zu leben vermögen, die so sehr dem Leitbild der ‚rationalen' Verwaltung widersprechen. Sie vermögen es, dank eines häufig nicht unbeträchtlichen Maßes an Unbestimmtheit, das es neben oder zwischen dem Geflecht bürokratischer Regulierung gibt:

- Arbeitsbereiche und -verfahren, für die keine ‚offiziellen' Regelungen existieren;
- Arbeitsbereiche, für die geltende Regelungen stillschweigend außer Kraft gesetzt oder durch De-facto-Regelungen der täglichen Praxis ersetzt wurden;
- Zuständigkeiten, Kompetenzen, die wahrgenommen werden, obwohl sie keine ‚offizielle' Basis haben;
- Zuständigkeiten, Kompetenzen, die nur auf dem Papier stehen und praktisch nie ausgeübt werden.

Es ist diese Unbestimmtheit, die es ermöglicht, Kompetenzüberschneidungen, widersprüchliche, veraltete, sinnwidrige oder schlicht unsinnige Regelungen, Vorschriften in der Praxis zu ‚verarbeiten', *das heißt ohne grundsätzliche Auseinandersetzungen, ohne Standortbestimmungen und Grundsatzüberlegungen auszukommen.* Denn die wären bei strikter Anwendung des Regelwerks ständig notwendig – mit all den Konfrontationen und Konflikten, die damit verbunden sind. Die Widersprüche und Widersinnigkeiten des „offiziellen" Regelwerks werden auf *pragmatische* Weise neutralisiert: durch Konventionen, stillschweigende Übereinkünfte, das Eingehen auf wechselseitige Verhaltenserwartungen. Überschneidungen und Lücken im ‚offiziellen' System der Kompetenzzuweisung werden auf der Ebene persönlicher Durchsetzung (oder Nichtdurchsetzung) de facto bereinigt.

Daraus wird deutlich, daß *dieser Bereich der Unbestimmtheit durchaus auch von ‚Regelungen' beherrscht wird – allerdings ohne ‚offiziellen' Status, dafür aber unter Umständen recht verbindlich und erstaunlich stabil.* Auf diese Weise lassen sich Konflikte unter der Oberfläche halten, man lernt auch mit widersprüchlichen Regelungen zu leben und wird fähig, Lücken im offiziellen Regelwerk auszufüllen. Das alles kommt offensichtlich einem verständlichen Bedürfnis aller Beteiligten entgegen. Viele Verwaltungen gleichen daher Dörfern voll schlafender Hunde, deren Einwohner stillschweigend übereingekommen sind, diese nicht zu wecken – verständlich, denn Ruhe ist ein wichtiges Gut, selbst wenn man nicht schläft.

Ein gewisses Maß an Unbestimmtheit, an Intransparenz, gehört also sozusagen zum *(Über-)Lebensprinzip* von Verwaltungen. Sie wirkt als heilsames Gegengift gegen die Widersprüche und Widersinnlichkeiten, die jede bürokratische Regulierung in einem ‚lebendigen' System mit sich ständig verändernden Anforderungen, Aufgaben und Arbeitsbedingungen notwendigerweise produziert.

Die bürokratische Utopie dagegen zielt auf ein flächendeckendes Regelsystem, das möglichst jede Eventualität einschließt. Konsequent umgesetzt, muß sie sich selbst pervertieren. *Die ‚totale' Ordnung führt zum Chaos.* Die Aktivitäten des braven Soldaten Schweyk – Pflichtlektüre jedes DV- oder Organisationsleiters – haben dies am k.u.k. Militär- und Bürokratiebetrieb eindringlich bestätigt. Der Dienst nach Vorschrift blockiert die Funktionsfähigkeit jeder Verwaltung; am leichtesten jener, die am perfektesten ‚geregelt' scheint. Natürlich kann keine Verwaltung auf ein Regelwerk, auf ‚Bürokratie' verzichten, aber gleichermaßen notwendig ist jener Raum des ‚Unbestimmten'. *Die richtige Mischung aus beiden, vor allem auch eine gewisse Offenheit des Regelsystems gegenüber Impulsen der ‚Praxis', das unterscheidet Verwaltung von Bürokratie.*

Dieses Spannungsverhältnis von Regulierung und Unbestimmtheit ist auch Grundthema der Technisierung der Verwaltung. Tendenziell bedeutete schon die Einführung der ‚klassischen' Datenverarbeitung Einschränkung von Unbestimmtheit. Neben der Maschinisierung menschlicher Arbeit lag zweifellos in der Herstellung von Regelhaftigkeiten ein wesentlicher Teil des Rationalisierungspotentials der DV.

„Der Computer setzt logisches Denken mechanisch um, unlogisches auch." Dieser IBM-Computer-Spruch kennzeichnet eine wesentliche Eigenschaft der DV, nämlich die starre Mechanik, mit der sie Logisches und Unlogisches umsetzt. Dabei ist es nicht allein die ‚Unlogik', die fatale Folgen für das betriebliche Geschehen zeitigen kann – das kann auch die ‚Logik' oder das, was jeweils dafür gehalten wird. Denn in der betrieblichen Praxis gibt es nicht *‚die'* Logik – mit Sicherheit nicht nur die Logik der Informatiker. Da gibt es die Logik des Produktionsgeschehens, des Marketings, die Logik der vorhandenen Qualifikationen und Motivatoren, der Machtverhältnisse und Privilegien, die Logik der Eitelkeiten und Empfindlichkeiten. Sie alle haben ihre eigenen Dynamiken und Anforderungen. Und mögen sie auch vor der ‚Logik' der DV-Experten und Informatiker nicht bestehen, ihre Wirksamkeit wird durch DV-Systeme nicht ausgeschaltet.

Die Hoffnung, all diese unterschiedlichen und einander widersprechenden ‚Logiken‘ auf einen Nenner zu bringen, sozusagen in ein Regelnetz einzubinden – dieser Traum, dem die Bürokraten in den Organisationsabteilungen ebenso nachhängen wie die Technokraten in den DV-Abteilungen, *ist noch immer an der Vielfältigkeit der Betriebsgeschehen gescheitert.* Die Konflikte bei der Einführung der DV dürften nicht zuletzt auf diese Versuche, den Raum der Unbestimmtheit einzuengen, zurückzuführen sein. Es sei denn, es werden grundsätzliche Einflußstrukturen nur marginal verändert und nur solche Arbeitsabläufe einbezogen, die schon zuvor einer gewissen Regelhaftigkeit unterworfen sind.

Wie steht es nun mit der ‚neuen Welle‘ der Bürotechnisierung? Eröffnet sie neue Perspektiven der Technikunterstützung ohne Einschränkung der Unbestimmtheit? Personal Computer, individuelle Datenverarbeitung, Anwenderprogrammierung, Bürokommunikation – all diese Begriffe deuten auf eine nicht ‚bestimmte‘ Nutzung der Technik. In der Tat liegt das besondere Leistungsangebot der neuen Bürotechnik in der *weniger vorstrukturierten Unterstützung individueller Arbeitssituationen.*

Doch ganz so harmlos ist das, was man heute als ‚individuelle Informatik‘ bezeichnet, nicht: Gerade die individuellen Anwendungen, in einem kooperativen Zusammenhang eingebunden, ziehen einen unübersehbaren Regelungsbedarf nach sich. Neben ‚persönlicher‘ Anwendung ist ja Integration wesentliches Merkmal und Ziel der neuen Bürotechnik. Nehmen wir etwa den Umgang mit Daten oder Datenbanken: Wer hat Zugriff auf welche Daten? Wer darf welche Daten verändern? Ohne eine flächendeckende, das heißt alle Nutzer und alle Daten umgreifende Regelung dieser Fragen ist ein integrierter Einsatz der neuen Technik nicht denkbar.

Nun sind solche Regelungen nichts Neues. Gegenüber der nichttechnisierten Verwaltung bestehen allerdings zwei wesentliche Unterschiede: Mit der ‚Vernetzung‘ werden *neuartige, wesentlich erweiterte Möglichkeiten des Datenzugriffs* geschaffen, vor allem auf solche, die nicht institutionell abgegrenzt und abgeschirmt sind. Die Datei im Schreibtisch des einzelnen Sachbearbeiters, die Abteilungsablage, war schon materiell als ‚Eigentum‘ eines bestimmten Personenkreises erkennbar. Der Zugang eines Außenstehenden konnte nur mit Zustimmung beziehungsweise Unterstützung des ‚Eigentümers‘ erfolgen. Solche Abgrenzungen und Einschränkungen müssen im integrierten Datenverwaltungssystem neu und vor allem eben „flächendeckend“ definiert werden.

Regelfestlegung und -anwendung sind im Techniksystem starr miteinander verbunden, was heißt, *daß Anwendung detaillierte Regelung voraussetzt.* ‚Unbestimmtheit‘ ist sozusagen auf technischem Wege ausgeschlossen. Gerade die flexibel nutzbare, ‚integrierte‘ Technik zwingt auf der Ebene der softwaremäßigen Umsetzung der Anwendungsmodalitäten zu einem Explizit- und Transparentmachen von Rechten, Kompetenzen und Verantwortlichkeiten. Es bedarf keiner hellseherischen Fähigkeiten, um vorauszusagen, daß dieser Prozeß der Festlegung der Anwendungsmodalitäten nicht nur ein mühsamer, sondern vor allem ein *konfliktträchtiger* sein wird.

Es werden damit ja nicht nur Arbeits- und Einflußgebiete abgesteckt, sondern auch Fragen des betrieblichen Status, der Zuordnung, der Kooperation berührt und fixiert. Es wird sich also immer um einen praktisch höchst ‚sensiblen' Vorgang handeln, der sicherlich noch dadurch erschwert wird, daß Sachaspekte hier ebenso eingehen wie Machtfragen und zwischen beiden nicht scharf getrennt werden kann.

Der Prozeß der Anwendungsregelung der neuen Bürotechnologien beinhaltet nicht zuletzt die Übertragung betrieblicher Kompetenzstrukturen in die Technik und hat damit seinerseits erhebliche Rückwirkungen auf diese. Das Geflecht von Widersprüchen, Offenheiten, De-Facto-Regelungen, das bislang den Bereich des ‚Unbestimmten' füllte – es steht nun zur expliziten Regelung an.

Verstärkt wird der Sprengsatz, der in dieser Situation liegt, noch durch die massiven Änderungen im Charakter der Arbeit und vor allem der Aufgabenverteilung. Die neue Bürotechnologie erfordert zum Teil einschneidende Zäsuren in der Arbeitsteilung innerhalb der Fachbereiche oder Abteilungen, zwischen ihnen und insbesondere zu den Zentralbereichen. Erfolgt die Einführung der neuen Technik dann auch noch als *Einbahnstraße von oben nach unten,* das heißt ohne Mitwirkung der Betroffenen, sind die Konfliktlinien unausweichlich vorprogrammiert (siehe „Erfahrungen sind nicht gefragt").

Es gehört zum guten Ton – bei Wissenschaftlern und Praktikern – zu versichern, es gäbe keinen Technikdeterminismus. Das Primat der Geschäftspolitik, der Arbeitsorganisation oder auch des ‚Menschen' – was immer darunter zu verstehen ist – wird postuliert. Natürlich ist das richtig. Nur zu leicht wird allerdings die doch beträchtliche Eigendynamik übersehen, die einer einmal eingesetzten Technik innewohnt. Man könnte von einer *‚Anwendungslogik'* sprechen, das heißt von Anforderungen, die sich immanent aus der Technik an die Gestaltung ihres Einsatzes und ihrer Anwendung ergeben. Dies schließt natürlich nicht aus, daß diese ‚Anwendungslogik' auf recht unterschiedliche Weise erfüllt werden kann.

Die Befürchtung, die Flexibilisierung der Technik könne zu einer verstärkten Bürokratisierung von Verwaltungen führen, mag angesichts des gegenwärtigen Anwendungsstandes als weit hergeholt abgetan werden; auf dem Hintergrund der Neigung von Bürokratien, Neuerungen zu ‚verregeln', dürfte sie jedoch mehr als nur ein reines Hirngespinst sein. Dafür spricht zum Beispiel die erklärte Absicht vieler Zentralisten in DV- und Organisationsabteilungen, den ‚Nachwuchs' der Technik in den Fachbereichen zu bereinigen.

Mit dem Einsatz und vor allem der Anwendung der neuen Bürotechnologien kommt ein gewaltiger *Klärungs- und Festlegungsbedarf* auf die Verwaltungen zu. Zugleich wird der Raum, diesen Bedarf pragmatisch, sozusagen unter der Hand, zu lösen, eingeschränkt. Hinzu kommt die sprichwörtliche ‚Lernschwäche', mit der Verwaltungen auf die Aufarbeitung ihrer eigenen Erfahrungen reagieren (siehe Weltz 1986a: „Aus Schaden dumm werden", Beitrag D.2 in diesem Band). Daher verwundert die *Unbekümmertheit,* mit der manches Unternehmen in die neue technisierte Bürozukunft marschiert. Nicht daß dieser Weg unreflektiert oder undiskutiert begangen wird. Die richtige technische Lösung zu finden, deren Wirtschaftlichkeit ‚herbeizurechnen', die Akzeptanz der Anwender herzustellen – diesen Problemen wird viel Aufmerksamkeit gewidmet, in die manchmal sogar arbeitsorganisatorische Fragen mit einbezogen werden. Bisweilen wird auch das Thema „Informationsmanagement" aufgegriffen, vorwiegend allerdings als administratives Problem. Diskutiert wird die Bearbeitung der neuen Bürotechnologien unter Aspekten der Kontrolle und des Datenschutzes – zweifellos wichtige Themen, wenn auch letztlich von zwar nicht untergeordneter, so doch begrenzter Bedeutung.

Weitgehend undiskutiert dagegen bleibt die ‚politische' Bedeutung der neuen Bürotechnologien – ihre *Konsequenzen nicht nur für die Arbeit, sondern das Geschehen in den Unternehmen* – und des damit verbundenen Konfliktpotentials. Wesentliche Kernfragen, die die Gestaltung ihrer Anwendung betreffen – etwa das strategisch zentrale Problem, wer darüber entscheiden kann, wer wie über welche Daten verfügen wird – sind bisher eher am Rande behandelt worden (siehe Weltz 1987b: „Information als Fetisch").

Wie ist dies zu erklären? Vertraut man weiter auf die Selbstregulierungskraft der ‚Praxis', die ja in der Vergangenheit schon manchen zunächst problematischen technischen und organisatorischen Neuerungen zum Überleben verholfen hat? Läßt man sich von der scheinbaren Harmlosigkeit des neuen Spielzeugs täuschen? Hört man über der Faszination an der Technik das Ticken der Zeitbombe nicht, die sie birgt? Kaum denkbar, angesichts der Sensibilität, die man gerade gegenüber der Funktionsfähigkeit so kostenintensiver Neuerungen hat. Oder rechnet jeder insgeheim damit, Gewinner in diesem Spiel mit verdeckten Karten zu werden? Die ‚Zentralisten', indem sie auf den Ausbau der zentralen Kontrolle und Steuerung setzen; die ‚Dezentralisten', indem sie die Möglichkeiten der ‚individuellen' Anwendungen im Blick haben?

Erleichtert könnte dies dadurch werden, daß bei der Einführung der neuen Bürotechnologien eher wenig kontroverse Anwendungen – reine Kommunikationsfunktionen einerseits, ‚individuelle' Datenverarbeitung anderseits im Vordergrund stehen. Konfliktträchtige Anwendungen, die typischerweise mit einer Kombination dieser beiden Grundfunktionen verknüpft sind und bei denen die Verfügung ‚eigener' Datenbestände (Postkorb, Ablage, Dateien) tangiert wird, werden meist erst im Laufe der Zeit erarbeitet. Ähnliches gilt für den Regelungsbedarf, der mit diesen Anwendungen verknüpft ist; er macht sich erst im Laufe der produktiven Nutzung bemerkbar.

Was sind die Konsequenzen dieser Überlegungen? Verzicht auf den Einsatz neuer Bürotechnologien? Diese Folgerung wäre sicher inadäquat und angesichts des Anwendungsdrucks der Technik auch naiv.

Kaum weltfremd dürfte jedoch die Forderung sein, bei den Überlegungen im Vorfeld, wie bei der Gestaltung der Einführung der ‚Bürokommunikation', neben dem Problem der technischen Kompatibilität den *Aspekten der sozialen, hierarchischen und organisatorischen Kompatibilität vorrangig und rechtzeitig Aufmerksamkeit zu widmen.*

Natürlich ist es fast unmöglich, schon in der Einführungsphase die richtigen Konsequenzen hinsichtlich der sozialen und der organisatorischen Verträglichkeit der neuen Technik zu ziehen. Diese ergeben sich mit hinlänglicher Klarheit meist erst im Laufe der produktiven Anwendung. Doch oft wird daraus der falsche Schluß gezogen, zunächst überhaupt nichts zu tun und abzuwarten. Im Gegenteil erfordert *gerade diese Offenheit der Situation,* daß schon im Einführungsprozeß die Ziele der Arbeitsgestaltung definiert werden, vor allem aber die Frage geklärt wird, wie sicherzustellen ist, daß sie im Verlauf der Anwendungserfahrungen auch realisiert werden.

C.3 Konfliktfeld Informationstechnik

Konfliktverarbeitung statt Konfliktverdrängung*

An den Einsatz der neuen Informationstechnik werden große Erwartungen geknüpft. Als strategisches Instrument soll er den Unternehmen Wettbewerbsvorteile eröffnen: Ausschaltung von Medienbrüchen und Doppelarbeit, mehr Flexibilität und Reagibilität auf wechselnde Anforderungen, verstärkte Präsenz auf dem Markt, bessere interne Abstimmung, Verkürzung der Durchlaufzeiten bei der Bearbeitung von Vorgängen und Entwicklungsvorhaben, fundiertere Entscheidungen. Dabei geht es nicht allein um Unterstützung der ‚Bürokommunikation', um allgemein bessere Kommunikation und Kooperation, letztlich geht es dabei um die Erschließung neuer interner und externer Handlungsmöglichkeiten für die Unternehmen, die Sicherung und Eröffnung von Handlungsspielräumen, die durch komplexe und unübersichtliche Kooperations- und Zuständigkeitsstrukturen, durch umständliche und bürokratische Abstimmungs- und Entscheidungsprozesse, durch lange und schwerfällige Bearbeitungsabläufe eingeschränkt werden.

Wesentlicher Aspekt des Einsatzes neuer Informationstechnik ist der der Integration. Die neue Technologie wird als Auslöser und Vehikel von Integrationsprozessen gesehen: CIM – Computer Integrated Manufacturing; CIB – Computer Integrated Business – das integrierte Unternehmen. Integration, das heißt dabei nicht nur technische Vernetzung, sondern immer auch die Überwindung von Bereichsegoismen, Partialinteressen, wechselseitigen Blockierungen, die zu einer Schwächung der Orientierung an übergeordneten unternehmenspolitischen Zielsetzungen führen.

Diese Erwartungen an die neue Informationstechnik wurden bislang nur sehr begrenzt erfüllt, insbesondere so weit sie die eigentlich ‚strategischen' Effekte betrafen.

Wir haben in mehreren Untersuchungen, die wir im Rahmen des Programmes ‚Arbeit und Technik' durchführten, zahlreiche Einführungsverläufe von Informationstechnik nachgezeichnet und analysiert.

Relativ unproblematisch gestaltete sich die Einführung neuer Informationstechnik dort, wo

---

* Zuerst erschienen in: Office Management, 1991, Heft 3, S. 31–40 (Mitautoren: H. Bollinger und V. Lullies). Dieser Beitrag stützt sich auf Befunde und Erfahrungen aus den Projekten „Konfliktfeld Informationstechnik" (vgl. Lullies et al. 1990), „Wissenslogistik" (vgl. Lullies et al. 1993) und „Das Softwareprojekt" (vgl. Weltz/Ortmann 1992).

- sie zur Unterstützung bestehender Arbeitsverfahren eingesetzt wurde,
- ihre Nutzung nur geringe organisatorische Veränderungen, vor allem in den Zuständigkeitsstrukturen erforderte,
- keine komplexen, bereichsübergreifenden Entscheidungs- und Abstimmungsvorgänge erforderlich waren,
- keine umfangreichen Qualifizierungsmaßnahmen insbesondere der Führungskräfte notwendig waren,
- das Unternehmen unter einem klar strukturierten Reaktionsdruck stand.

Zugleich – und dies erscheint symptomatisch – hatten diese Projekte meist eine begrenzte Reichweite und ‚strategische' Bedeutung.

In vielen Unternehmen dagegen ergaben sich erhebliche Schwierigkeiten bei der Einführung neuer Informationstechnik. Diese waren meist nur zum Teil technisch bedingt. Der Einführungsprozeß stellte sich dar als ein Kampf jeder gegen jeden, mit wechselnden Koalitionen, als ein Gerangel um Kompetenzverteilungen; Entscheidungen wurden vielfach zwar unter Bezug auf technische Aspekte begründet, de facto aber stark von personenbezogenen oder betriebspolitischen Überlegungen bestimmt.

Die Einführung neuer Informationstechnik gestaltete sich wesentlich aufwendiger, langwieriger und konfliktreicher als erwartet; nicht selten wurden die ursprünglichen Planungen eingeschränkt oder gar aufgegeben.

In einem Dienstleistungsunternehmen war im Laufe der Jahre eine Vielzahl von Systemlösungen zur Unterstützung administrativer Aufgaben durch die EDV zum Einsatz gekommen. Deren Wartung und Weiterentwicklung gestaltete sich zunehmend aufwendig und schwierig. So wurde die Entwicklung eines umfassenden Systems ins Auge gefaßt, durch das eine Integration der bestehenden Insellösungen sowie neue Funktionen eröffnet werden sollten. Die Gestaltung dieser Lösung war zunächst innerhalb der EDV-Abteilung, die mit der Entwicklung beauftragt war, heftig umstritten. Im Laufe der weiteren Entwicklung kam es dann auch zunehmend zu Auseinandersetzungen mit den Fachabteilungen. Dies alles führte zu erheblichen Verzögerungen in der Durchführung des Projekts, für das ursprünglich zweieinhalb Jahre angesetzt waren. Nach eben diesem Zeitraum waren internen Schätzungen zufolge etwa 10 bis 20 Prozent des Projektvolumens abgearbeitet.

In einem großen Dienstleistungsunternehmen war es – weitgehend ungeplant, sozusagen naturwüchsig – zu einem extensiven Einsatz von Personalcomputern gekommen. Der Versuch, den Einsatz und die Nutzung durch eine für das ganze Unternehmen gültige EDV-Strategie ‚in den Griff' zu bekommen, führte zu Diskussionen und Auseinandersetzungen, die sich über mehrere Jahre hinzogen. Dabei war eine Vielzahl von Fronten erkennbar: Innerhalb des EDV-Bereichs, zwischen EDV und Fachbereichen, zwischen EDV und Controlling. Das

Konzept, auf das man sich am Ende einigte, war dann eine Minimallösung, die weit hinter dem ursprünglich angestrebten Anspruch zurückblieb.

Bei der Planung der Einführung eines flächendeckenden Bürokommunikationssystems standen die Systeme zweier Hersteller zur Wahl. Diese war längere Zeit heftig umkämpft. Von beiden waren bereits Mainframe-Anlagen in dem Unternehmen im Einsatz. Ein Feldversuch in einem Pilotbereich sollte Klärung bringen. Die endgültige Entscheidung wurde dann allerdings ohne Berücksichtigung der Ergebnisse des Feldversuchs, sondern im wesentlichen unter ‚politischen' Aspekten, das heißt durch die innerbetriebliche Einflußverteilung bestimmt, gefällt. Die Zuständigkeit für die verschiedenen EDV-Anlagen lag ja bei verschiedenen Unternehmensbereichen. Die Einführung hatte sich um eineinhalb Jahre verzögert.

Diese Beispiele sind keine exotischen Sonderfälle, die Liste ähnlicher Fälle ließe sich beliebig verlängern. Sie weisen eine Reihe von Gemeinsamkeiten auf:

– Der Prozeß der Einführung der neuen Informationstechnik dauerte wesentlich länger als geplant.
– Die Verzögerungen wurden weniger durch Schwierigkeiten verursacht, die auf technischer Ebene lagen, sondern durch solche in der Entscheidungs- und Konsensbildung.
– Der Planungs- und Entscheidungsprozeß gestaltete sich konfliktreich; diese Konflikthaftigkeit traf das Unternehmen eher unvorbereitet.
– Die Kontroversen wurden vorrangig auf der Ebene der technischen Gestaltung ausgetragen, ihr eigentlicher Motor waren aber Fragen der Einflußverteilung, der Macht.

Nun waren diese Schwierigkeiten nur selten Resultat besonderer Inkompetenz der Verantwortlichen. Im Gegenteil: Teilweise war gerade das Maß an technischem Know-how, das bei der Planung und Vorbereitung des Einsatzes von Informationstechnik eingebracht wurde, beeindruckend. Hinter den Schwierigkeiten standen eher strukturelle Momente:

– Die Nutzung neuer Informationstechnik stellt bestehende Strukturen der Arbeits- und Zuständigkeitsverteilung in Frage. Sie berührt damit die bestehenden innerbetrieblichen Macht- und Handlungskonstellationen. Dies gilt umso mehr, als ‚strategische' integrative Zielsetzungen mit ihrem Einsatz verbunden werden. Diese erfordern ja in der Regel übergreifende Gestaltungsansätze, da durch die etablierten Abgrenzungen zwischen den Bereichen ihre Zuständigkeiten berührt werden. Diese Neuverteilung der ‚Erbhöfe' läuft nur selten ohne Konflikte ab.

- Der Einsatz neuer Informationstechnik stellt eingefahrene Arbeitsverfahren in Frage – und damit Qualifikationen, soziale Beziehungen, Erfahrungen. Damit werden Ängste und Widerstände aktiviert.
- Die Einführung neuer Informationstechnik erfordert ganzheitliche Gestaltungsansätze, in denen nicht nur technische, organisatorische, personalwirtschaftliche Aspekte gesamthaft zu berücksichtigen sind, sondern in denen auch die Funktionen des Managements neu bestimmt und vor allem das Leistungspotential der Technik und geschäftspolitische Ziele wechselseitig aufeinander bezogen werden müssen. Dies erfordert eine Neubestimmung der Funktionsverteilung und des Zusammenwirkens von Zentral- und Fachbereichen, wie auch der Einbindung der Geschäftsleitung.
- Die Einführung der neuen Informationstechnik erfordert neue Planungs-, Legitimations-, Entscheidungs- und Implementierungsverfahren. Die etablierten Verfahren erweisen sich gegenüber den besonderen Anforderungen der neuartigen Technik weitgehend als unzulänglich, neue Verfahren sind häufig umstritten.
- Der Einsatz neuer Informationstechnik erfordert ausdrückliche Festlegungen und Abgrenzungen. Die besondere Bedeutung und Brisanz dieser Notwendigkeit zur Festlegung ergibt sich aus dem Doppelcharakter der neuen Informationstechnik-Integration auf der einen, den individuellen Nutzungsmöglichkeiten auf der anderen Seite. Diese Kombination zieht einen unübersehbaren Regelungsbedarf nach sich. Mit der ‚Vernetzung‘ werden neuartige, wesentlich erweiterte Möglichkeiten des Zugriffs auf Daten geschaffen, vor allem auf solche, die nicht institutionell abgegrenzt und abgeschirmt sind. Die Datei im Schreibtisch des einzelnen Sachbearbeiters, die Abteilungsablage, war schon materiell als ‚Eigentum‘ eines bestimmten Personenkreises erkennbar. Der Zugang von Außenstehenden konnte nur mit Zustimmung beziehungsweise Unterstützung des „Eigentümers“ erfolgen. Solche Abgrenzungen und Einschränkungen müssen im integrierten Datenverwaltungssystem neu und vor allem eben „flächendeckend“ definiert werden. Nehmen wir etwa den Umgang mit Daten, auf die im „System“ oder in externen Datenbanken zugegriffen werden kann. Wer hat Zugriff auf welche Daten? Wer darf welche Daten verändern? Wer bestimmt darüber, wer was mit dem System machen darf?

Jeder dieser Aspekte für sich, insbesondere aber ihre Kombination stellt neuartige und konfliktträchtige Anforderungen an das Unternehmen. Zielkonflikte – etwa zwischen Kostenreduzierung und offensiven Aspekten, wie Marktpräsenz, Produktinnovation, Reagibilität – treten verstärkt auf; erschwerend kommt vor allem hinzu, daß es meist nicht *die* technische Lösung gibt, sondern daß sich mehrere Optionen anbieten, die jede ihre spezifischen Vor- und Nachteile haben, die sich aus der jeweiligen Sicht der verschiedenen betrieblichen und außerbetrieblichen Akteure sehr unterschiedlich darstellen können.

Zudem waren ‚strategische' – das heißt umfassende geschäfts- oder rationalisierungspolitische – Zielsetzungen in den Unternehmen schon in der Regel nicht umstritten, etwa die Gewichtung von Prioritäten beim Einsatz von Ressourcen, die Verteilung von Zuständigkeiten. Sie erforderten einen Prozeß der Konsensherstellung.

Zu berücksichtigen ist schließlich die besondere Rolle und Betroffenheit des Managements beim Einsatz der Informationstechnik. Anders als beim Einsatz herkömmlicher EDV und Bürotechnik ist das Management durch die neue Informationstechnik selbst unmittelbar betroffen – in seiner persönlichen Arbeits- und Führungssituation wie in der Wahrnehmung der Interessen des Bereichs, für den es zuständig ist. Zugleich ist eine aktive Teilnahme an der Planung und Einführung der Technik gefordert. Der Manager muß also mitentscheiden über Maßnahmen, die ihn selber sehr unmittelbar berühren.

Mit dem Einsatz und vor allem der ‚strategischen' Anwendung der neuen Informationstechnik kommt also ein gewaltiger Klärungs- und Festlegungsbedarf auf die Unternehmen zu. Zugleich wird der Raum, diesen Bedarf pragmatisch, sozusagen unter der Hand zu lösen, eingeschränkt. Gerade die flexibel nutzbare, ‚integrierte' Technik zwingt auf der Ebene der softwaremäßigen Umsetzung ihrer jeweiligen Anwendung zu einem Explizit- und Transparentmachen von Rechten, Kompetenzen und Verantwortlichkeiten.

Es bedarf keiner hellseherischen Fähigkeiten, um vorauszusagen, daß dieser Prozeß der Festlegung der Anwendungsmodalitäten nicht nur ein mühsamer, sondern vor allem ein konfliktträchtiger sein wird. Es werden damit ja nicht nur Arbeits- und Einflußgebiete abgesteckt, sondern auch Fragen des betrieblichen Status, der Zuordnung, der Kooperation berührt und fixiert. Es wird sich also immer um einen praktisch höchst ‚sensiblen' Vorgang handeln, der sicherlich noch dadurch erschwert wird, daß Sachaspekte hier ebenso eingehen wie Machtfragen und zwischen beiden nicht scharf getrennt werden kann.

Der Prozeß der Anwendungsregelung der neuen Bürotechnologien enthält nicht zuletzt die Übertragung betrieblicher Kompetenzstrukturen in die Technik und hat damit seinerseits erhebliche Rückwirkungen auf diese. Das Geflecht von Widersprüchen, Offenheiten, De-facto-Regelungen, das bislang mehr oder minder gezielt nur implizit behandelt wurde, steht nun zur expliziten Regelung an. Über die Auseinandersetzung mit den Modalitäten des Einsatzes und der Anwendung der neuen Informationstechnik werden die Unternehmen unversehens mit den Widersprüchen, Inkompatibilitäten, Ungenauigkeiten konfrontiert, mit denen sie bislang lebten; leben konnten – wenn auch häufig mehr schlecht als recht, weil ein beträchtliches Maß an Unbestimmtheit möglich war.

Es ist diese Unbestimmtheit, die es ermöglicht, Kompetenzüberschneidungen, widersprüchliche, veraltete, sinnwidrige oder schlicht unsinnige Regelungen und Vorschriften in der Praxis zu ‚verarbeiten', das heißt ohne grundsätzliche Auseinandersetzungen, ohne Standortbestimmungen und Grundsatzüberlegungen auszukommen. Die Widersprüche und Widersinnigkeiten des ‚offiziellen' Regelwerks werden auf pragmatische Weise neutralisiert: durch Konventionen, stillschweigende Übereinkünfte, das Eingehen auf wechselseitige Verhaltenserwartungen. Überschneidungen und Lücken im „offiziellen" System der Kompetenzzuweisung werden auf der Ebene persönlicher Durchsetzung (oder Nichtdurchsetzung) de facto bereinigt.

Auf diese Weise lassen sich Konflikte unter der Oberfläche halten, man lernt auch mit widersprüchlichen Regelungen zu leben und wird fähig, Lücken im offiziellen Regelwerk auszufüllen. Das alles kommt offensichtlich einem verständlichen Bedürfnis aller Beteiligten entgegen. Viele Verwaltungen gleichen daher Dörfern voll schlafender Hunde, deren Einwohner stillschweigend übereingekommen sind, diese nicht zu wecken – verständlich, denn Ruhe ist ein wichtiges Gut, selbst wenn man nicht schläft. Mit dieser Ruhe ist es allerdings mit der Einführung neuer Informationstechnik häufig zu Ende.

Zusammenfassend erfordert die Einführung neuer Informationstechnik:

- Entscheidungsprozesse, in denen Fachkompetenz und Entscheidungsverantwortung eingebunden und zusammengeführt werden;
- Entscheidungskriterien, die an ‚strategischen' unternehmenspolitischen Zielsetzungen ausgerichtet sind;
- Legitimationsverfahren, die ihrem spezifischen Leistungspotential gerecht werden;
- Zuständigkeitsstrukturen, die den tatsächlichen und erforderlichen Aufgaben entsprechen;
- Planungsprozesse, in die die ‚policy makers' kontinuierlich und aktiv einbezogen sind.

Bei der Rekonstruktion von Einführungsprozessen neuer Informationstechnik begegneten wir immer wieder der Erfahrung, daß die Klärung scheinbar rein technischer Fragen unversehens in die Auseinandersetzung über grundsätzliche Aspekte der Organisationsstruktur, der Zuständigkeitsverteilung oder gar der Geschäftspolitik führten. So war in einer Großforschungseinrichtung die Einführung eines integrierten Administrations- und Informationssystems Auslöser einer Diskussion zunächst um eine Neustrukturierung des Verhältnisses von Administration und Forschungsbereich, dann der Einzelinstitutionen und der Zentrale, die letztlich auf eine grundsätzliche Neustrukturierung des Gesamtunternehmens hinauslief.

Nun ließe sich einwenden, daß all dies nicht grundsätzlich neu sei. So hat der Einsatz herkömmlicher EDV auch Zuständigkeits- und Machtaspekte berührt, war dieser mit Festlegungen und Abgrenzungen verbunden, was natürlich Konfliktpotential barg. Auch wären ganzheitliche Gestaltungsansätze schon immer wünschenswert gewesen.

Neu bei der Einführung neuer Informationstechnik ist jedoch nicht nur, daß jeder der angeführten Problemaspekte sich verstärkt, sozusagen in einer größeren Quantität steht; neu ist vor allem daß die ausdrückliche Auseinandersetzung mit dem Konfliktstoff immanenter Teil des Gestaltungsprozesses und zentrale Voraussetzung für die Erreichung strategischer Ziele ist. Die Bewältigung des Konfliktstoffs ist ein notwendiger Teil des Wegs zur Erreichung strategischer Ziele. Oder anders ausgedrückt: Je mehr das Konfliktpotential, das mit einer neuen technischen Lösung verbunden ist, auch ausgetragen wird, desto besser die Voraussetzungen, daß mit dieser auch eine strategische Zielsetzung erreicht wird. In Umkehrung liegt der Verdacht nahe, dass dort, wo die Einführung neuer Informationstechnik nicht kontrovers, sondern konfliktfrei verläuft, auch die mit ihrem Einsatz verknüpften Ziele bescheiden waren.

Die Konflikte, die mit der Einführung neuer Informationstechnik verbunden sind beziehungsweise von ihr ausgelöst werden, können als die Geburtswehen gesehen werden eines Übergangs zu neuen Strukturen, zu einer neuen Verfaßtheit der Unternehmen. Daß bei diesem Übergang Widersprüche angegangen und damit schlafende Hunde geweckt werden, ist nur folgerichtig. Die Herstellung von Integration setzt nicht Harmonie voraus, im Gegenteil, sie aktualisiert zunächst bestehende Widersprüche und damit Konfliktstoff. Daß Integration gelingt, setzt jedoch voraus, daß diese Widersprüche nicht in die neuen Lösungen unausgesprochen mitgeschleppt werden. Es kommt also nicht darauf an, die Einführung von Informationstechnik konfliktfrei zu gestalten, sondern die ausgelösten Konflikte auszutragen; darin kann nicht zuletzt ein wesentlicher konstruktiver Beitrag der neuen Technologie liegen.

Hier scheint nun die eigentliche Schwäche der Einführungsprozesse in vielen Unternehmen zu liegen. Um einen Begriff aus der Psychologie zu verwenden: Konflikte werden verdrängt und gerade deshalb führen sie ein Eigenleben, entwickeln sie eine Eigendynamik, die sich dann letztlich in den Lösungen niederschlägt: Kompromisse, die sich mehr an den betriebspolitischen Einflußkonstellationen ausrichten als an den unternehmenspolitischen Notwendigkeiten und Zielsetzungen.

Klassisches Beispiel solcher ‚Verdrängung' sind die Versuche, den Einsatz neuer Informationstechnologie über herkömmliche Wirtschaftlichkeitsberechnungen zu legitimieren, etwa wenn Einsparungseffekte quantifiziert werden. Solche Verfahren spiegeln eine wissenschaftliche Neutralität vor, die sie jedoch nicht zu leisten im Stande sind. Die Entscheidung über den Einsatz von Informationstechnik läßt sich nicht herbeirechnen (Wieviel ist eine rechtzeitige Information wert?), sie kann letztlich nur unter Bezug auf unternehmenspolitische Zielsetzungen und Prioritäten erfolgen. Diese sind aber häufig nicht unumstritten.

Nun erscheint diese Forderung nach ‚produktiver' Konfliktverarbeitung ein frommer Wunsch angesichts der Verfassung vieler Unternehmen, die wesentlich daran ausgerichtet ist, Konflikte nicht explizit zu thematisieren, sie hinter Argumentationen um Technik oder andere Sachzwänge zu verdecken. Wir scheinen vor einem Teufelskreis zu stehen: Eben jene Blockierungen und Restriktionen, die ein strategischer Einsatz der Informationstechnik durchbrechen soll, erschweren ihre strategische Anwendung.

Wie dieser Teufelskreis durchbrochen werden kann, dafür gibt es allerdings inzwischen durchaus Beispiele. Als entscheidend für den Erfolg dieser Projekte wurde dabei weniger die Anwendung ausgeklügelter Analyse- und Planungsmethoden angesehen, als daß von dem oberen Management klare Zielvorstellungen und die Bereitschaft zu enger bereichsübergreifender Kooperation eingebracht wurden und daß es auf dieser Basis relativ rasch gelang, einen tragfähigen Konsens über die grundsätzlichen Gestaltungsfragen zu erreichen.

Damit ist natürlich nicht gesagt, daß solche Methoden überflüssig sind. Deutlich wird allerdings ein Defizit in der Diskussion um die richtige Gestaltung der Informationstechnik. Diese war bislang zu sehr auf die Perfektionierung von Methoden und Instrumenten ausgerichtet, ihre Anwendungsbedingungen und der allgemeine Rahmen, in dem die Entscheidung, Planung und Implementierung der Informationstechnik ablaufen, wurden demgegenüber eher vernachlässigt. Vor allem blieb eine Auseinandersetzung mit der Bewältigung des Konfliktpotentials ausgeblendet, das durch die neue Technologie aktiviert wird. Nicht zuletzt deshalb dürfte die Anwendung der Methoden und Instrumente häufig so folgenlos geblieben sein. Vielfach blieb es bei der Forderung, daß die Unterstützung des Topmanagements notwendig sei.

Nun ist diese Forderung zweifellos richtig, nur für sich gestellt – das haben die Erfahrungen der letzten Jahre erwiesen – bewirkt sie wenig. Es geht darum, Wege aufzuzeigen, wie diese Einbeziehung des Managements erreicht werden kann. Vielfach wird diese wesentlich als eine Frage der Qualifizierung gesehen. Dabei handelt es sich jedoch um eine zwar notwendige, jedoch kaum hinreichende Voraussetzung. Neue Formen des Umgangs mit innerbetrieblichem Konfliktstoff zu entwickeln, darin besteht wohl zugleich die größte Herausforderung und Chance, mit der die neue Informationstechnik das Management wie die Unternehmen überhaupt konfrontiert.

Der Informationsmanager ist nicht die Antwort auf diese Herausforderung:

- Wird er als rein technische Abwicklungsinstanz gesehen, werden von ihm jene Probleme, die im Bereich der Anwendungsregelung liegen, nicht angegangen.

- Wird ihm die Anwendungsregelung zugeordnet, er also als politische Instanz eingestuft, so würde er entweder zu einer Superinstanz, in deren Händen alle Fäden zusammenlaufen – oder er würde im Geflecht widersprüchlicher und mächtiger Interessen verstrickt und handlungsunfähig.

In beiden Fällen wird das Grunddilemma der Informationstechnik – die konstruktive Austragung von Konfliktpotential zur Entwicklung integrierter Lösungen – nicht befriedigend gelöst. Dies ist nur möglich durch eine tiefgreifende Neuordnung der Zuständigkeits- und Organisationsstrukturen, der Legitimations- und Planungsverfahren.

Zu einer solchen Neuordnung gehören:

- Entscheidungsprozesse, in denen Fachkompetenz und Entscheidungsverantwortung gleichermaßen gefordert und zusammengeführt werden;
- Entscheidungskriterien, die an ‚strategischen', unternehmenspolitischen Zielsetzungen ausgerichtet sind;
- Legitimationsverfahren, die nicht durch pseudowissenschaftliche Wirtschaftlichkeitsberechnungen, sondern durch das spezifische Leistungspotential der Informationstechnik bestimmt werden;
- Zuständigkeitsstrukturen, durch die alle vom Einsatz der neuen Technologie berührten Bereiche (Zentralbereiche wie Fachbereiche) bei der Einführung verantwortlich eingebunden sind und die der erforderlichen Aufgabenverteilung entsprechen;
- Planungsprozesse, an denen all diese Bereiche nicht nur beteiligt sind, sondern verantwortlich, das heißt unter Einbeziehung des jeweiligen Bereichsmanagements miteinander kooperieren. Gegenüber dem herkömmlichen Projektgruppenverfahren, in dem ja meist Spezialisten Lösungen erarbeiten, um sie dann ‚policy makers' zur Absegnung vorzulegen, sind diese kontinuierlich und aktiv in den Entwicklungsprozeß einbezogen.

Wesentlicher Aspekt dieser neuen Verfahren und Strukturen ist, daß Konfliktpotential nicht unter der Hand behandelt, sondern sozusagen ‚auf die Hörner genommen' wird – und damit seiner verdeckten Eigendynamik entgegengewirkt wird. Statt Konfliktverdrängung neue Formen konstruktiver Konfliktverarbeitung zu schaffen, nur wenn dies gelingt, ist der Weg zum ‚integrierten' Unternehmen frei.

Neue Formen des Umgangs mit Konfliktpotential in den Unternehmen zu entwickeln, ist also die große Herausforderung, mit der die neue Informationstechnik das Management konfrontiert.

C.4 Management als Hemmschuh

Die Revolution im Büro wird vertagt*

An den Einsatz der neuen Bürotechniken knüpfen sich weitreichende Erwartungen. Der Einsatz von Bürokommunikations-Systemen, von individueller Datenverarbeitung, von Vernetzungs- und Integrationstechniken oder systemischer Datenverarbeitung soll wesentlich dazu beitragen, daß die Unternehmen nach außen effektiver werden. Sie sollen schneller und flexibler auf veränderte Marktbedingungen reagieren können, der Internationalisierung von Beschaffungs- und Absatzmärkten gewachsen sein und ihre Leistungen den Ansprüchen der Kunden in bezug auf Qualität und Produktindividualität besser genügen können – kurzum, daß sie auf sich entwickelnden und verändernden Märkten Wettbewerbsvorteile erringen können (vgl. Lullies 1989).

Darüber hinaus wird erwartet, daß die Unternehmen im Inneren effizienter, produktiver und innovativer werden, aber auch, daß sich die Arbeitsbedingungen der Beschäftigten verbessern. Dies soll erreicht werden durch den Verzicht auf tayloristische Formen der Arbeitsorganisation und die Integration von Aufgaben zu in sich sinnvollen Arbeitsgebieten, den qualifizierten und qualifikationsgerechten Einsatz der Arbeitskraft, sowie der Ausweitung individueller Dispositions- und Entscheidungsspielräume.

Schon seit einigen Jahren hören wir das Schlagwort von der ‚Revolution im Büro', das zu propagieren vor allem die Hersteller von Bürotechnik nicht müde werden. Gewiß, allerorten sind jetzt neue Schreib-, Datenverarbeitungs-, Datenübertragungs- und Kommunikationstechniken im Einsatz, doch die Frage, inwieweit sich die Arbeitsbedingungen, die hierarchischen Beziehungen und die Ergebnisse der Büroarbeit tatsächlich verändert haben, bedarf der genaueren Untersuchung. Dabei stellt sich die Frage,

- inwieweit mögliche und prognostizierte Verbesserungen der Arbeitsbedingungen, aber auch der innovativen Kraft von Unternehmen durch den Einsatz der neuen Bürotechniken schon erreicht wurden;
- wie die Planungs- und Entscheidungsprozesse beim Einsatz neuer Bürotechniken in den Unternehmen aussehen, mit denen solche Veränderungen erreicht werden sollen;
- welche Rolle das Management von Unternehmen in diesem Prozeß sozialer Innovationen spielt;

---

* Zuerst erschienen in: Wechselwirkung, 1990, Heft 3, S. 18–21 (Mitautoren: H. Bollinger und V. Lullies). Dieser Beitrag basiert auf Erfahrungen und Befunden aus verschiedenen Begleitforschungs- und Beratungsprojekten.

– wie die Barrieren aussehen, die derzeit eine ganzheitliche Innovation behindern, die gleichermaßen nach innen wie nach außen gerichtet ist, die geschäftspolitische Neuerungen genauso umfaßt, wie technik-, organisations- und personalpolitische Dimensionen.

Bei der Untersuchung dieser Fragen ist darauf zu achten, daß der Blick auf die betriebliche Wirklichkeit nicht selten verstellt ist durch die Erfolgsmeldungen und die Verkaufsideologien der Technikhersteller, durch die „zukunftsweisenden“ (aber eben nicht die Realität abbildenden) Konzepte von Unternehmensberatern, auch durch analytisch-normative (aber eben auch nicht an der empirischen Wirklichkeit ausgerichteten) Szenarien der Betriebswirtschaftslehre. Nicht selten klaffen das Bild, das die Unternehmen sich von sich selbst machen bzw. das ihre Vertreter zeichnen, und die tatsächliche Wirklichkeit weit auseinander (vgl. dazu Weltz 1991: „Der Traum von der absoluten Ordnung und die doppelte Wirklichkeit der Unternehmen“, Beitrag B.1 in diesem Band).

Diese Diskrepanz zwischen normativen und prognostizierten Technikeinsatzkonzepten einerseits und dem, was davon in einzelnen Unternehmen realisiert wird, gilt für alle Phasen der Bürorationalisierung; sie gilt jedoch in ganz besonderer Weise für die Technologien, mit denen wir heute konfrontiert sind.

Bezogen auf frühere Phasen der Verwaltungsrationalisierung. insbesondere dem Rationalisierungsansatz der Organisierten Textverarbeitung in den siebziger Jahren, haben wir diese Diskrepanz erklärt aus der Wirksamkeit der innerbetrieblichen Handlungskonstellation, die dem Rationalisierungsprozeß seine spezifische Dynamik und Richtung gab.

> „Bei den Entscheidungs-, Planungs- und Durchsetzungsabläufen, die zur Einführung Organisierter Textverarbeitung führten, handelte es sich um komplexe, vielfach gebrochene und widersprüchliche Prozesse. Viele Abläufe, vor allem deren Resultate, ließen sich kaum geradlinig aus in den Betrieben bestehenden spezifischen Problemen ableiten: diese hatten meist eher den Stellenwert eines Anstoßes oder Auslösers zu dem Prozeß, eine ‚Ursache‘ waren sie nur selten. Auch der Versuch, die Einführung der Organisierten Textverarbeitung auf den allgemeinen Rationalisierungsdruck in der Verwaltung zurückzuführen, scheiterte, denn wann und wie sich dieser Veränderungsdruck tatsächlich in Initiativen umsetzte, war von Unternehmen zu Unternehmen so verschieden, daß letztlich gerade die Spannbreite, um nicht zu sagen die Beliebigkeit der Reaktionen beeindruckte.“ (Weltz/Lullies 1983a, S. 291)

Die jeweilige konkrete innerbetriebliche Handlungskonstellation wurde konstituiert durch das komplexe Ineinandergreifen von formalen Kompetenzzuweisungen, von unterschiedlichen Interessen der betrieblichen Akteure, den positionsbezogenen Interessen, aber auch den persönlichen Karriere- und Gratifikationsambitionen, von den jeweils einzusetzenden Ressourcen wie auch von persönlichem Durchsetzungsgeschick.

> „Aus dem komplexen Zusammenwirken der verschiedenen Einflußgrößen der betrieblichen Handlungskonstellation ergibt sich, daß es von Fall zu Fall recht unterschiedlich ist, mit welchem Nachdruck und in welcher Weise man den Einfluß, über den man verfügt bzw. den man mobilisieren kann, jeweils nutzt, ob und in welcher Richtung man sich engagiert, um das betriebliche Geschehen zu beeinflussen. Dies wird wesentlich davon bestimmt, welchen Stellenwert das, was als betriebliches ‚Problem' definiert und gelöst werden soll, für die eigene Position hat. Denn die Bestimmung dessen, was als betriebliches ‚Problem' zu gelten hat und die ‚Lösung' dieses Problems sind – in unterschiedlichem Ausmaß – machtrelevant, sie hängen ab von der bestehenden innerbetrieblichen Machtkonstellation. Umgekehrt verändern Problemdefinition und Problemlösung aber auch die bestehende Machtkonstellation." (Ebd., S. 292)

Für uns als Sozialwissenschaftler, die wir in den Unternehmen nicht nur ‚Expertengespräche' führen, sondern uns in Humanisierungs- oder in Beratungsprojekten aktiv in betriebliche Gestaltungsprozesse einmischen, ist es immer wieder überraschend und faszinierend, wie sehr das alltägliche betriebliche Geschehen von solchen betriebspolitischen Auseinandersetzungen bestimmt wird. Daß neben den Konfliktlinien von Kapital und Arbeit, von Beschäftigten, ihrer betrieblichen und gewerkschaftlichen Interessensvertretung und dem Management auch solche innerhalb des Managements, zwischen einzelnen Ressorts, Geschäftsbereichen und Abteilungen bestehen, und daß diese Konflikte und Koalitionsbildungen für die Gestaltung von Geschäfts- und Arbeitspolitik von größter Bedeutung sind, wird erst in jüngster Zeit in der Betriebswirtschaftslehre und der Soziologie stärker beachtet.

Mit dem Einsatz der neuen Bürotechniken wächst die Bedeutung der innerbetrieblichen Handlungskonstellation, die Konfrontationen spitzen sich zu: Der Technikeinsatz destabilisiert das vorhandene politische Gefüge, Partikularinteressen und die Möglichkeiten ihrer Durchsetzung werden eher wichtiger, und die gesamte Konstellation wird noch undurchsichtiger und unberechenbarer. Diese Entwicklung ist auf mehrere Ursachen zurückzuführen. So hat der Einsatz der neuen Bürotechniken die Anzahl potentiell betroffener oder berührter Akteure erhöht und stellt bestehende Strukturen grundsätzlich in Frage. Ging es bei früheren Techniken vor allem um ‚Insellösungen' und damit um partielle Betroffenheit, so sind heute beim ‚systemischen' und flächendeckenden Einsatz von Bürokommunikationssystemen oder übergreifenden DV-Systemen eine Vielzahl von Organisationseinheiten gleichzeitig betroffen. Deren Kooperation muß neu geregelt werden.

Auch kann der Einsatz neuer Bürotechniken sehr unterschiedlich legitimiert werden. Früher bedeutete Rationalisierung vor allem Reduktion von Personalkosten durch Technikeinsatz und damit Minimierung der Gesamtkosten im sogenannten Gemeinkostenbereich – bei unverändertem inhaltlichem Ergebnis der

Arbeit. Heute kann nicht mehr nur mit Kostensenkung, sondern vor allem auch mit veränderten oder verbesserten Arbeitsergebnissen argumentiert werden, etwa mit dem Erschließen neuer Märkte oder dem besseren Erfüllen von Kundenbedürfnissen.

Und die Einführung erfolgt vor dem Hintergrund konkurrierender externer Leitbilder. Wo früher das Leitbild der Gestaltung im Büro, wie es in der Öffentlichkeit, in Fachzeitschriften und von Beratern und Wissenschaftlern vertreten wurde, recht eindeutig war, wirkliche Alternativen nicht sichtbar waren, werden heute durch einzelne Hersteller oder Publikationen recht unterschiedliche Lösungen, etwa dezentrale oder zentrale technische Konfigurationen, gleichermaßen gut begründbar.

Die vielleicht wichtigste Veränderung besteht aber darin, daß als Betroffene der Rationalisierung in viel stärkerem Maße als früher nicht mehr nur die Assistenzkräfte und die Sachbearbeiter in Frage kommen, sondern das Management selbst.

Die früher mit dem Technikeinsatz angestrebte „Realisierung von Mannjahren“[1] bedeutete in Wirklichkeit meist – wegen der klassischen Struktur der Arbeitsteilung im Büro – in der Tat eher einen Verzicht auf die Beschäftigung von Frauen in den Bürohilfs- und Assistenzberufen. Vom Technikeinsatz betroffen war damit eine ‚schwache‘ Beschäftigtengruppe, am unteren Ende der betrieblichen Hierarchie angesiedelt, kaum gewerkschaftlich organisiert und ohne wirkliche Interessensvertretung.

Heute kann, je nach Techniknutzungskonzept, das Management selbst vom Einsatz der neuen Bürotechniken berührt sein:

- wenn etwa eine unternehmensweite Vernetzung ermöglicht, von allen Arbeitsplätzen auf gespeicherte Informationen zuzugreifen. Das Management verliert sein Informationsmonopol und damit ein Stück der sachlichen Grundlage seiner Macht, möglicherweise auch die Sicherheit, „alles im Griff zu haben“;
- wenn etwa tatsächlich auf den Durchlauf von Papier verzichtet wird und alle Informationen in der Datenverarbeitung erfaßt und mit ihr weitergegeben werden. Die Manager müssen sich dann über Sachverhalte informieren, die ihren Untergebenen schon automatisch zugestellt wurden und sie müssen dies am Bildschirm tun;
- wenn etwa Sachbearbeiter die Möglichkeit erhalten, Arbeitsprozesse am Bildschirm als Ganzes einzusehen. Auch der Manager wird dann in seiner

1 Der Begriff stammt aus der sogenannten „Gemeinkosten-Wertanalyse“, einem betriebswirtschaftlichen Rationalisierungsverfahren, das in den letzten Jahren in vielen Unternehmen der Bundesrepublik angewendet wurde.

Arbeit kontrollierbar, und Sachbearbeiter sehen, was bei wem wie lange zur Kenntnisnahme oder zur Entscheidung anstand;

- wenn etwa Sachbearbeiter ihre Aufgaben mit Hilfe von Personal Computern oder individueller Datenverarbeitung erledigen. Den zuständigen Fachführungskräften stellt sich dann das Problem, die inhaltliche Richtigkeit der Arbeitsergebnisse nachzuvollziehen und auch die Angemessenheit des jeweiligen Aufwandes zu beurteilen.
- Außerdem kann der Technikeinsatz die hierarchischen Strukturen und die Position des Managements im betrieblichen Macht- und Einflußgefüge verändern. Entscheidet sich ein Unternehmen etwa für den verstärkten Einsatz von Personal Computern und Individueller Datenverarbeitung, so bedeutet dies einen Machtverlust für das Management der zentralen Datenverarbeitung und einen Zuwachs an Einfluß und eine Verbesserung der betrieblichen Stellung der Fachabteilungen bzw. solcher Zentraleinheiten, die sich mit dem Einsatz dezentraler Technik und der Betreuung der Nutzer befassen.
- Oder werden in vernetzten Systemen die Gestaltungsbedürfnisse der einen Fachabteilung erfüllt, so bedeutet dies vielfach, daß eine andere Fachabteilung (und deren Management) Nachteile in Kauf zu nehmen hat; klassisches Beispiel ist etwa die Vermeidung von Doppelerfassungen bei der DV, die dazu führt, daß der ersterfassende Bereich dann Bedürfnisse nachgelagerter Einheiten zu erfüllen hat und von ihnen abhängig wird, „nach ihrer Pfeife tanzen muß".
- Durch die Möglichkeiten, die mit dem Einsatz der neuen Bürotechniken eröffnet werden, ist das Management nicht mehr nur treibender Akteur und Protagonist der Innovation im Büro, sondern gleichzeitig gehört es auch zu den Betroffenen dieses Einsatzes. Das macht die besondere politische Qualität der neuen Bürotechniken aus.

Und wie immer, wenn es um Politik geht, regt sich Widerstand – Widerstand nun aber bei jenen, die über die Macht verfügen, Innovationsprozesse in ihrem Sinne zu beeinflussen. Das Management kann – wir haben dies in einigen Innovationsprozessen, die wir über einen längeren Zeitraum hinweg verfolgt haben, studieren können – die Innovation selbst behindern (vgl. Bollinger/Lullies 1989 und Bollinger et al. 1989). Aus der Antizipation eigener Betroffenheit, insbesondere beim mittleren Management, können sich Koalitionen gegen bestimmte Techniken oder Techniknutzungskonzepte bilden. Bei bereichsübergreifenden Innovationsvorhaben kann der Versuch, eigene Bereichsinteressen gegen andere durchzusetzen, zu dauerhaft schwelenden Konflikten innerhalb des Managements führen, die letztlich in eine Blockierung der Innovation münden.

Die mit dem Technikeinsatz befaßten Zentralstellen, die Datenverarbeitung oder die Organisation greifen angesichts vielfach antizipierter oder tatsächlich spürbarer Widerstände nicht selten zu einer Strategie, die man als subversive Innovation bezeichnen könnte: Man versucht, sozusagen unter der Hand, eine bestimmte Technik so einzuführen, daß die bestehenden Zuständigkeiten, Kompetenzen und Machtverteilungen möglichst wenig tangiert werden und das Management ausschließlich mit der Mittelfreigabe befaßt wird. Der politische Sprengstoff, der in die Technik eingebaut ist, wird scheinbar ausgeblendet; man hofft, daß die Technik dann über kurz oder lang wie von selbst, aufgrund ihrer Charakteristika und ihrer Qualität, schon die erwünschten und ihr angemessenen sozialen und organisatorischen Verhältnisse befördern werde – ein Hoffen allerdings, das angesichts der politischen Qualität der neuen Bürotechniken fragwürdig bleibt.

Kurz- und vermutlich auch mittelfristige Konsequenz der subversiven Innovation und der Blockade durch das Management ist jedoch in vielen Fällen, daß viele der prognostizierten Folgen des Technikeinsatzes erst einmal ausbleiben – und zwar solche für das Unternehmen wie auch für die Beschäftigten.

Auf der Unternehmensebene können unter solchen Umständen die Nutzungsmöglichkeiten der neuen Bürotechniken nicht ausgelotet werden. Der erwartete „competitive advantage“ wird genauso wenig Realität wie eine wirtschaftliche Nutzung der neuen Techniken etwa für die Beschleunigung von Vorgängen oder die Herstellung von Transparenz. Auch die vielfach prognostizierten Veränderungen im Managementbereich selbst, etwa die Reduzierung von Positionen, die Abflachung von Hierarchien und die Erweiterung von Führungsspannen stellen sich nicht ein – und damit auch die an diese Entwicklungen geknüpften Hoffnungen an Vereinfachung, Flexibilisierung und Kostensenkung.

Für die Beschäftigten bedeutet dies, daß auch mögliche Vorteile der Rationalisierung nicht ausgeschöpft werden können: Da durch die Überlagerung der Innovationsplanung durch politische Prozesse Gestaltungsspielräume beim Einsatz der Bürotechniken nicht systematisch ausgelotet werden können, wird auch die Chance vertan, weniger belastende Nutzungsformen zu entwickeln und umzusetzen. Insbesondere lassen sich mögliche Arbeitserleichterungen sowie die Ausweitung von Einfluß- und Dispositionsspielräumen durch das systematische Ausblenden von Gestaltungsalternativen und die Beibehaltung der vorhandenen feudalen und hierarchischen Strukturen nicht erreichen.

Der Konservatismus des Managements und sein Festhalten an Privilegien und Macht erweist sich letztlich als innovationsgefährdend, weil ohne seine aktive Beteiligung an der Veränderung die Arbeit der für den Technikeinsatz verantwortlichen Stelle sich darauf beschränken muß, die neuen Bürotechniken in gegebene organisatorische Strukturen einzupassen. Die Technikzentriertheit bei der Einführung der neuen Techniken, wie sie wider alle gut gemeinten Konzepte derzeit in Unternehmen dominiert, ist Resultat der Innovationsängste des Managements. Unter diesen Umständen läßt die Revolution im Büro wohl noch eine Weile auf sich warten.

Teil D:
Innovation als Lernprozess

Einleitung

Jedes Innovationsvorhaben, gleich ob es sich um eine technologische Neuentwicklung oder um eine arbeitspolitische Veränderung handelt, ist keine isolierte Maßnahme, sondern Glied eines fortdauernden Veränderungsprozesses. Jede Innovation baut auf Vorangegangenem auf, jede Innovation ist ihrerseits für nachfolgende Veränderungen relevant. Das gilt umso mehr, je umfassender ein Innovationsvorhaben ist. Dabei kommt es vor allem auf Kontinuität an, wie Beitrag D.1 *„Reengineering oder Evolution – Wissensverwertung, Macht und Innovation in Unternehmen“* zeigt:

> „Unternehmen müssen nicht neu erfunden werden, sondern auf dem ‚laufenden‘ gehalten werden. Kontinuität muss sichergestellt werden. Nicht Revolution ist erforderlich, sondern Evolution, d.h. die ständige Umsetzung und Weiterentwicklung des im Unternehmen vorhandenen Wissens- und Erfahrungspotentials zur Bewältigung des Veränderungsdrucks.“ (D.1)

Wir können deshalb von nachhaltigen Innovationen sprechen, also von Innovationen, in deren Gestaltung ihre zukünftige Weiterentwicklung bereits angelegt ist, die eine weitere Fortentwicklung nicht nur erleichtern, sondern sogar nahelegen.

Nun setzt jede Innovation individuelle und institutionelle Lernprozesse voraus und sie macht ihrerseits Lernprozesse erforderlich. Das gilt für organisatorische wie für technologische Neuerungen gleichermaßen. ‚Nachhaltigkeit‘ von Innovationen ist umso mehr gewährleistet, je mehr sie fest mit Lernprozessen verknüpft ist. Wesentliche Voraussetzung solch nachhaltiger Entwicklungsprozesse ist somit eine feste Verankerung, sozusagen eine Institutionalisierung der Lernfähigkeit.

Wesentlicher Aspekt dabei ist, dass solche Lernprozesse zugleich Prozesse der Konfliktverarbeitung sein können. Dabei gilt: Lernprozesse sind umso erfolgreicher, vor allem von nachhaltigerer Wirkung, je stärker sie auch Konfliktverarbeitung beinhalten, wobei auch hier wieder der umgekehrte Wirkungszusammenhang gilt: Prozesse der Konfliktverarbeitung sind umso nachhaltiger wirksam, je mehr sie auch Lernprozesse beinhalten.

Nun trafen wir in unseren Untersuchungen immer wieder auf Blockaden, die diese Lernfähigkeit eines Unternehmens beeinträchtigten. Als wichtiger Faktor, der die Mobilisierung des in den Unternehmen an sich verfügbaren Qualifikationspotentials und Wissens ermöglichte, erwies sich immer wieder deren Unfähigkeit, aus begangenen Fehlern zu lernen. Der Beitrag D.2 *„Aus Schaden dumm werden – zur Lernschwäche von Verwaltungen“* setzt sich mit diesem Phänomen auseinander.

Im Beitrag D.3 *„Eine Herausforderung, die weh tut – Qualitätsförderung im Büro"* werden dann am Beispiel neuer Ansätze der Qualitätsförderung Versuche beschrieben, solche Blockaden auszuschalten. Ein wesentlicher Aspekt dieser Ansätze – von der reaktiven Qualitätssicherung zur präventiven Qualitätsförderung – ist die produktive Verarbeitung aufgetretener Fehler. Qualitätssicherung beinhaltet in diesen Ansätzen immer auch Sicherstellung der institutionellen Lernfähigkeit.

In diesem Zusammenhang gewinnt die Einbeziehung der Arbeitskräfte in diese institutionellen Lernprozesse ihre Bedeutung. Hier gab es, wie der Beitrag D.4 *„Die große Verschwendung – über den Umgang mit dem Endbenutzer"* zeigt, in vielen Unternehmen noch große Defizite. Es spricht wenig dafür, dass sich hier in der Zwischenzeit etwas grundlegend geändert hätte.

Am Beispiel der Softwareentwicklung, so meinen wir, lassen sich die speziellen Probleme wie auch Ansatzpunkte für eine Gestaltung von Innovationsvorhaben exemplarisch aufzeigen. So erscheint es als glücklicher Zufall, dass das letzte Projekt, das wir im Rahmen der Sozialwissenschaftlichen Projektgruppe akquirieren konnten, „Interdisziplinäres Projekt zur Arbeitssituation in der Softwareentwicklung", gewissermaßen eine Zusammenfassung unserer bisherigen Auseinandersetzung mit dem Forschungskomplex „Gestaltung der Einführung von Innovation" beinhaltete. So legten die Fragestellungen, die der Forschungsauftrag beinhaltete, die Anwendung unserer analytischen Konzepte nahe, insbesondere das der innerbetrieblichen Handlungskonstellation sowie der Doppelwirklichkeit der Unternehmen. Andererseits wurden wir im Fortgang unserer empirischen Arbeit eigentlich mit allen, in unseren Beiträgen behandelten Themenstellungen konfrontiert, etwa der Bedeutung einer fortlaufenden Konfliktverarbeitung im Projektverlauf oder der Berücksichtigung der Doppelwirklichkeit bei der Planung und Implementation von Projekten, vor allem aber der Institutionalisierung von Lernprozessen.

In Kooperation mit unseren Partnern in der Praxis erarbeiteten wir ein solch evolutionäres Modell inkrementeller Entwicklungsprozesse, in denen Ziele und Vorgaben im Projektverlauf immer wieder neu überprüft und definiert werden. In dem abschließenden Beitrag D.5 *„Zwischen Planung und wirklichem Leben"* wird dieses Vorgehen zusammenfassend dargestellt. Inzwischen gehören solch inkrementellen Verfahren zu den klassischen Entwicklungsmustern in der Softwareentwicklung. Grundsätzlich bietet sich aber inkrementelles Vorgehen nicht nur in der Softwareentwicklung, sondern auch bei anderen arbeitsorganisatorischen oder technologischen Entwicklungsprojekten an.

D.1 Reengineering oder Evolution

Wissensverwertung, Macht und Innovation in Unternehmen*

Die Krise, aus der die deutschen Unternehmen in der letzten Zeit wie aus einem bösen Traum auftauchen, hat sie in besonderer Weise gefordert. Dies dürfte nicht zuletzt mit der doppelten Natur der Krise zusammenhängen:

– Einer *,externen'* Strukturkrise weitgehend herkömmlicher Art: Etablierte Absatzmärkte im Inland und Ausland erweisen sich als deutlich weniger aufnahmefähig bzw. brachen zusammen: Wie schon in früheren Rezessionen traf dies besonders Unternehmen, die international nicht mehr wettbewerbsfähig waren; dies führte zu Umschichtungen in der Struktur von Wirtschaftszweigen.
– Einer *,internen'* Strukturkrise: Zugleich wurde erkennbar, daß viele in der Vergangenheit erfolgreiche, starke Unternehmen auch auf ihren etablierten Märkten für die Konkurrenz unter den neuen Bedingungen schlecht gerüstet waren, und zwar nicht nur in Bezug auf die Kosten, sondern auch auf Qualität und vor allem auf Innovationsfähigkeit und Reagibilität. Dies bewirkte, daß in den Unternehmen bislang bewährte und erfolgversprechende Verfahrensweisen und Organisationstrukturen, die nun jedoch offensichtlich nicht mehr den Anforderungen der neuen Wettbewerbsbedingungen genügten, in Frage gestellt wurden.

Im Zuge dieser doppelten Krise wurden nun in den Unternehmen Maßnahmen diskutiert und teilweise in Angriff genommen, die noch vor kurzer Zeit schwer denkbar gewesen wären:

– ein *Personalabbau* in einer Größenordnung, die weit über das hinausgeht, was aus früheren Krisen bekannt ist. Die Unternehmen treten in einen absonderlichen Schlankheitswettbewerb: Schlank wird mit ,fit' gleichgesetzt. So wie die Unternehmen vor der Krise Meldungen über neue Produktions- und Umsatzrekorde lancierten, so jagen sich nun Ankündigungen von geplanten oder realisierten Personaleinsparungen, die mit erhöhter Leistungsfähigkeit gleichgesetzt werden;
– neue Formen der *Arbeitsorganisation,* vor allem Einführung von Gruppenarbeit, nicht nur als neue Form horizontaler Kooperation, sondern als Aus-

---

* Zuerst erschienen in: Management Revue, 1995, Jg. 6, S. 241–258. Dieser Beitrag basiert vor allem auf Erfahrungen aus dem Projekt zur Software-Entwicklung (Weltz/Ortmann 1992) sowie den Begleitforschungsprojekten.

weitung der Selbstorganisation und Beteiligung der ,Basis' am Unternehmensgeschehen;
- neue Formen der Organisation und Funktionsbestimmung des *Managements,* z.B. Reduzierung der Zahl der Hierarchieebenen;
- neue Formen der *Unternehmensorganisation,* z.B. Grad der Zentralisierung oder Dezentralisierung, bzw. Verselbständigung wichtiger Funktionen.

Der Sammelbegriff, unter dem solche Ansätze gefaßt wurden, der ihnen sozusagen die ideologische Weihe verleiht, ist *„Lean Production"* (Womack et al. 1992).

Nun ist keiner dieser Ansätze neu, im Gegenteil, es handelt sich eigentlich durchweg um *,Dauerbrenner'*, die seit Jahrzehnten zwar unter immer wechselnden Begriffen und mit wechselnder Akzentuierung, aber doch ziemlich kontinuierlich diskutiert wurden. Viele arbeitsorganisatorische Ansätze, die in Humanisierungs-Projekten in den siebziger und Anfang der achtziger Jahre entwickelt und teilweise durchaus erfolgreich in der Praxis erprobt wurden, tauchen nun plötzlich wieder als Neuentdeckung amerikanischer oder japanischer Managementgurus auf.

Bemerkenswert ist auch, daß es sich bei den als neu propagierten Ansätzen teilweise um Tugenden handelt, die noch vor einigen Jahrzehnten gerade die Stärken der deutschen Industrie ausmachten und wohl nicht zuletzt zu ihrer Leistungsfähigkeit in jener Zeit beitrugen; Stärken, die erst im Zuge der Rationalisierung und Modernisierung der Unternehmen verloren gingen bzw. rhetorisiert, d.h. auf die Ebene von Postulaten transponiert wurden, über die man redete, aber nach denen nicht gehandelt wurde.

Das gilt für die *horizontale Arbeitsteilung,* die Kooperation auf ,Shopfloor-Ebene' zwischen Arbeitern. Gruppenarbeit wurde z.B. im Bergbau, im Maschinenbau, in der Stahlindustrie noch in den fünfziger und sechziger Jahren im breitem Maße praktiziert und erst im Zuge der Rationalisierung zerschlagen, nicht zuletzt unter dem Einfluß von Organisationskonzepten, die aus den Vereinigten Staaten importiert wurden.

Das gilt auch für die *vertikale Arbeitsteilung.* So ergaben in den sechziger Jahren und Anfang der siebziger Jahre industriesoziologische Untersuchungen, daß die Arbeitsteilung zwischen planenden und ausführenden Stellen in deutschen Industriebetrieben lange nicht so ,sauber' praktiziert wurde wie etwa in Frankreich oder den Vereinigten Staaten.

Insofern entbehrt es nicht der Ironie, wenn nun ausgerechnet wiederum US-Managementideologien, diesmal sozusagen in japanischer Kostümierung, herangezogen werden, um einer neuen Welle der Rationalisierung als Vorbild und Legitimierung zu dienen. Wobei zu unterscheiden ist – und dies wird für die weitere Auseinandersetzung mit unserem Thema recht wichtig sein – zwischen der ideologisch-rhetorischen Ebene und der Praxis, d.h. dem was wirklich in den Unternehmen geschah und geschieht. Die Diskussion oder Propagierung moderner Führungs- und Managementkonzepte diente vielfach nur der Erzeugung von Nebelschwaden, hinter denen ihnen widersprechende Praktiken beibehalten werden konnten.

In Anbetracht dieses historischen Hintergrundes stellen sich nun zwei Fragen: Wie konnte es dazu kommen, daß die Krise die Unternehmen so unvorbereitet traf? Wieso erscheinen nun plötzlich Maßnahmen durchsetzbar, die bislang auf rhetorischer Ebene neutralisiert wurden? Oder, die Frage anders formuliert: Ist vieles, von dem wir heute hören, letztlich doch wieder alter Wein in neuen Schläuchen?

Auf diese beiden Fragen bietet sich zunächst eine recht simple Erklärung an: Der langanhaltende Erfolg vor der Krise, insbesondere auch die Sonderkonjunktur, die die Wiedervereinigung der deutschen Wirtschaft verschaffte, erlaubte deutschen Unternehmen den Luxus, sich bereits abzeichnenden Veränderungsdruck zu ignorieren, ermöglichte einen organisatorischen Konservativismus, der nun, unter dem massiven Druck der Krisenbedingungen, sich als schwere Hypothek erweist.

Woher rührt aber dieser organisatorische Konservativismus? Wie war es möglich, daß organisatorische Ansätze und Instrumente, die schon lange zur Diskussion standen, nicht aufgegriffen und in die Praxis umgesetzt wurden? Warum wurden die Jahre des Erfolges nicht genutzt, sich für härtere Zeiten zu rüsten? Warum mußte den Unternehmen erst das Wasser bis an den Hals stehen, ehe sie sich zu radikaleren Änderungen und Reformen entschlossen? Und wie tiefgreifend sind diese Änderungen wirklich?

Die Antwort auf diese Fragen wird unter anderem in Versäumnissen des Managements, in veralteten Organisationsstrukturen gesehen (Bleicher 1994). Dies ist mit Sicherheit richtig, erklärt aber den organisatorischen Konservativismus deutscher Unternehmen, ihre Unbeweglichkeit und mangelnde Reagibilität auf sich wandelnde Außenbedingungen nur zum Teil. Verantwortlich sind auch systemimmanente Hemmnisse, die auf der Ebene der Wissensverwertung und der Ausübung der Macht in den Unternehmen liegen. Mit diesen möchte ich mich im Folgenden vor allem auseinandersetzen, wobei mich der Wechselbezug zwischen diesen beiden Ebenen besonders interessieren wird.

Restriktive Wissensverwertung: Es gelingt den Unternehmen nur sehr unvollkommen, das Wissen, die Erfahrungen, das Know-how, welches in ihnen de facto vorhanden ist und auch abrufbar wäre, so zu aktivieren, daß Impulse auf die Innovationsprozesse wirksam werden. Dabei geht es nicht nur um Verzögerungen in der Informationsübermittlung, sondern vor allem darum, ob Wissen überhaupt verfügbar gemacht bzw. genutzt wird. „Wenn Siemens wüßte, was Siemens weiß", lautet ein geflügelter Spruch. Gemeint ist das Unvermögen, vorhandende Wissensressourcen zu aktivieren, sowie die ungeheure Verschwendung von Ressourcen, die damit verbunden ist. Diese Unfähigkeit verweist zunächst einmal auf rein organisatorische Schwächen.

Mangelhafte Wissenslogistik: Unübersehbar sind Mängel in einer Dimension, die als Wissenslogistik bezeichnet werden könnte, also einer Verteilung von Informationen, durch die sichergestellt wird – durchaus eine Parallele zu Materiallogistik –, daß das jeweils relevante Wissen im Unternehmen zum richtigen Zeitpunkt dem richtigen Adressaten zur Verfügung steht. „Just in time" ist im Bereich der Informationsverarbeitung, vor allem der Entscheidungsfindung, der Planung und Entwicklung – also den eigentlich innovationsträchtigen Tätigkeiten – trotz leistungsfähiger Technik nach wie vor eine Utopie. Verantwortlich dafür sind hier jedoch nicht nur organisatorische Mängel (Lullies et al. 1993).

Institutionelle Lernschwäche: Zu den wichtigsten Eigenschaften für den langfristigen Erfolg von Unternehmen, ja letztlich für ihr Überleben, gehört ihre Fähigkeit, gemachte Erfahrungen zur Entwicklung neuer Lösungen zu verarbeiten. Um diese Lernfähigkeit ist es in vielen Unternehmen erstaunlich schlecht bestellt, sie verfügen vielmehr über eine bemerkenswerte Fähigkeit, die gleichen Fehler immer wieder zu begehen. Nicht etwa, daß diese Fehlentwicklungen unerkannt blieben, es besteht jedoch eine merkwürdige Diskrepanz zwischen der Vielzahl von Managern und Mitarbeitern, die Fehler, Fehlentwicklungen sehen und sich an ihnen reiben, und der Tatsache, daß diese Unzufriedenheit, diese Einsichten institutionell nicht zur Kenntnis genommen werden – und damit für die Entwicklung im Unternehmen weitgehend folgenlos bleiben. Man kann von einer institutionellen Lernschwäche der Unternehmen sprechen.

Tendenziell ist diese Lernfähigkeit vor allem dort schwach, wo es gilt, Erfahrungen und insbesondere Schwächen, die bestehende Strukturen und Verfahren grundsätzlich in Frage stellen, zu verarbeiten. Lernen, d.h. konstruktiv auf Erfahrungen aus dem Arbeitsgeschehen zu reagieren und daraus neue Lösungen zu entwickeln, erweist sich umso schwieriger, je weniger ein Problem den bestehenden Entscheidungsstrukturen entspricht, sozusagen quer zu ihnen liegt. Dies gilt insbesondere dort, wo komplexe Zuständigkeitsstrukturen, widersprüchliche Partialinteressen oder ein Zuständigkeitsvakuum existieren. Technische und organisatorische Innovation zeichnet sich aber häufig gerade dadurch aus, daß sie Lösungen verlangt, die quer zu den eingefahrenen Strukturen und Abläufen liegen. Umgekehrt erscheint die Lernfähigkeit der Unternehmen dort noch am besten ausgeprägt, wo sie sich auf bestehende Strukturen, Abläufe, Verfahren beziehen kann, ohne diese grundsätzlich in Frage zu stellen. Dies gilt für organisatorische wie für technische Entwicklungen gleichermaßen, etwa bei der schrittweisen Verfeinerung organisatorischer Verfahren oder technischer Lösungen (Weltz 1986a).

Verdrängung von Fehlern: „Fehler machen ist gefährlich, Fehler zugeben ist tödlich", diese Devise gilt in vielen Unternehmen. Wo es keine Fehler geben darf, kann es auch keine produktive Verarbeitung gemachter Erfahrungen und damit keine institutionelle Lernfähigkeit geben. In einem solchen Klima ergibt sich leicht die Gefahr eines ‚Verdrängungswettbewerbs'. Fehlentwicklungen, Fehler, Mißerfolge werden nicht aufgegriffen, sondern kaschiert; somit ist sichergestellt, daß sie auch in Zukunft wiederholt werden. „Aus Schaden wird man klug", dieses Sprichwort scheint in vielen Unternehmen kaum zu gelten, eher gilt: „Aus Schaden dumm werden."

Die selektive Lernschwäche trägt zur Verfestigung des Status quo, zur Perfektionierung vorhandener Strukturen und Verfahren bei und erschwert deren Innovation. Unternehmen und insbesondere Großunternehmen sind somit immer der Gefahr einer *Fossilisierung* ausgesetzt, d.h. einer systemimmanenten Einschränkung ihrer institutionellen Lernfähigkeit und damit ihrer Reaktions- und Innovationsfähigkeit, einer Verkrustung von Verfahren und Strukturen.

Selbstorganisation: Nun sind in den Unternehmen Mechanismen zu beobachten, die solche Fossilisierung zwar nicht aufheben, jedoch zumindest ihre Auswirkungen relativieren. So findet auf der Basis einer naturwüchsigen Selbstorganisation der ‚Basis' eine kontinuierliche Anpassung hinderlicher offizieller Regelungen statt, um den Anforderungen des Arbeitsvollzuges besser gerecht werden zu können. Umständliche Verfahren, Dienstwege, hierarchische Strukturen werden umgangen, Vorschriften und Zuständigkeiten stillschweigend ignoriert. Diese Selbstorganisation kann sich durchaus funktionell zu einer besseren Funktionsfähigkeit des ‚offiziellen' Systems auswirken, als Korrektiv der fossilisierten formalen Organisation des Unternehmens. Ohne ihren Beitrag wäre kaum ein Großunternehmen funktionsfähig, ein Dienst nach Vorschrift würde es ebenso wirksam lahmlegen wie ein Streik. Und es ist nur konsequent, daß die neueren Ansätze der Organisationsentwicklung nicht zuletzt am Beitrag der Selbstorganisation ansetzen, indem sie versuchen, diese zu aktivieren.

Diese Selbstorganisation birgt allerdings zugleich für die Unternehmen die Gefahr, daß das Arbeitsgeschehen nur begrenzt transparent und steuerbar ist, die Wirksamkeit offizieller Feedbackmechanismen aus der Arbeitsrealität zu den Entscheidungszentren eingeschränkt wird und dadurch wiederum die Reaktionsfähigkeit und der Anpassungsdruck, dem die Unternehmen ausgesetzt sind, reduziert werden. So verfestigt diese naturwüchsige Selbstorganisation ihrerseits wiederum das bestehende System insofern, als es den unmittelbaren Veränderungsdruck relativiert und so das Weiterbestehen an sich nicht mehr adäquater, anforderungsgerechter Verfahren und Strukturen ermöglicht.

Doppelwirklichkeit: Folge der faktischen Selbstorganisation und der Verdrängung von Fehlern ist ein Phänomen, das man als die Doppelwirklichkeit der Unternehmen bezeichnen könnte. Auf der einen Seite gibt es die ‚offizielle'

Wirklichkeit der ausgewiesenen Regeln, Zuständigkeiten, Verfahren und Organisationsstrukturen, sozusagen der geronnene Niederschlag der ‚offiziellen' Organisation der Unternehmen. Auf der anderen Seite steht die praktizierte Wirklichkeit, d.h. der reale Arbeitsvollzug, wie er sich quer durch die offiziellen Strukturen und Verfahren tatsächlich abspielt (Weltz 1991).

Natürlich gibt es Versuche, offizielle und praktizierte Realität deckungsgleich zu halten. Sie reichen vom Berichtswesen über Leistungskontrollen bis zum betrieblichen Vorschlagswesen und zu den neuen partizipativen Ansätzen, wie Organisationentwicklung und Qualitätszirkeln. Sie alle sind jedoch mit dem Problem einer systematischen Filterung und Verfälschung der Darstellung der Arbeitsrealität konfrontiert. Die meisten Informationen, die von Unten nach Oben, von der Peripherie ins Zentrum gelangen, werden vorstrukturiert, vorselektiert. Dieser Gefahr sind paradoxerweise besonders perfekt organisierte Unternehmen ausgesetzt. Je größer der Legitimationsdruck, desto größer auch der Anreiz zur Produktion geglätteter und scheinhafter Darstellungen der offiziellen Wirklichkeit, die sich jedoch als Basis für realitätsgerechte Planungen kaum eignen. Dabei besteht ein Zusammenhang mit der Kontrolle und dem Legitimationsdruck, dem der Einzelne ausgesetzt ist. Je stärker er unter Druck gesetzt wird, in seinem ‚offiziellen' Verhalten und den nachweisbaren Ergebnissen seiner Arbeit den gesetzten Normen zu entsprechen, desto ausgeprägter auch sein Bestreben, dies nachzuweisen. Legitimationsdruck in Unternehmen erzeugt meist nicht Transparenz, sondern Scheinkonformität, Mimikry – schlechte Voraussetzungen für einen gesteuerten Veränderungsprozeß.

Allgemein kann gelten, daß die meisten Unternehmen Schwierigkeiten haben, mit dieser Doppelwirklichkeit umzugehen, zu verhindern, daß es zu einer Schattenwirtschaft kommt, die nur begrenzt transparent und somit von ‚oben' steuerbar ist. Dazu tragen nicht zuletzt die betrieblichen Machtstrukturen bei sowie die Art und Weise, wie Macht in Unternehmen ausgeübt wird: Macht wird als quasi persönlicher Besitz behandelt, erworben und verteidigt, durch persönliche Profilierung, in der Auseinandersetzung mit anderen Konkurrenten in den betrieblichen Einflußstrukturen.

Macht neutralisiert Wissen: Die Akquisition und Verwertung von Wissen vollzieht sich in den Unternehmen nicht in einem neutralen, sozusagen interessenfreien Raum, sondern in einem Feld, das durch ein komplexes Ineinanderwirken unterschiedlicher Einflußgrößen bestimmt wird. Hierzu gehören vor allem betriebliche Machtstrukturen und persönliche Interessen der Entscheidungsträger und Mitarbeiter. Diese werden bestimmt durch die formalen Kompetenzzuweisungen, durch die Aufgaben, Zuständigkeiten, Befugnisse sozusagen offiziell ausgewiesen werden. Daneben erweisen sich die realen Einflußmöglichkeiten, die den Inhabern von Positionen offenstehen, als bedeutsam, die sich durchaus nicht immer aus der offiziellen Kompetenzverteilung ablesen lassen. Diese hängen von persönlichen Faktoren wie beispielsweise dem individuellen Verhandlungsgeschick, von der zur Verfügung stehenden Hausmacht, von den Widerständen oder Unterstützungen, die jeweils aktiviert werden können, ab. Wir können dieses Feld als innerbetriebliche Handlungskonstellation bezeichnen.

In diesem Feld gewinnt der *Besitz von Wissen* eine besondere Bedeutung, ist die Verfügung und die Verwendung von Wissen ein wichtiges Mittel der Machtausübung, und zwar nicht nur indem es aktiv eingesetzt wird, sondern auch indem es anderen vorenthalten oder indem dafür gesorgt wird, daß andere ihr Wissen nicht zum Tragen kommen lassen können, etwa wenn ein Vorgesetzter die Weitergabe von Informationen oder Kenntnissen seiner Mitarbeiter monopolisiert. „Wissen ist Macht", heißt es; dieser Spruch ist zugleich richtig und falsch. Zweifellos kann Wissen Macht verschaffen, aber gerade weil Wissen Macht bedeuten kann, wird ‚Wissen' vielfach ‚neutralisiert', sozusagen präventiv aufs Abstellgleis gestellt, anderen vorenthalten bzw. nicht abgerufen, nämlich dort, wo seine Weitergabe keine Vorteile bringt. Für die Innovationsprozesse in den Unternehmen bedeutet dies eine schwere Belastung.

Wissensverwertung in Unternehmen ist immer ein Geschäft auf Wechselseitigkeit, d.h. wenn Wissen zur Verfügung gestellt wird, müssen für den ‚Lieferanten' Vorteile damit verbunden sein. Dies erweist sich insbesondere für die partizipativen Ansätze als relevant: Auf der einen Seite soll Wissen, das bislang vorenthalten wurde, zur Verfügung gestellt werden. Auf der anderen Seite muß sich dies auch lohnen, etwa durch eine Beteiligung an Entscheidungsprozessen, eine Bedingung, die jedoch vielfach nicht erfüllt wird. Dies ist mit ein Grund, warum so viele Versuche, die ‚Beteiligung' der Beschäftigten zu aktivieren, in der Vergangenheit nicht so recht klappten.

Machtrelevanz von Veränderungen: Zwischen den bestehenden innerbetrieblichen Machtkonstellationen und den organisatorischen und selbst auch technologischen Veränderungsprozessen, die sich in den Unternehmen vollziehen, besteht eine Wechselbeziehung. Jeder Wandel wird durch die bestehenden Machtstrukturen geprägt, umgekehrt hat jeder Wandel zumindest potentiell Auswirkungen auf die bestehenden Machtkonstellationen. Dabei gilt: Je stärker etablierte organisatorische Strukturen und Verfahren durch eine Maßnahme verändert werden, desto machtrelevanter ist sie, desto mehr gefährdet sie die bestehende Machtkonstellation und desto stärker wird auch in der Regel der Widerstand sein, den sie aktiviert (Weltz 1986b; Ortmann/Windeler 1989; Lullies et al. 1990).

Dieser Wechselbezug trägt zu einer systemimmanenten Änderungsfeindlichkeit von Unternehmen bei, festigt ihren organisatorischen Konservativismus. Die innerbetriebliche Handlungskonstellation ist in den meisten Unternehmen tendenziell änderungsfeindlich: Die stärkeren Bataillone sind meist für die Beibehaltung des Status quo, d.h. gegen Wandel (Filius 1985).

Beigetragen hat dazu teilweise auch die Ideologisierung der sogenannten ‚Unternehmenskultur'. Gerade Unternehmen mit einer sehr ausgeprägten Propagierung einer auf Harmonie ausgelegten Unternehmenskultur hatten Schwierigkeiten, mit den Anforderungen eines tiefgreifenden Wandels fertig zu werden, der die bestehenden Einflußstrukturen und eingefahrenen personellen Beziehungen gefährdet und Konfliktfähigkeit erfordert (Schmidt 1994).

Defizitäre Konfliktverarbeitung: Die grundsätzliche Machtrelevanz, die jeder organisatorischen Veränderung eigen ist, begründet zugleich ihre prinzipielle Konflikthaftigkeit. Jede Maßnahme, durch die die bestehende Macht- und Einflußstruktur berührt wird – mit anderen Worten, jede tiefgreifendere organisatorische Veränderung – verändert die bestehenden Einflußstrukturen und ist somit zumindest potentiell konflikthaft. Die ‚produktive' Verarbeitung dieses Konfliktpotentials ist eine wichtige Voraussetzung für die Konzipierung und vor allem Realisierung technisch-organisatorischer Veränderungen, d.h. die Fähigkeit, bestehende Interessensdivergenzen auszutragen, ohne daß jene gefährdet werden. Um diese Fähigkeit zur „produktiven" Konfliktverarbeitung ist es in vielen deutschen Unternehmen schlecht bestellt (Filius 1985; Ortmann et al. 1990; Bollinger et al. 1990). Nichts hat die Planung und vor allem Umsetzung des technisch-organisatorischen Innovationsprozesses in deutschen Unternehmen stärker gehemmt, als diese Unfähigkeit, das in ihnen enthaltene Konfliktpotential so zu bewältigen, daß es sich nicht hemmend oder deformierend auf die Konzipierung und Umsetzung technisch-organisatorischer Veränderungen auswirkt.

Dazu ein *Beispiel*, das für viele ähnliche Fälle stehen soll, die uns bei unseren Untersuchungen und Beratungen immer wieder begegnet sind: In einem mittelgroßen Unternehmen soll ein integriertes, DV-gestütztes Verfahren zur Auftragsbearbeitung eingeführt werden. Dies ist für die Wettbewerbsposition des Unternehmens von größter Wichtigkeit, da bislang die Abwicklung der Aufträge äußerst langwierig ist, nicht zuletzt wegen der Vielzahl der Stellen, die nacheinander eingeschaltet werden müssen. Die Einführung des Verfahrens verzögert sich nun aber schon seit eineinhalb Jahren, eben weil diese Stellen sich nicht auf den neuen Modus einigen können, der eine deutliche Verschiebung der Zuständigkeit mit sich bringen würde (Weltz 1993).

Der betriebliche Assimilierungsprozeß: Die selektive Lernfähigkeit von Unternehmen, der Mechanismus der Fehlerverdrängung, die Machtrelevanz von Wissen bewirken, daß Veränderungen in Unternehmen häufig nicht durch die gezielte und systematische Umsetzung gemachter Erfahrungen oder normativer Modelle zustande kommen, sondern Resultat interner Auseinandersetzungen und Abstimmungsprozesse sind, bei der diese nur eine sekundäre Rolle spielen. Bezeichnend dafür ist das Schicksal vieler organisatorischer Maßnahmen, die zunächst sehr radikal konzipiert wurden und dann einem Verarbeitungsprozeß unterworfen wurden, in dem sie Schritt für Schritt an die bestehenden Einflußstrukturen angepaßt, diesen kompatibel gestaltet wurden (Ortmann/Windeler 1989; Lullies et al. 1990).

Nur betriebliche Maßnahmen, die durch entsprechende Machtstrukturen getragen werden, führen zu dauerhaften und tiefgreifenderen Veränderungen. Dieser Zusammenhang hat erhebliche praktische Konsequenzen, die vor allem auch von den normativen Vorgaben und Modellen der Sozial- und Wirtschaftswissenschaften nur ungenügend berücksichtigt wurden. Theoretisch richtige Maßnahmen können de facto falsch sein, wenn sie nicht durch eine kompatible Handlungskonstellation getragen und gestützt werden. Dies erklärt, warum so viele wohlmeinende Management- und Organisationskonzepte, die gegenwärtig en vogue sind, in der Praxis weitgehend folgenlos blieben oder im Zuge der betrieblichen Verarbeitungsprozesse und im Sinne einer innerbetrieblichen Handlungskonstellation ‚kompatibilisiert' und damit häufig in ihrer Wirkung völlig pervertiert wurden.

Dies gilt insbesondere für Gestaltungsimpulse, die von außen kommen. Die selektive Lernschwäche, d.h. die Nichtbeachtung eigener Erfahrungen, bewirkt, daß Imitation eine große Rolle spielt. Konzepte, die auf dem Markt der Management- und Organisationslehren gehandelt werden, werden mehr oder weniger ‚fertig' von außen aufgegriffen, aber dann sozusagen assimiliert, d.h. den betrieblichen Gegebenheiten angepaßt. Dies erklärt nicht zuletzt die Wirksamkeit organisatorischer Moden, etwa der wechselnden Mythen der Rationalisierung und ihre recht unterschiedliche Umsetzung in den Unternehmen.

Das Ergebnis dieser systemimmanenten Innovationshemmnisse und Verarbeitungsprozesse ist ein *systemkompatibler Wandel.* Dieser ist:

- *reaktiv*, d.h. erzwungen durch Aktionsbedingungen, die vom Unternehmen nicht zu bestimmen waren, und nicht präventiv im Sinne eines Versuchs, den Aktionsbedingungen vorweg zu begegnen bzw. sie zu beeinflußen;
- *defensiv,* d.h., er begegnet dem Veränderungsdruck mit Abwehrmaßnahmen, die rasche und überschaubare Ergebnisse versprechen wie Personalabbau, Kosteneinsparung, und nicht die Erschließung neuer Märkte, die Lancierung neuer Produkte etc. stehen im Vordergrund;
- *strukturminimalistisch,* d.h. Veränderungen erfolgen so, daß bestehende Macht- und Einflußstrukturen möglichst weitgehend erhalten bleiben.

Ein typisches Beispiel für einen derartigen konstellations- oder systemkonformen Wandel ist der Prozeß, den ich in einem Unternehmen beobachten konnte, das ich in den letzten Jahren relativ kontinuierlich beraten habe. Es handelt sich um ein Unternehmen, das sich in der Krise relativ erfolgreich behaupten konnte. Beigetragen hat dazu eine erhebliche Reduzierung der Fertigungskosten. Dies wurde erreicht durch einen Rationalisierungsschub, der im Unternehmen unter dem Titel „Lean Production“ lief. In einer Serie von Workshops wurden für die einzelnen Fertigungsbereiche neue Arbeitsstrukturen und Einsparungspotentiale erarbeitet und dann auch recht weitgehend umgesetzt, was zu deutlich ins Gewicht fallenden Reduzierungen der Fertigungskosten und der Durchlaufzeiten führte. Möglich wurde dies vor allem durch den Einsatz von Technik und Organisationsformen, die einen flexibleren Einsatz der Arbeitskräfte ermöglichten. Dies führte zu einer erheblichen Leistungsverdichtung an der Basis; die alten hierarchischen Strukturen und Abläufe blieben allerdings weitgehend unberührt. Vor allem blieben wichtige, aber mächtige Bereiche, wie der Werkzeugbau oder die Entwicklung, weitgehend ausgespart, obwohl gerade in ihnen sich deutliche Probleme abzeichneten.

Das Ergebnis: Lean Innovation. Betrachten wir nun auf diesem Hintergrund noch einmal die Reaktionen der deutschen Unternehmen auf die Krise. Ist es wirklich so, daß die deutschen Unternehmen, nicht nur dünner, sondern auch fitter und vor allem beweglicher, d.h. besser für die Zukunft gerüstet aus der Krise hervorgehen? Haben sie wirklich die Lektion gelernt, die ihnen in den letzten Jahren verpaßt worden ist, so daß sie auch unter normalen Bedingungen weiterhin wirksam bleiben wird? Diese Frage ist natürlich nicht global zu beantworten, schon heute zeichnen sich erhebliche Unterschiede von Unternehmen zu Unternehmen ab.

Grundsätzlich erscheint Skepsis angebracht. Manche Maßnahme stellt sich weniger radikal und tiefgreifend dar, als sie auf den ersten Blick und vor allem in der Selbstdarstellung der Unternehmen erschien. Klassisches Beispiel ist die Einführung der Gruppenarbeit, die meist systemkompatibel gestaltet wurde, d.h. als begrenzte arbeitsorganisatorische Maßnahme, ohne tiefergehende Verschiebungen in der bestehenden Machtverteilung. Auf der Ebene der Handlungskonstellationen, der faktischen Machtverteilung und Ausübung hat sich in vielen Unternehmen relativ wenig geändert, zum Teil dürfte paradoxerweise der verstärkte Änderungsdruck sogar Strukturen verfestigt haben, die auf einen organisatorischen Konservativismus hinwirken und eher innovationsfeindlich sind. In vielen Unternehmen ist die Tendenz ablesbar, daß nicht die Innovatoren an Einfluß gewinnen, sondern die Sparkommissare. Die Krise ist nicht die große Stunde der Neuerer, sondern zunächst einmal die der Bürokraten. Nebenbei gesagt, ein prominentes Beispiel hierfür sind auch die staatlich geförderten Forschungsprogramme.

Vielfach stellte sich ein Dreischritt ein: „Lean Production“ – „Lean Management“ – „Lean Innovation“. „Lean“ wird in Cassels Modern Dictionary definiert: „without fat, thin, wanting flesh, *unprofitable*“; in Nuttals Standard Dictionary heißt es „wanting flesh, poor, *barren of thought and interest*“ und schließlich in einem Englisch-Deutschen Wörterbuch: „mager, dürr, *unfruchtbar*“ (unsere Hervorhebungen). Genau diese Abfolge von Definitionen reflektiert die Gefahr des gegenwärtig grassierenden Schlankheitskultes recht gut: von der schlanken Produktion zum mageren Management zur fehlenden Innovation – und damit letztlich zur Unprofitabilität. „Sparen, koste es, was es wolle!", heißt vielfach die Devise. Um Einsparungen zu erreichen, wird sozusagen ein Wechsel auf die Zukunft gezogen.

Der Fall VW mit seinem „Lopez-Syndrom" ist ein gutes Beispiel hierfür. Und so stellte der Vorstandsvorsitzende von Bosch, Scholl in einem Gespräch mit der Süddeutschen Zeitung fest, daß ein nachdenkenswertes Thema die Frage sei, welches die längerfristigen Auswirkungen des kurzfristigen Kostensenkungserfolges seien. Solche Einsparungssprünge, wie sie notwendig gewesen seien, ließen sich nicht durch normale Rationalisierungsmaßnahmen erzielen, sondern nur durch einen hohen Entwicklungsaufwand für Produktvarianten, die wesentlich kostengünstiger zu fertigen seien als die herkömmlichen. Auf diese Weise würden Entwicklungsressourcen, die sonst für Innovationen und damit der Zukunftssicherung zur Verfügung stünden, jetzt für die Absicherung des laufenden Geschäfts benötigt.

Nun stellt sich angesichts des organisatorischen Konservativismus dieser Unternehmen die Frage: Wie kommt es dann doch überhaupt zu einem Wandel, der die engen Grenzen systemkonformer Veränderungen durchbricht? Nun sind zwar alle Unternehmen von ‚Außen' einem ständigen *Veränderungsdruck* ausgesetzt, sich an die wandelnden Bedingungen im Feld anzupassen, ihre Position im Wettbewerb zu behaupten und zu verbessern oder schlicht zu überleben. Dieser Außendruck ist jedoch nicht unmittelbar und ungebrochen wirksam, es bedarf sozusagen eines Resonanzbodens innerhalb des Unternehmens, daß er zum Tragen kommt, d.h. eines Akteurs, der ihn aufgreift und der auch durchsetzungsfähig genug ist, ihn in betriebliche Aktion umzusetzen. Auch hier besteht wieder ein Wechselbezug: Wie der Außendruck im Unternehmen umgesetzt wird, hängt wesentlich von der bestehenden Handlungskonstellation ab, umgekehrt wirkt er seinerseits auf diese ein, kann die Position betrieblicher Akteure stärken oder schwächen. Die Frage dabei ist: Wie verändert er die innerbetriebliche Handlungskonstellation? Stärkt er die Entwicklungsabteilung, den Controller, den Vertrieb, die Produktion?

Es gibt genug Beispiele von Unternehmen, die erkennbar einem beträchtlichen Veränderungsdruck ausgesetzt waren und doch nicht oder zu spät darauf reagierten, weil es nicht gelang, die systemimmanenten Hemmnisse und vor allem Machtstrukturen abzubauen, durch die Reservate erhalten blieben, die von diesem Veränderungsdruck weitgehend abgeschottet waren: Führungskräfte, die sich vor allem der Verteidigung oder Ausdehnung ihres Einflußbereiches widmen konnten, Entwicklungsabteilungen, die ganz der Faszination ihrer eigenen technischen Kompetenz verfallen waren, Verfahrensweisen, die primär der Perfektion der Abwicklung des innerbetrieblichen Geschehens dienten. Vor allem in der Vergangenheit sehr erfolgreiche Unternehmen mit einer sehr ausgeprägten *,egozentrischen' Unternehmenskultur* scheinen Schwierigkeiten gehabt zu haben, angemessen und rechtzeitig auf die ungewohnten krisenhaften Bedingungen zu reagieren, eben weil ein de facto bestehender Änderungsdruck keinen betrieblichen Resonanzboden fand. Klassisches Beispiel hierfür dürfte IBM sein. Offensichtlich reichte in diesem Unternehmen der normale Veränderungsdruck nicht aus, um eine kontinuierliche Anpassung oder einen präventiven Wandel auszulösen, es bedurfte besonderer Bedingungen – etwa eine existenzielle Gefährdung des Unternehmens durch eine Krise –, um dies zu bewirken, um strukturellen Wandel durchsetzbar zu machen, d.h. die innerbetriebliche Handlungskonstellation so zu verändern, daß dieser möglich wird. Es mußten im Unternehmen selbst krisenhafte Verhältnisse hergestellt werden.

Dies hatte unter anderem die unerfreuliche Folge, daß solcher Wandel tendenziell dann initiiert wurde, wenn die sonstigen Rahmenbedingungen – also außer der Durchsetzbarkeit – besonders ungünstig waren: Personal wurde abgebaut, als der Arbeitsmarkt kaum aufnahmefähig war, es wurden Sparmaßnahmen eingeleitet, wenn eigentlich aggressive Aktivität besonders notwendig gewesen wäre.

Unfähigkeit zur Evolution: All dies hat dazu beigetragen, daß sich Wandel in vielen Unternehmen entweder unter der Hand oder gewaltsam und in Sprüngen vollzog. Unmerklich und offiziell nicht zur Kenntnis genommen, erfolgten ungesteuerte, schrittweise, vorwiegend reaktive Anpassungen an sich verändernde Bedingungen, sozusagen unter dem Diktat des Faktischen, die aber letztlich den neuen Anforderungen nicht wirklich gerecht wurden; die alten Strukturen blieben erhalten.

Auch die Forderung nach einem *„Reengeneering"* der Unternehmen, die gegenwärtig immer wieder erhoben wird, bezieht sich auf die Erkenntnis, daß systemkompatibler Wandel nicht ausreicht, um die Veränderungsanforderungen zu bewältigen, mit denen die Unternehmen konfrontiert sind, und zugleich auf deren Unfähigkeit zum strukturellen, d.h. nichtsystemkompatiblen Wandel (Hammer/Champy 1994). Die bisherigen Erfahrungen mit Versuchen zum „Reengineering" stimmen allerdings skeptisch. Scheinbar spektakuläre Neuordnungen erwiesen sich bereits mittelfristig als nicht wirklich tragfähig, weil sie sich nicht auf kompatible innerbetriebliche Handlungskonstellationen stützen konnten und damit systemimmanente Hemmnisse und Machtreservate weiterbestanden. Sie wurden zudem erkauft mit erheblichen materiellen und immateriellen Kosten.

Die Unfähigkeit der Unternehmen zur kontinuierlichen präventiven Veränderung, zu einer evolutionären Entwicklung kam sie teuer zu stehen. Erfahrungen, eingespielte Kooperations- und Kommunikationsnetze, bewährte informelle Verfahren wurden zerstört, vor allem gingen Perspektiven für die allgemeine wie auch die eigene zukünftige Entwicklung verloren. Die Folge: Verunsicherung und Motivationsverlust, die eher lähmend wirken. In den meisten Unternehmen, die in den letzten Jahren mehr oder weniger radikalen ‚Kuren' unterworfen waren, ist wenig von einer Aufbruchstimmung zu spüren, eher im Gegenteil. Wenn man sich mit Mitarbeitern aus Unternehmen unterhält, in denen in den letzten Jahren ‚Lean'-Maßnahmen ergriffen wurden, um das Unternehmen ‚fit', konkurrenz- und überlebensfähig zu machen, spürt man eigentlich nur selten, daß dies bei den ‚Überlebenden' zu einer Motivierung geführt hat, sondern im Gegenteil wird von Verunsicherung, Lähmung von Initiative, fehlenden Perspektiven, innerer Emigration berichtet.

Die Folgerung: Unternehmen müssen nicht neu erfunden werden, sondern auf dem ‚laufenden' gehalten werden. Wandel muß auf Kontinuität gestellt werden. Nicht Revolution ist erforderlich, sondern *Evolution*, d.h. die ständige Umsetzung und Weiterentwicklung des im Unternehmen vorhandenen Wissens- und Erfahrungspotentials zur Bewältigung des Veränderungsdrucks. Hierzu gibt es keinen organisatorischen Königsweg, sondern nur eine allgemeine Maxime: Ein Abbau des systemgestützten organisatorischen Konservativismus deutscher Unternehmen kann nur erreicht werden durch eine schrittweise Herstellung von innerbetrieblichen Handlungskonstellationen, durch die eine Abschottung gegen die Wirkung von Außenimpulsen erschwert und damit ein Abbau der systemimmanenten Hemmnisse und ‚Reservate' erreicht wird. Oder umgekehrt ausgedrückt: *Die Innovationsfähigkeit eines Unternehmens hängt entscheidend von einer innerbetrieblichen Handlungskonstellation ab, durch die der bestehende Veränderungsdruck ungebrochen und kontinuierlich zum Tragen kommen kann.*

Ein gutes Beispiel hierfür ist die BMW AG, ein Unternehmen, das sich in den letzten Jahrzehnten als bemerkenswert änderungsfähig erwiesen hat, bemerkenswert insbesondere deshalb, weil es ja mehr als andere Großunternehmen von „heilsamen", krisenhaften Rückschlägen verschont geblieben war. Kennzeichnend für die Entwicklung im Unternehmen BMW war unter anderem eine starke *Markt- und Wettbewerbsorientiertheit,* die wohl nicht zuletzt durch die besondere Wettbewerbsposition mit dem ‚großen Bruder' Mercedes-Benz geprägt ist; einer der Leitsprüche im Unternehmen ist: „Nicht die Großen fressen die Kleinen, sondern die Schnellen die Langsamen," d.h. rasche Reaktion auf sich verändernde Bedingungen spielt eine zentrale Rolle im Selbstverständnis des Unternehmens.

Damit verbunden ist:

- eine sehr ausgeprägte *Kundenorientiertheit,* die schon recht früh auch in der internen Kooperation zwischen betrieblichen Stellen zum Tragen kam, etwa bei der Umwandlung von Zentralfunktionen, wie z.B. der Organisationsabteilung, in Dienstleistungsbereiche;

- die Konzentration auf das *Kerngeschäft* der Automobilproduktion bei einer weitgehenden Ausgliederung von Randfunktionen, die weitgehend selbständig agieren konnten;
- eine ausgeprägte *,Streitkultur'*, die es offensichtlich erleichterte, mit den häufigen Restrukturierungen fertig zu werden; Konflikte werden relativ offen ausgetragen.
- Letztlich verweist die Auseinandersetzung mit dem Phänomen BMW natürlich auch auf eine Auseinandersetzung mit dem Phänomen von Kuenheim. Sein straffer *Führungsstil* hat ohne Zweifel das Geschehen im Unternehmen in starkem Maße geprägt. Er scheint nicht so recht den modischen Managementkonzepten entsprochen zu haben, er wird als eher autoritär beschrieben und „über Personen führend".
- Von besonderem Interesse ist natürlich von Kuenheims letzte und zugleich wichtigste Leistung: sein rechtzeitiger Abgang und die Bestellung eines offensichtlich kompetenten Nachfolgers, beides für die *kontinuierliche Entwicklung* des Unternehmens von entscheidender Bedeutung.

Nun darf dies *,Modell BMW'* keinesfalls als Patentrezept verstanden werden, schon gar nicht als ein Plädoyer für autoritäre Führung. Es ist eine mögliche Variante bei der Lösung des Grundproblems von Unternehmen: der Bewältigung des Wandels. Unter konstellativer Betrachtungsweise erscheint vor allem wichtig: Die straffe Führung schuf im Unternehmen jenes Maß an Sicherheit, das die häufigen Umorganisationen erträglich, bewältigbar machte und die Austragung von Konflikten ermöglichte, ohne zu einer Lähmung zu führen. Sie hatte andererseits in der starken Markt- und Kundenbezogenheit ein Gegengewicht, das die Gefahren eines autoritären Führungsstiles relativierte. All dies waren Bedingungen, die die Wandlungsfähigkeit stützten oder umgekehrt einer ‚Fossilisierung' entgegenwirkten. Ausschlaggebend war dabei, daß es gelang, über lange Jahre eine innerbetriebliche Handlungskonstellation zu erhalten, in der sich der durch die Wettbewerbsposition gegebene *Veränderungsdruck kontinuierlich und ungebrochen in das Unternehmen hinein spürbar machen konnte.*

D.2 Aus Schaden dumm werden

Zur Lernschwäche von Verwaltungen*

„Nur wer die Vergangenheit kennt, kann die Gegenwart verstehen und die Zukunft gestalten."
(August Bebel)

Zu den wichtigsten Eigenschaften für den Erfolg von Unternehmen, ja für ihr Überleben, gehört ihre Lernfähigkeit, das heißt die Fähigkeit, gemachte Erfahrungen zur Entwicklung neuer Lösungen zu verarbeiten, rasch auf Veränderungen in den Aktionsbedingungen zu reagieren. Um diese Lernfähigkeit steht es allerdings in manchen Verwaltungen nicht zum Besten: „Aus Schaden wird man klug", dieses Sprichwort scheint in vielen Büros nicht zu gelten, zumindest verfügen viele Verwaltungen über eine erstaunliche Fähigkeit, die gleichen Fehler immer wieder zu begehen. Nicht etwa, daß Fehler unerkannt blieben. Es besteht aber eine merkwürdige Diskrepanz zwischen der Vielzahl von Mitarbeitern, auch in einflußreichen Positionen, die Fehler sehen und sich an ihnen reiben, und der Folgenlosigkeit dieser Unzufriedenheit.

Überraschend ist immer wieder, wie häufig Veränderungen in Unternehmen nicht durch gezielte und bewußte Verarbeitung gewonnener Erfahrungen zustande kommen, sondern Resultat interner Auseinandersetzungen, Kompromisse und Abstimmungsprozesse sind. Irritierend auch manchmal, wie unterschiedlich das Verhältnis von Aufwand und Ergebnis bei der Lösung betrieblicher Probleme sein kann: Manche ‚großen' Probleme werden rasch, ohne viel Federlesens gelöst, andere ‚kleine' Probleme führen, trotz vielem Hin und Her, eine Dauerexistenz.

Ein banales Beispiel: Der von mehreren Abteilungen benutzte Kopierer ist häufig funktionsunfähig. Niemand ist für die laufende Betreuung zuständig. Dafür eine Lösung zu finden, erweist sich über Jahre hinweg als unmöglich.

Ein Großteil des ‚Lernens' in Großverwaltungen geschieht per Imitation, oder besser per Assimilation. Das heißt, Lösungen werden nicht auf der Grundlage gewonnener Erfahrungen und Auseinandersetzung mit bestehenden Schwierigkeiten entwickelt, sondern von außen fertig übernommen und dann den betrieblichen Gegebenheiten angepaßt.

---

* Zuerst erschienen in: Office Management, 1986, Heft 5, S. 532–534. Dieser Beitrag basiert auf dem Forschungsprojekt: „Menschengerechte Arbeitsgestaltung in der Textverarbeitung" sowie den Begleitforschungs-Projekten beim Kraftfahrt-Bundesamt, Flensburg, sowie der BMW AG, München (vgl. dazu Weltz/Jacobi 1986).

Die Wirksamkeit organisatorischer und verfahrensmäßiger Moden erklärt sich nicht zuletzt daraus. Diese wechselnden Mythen der Rationalisierung (Arbeitsteilung – der Universal-Sachbearbeiter, Mischarbeit – Entmischung, Zentralisierung – Dezentralisierung), scheinbar beliebig anwendbare Fertigprodukte, entheben von der Notwendigkeit der Auseinandersetzung mit der spezifischen betrieblichen Problemstellung. Die Geschichte der zentralen Schreibdienste ist ein gutes Beispiel hierfür: sowohl der Prozeß ihrer Verbreitung wie ihrer jeweiligen betrieblichen Anpassung.

Grundsätzlich ist die Lernfähigkeit in Verwaltungen dort am besten ausgeprägt, wo sie sich auf bestehende Strukturen, Abläufe, Verfahren beziehen kann, ohne diese in Frage zu stellen. Dies gilt für technische wie für organisatorische Entwicklungen gleichermaßen, etwa bei der schrittweisen Perfektionierung und Verfeinerung organisatorischer Verfahren oder technischer Lösungen.

Umgekehrt ist die Lernfähigkeit dort eher schwach, wo es gilt, Fehler und Erfahrungen, die bestehende Verfahren und Strukturen in Frage stellen, aufzuarbeiten.

Ein gutes Beispiel für die selektive Lernfähigkeit in Verwaltungen liefert die Entwicklung von DV-Systemen: Auf der einen Seite die beeindruckende Perfektionierung von Verfahren, deren schrittweise Ausdehnung auf die Übernahme immer neuer Aufgaben in die maschinelle Bearbeitung, andererseits deren Verselbständigung, die Unfähigkeit, die Bedürfnisse der ‚Nutzer' zu berücksichtigen.

Ähnliches gilt für viele Wirtschaftlichkeitsrechnungen: auch dort Perfektionierung und Differenzierung von Verfahren und zugleich zunehmende Verselbständigung und daraus resultierende Scheinhaftigkeit.

Lernen, konstruktiv auf Erfahrungen aus der Arbeitsrealität zu reagieren und daraus neue Lösungen zu entwickeln, erweist sich als umso schwieriger, je weniger ein Problem der jeweiligen Entscheidungsstruktur entspricht, das heißt quer zu ihr liegt. Dies gilt besonders dort, wo komplexe Zuständigkeiten, widersprüchliche Interessen oder ein Zuständigkeitsvakuum berührt werden. Neuartige Probleme zeichnen sich aber häufig gerade dadurch aus, daß ihre Lösung quer zu den eingefahrenen Strukturen und Abläufen liegt.

Es ist nur ein scheinbarer Widerspruch, daß es eher leicht fällt, etwas völlig Neues zu entwickeln, sozusagen auf der grünen Wiese: Gerade weil man sich nicht auf vergangene Erfahrungen beziehen muß, wird die Erarbeitung von Lösungen erleichtert.

Woher rührt diese Lernschwäche? Ein Managementproblem, könnte man sagen, und man hätte damit selbstverständlich recht. Diese Feststellung hilft jedoch nicht weiter. Letztlich können ja alle betrieblichen Probleme mit gutem oder schlechtem Management in Verbindung gebracht werden. Nur beziehen wir uns damit meist nicht auf die Ursache, sondern auf ein Symptom, dessen Beschreibung wenig erklärt.

Die Frage ist ja nicht: Warum vermögen Individuen nicht zu lernen, sondern: Woraus ergibt sich die Lernschwäche von Organisationen? Warum gibt es so viel Einsicht und so wenig Umsetzung? Die Antwort auf diese Fragen haben wir nicht im Verhalten von Individuen, sondern in den Eigenschaften von Organisationen zu suchen.

Etwa in der Tatsache, daß viele Organisationen ein erstaunlich kurzes Gedächtnis haben. Den Außenstehenden beeindruckt immer wieder die merkwürdige Geschichtslosigkeit von Großverwaltungen. Es gibt wenig Vergangenheit, auch wenig Zukunft – und sehr viel Gegenwart. Was zählt, ist die Lösung der jeweils gestellten Aufgabe. Ihre Vorgeschichte, ihre Hintergründe sind eher sekundär, wie auch die Zukunft, soweit sie nicht explizit Teil der Aufgabenstellung ist.

Woher rührt diese Gedächtnisschwäche? Nicht zuletzt wohl aus der Wirksamkeit eines Grundprinzips des Funktionierens von Verwaltungen: die Verdrängung von Fehlern. „Fehler machen ist gefährlich, Fehler zugeben tödlich", dieses Prinzip gilt in vielen Büros.

Dies hat nicht nur zu der Neigung zur Risikominimierung in Bürokratien geführt, die wir aus vielen Beschreibungen kennen, sondern konstituiert letztlich auch die institutionelle Lernschwäche von Verwaltungen. Fällt es schon Individuen schwer, Fehler zu verarbeiten, Institutionen tun sich da offensichtlich noch härter.

Paradoxerweise besteht dabei ein Zusammenhang von Kontrolle und dem Legitimationsdruck, dem der Einzelne ausgesetzt ist. Je stärker der Einzelne unter Druck gesetzt wird, in seinem Verhalten und den Ergebnissen seiner Arbeit den gesetzten Normen zu entsprechen, desto ausgeprägter sein Bestreben, dies auch nachzuweisen. Legitimationsdruck in Institutionen erzeugt nicht Gegendruck, sondern Mimikry, Scheinkonformität. Die Perfektionierung der Kunst, ‚Türken zu bauen', hat noch immer der der Kontrollverfahren entsprochen.

Schein, das heißt die offizielle, institutionelle ‚Realität', wie sie sich in Berichten, Anweisungen, Statistiken ausweist, und Sein, wie sie sich in realen Arbeitsverhalten und -ergebnissen niederschlägt, klaffen umso mehr auseinander, je stärker der Legitimationsdruck ist, unter den der einzelne gesetzt wird.

Ein klassisches Beispiel sind hierzu die Durchführung und die Ergebnisse der Gemeinkostenanalyse. Ihr Wirkungsprinzip basiert letztlich genau auf der Verstärkung des Legitimationsdrucks: Jedem einzelnen Vorgesetzten werden Vorgaben gesetzt, die er – statistisch – zu erfüllen hat. Der institutionalisierte Legitimationsdruck des Verfahrens programmiert seinen Erfolg vor – und dessen Scheinhaftigkeit. Die Vorgabewerte werden „realisiert" und möglichst rasch wieder unterlaufen.

Grundsätzlich kann gelten: Wo es keine Fehler geben darf, gibt es auch keine institutionelle Lernfähigkeit. Oder anders ausgedrückt: Die Lernfähigkeit ist umso geringer, je größer der Legitimationsdruck, und damit der Anreiz zur Produktion geglätteter und scheinhafter Darstellungen der von der ‚offiziellen' Wirklichkeit abweichenden Arbeitsrealität.

In einem solchen Klima ergibt sich nur zu leicht die Gefahr eines „Verdrängungswettbewerbs". Problematische Erfahrungen und Schwierigkeiten werden nicht verarbeitet, sondern kaschiert: aus Schaden dumm werden.

Erfolge und Mißerfolge werden personenbezogen verarbeitet – in Form von Karrieren und Kaltstellungen – nicht aber institutionell, und kommen damit bestenfalls der Qualität des Managements, nicht aber der der Institution zugute.

Gerade bei organisatorischen Entwicklungsprojekten werden häufig die Promotoren mit den Auswirkungen ihrer Initiativen nicht mehr konfrontiert. Sei es, daß sie zu ‚höheren' Aufgaben berufen wurden, sei es, daß sie auf ein Abstellgleis geschoben wurden – je nachdem, wie es ihnen gelang, ihr Projekt im Hause zu vermarkten.

Natürlich hat solche Scheinhaftigkeit ihre Grenzen – spätestens beim Konkurs des Unternehmens. Natürlich lassen sich Daten ermitteln, aus denen auf das Vorhandensein von Schwachstellen geschlossen werden kann – etwa durch Ermittlung der anfallenden Kosten pro Produktionseinheit. Im Verwaltungsbereich sind solche Daten allerdings wesentlich schwerer zu definieren als im Produktionsbereich. Zumindest dort, wo es nicht um die massenhafte Bearbeitung gleichartiger Vorgänge geht. Von der grundsätzlichen Feststellung der Existenz von Schwachstellen zu ihrer Lokalisierung im Arbeitsgeschehen ist zudem ein weiter Weg, der sich nur allzu leicht im Nebel der Scheinhaftigkeiten verliert.

Mit der strukturellen Lernschwäche von Verwaltungen hängt zusammen, daß sich Wandel in ihnen entweder unmerklich oder gewaltsam vollzieht. Unmerklich vollzieht sich meist die ungesteuerte, schrittweise, reaktive Anpassung an sich verändernde Bedingungen, sozusagen unter dem Diktat der Macht des Faktischen. Solche Veränderungen bleiben meist im ‚System', das heißt stellen bestehende Regelungen und Strukturen nicht in Frage.

Tiefgreifender Wandel in Verwaltungen hat dagegen fast immer etwas Gewaltsames an sich. Er kommt als Kahlschlag, von Oben oder den Zentralbereichen verordnet. Er geht in der Regel gerade nicht von der Verarbeitung vorliegender Erfahrungen aus, sondern von einem Gegenkonzept. Letztlich läuft solcher Wandel auf die systematische Ausschaltung des Lernpotentials eben des Bereichs, der reorganisiert werden soll, hinaus. Die Veränderung liegt in der Hand von Spezialisten – Organisatoren, DV-Leuten, Controllern –, die der Arbeit, die sie verändern, fremd gegenüberstehen. Und die Reaktion: Verteidigungshaltung des betroffenen Fachbereichs. Das Schlagwort von der mangelnden Akzeptanz definiert das Problem genau falsch: Nicht sie ist das Problem, sondern die systematische Ausschaltung der Lernfähigkeit.

Weitgehend ungesteuerte Perfektionierung und Anpassung bestehender Verfahren und Strukturen einerseits, der große Kahlschlag andererseits – zwischen diesen beiden Extremen vollzieht sich der Wandel in vielen Verwaltungen.

Es wäre aufschlußreich, die Entwicklung in Unternehmen, die in Krisen gerieten, daraufhin zu untersuchen, welche Rolle die Einschränkung ihrer inneren Lernfähigkeit dabei gespielt hat. Unsere Vermutung ist, daß ebenso häufig wie strategische ‚große' Fehlentscheidungen des Spitzenmanagements Lernschwäche dafür verantwortlich war.

Nun gibt es zahlreiche Versuche, der strukturellen Lernschwäche entgegenzuwirken: das betriebliche Vorschlagswesen, die Einrichtung von Projektgruppen, von Qualitätszirkeln und der ganze Ansatz der Organisationsentwicklung enthalten letztlich nichts anderes. Auch Rationalisierungsansätze, wie Gemeinkostenwertanalyse, Zero-Base-Budgeting, zielen letztlich in diese Richtung, indem sie die Hierarchie der jeweiligen Fachbereiche aktiv in einen Prozeß der Selbstrationalisierung einbeziehen.

Die Reichweite solcher Versuche ist jedoch meist begrenzt. Sie befördern tendenziell eben jene begrenzte Lernfähigkeit, die auf Perfektionierung bestehender Strukturen und Verfahren hinwirkt. Überall dort, wo bestehende Strukturen und Verfahren wirklich grundsätzlich in Frage gestellt werden, stoßen diese Ansätze meist rasch auf Grenzen.

Grundsätzlich heben diese Ansätze das strukturelle Dilemma nicht auf: Legitimationsdruck zieht Scheinhaftigkeit und Lernschwäche nach sich. Solange sie nur an dem einen Ende ansetzen – der Aktivierung der Erfahrungen der jeweils Betroffenen – die übergeordneten ‚systematischen' Bedingungen jedoch unverändert bleiben, wird ihre Wirksamkeit zeitlich und in ihrer Breite beschränkt bleiben. Ihre Erfolgsaussichten sind umso geringer, je starrer die Organisation, d.h. gerade dort, wo eine Verbesserung der Lernfähigkeit am wichtigsten wäre.

Viel wird auch von den neuen Informationstechniken erwartet, die ja die Verfügbarkeit von Daten und damit die Transparenz verbessern sollen. Hier wird quasi ein Automatismus unterstellt: mehr Daten, mehr Information, mehr Transparenz, verbesserte Reaktionsfähigkeit. Diese Kette mag überall dort gelten, wo Probleme klar strukturiert sind und die Verarbeitung von Daten und Informationen nicht systematischen Barrieren und Verfälschungen ausgesetzt ist.

Gerade in den innovationsrelevanten Bereichen läuft der Zusammenhang aber meist in umgekehrter Richtung: Beschränkte Lernfähigkeit von Verwaltungen ist mit ein Grund, warum sie sich beim Einsatz der anspruchsvolleren Informationstechnologien so schwer tun, schwerer als bei der Einführung der zentralen DV in den vergangenen Jahrzehnten. Die Nutzung des Potentials der neuen Informationstechnologien fordert ja nicht nur integrierte und übergreifende Planung, sondern auch sinnvolle Anwendung im jeweiligen Aufgabenzusammenhang.

Was kann getan werden, um der strukturellen Lernschwäche von Verwaltungen zu begegnen?

Angesetzt werden muß bei jenen Bedingungen, die die Lernschwäche konstituieren: den Kontroll- und Legitimationsverfahren, den organisatorischen und hierarchischen Strukturen, die verhindern, daß systemgefährdende Erfahrungen ‚produktiv' verarbeitet werden. Dazu gilt es, den Dualismus von planenden und kontrollierenden Zentralabteilungen und Fachbereichen (die sich ihnen gegenüber legitimieren müssen) abzubauen. Dies kann nur durch die Schaffung autonomer Subsysteme erreicht werden, in denen begrenzte Legitimationszwänge nach ‚Oben' mit einem klar definierten Aktionsradius verbunden sind, also jenes Maß an Unabhängigkeit und Sicherheit gegeben ist, das eine Verantwortung von Fehlern und Mißerfolgen erleichtert.

Aber ist eine solche Teilautonomie von Subsystemen möglich, ohne Gefährdung der Steuerungsfähigkeit des Gesamtsystems? Dies berührt die alte Grundpolarität von Zentralisierung und Dezentralisierung: Die eigenständigen Subsysteme durch eine Superstruktur zu verklammern, die die Abstimmung – nicht die Bestimmung – des Geschehens in den Subsystemen besorgt.

Die Vorgabe der langfristigen Unternehmensziele, die Anpassung der Systeme an diese, wäre dann die wichtigste Aufgabe des Spitzenmanagements und der Zentralabteilungen.

D.3 Eine Herausforderung, die weh tut

Qualitätsförderung im Büro*

In der Fertigung weiß man: Ein Werkstück hat genau definierten Mindestansprüchen zu genügen. Qualität ist meßbar. Ganz anders dagegen im Büro: Informieren, Planen, Verhandeln, Konzepte erarbeiten das kann man gut oder schlecht erledigen, aber eindeutige Kriterien, was die Qualität dieser Arbeit ausmacht, gibt es nicht. Das hat durchaus gravierende Folgen, vor allem beim Einsatz neuer Bürotechniken. Wer zum Beispiel nur darauf achtet, keine Fehler zu machen, erfüllt damit noch lange keine Leistung, die für die nachfolgenden Nutzer verwertbar ist. Für eine Qualitätsstrategie der Büroarbeit wird es höchste Zeit.

Zu viele Informationen, zu wenig Information – auf diese Formel könnten die Schwierigkeiten gebracht werden, mit denen sich viele im Büro Beschäftigte auseinanderzusetzen haben. Sie ertrinken in einer Flut von Rundschreiben, Briefen, Computerausdrucken, Artikeln in Fachzeitschriften, Aktennotizen, Protokollen, Telefonaten, Besprechungen, Sitzungen usw., und doch fühlen sie sich nicht ausreichend unterrichtet. Man leidet unter dieser Informationsflut, der man sich ausgesetzt fühlt, dem Aufwand, diese Flut so zu filtern, damit brauchbare Informationen übrigbleiben, und der Gefahr, daß man wichtige Informationen nicht zur Kenntnis nimmt. Zugleich besteht trotz der Informationsinflation nicht selten ein Mangel an eben jenen Informationen, die man gerade braucht.

Vor diesem Hintergrund wird der Traum vom papierlosen Büro geträumt. Zwar gilt er inzwischen selbst eingefleischten Technokraten als Utopie, die kurz- oder mittelfristig wohl kaum zu realisieren sein wird. Aber letztlich bleibt er doch das Ideal, das angestrebt wird.

Was erhofft man sich vom papierlosen Büro? Die Bewältigung der Informationsflut? Aber setzt man da nicht eher am Symptom an denn an der Ursache? *Nicht das Papier konstituiert das Problem, sondern das Volumen an Informationen.* Die Ersetzung des Papiers durch elektronische Medien – Stichwort ‚Bürokommunikation‘ – bringt da für sich noch keine Lösung. Sicher kann der Einsatz neuer Bürotechnik einige der gegenwärtigen Probleme in den Verwaltungen reduzieren: Mediensprünge, lange Übertragungszeiten, die Unterbringung von Ablagen, unter Umständen auch Such- und Bearbeitungsprozesse. Aber die Bewältigung der Informationsflut ist damit noch nicht automatisch gewährleistet.

---

* Zuerst erschienen in: Technische Rundschau, 1989, Heft 29, S. 12–17. Der Text bezieht sich auf Befunde des Forschungs- und Beratungsprojektes „Qualität im Büro“ im Auftrag der Siemens AG (vgl. dazu Weltz et al. 1989).

Das Potential der neuen Bürotechnik ist widersprüchlich: Einerseits erleichtert es das Suchen, Verdichten, Zusammenstellen, Übermitteln von Informationen – und damit die Informationsverwaltung. Anderseits erleichtert es die Produktion von Informationen, ihre Verteilung und Vervielfältigung und kann somit die Informationsinflation fördern. Bislang kann als ‚eisernes Gesetz' der Bürorationalisierung gelten, daß jede Technik, die zur Erleichterung der Informationsverarbeitung und -übermittlung eingesetzt wurde, zunächst ihrerseits zum *weiteren Anschwellen der Informationsflut* beitrug. Die Diskrepanz zwischen verfügbarer und genutzter Information dürfte mit dem Einsatz der neuen Bürotechnik in vielen Bereichen eher größer denn kleiner geworden sein. Es wird neuerdings gern vom „Produktionsfaktor Information" gesprochen. Offensichtlich wird mit diesem Produktionsfaktor in den Büros recht extensiv, also *unwirtschaftlich* umgegangen. Die steigende und unbewältigte Informationsflut bedeutet für die Unternehmen nicht nur einen unwirtschaftlichen Umgang mit der Ressource ‚Information', sie beinhaltet auch gravierende qualitative Nachteile: lange Bearbeitungs- und Durchlaufzeiten, eingeschränkte Reaktions- und Entscheidungsfähigkeit und damit eingeschränkte Qualität der Dienstleistungen auf dem Markt.

Ob der Produktionsfaktor Information wirklich für geschäftspolitische Zielsetzungen und zur Erreichung von Wettbewerbsvorteilen genützt werden kann, hängt davon ab, ob es gelingt, Informationen nicht nur verfügbar, sondern auch verwertbar zu machen. Dies setzt gezieltes Vorgehen voraus. Dem inflationären Umgang mit der Ressource ‚Information' muß das Prinzip der Informationsökonomie entgegengesetzt werden. Informationsökonomie heißt nicht nur, daß das Ziel des sparsamen Umgangs mit Ressourcen, wie sie für den Einsatz von Personal und Material gelten, auch für die Erzeugung und die Verarbeitung von Informationen bestimmend sein muß. Informationsökonomie heißt zugleich, Voraussetzungen zu schaffen, damit verfügbare und verwertbare Informationen möglichst deckungsgleich sind.

Ein anderes Grundübel vieler Verwaltungen ist die *unbefriedigende Verwertung von Leistungen,* die mit einem hohen Aufwand an Zeit, Motivation und auch Qualifikation erbracht werden. Berichte werden erstellt, Sitzungen und Besprechungen durchgeführt, Briefe, Notizen, Protokolle abgefaßt, ohne daß das spätere Ergebnis dem Aufwand entspricht, sei es, weil ihnen der klare Bezug zum späteren Verwertungszweck fehlte, sei es, weil diese Verwertung unterblieb.

Eine Analyse der Kosten der Leistungen, die ungenutzt in den buchstäblichen Schubladen – oder neuerdings den Datenverarbeitungssystemen – ruht, aber auch der Sitzungen und Abstimmungsprozesse, deren Ergebnisse nicht umgesetzt werden, würde Milliardenbeträge aufzeigen. Mangelnde Verwertungsökonomie bedeutet aber nicht nur Unwirtschaftlichkeit, sondern beinhaltet qualitative Defizite: Entscheidungen, denen die inhaltliche Fundierung fehlt, Dienstleistungen, die an dem Bedarf der internen oder externen Kunden vorbeigehen, verzögerte oder fehlgeleitete Informierung – all das kann die Handlungs- und Wettbewerbsfähigkeit von Unternehmen massiv gefährden.

Qualitätsförderung im Büro ist eine Herausforderung, der sich die Unternehmen gerade unter den gegenwärtigen Marktbedingungen stellen müssen. Qualität gilt zu Recht als wichtiger Wettbewerbsfaktor. Und Qualität hängt nicht zuletzt von der Arbeit in den Büros ab – dies gilt für die Produktion von Gütern wie von Dienstleistungen. Insofern überrascht es, daß das Büro bislang eher ein *Stiefkind* der Qualitätsförderung ist. Gezielte Qualitätsförderung im Büro wird nur in bestimmten Teilbereichen durchgeführt – etwa in der Entwicklung. Im Übrigen beschränkt sie sich auf Versuche, Instrumente, die im Fertigungsbereich erprobt wurden, ins Büro zu übertragen, etwa Qualitätszirkel – doch meist mit mäßigem Erfolg.

Die neuen Konzepte zu Qualitätsförderung – vorwiegend aus den Vereinigten Staaten (z.B. Juran, Feigenbaum, Crosby) und Japan (z.B. Ishikawa) übernommen – sind zwar so allgemein formuliert, daß sie durchaus auch als für den Bürobereich gültig betrachtet werden können. Sie lassen aber nicht erkennen, wie aus ihnen Maßnahmen zur Qualitätsförderung des Bürobereichs entwickelt werden können, die auf die besonderen Anforderungen des Bürobereichs zugeschnitten sind. Die meisten Qualitätsdefinitionen vermitteln eher den Eindruck, daß sie für die besondere Qualitätsproblematik im Büro nicht so richtig greifen. Zentraler Ansatzpunkt sind überwiegend die „festgelegten und vorausgesetzten Erfordernisse".

Qualität ist, so definiert es die DIN-Norm, „die Beschaffenheit einer Einheit bezüglich ihrer Eignung, festgelegte und vorausgesetzte Erfordernisse zu erfüllen" (vgl. DIN 55350, Mai 1987, Teil 11, S. 3, Nr. 5). Auch der „leading evangelist of quality in the U.S." („TIME"), Philip B. Crosby, geht von einer solchen Qualitätsdefinition aus. Er stellt in einem seiner vier Grundsätze lapidar fest: „The definition of quality is conformance to requirements". Mit den „requirements" wird der Qualitätsstandard festgelegt. An ihnen lassen sich Abweichungen (Defizite) bestimmen und die Kosten, die im Nachbesserungsfall aufzuwenden sind, um den Anforderungen zu genügen, sind die Quantifizierung von Qualitätsdefiziten.

Dieser Ansatz ist überall da sinnvoll, wo sich die Anforderungen *genau und eindeutig* bestimmen lassen.

In der Fertigung zum Beispiel sind diese Voraussetzungen gegeben: Es gilt Fehler festzustellen, zu korrigieren und ihre Ursachen auszuschalten. Qualitätskriterien lassen sich aus dem markt- und kundenbezogenen Verwendungszweck eines Produkts relativ klar ableiten und sind, einmal definiert, meist nur innerhalb relativ enger Grenzen Interpretationssache. Häufig werden von Kunden selbst eindeutige und objektivierte Mindestanforderungen an die Qualität der Produkte vorgegeben und festgelegt, wie diese zu erreichen und sicherzustellen sind.

Im Büro allerdings ist die Bestimmung solcher Mindestanforderungen nur bei einem Teil der Tätigkeiten möglich, nämlich bei jenen Tätigkeiten, die festen Regeln unterworfen sind, etwa Erfassungs- oder Prüfarbeiten. Solche regulierten Tätigkeiten machen aber nur einen Teil der Büroarbeit aus: Ihr Anteil wurde auf etwa 30% geschätzt, natürlich mit enormen Unterschieden von Bereich zu Bereich.

Daneben gibt es aber auch Tätigkeiten, die nicht auf solche festen Regeln und Vorgaben ausgerichtet sind, sondern auf Ziele und Aufträge, die man als *schwach strukturiert* oder *unreguliert* bezeichnen könnte. Zu diesen unregulierten oder schwachstrukturierten Tätigkeiten zählen unter anderem Entscheiden, Verhandeln, Kooperieren, Koordinieren, Informieren, Planen, Entwickeln, Konstruieren, Analysieren und Konzeptualisieren – allesamt besonders wichtige und qualifizierte Arbeiten.

Bei diesen Arbeiten stellt sich das Qualitätsproblem anders als bei stark regulierten. Bei *regulierten* Arbeiten geht es darum, ein vorab definiertes Ergebnis fehlerfrei zu erreichen. *Maßstab der Qualität ist also Fehlerfreiheit.* Bei *unregulierten* Tätigkeiten bedarf diese Qualitätsbestimmung der Modifizierung, weil für diese Tätigkeiten „festgelegte und vorausgesetzte Erfordernisse“ nicht definierbar sind beziehungsweise diese Erfordernisse so allgemein und unspezifisch formuliert sind (etwa Stellenbeschreibung, Projektauftrag), daß ein Abgleich mit den Vorgaben im Einzelfall kaum sinnvoll erscheint beziehungsweise einen Formalismus nach sich ziehen würde, der dem eigentlichen Charakter der jeweiligen Tätigkeit unangemessen wäre.

Wie wenig adäquat eine primär auf Fehlerreduzierung ausgerichtete Bestimmung von Qualität bei unregulierten Tätigkeiten wäre, läßt sich am Beispiel der Entscheidungsfindung illustrieren: Wo *keine Entscheidungen* getroffen werden, fallen auch *keine Fehler* an – ein zwar häufiger, aber den Erfordernissen meist kaum gerecht werdender Zusammenhang.

Die Anforderungen an solche Büroarbeiten können nicht nach allgemeingültigen Vorgaben festgelegt werden, sondern sie müssen sich orientieren an der Aufgabe, an dem jeweiligen Verwendungszweck und dessen Bezug zu den Zielsetzungen des Unternehmens. Maßstab der Qualität kann also nicht die Häufigkeit von Fehlern, also Regelverstößen, sein, sondern Maßstab ist die Angemessenheit einer Leistung bezogen auf den jeweiligen Verwendungszweck.

Die Angemessenheit und damit die Qualität einer Leistung kann dabei nach folgenden Kriterien bestimmt werden:

- Sie ist inhaltlich angemessen, das heißt, die für den Verwendungszweck wichtigen Tatbestände werden den verfügbaren Informationen entsprechend wiedergegeben.
- Sie erfolgt zeitgerecht, das heißt, sie ist zum Zeitpunkt, an dem sie gebraucht wird, verfügbar.

- Sie ist dem relevanten Adressatenkreis (und nur diesem) zugänglich, das heißt an die Adressaten gerichtet, die sie für ihre Arbeit brauchen.
- Sie erfolgt in geeigneter Form, das heißt so aufbereitet, daß die Verwertung erleichtert wird.
- Sie ist in ihrem Aufwand durch den jeweiligen Verwendungszweck gerechtfertigt.

Die erbrachte Leistung ist aber nicht der einzige Maßstab für die Qualitätsbestimmung. So bleibt zum Beispiel eine Leistung, die nicht verwertet wird, für das Unternehmen folgenlos und somit ohne Qualität. Viele der im Büro erbrachten Leistungen beinhalten keinen Wert an sich. Ob und in welchem Maße sie zur Wertschöpfung beitragen, entscheidet sich erst im Prozeß ihrer weiteren Verwertung.

Qualität der Büroarbeit heißt Gewährleistung einer möglichst hohen Verwertbarkeit der erbrachten Leistungen, das heißt eine dem Verwendungszweck angemessene, ziel- und situationsgerechte Leistungserstellung und -verwertung. Wert und Qualität von Büroarbeit lassen sich nicht unabhängig vom *kooperativen Prozeß* bestimmen, in den sie eingebettet ist: Der Produzent ist dafür verantwortlich, die Leistungen, die für ihn erbracht werden, angemessen zu verwerten. Dieser Zusammenhang hat eminent wichtige praktische Konsequenzen: Die Qualität einer Leistung wird nicht nur gewährleistet durch den Produzenten, sondern auch durch den Empfänger.

Die Sicherstellung von Verwertbarkeit und Verwertung als Ziel der Qualitätsförderung gilt auf der Ebene einzelner Kooperationsbeziehungen, aber auch auf *institutioneller* Ebene. Es geht nicht nur um die Verwertung einzelner ‚Büroprodukte' im weiteren Arbeitsprozeß, sondern auch um die Verwertung der gewonnenen Erfahrungen. Qualitätsförderung bedeutet damit stets auch die Verbesserung der institutionellen Lernfähigkeit des Unternehmens.

Qualitätsmängel werden leicht mit persönlichem Versagen in Verbindung gebracht: unzureichende Qualifikation, mangelnde Aufmerksamkeit, fehlende Motivation oder ungenügende Informiertheit. Solche Zuweisungen greifen meistens zu kurz, insbesondere im Bereich der unstrukturierten Tätigkeiten. Bemerkenswert und erklärungsbedürftig erscheint hier eher die vielfach zu beobachtende Tatsache, daß *trotz* durchaus vorhandener Motivation und Qualifikation die beschriebenen Qualitätsmängel auftreten.

Dies ist vor allem in ganz bestimmten Arbeitssituationen der Fall:

- Eindeutige Zielsetzung beziehungsweise operationalisierbare Anforderungen fehlen, an denen man sich bei der Aufgabenerledigung orientieren kann.
- Der Zugang zu Hintergrundinformationen fehlt; erst sie ermöglichen aber, den eigenen Arbeitsauftrag in größerem Zusammenhang zu interpretieren.
- Anforderungen an eine Leistung verändern sich unter der Hand, im Prozeß ihrer Verwertung, ohne daß dies ausdrücklich festgestellt und mitgeteilt wird.

- Es besteht Unklarheit darüber, von wem, unter welchen Bedingungen und zu welchem Zweck Leistungen weiterverwertet werden,
- Es fehlen Mechanismen der Rückmeldung, die Aufschluß über die Verwendung der eigenen Arbeitsergebnisse geben.
- Politische oder rechtmäßige Aspekte stehen gegenüber sachlichen, aufgabenbezogenen Gesichtspunkten im Vordergrund.

Nun sind diese Arbeitssituationen sicher zum Teil verhaltensbedingt, reflektiert sich in ihnen doch nicht zuletzt das Verhalten von Führungskräften und Kollegen. Letztlich verweisen sie aber auf *organisatorische, institutionelle* oder *technische* Bedingungen:

- sehr arbeitsteilige, komplexe Organisationsstrukturen mit einem hohen Grad der Zergliederung von Kompetenzen und Verantwortlichkeiten;
- vielgliedrige, komplexe Arbeitsabläufe (Dienstwege!);
- Arbeitsprozesse, bei denen der unmittelbare Kunden- oder Marktbezug fehlt;
- hoher Kontroll- und Legitimationsdruck durch Zentralstellen oder Führungskräfte.

In solchen Situationen, in denen viele Zielsetzungen und Prozeßverläufe undurchsichtig bleiben, liegt es nahe, sich auf die *eigene abgegrenzte Aufgabe* zu konzentrieren und die Frage nach deren möglicher Bedeutung im Gesamtzusammenhang übergeordneter Zielsetzungen zu vernachlässigen. Es geht vor allem darum, die eigene Arbeit korrekt zu erledigen, nicht so sehr darum, anderen aktiv, das heißt eigeninitiativ zuzuarbeiten. Informationsbeschaffung wird wesentlich als Holschuld begriffen. Eine solche Form der Arbeitsauffassung kann mit einem egozentrischen Qualitätsverständnis verbunden sein.

Ergebnis einer solchen Qualitätsauffassung sind Defizite in der Zusammenarbeit von Produzenten und Empfängern einer Leistung – vor allem dort, wo abweichende Auffassungen darüber bestehen, wie denn nun eigentlich diese Leistung auszusehen habe. Je größer die Distanz zum Markt und zum Kunden ist, desto größer ist auch die Gefahr, daß die unternehmensinternen Beziehungen zwischen Produzent und Empfänger von Leistungen *die Orientierung auf den Markt* als zentralen Bezugspunkt *verlieren.*

Nun dürfen diese Orientierungen und Verhaltensweisen nicht für sich isoliert betrachtet werden, sondern müssen auf die Bedingungen bezogen werden, unter denen sich Arbeit und Kooperation vollziehen. Egozentrisches Qualitätsverständnis ist nicht allein den einzelnen Beschäftigten anzulasten. Es ist unter den dargestellten Bedingungen fast eine Selbstverständlichkeit und kann als eine Art Überlebensstrategie verstanden werden.

Deutlich wird ein enger Wechselbezug zwischen personenbedingten und organisationsbedingten Bestimmungsgrößen der Qualität der Büroarbeit. Wie Organisation funktioniert, hängt wesentlich von den Qualifikationen und Orientierungen, der Motivation und dem Arbeitsverhalten der Beschäftigten ab; anderseits werden deren Verhaltensweisen davon beeinflußt, wie die Strukturen und Abläufe, in denen sie arbeiten, organisiert sind. Ungeeignete Arbeitsmittel und Organisationsstrukturen führen ihrerseits zu Demotivation; mangelnde Qualifikation zieht nichtadäquate Nutzung von Arbeitsmitteln oder -verfahren nach sich; das Erkennen von Arbeitszielen setzt Informiertheit voraus – ohne klar definierte Arbeitsziele bleibt eine sinnvolle Verwertung von Qualifikationen eher ein Zufallsprodukt. Eine Gefahr besteht darin, daß in einem sich selbst verstärkenden Regelkreis Organisation und Verhalten negativ zusammenwirken.

Vorrangiges Ziel betrieblicher Qualitätspolitik muß sein, die Ausbildung eines solchen negativen Regelkreises zu verhindern. Ein *allein personenbezogener Qualitätsansatz muß* im Bereich unregulierter Büroarbeit *scheitern,* solange gleichzeitig ein *organisatorischer Rahmen* geschaffen wird, der den Beschäftigten ein *egozentrisches Qualitätsverständnis nahelegt.* Qualitätsförderung im Büro muß also immer sowohl an den personenbezogenen als auch an den organisationsbezogenen Ursachen zugleich ansetzen.

Nicht so sehr die Erzeugung und die Übermittlung von Informationen, sondern deren Verwertung sicherzustellen und zu erleichtern, muß vorrangige Zielsetzung jeder Qualitätsförderung sein, insbesondere auch beim Einsatz der neuen Bürotechnik.

Qualitätsförderung braucht:

Informationsökonomie: Qualität ist nicht an der Einhaltung von formulierten Regeln oder Vorgaben zu messen und kann nicht allgemeingültig für einzelne Arbeitsschritte vorgegeben werden. Sie läßt sich nur bestimmen aus den jeweils für eine Leistung festgesetzten Zielen. Fehlervermeidung als zentraler Bezugspunkt einer Strategie der Qualitätsförderung ist nicht ausreichend; es muß vor allem die Zielerreichung als Maßstab in den Mittelpunkt gerückt werden. Dabei gibt es kein „Richtig oder Falsch“, sondern nur ein „Angemessen oder Nicht-Angemessen“, das heißt eine situations- und aufgabengerechte Leistungserstellung. *Ansatzpunkt einer Qualitätspolitik muß daher sein, Voraussetzungen für ein zielorientiertes, ‚finales‘ Denken und Arbeiten zu schaffen.*

Verwertungsökonomie: Maßstab für die Qualität von Büroarbeit ist die Verwertung der erbrachten Leistungen. Wichtiges Instrument ist dabei die Definition des Verwendungszwecks erbrachter Leistungen als Operationalisierung der Zielvorgaben und der sich aus ihr ergebenden Bestimmung der Angemessenheit erbrachter Leistungen. *Ansatzpunkt für eine Qualitätspolitik muß also sein, Voraussetzungen für ein verwertungsorientiertes Arbeiten zu schaffen.*

Institutionelle Lernfähigkeit: Die Verbesserung der Qualität von Büroarbeit wird behindert durch die geringe institutionelle Lernfähigkeit von Unternehmen, das heißt, bestehende Defizite in der normalen Arbeitspraxis, vorliegende Erfahrungen mit Fehlern oder auch Erfolgen werden nur ungenügend zur Entwicklung neuer Lösungen verwertet. *Ansatzpunkt für eine Qualitätspolitik muß daher sein, die institutionelle Lernfähigkeit im Unternehmen zu stärken. Als dritter Eckpfeiler der Qualitätsförderung gilt: „Aus Fehlern lernen."*

Die Umsetzung einer solchen Qualitätsstrategie stützt sich auf eine Vielzahl von Maßnahmen: von der Definition geschäfts- und rationalisierungspolitischer Zielsetzungen, der Arbeitsgestaltung, dem Aufbau einer anwendernahen Betreuungsinfrastruktur bei der Einführung neuer Bürotechnik bis zur Stärkung des Qualitätsverständnisses und der Aktivierung der Basis zur Verbesserung der tagtäglichen Arbeitspraxis. Für die Realisierung dieser Einzelmaßnahmen lassen sich *vier Grundprinzipien* formulieren, an denen sie sich zu orientieren hat.

- Kombination von Top-down- und *Bottom-up*-Verfahren: Zielorientiertes und verwertungsbezogenes Arbeiten im Büro setzt die Definition von Zielen und Aufgaben voraus. Nur auf der Grundlage eindeutiger Zielsetzungen und Vorgaben ist eine inhaltliche Bestimmung von Qualität von Qualität als zentrale Voraussetzung einer erfolgreichen Qualitätsförderung möglich. Hier ist primär das Management gefordert. Qualitätsförderung muß an der laufenden Verbesserung der Arbeitspraxis ansetzen, und zwar nicht nur an der Korrektur von Fehlern und Fehlläufen, sondern auch an der kontinuierlichen Überprüfung des normalen Arbeitsgeschehens auf Schwachpunkte beziehungsweise auf Möglichkeiten der Verwertung positiver Erfahrungen. Hier ist primär die Basis gefordert: Mitarbeiter und die unteren Führungsebenen.
  Qualitätsförderung im Büro muß sich also sowohl auf Top-down- als auch auf Bottom-up-Verfahren stützen. Definition von Zielen und Aufgaben von ‚oben', kontinuierliche Korrekturen der normalen Arbeitspraxis durch die Basis.
- Ansetzen an kooperativen Prozessen: Qualität, das heißt angemessene Verwertung beziehungsweise Verwertbarkeit erbrachter Leistungen, ist im individuellen Arbeitszusammenhang nicht ausreichend zu bestimmen und zu gewährleisten. Qualität setzt nicht nur angemessene Leistung voraus, sondern angemessene Verwertung. Verantwortlich für die Qualität einer Leistung ist also nicht nur ihr Produzent, sondern auch ihr Auftraggeber und ihr Empfänger (häufig aber nicht immer identisch).
  Qualitätsförderung darf sich deshalb nicht auf individuelle Arbeitssituationen beziehen, sondern *muß vor allem an kooperativen Prozessen* ansetzen.
- Schaffung von Feedbackschleifen: Ziel- und verwertungsorientiertes Arbeiten wird durch die mangelnde Rückmeldung über Qualität und Verwertung von Leistungen in Frage gestellt. Qualitätsförderung im Bürobereich muß

Äquivalente für das Feedback schaffen, den Kunde und Markt im externen Bezug bieten.

– Doppelstrategie personen- und organisationsbezoger Maßnahmen: Für das Auftreten von Qualitätsdefiziten sind in einem engen Wechselbezug personen- und organisationsbedingte Ursachen verantwortlich: Organisationsbedingte Mängel in Arbeitsstrukturen und Abläufen, Technikeinsatz führen zu qualitätsmindernden Verhaltensweisen, können aber ihrerseits durch diese verstärkt oder abgefangen werden.
Personenbezogenen Maßnahmen „Schulung, Information, Motivation" werden auf die Dauer nur wirksam sein, wenn sie durch organisationsbezogene Aktivitäten gestützt werden; diese ihrerseits bedürfen flankierend einer entsprechenden Bewußtseinsbildung und Qualifizierung der Beschäftigten.
Personen- und organisationsbezogene Maßnahmen müssen eng aufeinander bezogen erfolgen. Qualitätspolitik muß immer auf beiden Ebenen ansetzen.

Qualitätsförderung im Büro geht alle an; sie ist nicht delegierbar und kann nicht einer gesonderten Funktionseinheit übertragen werden. Qualitätsförderung setzt klare Zielsetzungen voraus und muß ihren Niederschlag in der Geschäfts- und Rationalisierungspolitik des Unternehmens finden – deshalb kommt dem Management, insbesondere dem Spitzenmanagement, eine Schlüsselrolle zu. *In der Fertigung,* wo sich die Qualität von Zwischen- und Endprodukten objektiv am Produkt, das heißt unabhängig vom jeweiligen Aufgaben- und Verwertungszusammenhang, messen läßt, kann die Qualitätsprüfung und -förderung durch spezialisierte Funktionseinheiten vorgenommen werden. *Im Bürobereich* kann diese Aufgabe nicht an eine Stabsstelle oder einen Qualitätsbeauftragten delegiert werden. Letztlich muß der Prozeß integrierter Qualitätsförderung Ergebnis einer konzertierten Aktion von Geschäftsführung, Zentralstellen (wie Organisation, Personal, Aus- und Weiterbildung) und Fachbereichen sein.

Allerdings – dieser Prozeß der integrierten Qualitätsförderung muß in Gang gesetzt und am Leben erhalten werden. Dies erfordert einen *Promotor.* Dieser Promotor kann jedoch nicht, im Gegensatz zur Qualitätsstelle in der Produktion, selbst für Qualität und Qualitätsverbesserung der Büroarbeit verantwortlich sein. Er ist *Moderator, Betreuer und Berater* im Prozeß der Qualitätsförderung. Wichtig für die Ausübung seiner Funktion ist die *enge Verbindung zur Geschäftsleitung.* Nur wenn der Qualitätspromotor seinen Auftrag direkt von der Geschäftsleitung erhält und voll von ihr unterstützt wird, kann Qualitätsförderung dauerhaft das notwendige Gewicht im Arbeitsgeschehen des Unternehmens erhalten.

Eine langfristige, wirksame Qualitätsförderung im Büro ist ohne aktiven Beitrag des Spitzenmanagements nicht möglich. Dies zu erreichen muß der erste Ziel- und Ansatzpunkt von Qualitätskampagnen sein. Nicht Appelle an das Qualitätsbewußtsein der Mitarbeiter, sondern Aufklärungs- und Überzeugungsarbeit an der Spitze müssen am Beginn einer gezielten Politik der Qualitätsförderung stehen.

Das Spitzenmanagement ist dabei in mehrfacher Hinsicht gefordert, indem es

- die Formulierung einer Qualitätspolitik aktiv mitträgt und vertritt,
- Maßnahmen der Qualitätsförderung hohe Priorität zuerkennt,
- die Durchführung und die Wirkung von Qualitätsförderung nicht durch geschäfts- oder rationalisierungspolitische Maßnahmen unterläuft,
- Ressort- und Bereichsdenken aktiv entgegentritt,
- für die eigene Tätigkeit Qualitätsstandards definiert und sich diesen unterwirft. Wie sollen die Mitarbeiter der Aufforderung nachkommen (können), wenn das Management selbst nicht entsprechend handelt?

Qualitätsförderung im Büro bedarf der systematischen und kontinuierlichen Anstrengung aller Beteiligten. Wir halten es für eine Illusion, was Philip B. Crosby im Titel seines Buches verspricht: *„Quality Without Tears“*. Es gibt keine Qualitätsförderung ohne Konflikte, ohne Anstrengung und Aufwand. „Qualitätsförderung tut weh“, müßte man eher formulieren, erfordert sie doch nicht zuletzt die Bereitschaft, heiße Eisen anzufassen, schlafende Hunde zu wecken und alte Zöpfe abzuschneiden – und das geht nur selten „ohne Tränen“.

D.4 Die große Verschwendung

Über den Umgang mit dem Endbenutzer*

Niemand, kein Controller, kein Organisator und auch kein Wissenschaftler in den Forschungsinstituten, kann die Summen beziffern, die in Technik investiert wurden, die in den Büros deutscher Unternehmen herumsteht und kaum oder weit unter ihrem Leistungspotential genutzt wird: der Personalcomputer (PC) als Statussymbol, die Bürokommunikation als bessere Telefonanlage, das leistungsfähige Bürosystem als Speicherschreibmaschine oder Edelkopierer. Es sind sicher Milliarden.

Wir alle kennen den Weg, der zur Entstehung solcher Investitionsruinen führt: Technik – unter Umständen noch mit Kinderkrankheiten behaftet – wird angeschafft und dem Nutzer ohne genaue Vorstellung über ihre Anwendungs- und Einsatzbedingungen vor die Nase gesetzt, ohne daß für ausreichende Schulung und Betreuung gesorgt wäre. Nach ein paar frustrierenden Erfahrungen bleibt es dann bei der Nutzung einiger Grundfunktionen oder das Gerät verstaubt ungenutzt in einer Ecke.

Die neue Technik ist – und ich möchte fast sagen: Gott sei Dank – kein Selbstläufer, dessen Einsatz auch die Nutzung mehr oder minder automatisch nach sich zieht. Natürlich gibt es viele Beispiele sehr erfolgreicher Anwendung neuer Bürotechnik: das Bürokommunikationssystem, das gezielt für die Abwicklung von Kundenanfragen eingeführt wurde und sehr rasch zu einer tiefgreifenden Vereinfachung und Beschleunigung des Bearbeitungsverfahrens führte; der PC, durch den die monatliche Zusammenstellung des Projektbudgets, die vorher eine höchst zeitaufwendige, lästige Angelegenheit war, nun sehr viel rascher und eleganter erledigt werden kann.

Allerdings, wenn man sich mit normalen Anwendern unterhält – und wir tun das im Rahmen unserer Tätigkeit ziemlich regelmäßig – gewinnt man den Eindruck, daß solche erfolgreichen Anwendungen nicht so sehr wegen, als trotz der Gestaltung der Technikeinführung zustande kamen. Viele Berichte über die Einführung neuer Bürotechnik könnten sehr gut als Lehrbeispiele dafür dienen, wie man es nicht machen sollte.

Wo liegen die Defizite? Fehlende Planung, fehlende Sorgfalt bei der Auswahl der Technik? Das wohl am wenigsten. Natürlich trifft man immer wieder

---

* Zuerst erschienen in: Computerwoche, 1988, Kongressbericht „Automation", S. 4–8. Der Beitrag bezieht sich auf Ergebnisse des Forschungsprojektes „Innovation im Büro" (vgl. Weltz/Lullies 1983a) sowie der Begleitforschungsprojekte bei der BMW AG und dem Kraftfahrt-Bundesamt, Flensburg (vgl. dazu Weltz/Jacobi 1986 und Kiesmüller et al. 1987).

auf fast skurrile Beispiele von Entscheidungen über Technikanschaffungen, die kaum von Sachverstand, sehr stark aber von betriebspolitischen oder persönlichen Interessen bestimmt waren. Dennoch ist es meist beeindruckend, welches Maß an Überlegungen, Erkundungen und Analysen in die Vorbereitung der Entscheidung über anzuschaffende Hard- und Software eingegangen ist.

Aber es zeigt sich auch immer wieder, daß selbst sorgfältigstes Vorgehen bei der Wahl der Technik noch keine Gewähr für deren produktive Anwendung bietet.

Fehlende Qualifizierung? Zweifellos ist dies ein wichtiger Faktor. Daß die Nutzung neuer Technik Qualifizierung erfordert, diese Erkenntnis bekommen wir nun schon seit einigen Jahren immer wieder zu hören und zu lesen – kaum eine Nummer von Office Management, kaum ein Kongreß, auf dem dies nicht nahegelegt wird. So ist etwa die schlichte Tatsache, daß Einarbeitung an neuer Technik Zeit erfordert, daß Zeit haben die wichtigste Voraussetzung dafür ist, daß sich jemand in der Systemnutzung kompetent machen kann, im betrieblichen Alltag meist ignoriert worden.

Fehlende Nutzerbeteiligung? Auch hier ist die Diskrepanz zwischen Rhetorik und betrieblicher Praxis frappierend: auf der einen Seite die Flut von Lippenbekenntnissen, wie wichtig ‚Partizipation', ‚Nutzerbeteiligung' sei, auf der anderen Seite eine Praxis, in der man die Beispiele wirklich konsequenter Praktizierung von ‚Beteiligung' an den Fingern einer Hand abzählen kann.

Dieser Widerspruch findet sich selbst bei einzelnen Personen: So hatten wir vor einigen Monaten Gelegenheit, die Einführung eines Bürosystems zu verfolgen, bei der der Autor eines Buches über Nutzerpartizipation bei der Entwicklung von Informationssystemen eine zentrale Funktion innehatte. Von den in dem Buch entwickelten Ansätzen und Verfahren war nichts zu erkennen.

Wie sind diese Defizite, wie ist diese Diskrepanz zwischen Rhetorik und Praxis zu erklären? Im Grunde sind diese Formen des Umgangs mit dem ‚Endbenutzer' – schreckliches Wort – Ausdruck einer Auffassung von Arbeitsteilung zwischen den Systemgestaltern in den DV- und Organisationsabteilungen und den Nutzern in den Fachabteilungen: auf der einen Seite die Experten, die das System gestalten, auf der anderen Seite die Nutzer, die dazu gebracht werden müssen, das System in ihrer Arbeit anzuwenden. ‚Qualifizierung' heißt, daß dem Nutzer beigebracht wird, wie das System zu bedienen sei.

‚Nutzerbeteiligung' in diesem Zusammenhang heißt, daß der Nutzer sich zu Beginn der Systementwicklung dazu äußern kann, was er braucht, und dann unter Umständen, wie er mit dem entwickelten Produkt zurechtkommt.

Dazwischen liegt die Tätigkeit der Experten. Der Nutzer hat in diesem Prozeß keine wirklich aktive Funktion – seine Aufgabe ist die ‚Akzeptanz'. Solche ‚Arbeitsteilung' ist dem besonderen Charakter der neuen Bürotechnik nicht angemessen. Im Grunde stehen sich ja zwei Experten gegenüber: der Systemexperte, der das systemtechnische Know-how einbringt, und der Nutzerexperte, der die Aufgabe kennt, zu deren Unterstützung die Technik eingesetzt werden soll.

Die Arbeitsteilung zwischen beiden wird für das Unternehmen umso produktiver, je ausgeglichener das Gewicht beider ‚Parteien' in dem Einführungsprozeß ist, je gleichgewichtiger die Expertise beider in die erarbeitete Lösung eingeht. Dazu müssen Formen der Kooperation entwickelt werden, die es beiden Seiten ermöglichen, ihr Know-how einzubringen, so daß die Erfordernisse der Fachaufgaben einerseits, der Systemgestaltung andererseits in die Systemgestaltung eingehen.

Zweifellos kann ein gewisses Spannungsverhältnis zwischen beiden bestehen: den spezifischen Anforderungen, die sich aus den jeweiligen Fachaufgaben ergeben, und den Anforderungen einer ‚optimalen' Technikgestaltung.

Um was geht es eigentlich im Büro? Doch letztlich darum, daß bestimmte Aufgaben erfüllt werden: daß verkauft, eingekauft, Vorgänge bearbeitet, entwickelt, entschieden werden. Produktivität heißt, daß diese Aufgaben mit möglichst geringem Aufwand mit möglichst großer Wirkung erledigt werden. Als Leser von Fachzeitschriften, als Besucher von Kongressen und in der Tätigkeit als Berater erhält man manchmal den Eindruck, daß Büros vor allem dazu da sind, Technik einzusetzen, zu organisieren oder Wirtschaftlichkeit zu errechnen. Wozu das alles letztlich dient, scheint eher sekundär.

Hier bedarf es einer sehr grundsätzlichen Korrektur: Das Primat der Fachaufgaben und der geschäftspolitischen Zielsetzungen, an denen diese ausgerichtet sind, muß gerade beim Einsatz der neuen Bürotechnik als zentrale Orientierungsgrundlage gelten.

Ich möchte mich nun mit einem Phänomen auseinandersetzen, an dem dieses Spannungsverhältnis zwischen fachlichen und systembezogenen Aspekten seinen Ausdruck findet und das Organisatoren, DV-Verantwortliche und Controller in vielen Unternehmen beschäftigt: der sogenannte Wildwuchs. Wir alle sind mit diesem Phänomen vertraut: Sozusagen naturwüchsig entsteht in den Fachabteilungen eine Vielzahl von Technikanwendungen, ohne zentrale Planung und Steuerung, ja meist ohne Kenntnis der Zentralabteilungen. Für jeden gelernten Organisator, für die DV-Leute in den Rechenzentren, ist solcher ‚Wildwuchs' natürlich ein Greuel. Vieles spricht gegen diesen Wildwuchs: vor allem natürlich die mangelnde ‚Kompatibilität', die eine Integration der Einzellösungen gefährden kann; Doppelarbeit, wenn an verschiedenen Stellen gleiche Anwendungen entwickelt werden; Medienbrüche; unterschiedliche Benutzeroberflächen; mangelnde Nutzung vorhandenen Know-hows und vieles mehr.

All dies ist sehr plausibel und wird sehr zu recht immer wieder betont. Aber – und dies ist bislang viel weniger diskutiert worden – es gibt auch gute Gründe für den Wildwuchs, Gründe, die sich unmittelbar aus den Ursachen ableiten lassen, die zu seiner Entstehung führten. Diese sind meist unmittelbar in den Schwächen und Restriktionen der ‚klassischen' Datenverarbeitung zu suchen: dem Schematismus und der Unflexibilität ihrer Vorgehensweise und ihrer Anwendungen, ihre Unfähigkeit, auf individuelle Nutzerbedürfnisse rasch oder überhaupt zu reagieren, die passive Rolle, in die sie den Nutzer drängt, ihre begrenzte Leistungsfähigkeit bei der Unterstützung nichtstandardisierter Tätigkeiten. Angesichts dieser Defizite erscheint Wildwuchs eigentlich recht verständlich: Der Nutzer nimmt die Möglichkeiten der neuen Technik wahr, um die Restriktionen, die ihn behindert haben, zu umgehen.

Unvoreingenommen betrachtet ist der Wildwuchs nichts anderes als eine radikale Form der Nutzerbeteiligung: Der Mitarbeiter nimmt sozusagen die Technik in seine Hände, um sie so zu nutzen, daß sie ihm unmittelbar hilft. Der PC machte es möglich.

Das Resultat dieser Einzelinitiativen ist natürlich recht unterschiedlich:

- große Enttäuschung, wenn alles doch komplizierter war, als man sich es vorgestellt hatte, und die Kapitulation vor den Komplexitäten der Technik;
- der PC-Freak, für den die Systemnutzung zum Selbstzweck wird, über die seine eigentlichen Aufgaben zu kurz kommen;
- aber auch sehr produktive, unmittelbar hilfreiche Anwendungen, die dazu beitragen, daß man die eigene Arbeit effizienter, schneller, flexibler, qualitativ besser, innovativer ausführen kann.

Erkennbar ist auch, daß die neue Bürotechnik in dem Augenblick zum Selbstläufer wird, in dem für den Mitarbeiter einsichtig wird, daß sie ihm spürbar und unmittelbar bei seiner Arbeit hilft und Erleichterungen bringt. Damit könnte man den Wildwuchs als eine Art Testfeld betrachten, sozusagen als eine unsystematische Form des Prototyping, in dem vom Nutzer mögliche Formen der Technikanwendung ausprobiert werden.

Insofern sollten wir im Wildwuchs nicht nur ein Krankheitssymptom sehen, das es zu beseitigen gilt, sondern zunächst einmal ein Phänomen, aus dem wir lernen können, wie die neue Bürotechnik zur Lösung von Arbeitsproblemen genutzt wird und welches Maß an Initiative, Phantasie und Lernbereitschaft bei den Nutzern mobilisiert werden kann. Ganz offensichtlich existiert hier ein beträchtliches Potential, das, wird es zum Tragen gebracht und auf das Leistungspotential der Technik angewandt, eine beträchtliche Produktivkraft darstellt. Diese Produktivkraft allerdings wird gegenwärtig ganz offensichtlich nur zu einem Bruchteil genutzt, ja es wird vielfach alles getan, um sie zu vernichten: Mit der Keule der ‚Kompatibilität' werden nicht nur die Schneisen für zukünftige Integration offengehalten, sondern auch viel individueller, nützlicher Ideenreichtum erschlagen.

Im Ergebnis werden damit nicht nur Investitionsmittel, sondern vor allem das Kapital an Ideen, Motivation und bereits produzierten erfolgreichen Lösungen verschwendet. Dies gewinnt an Gewicht, wenn wir bedenken, welcher Art die Tätigkeiten sind, die durch die neue Bürotechnik unterstützt werden: Es sind nicht, wie bei der ‚klassischen' DV, vorwiegend Routinetätigkeiten – Buchungsvorgänge, Rechenoperationen, standardisierte Bearbeitungsschritte –, sondern Tätigkeiten, in denen entwickelt, analysiert, koordiniert, abgestimmt, entschieden wird und das meist nicht nach einem festen Schema. Hinter diesen Tätigkeiten steckt ein ungeheurer Fundus an Know-how, Erfahrung, Initiative und Kooperationsfähigkeit. Es ist dieser Fundus, der über das langfristige Überleben eines Unternehmens entscheidet – und nicht die Zahl der Stellen, die durch eine Gemeinkostenanalyse zur Disposition gestellt werden.

Unwirtschaftlichkeit in diesem Bereich heißt nicht zu viele Planstellen oder Köpfe, sondern daß mit diesem Fundus unsinnig, verschwenderisch und unwirtschaftlich umgegangen wird.

Es gibt den Satz, „Wenn Siemens wüßte, was Siemens weiß ...", und man könnte ergänzen: „Wenn Siemens könnte, was Siemens kann ...". Gemeint sind genau die Schwierigkeiten von Großunternehmen, das Potential an Wissen und Motivation, das bei den Mitarbeitern besteht, zu nutzen. Dies zu aktivieren, hier liegt eine wichtige, wenn nicht die wichtigste Chance der neuen Bürotechnik. Man zerbricht sich die Köpfe über Expertensysteme und nutzt das, was in den Köpfen von Experten ist, nur zum Bruchteil.

Wildwuchs wird einfach als ein Übergangsproblem betrachtet, entstanden durch die Verfügbarkeit von PCs, das man relativ rasch durch zentrale Beschaffungs- und Nutzungsdirektiven wieder in den Griff bekommen will. Das ist nicht sehr wahrscheinlich: ‚Wildwuchs', d.h. das Problem der ungesteuerten, eigenständigen Nutzung, ist sozusagen ein strukturelles Problem der neuen Bürotechnik – dies bedingen die flexiblen und zugleich integrierten Nutzungsmöglichkeiten – und damit ein Dauerthema.

Wir sind damit bei dem heute vieldiskutierten Thema Informationsmanagement. Über die Notwendigkeit einer solchen Funktion besteht kein Zweifel; über ihre Gestaltung allerdings muß noch diskutiert werden. Ein Teil der Konzepte, die für diese Funktion entwickelt wurden, scheinen eine erhebliche technokratische Schlagseite zu haben: der Informationsmanager als ‚deus ex machina', der den Informationsfluß regelt, die Systemanwendungen bestimmt.

So definiert handelt es sich da um eine Art Superinstanz, mit einer ungeheuren Machtfülle. In solchen Konzepten des Informationsmanagers erleben die zentralistischen Leitvorstellungen, die über Jahrzehnte die Gestaltung der DV bestimmt haben, ihre Wiederauferstehung. Mit dem Prinzip der Nutzerbeteiligung sind diese Konzepte des Informationsmanagers kaum zu vereinbaren.

Wie also umgehen mit dem Wildwuchs, d.h. mit den Formen eigenständiger, unstrukturierter Techniknutzung? Wie viel Reglementierung ist wirklich nötig? Als Faustregel kann auch hier der alte Satz gelten: So wenig wie möglich, soviel wie nötig. Der Verwaltungswissenschaftler Werner van Treeck hat hierzu recht treffend geschrieben:

> „So notwendig betriebliche Regelungen des Zugriffs auf Daten und Programme sind, der Eindruck ist mitunter nicht von der Hand zu weisen, als trage die Regelung der Zugriffsberechtigungen und Verarbeitungsmöglichkeiten eher zur Zementierung einer bestehenden Hierarchie- und Kompetenzstruktur bei, als zu ihrem Umbau im Interesse einer Entfaltung der Potentiale neuer Bürotechnik für Fachkräfte und Betrieb."

Die wirksamste Strategie, den Wildwuchs zu steuern, ist eine offene Kooperation der Zentralbereiche mit den Fachbereichen: Beratung im Vorfeld, Unterstützung und Konsultation bei der Planung, Kooperation bei der Einführung, Betreuung bei der Anwendung. Dies ist zweifellos nicht zuletzt eine Frage der zur Verfügung stehenden Personalkapazitäten. Verglichen mit dem Perfektionismus und dem Aufwand, mit dem heute manche Planung am Nutzer vorbei betrieben wird, dürfte aber ein solches kooperatives Verfahren kaum aufwendiger sein.

Welche Konsequenzen ergeben sich daraus für die Gestaltung der Einführung neuer Bürotechnik?

Erster Ansatzpunkt muß ein Angebot von Anwendungsmöglichkeiten sein, die rasch und ausdrücklich den Nutzer bei seiner Arbeit unterstützen, ihm Erleichterungen oder Verbesserungen bringen. Es sei nochmals wiederholt: Ohne solche produktiven Perspektiven werden alle Überzeugungs- und Qualifizierungsversuche auf wenig Resonanz stoßen.

Dies hat Konsequenzen für die Ausrichtung und Durchführung der Ist-Analysen im Vorfeld der eigentlichen Technikeinführung. Wesentliche Aufgabe dieser Analysen ist die Benennung und Konkretisierung von unmittelbar produktiven Anwendungsmöglichkeiten; Ist-Analysen müssen also primär bedarfsorientiert sein, d.h. sie müssen sich richten nach dem aus der bestehenden Praxis ablesbaren Unterstützungsbedarf.

Konsequenzen ergeben sich auch für die Gestaltung des Einsatzes der neuen Technik; sie muß darauf ausgerichtet sein, möglichst von Anbeginn produktive Anwendungen erkennen zu lassen, selbst wenn diese zunächst auf noch relativ bescheidenem Niveau liegen.

Für die Gestaltung von Qualifizierungsmaßnahmen heißt dies: Qualifizierung kann keine Einbahnstraße sein, in der die Systemexperten dem zukünftigen Nutzer die Fähigkeit vermitteln, das System zu bedienen. Es muß immer ein doppelter Lernprozeß sein, in dem die Systemgestalter aus den Erfahrungen, Schwierigkeiten bei dem Lernprozeß und der Systemanwendung Lehren ziehen, die in Systemkorrekturen ihren Niederschlag finden. Qualifizierung muß immer zugleich gestaltungsrelevant sein, so wie natürlich jede Systemgestaltung Konsequenzen für die Qualifizierung hat.

Der Einsatz intelligenter Technik, d.h. flexibel und multifunktional nutzbare Technikunterstützung, macht nur Sinn, wenn sie auch intelligent, d.h. ihrem Leistungspotential und den jeweiligen Aufgabenstellungen entsprechend, genutzt wird. Solch intelligente, d.h. aufgaben- und situationsentsprechende Nutzung ist weder kontrollierbar noch vorschreibbar.

Die neue Bürotechnik – darin liegt ihre besondere Stärke und zugleich eine besondere Herausforderung – bedarf also der aktiven Nutzung, d.h. der Nutzer muß sich die Anwendungen, die ihn bei seiner Arbeit unterstützen sollen, zumindest zu einem Teil selbst erarbeiten: Wofür er die Technik benutzt, wie er sie benutzt, wie er sie in seine Arbeitssystematik integriert bzw. wie er seine Arbeitssystematik an die neuen technischen Gegebenheiten anpaßt, muß er selbst erproben und festlegen. Solch aktive Nutzung – das haben die bisherigen Erfahrungen gezeigt – ist mit den herkömmlichen Methoden der Einführung nur bei einem Teil der Nutzer zu erreichen. So liegt der begrenzte Erfolg vieler Schulungsmaßnahmen weniger in Lern- und Auffassungsschwierigkeiten, sondern darin, daß diese den neuen Gegebenheiten nicht angepaßt werden.

Aus der besonderen Anwendungskonstellation der neuen Bürotechnik ergeben sich besondere und neuartige Anforderungen an Inhalt und Organisation der Qualifizierung der Anwender. Zu unterscheiden ist dabei die Bedienungs- und die Anwendungsebene.

Auf der Bedienungsebene geht es um das Wissen, das notwendig ist, die Leistungen, die die Technik anbietet, abrufen zu können. Das notwendige Qualifikationsspektrum reicht von der Beherrschung der Tastatur bis hin zum vertrauten Umgang mit Programmiersprachen. Zu vermitteln ist eine gründliche und umfassende Beherrschung der Bedienung des Systems. Dabei kann das Spektrum dieser Bedienungsschulung sehr unterschiedlich sein: Beschränkung auf die Einübung der Bedienung der wichtigsten Funktionen bis hin zur Vermittlung von Programmsprachen. Welches Spektrum notwendig bzw. sinnvoll ist, ergibt sich nicht zuletzt aus den ins Auge gefaßten Anwendungen.

Auf der Anwendungsebene geht es um die Fähigkeit, das Leistungsangebot der Technik umzusetzen für die Bewältigung konkreter Arbeitsaufgaben. Die Anwendungsdimension muß als gleichgewichtiger und komplementärer Qualifizierungsbereich die Bedienungsschulung ergänzen. Die Anwendung des Leistungspotentials der Technik bei der Bewältigung der eigenen Arbeit kann eine recht komplexe und schwierige Angelegenheit sein, mit der viele Nutzer, selbst nach gründlichster Schulung, überfordert sind. Vor allem ist dies auch ein Dauerproblem, das nicht mit der Ersteinweisung erledigt ist. Hier muß ihnen dauerhaft Unterstützung zur Verfügung stehen.

Solche Unterstützung kann im Regelfalle kaum mehr im Rahmen der herkömmlichen Schulungsmaßnahmen, etwa Herstellerkursen, geleistet werden. Das hierfür notwendige detaillierte Eingehen auf die individuelle Arbeitssituation wird in solchen Kursen nur im Ausnahmefall möglich sein. Vor allem werden die möglichen Anwendungen meist erst im Laufe der aktiven Nutzung ausgelotet und erarbeitet.

Schulung muß daher mehrphasig gestaltet werden. Die einzelnen Trainingseinheiten müssen mit Perioden der aktiven Anwendung und Erprobung des Gelernten abwechseln, so daß im nächsten Abschnitt die gemachten Erfahrungen diskutiert werden können.

Vor allem ist eine Ergänzung der eigentlichen Schulung durch eine Betreuung notwendig, die dem Nutzer ständig – und zwar nicht nur in der Anfangsphase – zur Verfügung steht. Aufgabe einer solchen Anwenderbetreuung ist vor allem die Unterstützung bei der Lösung auftretender Probleme, die sich aus noch bestehenden Qualifikationslücken der Anwender ergeben, aber auch auf Mängel der Systemgestaltung und -administration zurückzuführen sein können. Diese zu identifizieren und für ihre rasche Beseitigung zu sorgen, ist ein wichtiger Aufgabenkomplex der Anwenderbetreuung, wobei ein bedeutsamer Zusammenhang zur qualifikatorischen Unterstützung besteht. Anwendungsprobleme, die sich als qualifikatorische Defizite darstellen, können sehr wohl letztlich auf Systemmängel verweisen. Zugleich haben Änderungen im System zumeist auch qualifikatorische Konsequenzen.

Auch hier geht es wieder darum, Prozesse in doppelter Richtung zu institutionalisieren: Die Betreuungsinstanzen unterstützen mit ihrem Know-how den Nutzer, zugleich sichern sie das kontinuierliche Feedback von Erfahrungen und Problemen aus der Anwendungspraxis an die für die Systemgestaltung und Systemadministration zuständigen Stellen.

So wichtig gründliche und umfassende Qualifizierung und Betreuung der Anwender ist, für sich allein stellen sie noch keine angemessene Nutzung der neuen Bürotechnik sicher. Dies wird bei der zweifellos richtigen Betonung der Bedeutung von Qualifizierung, der man heute praktisch überall begegnet, leicht übersehen. Qualifizierung muß eingebettet und integriert sein in ein umfassendes Konzept, das sowohl Systemgestaltung, Arbeitsorganisation wie auch die Regelung der Anwendungsbedingungen der Technik umschließt.

Ein besonders wichtiges und zugleich neuralgisches Feld wird dabei in zunehmendem Maße die Regelung der Systemanwendung sein. Die Diskussion um die Funktion des Informationsmanagement ist ein Indiz hierfür. Bei der Auseinandersetzung mit der Position des Informationsmanagers erscheint es wichtig, zwischen den ordnungspolitischen und den administrativen Funktionen zu differenzieren. Für die administrativen Funktionen – also die eigentliche Systemadministration – bedarf es zweifellos einer zentralen Stelle, die den laufenden Betrieb gewährleistet.

Bei der ‚alten' DV waren diese administrativen von den ordnungspolitischen Funktionen kaum zu trennen: Der Systembetrieb präformierte weitgehend die Anwendung.

Diese dienstleistende Funktion ist aber zu unterscheiden von den ordnungspolitischen Aufgaben, also etwa die Bestimmung darüber, wer was wie mit dem System tun darf. Diese Funktion der Anwendungsregelung ist von enormer betriebspolitischer Bedeutung, wird hier doch letztlich darüber entschieden, wer welchen Einfluß hat.

Dieser Anwendungsregelung wird also in Zukunft höchste betriebspolitische Bedeutung zukommen. Es gehört zu den Absonderlichkeiten, an denen die gegenwärtige Phase so reich ist, daß dieser so brisanten Angelegenheit bislang kaum gebührend Aufmerksamkeit geschenkt wurde.

Außer Zweifel steht, daß hier eines der wichtigsten Anwendungsfelder der ‚Nutzerbeteiligung' liegen wird. Anwendungsregelung ohne Einbeziehung der Nutzer ist nicht denkbar. In diesem Prozeß müssen die Anwender – und zwar auf allen hierarchischen Ebenen – einen aktiven und gestaltenden Part spielen. Auch hier muß herkömmliche ‚Arbeitsteilung' zwischen Technikgestaltern und Technikbedienern neu definiert werden als Voraussetzung für ein Zusammenwirken von Technik- oder Systemexperten einerseits, Fachexperten andererseits bei der Gestaltung der Technikanwendungen.

Ein solches Zusammenwirken wird durch die Begriffe Beteiligung oder Partizipation unzureichend umschrieben, geht es doch nicht um die herkömmliche Form der Beteiligung, durch die den Nutzern zwar gewisse Möglichkeiten der Mitsprache eröffnet werden, die tatsächliche Gestaltung aber doch letztlich bei den Experten in den Zentralabteilungen bleibt, sondern um Kooperation. Es geht nicht darum, dem Nutzer gelegentlich die Chance zu eröffnen, sich zu beteiligen, sondern die normalen Prozesse der Einführung von Technik, Qualifizierung, Betreuung und Anwendungsregelung so anzulegen, daß aus den Erfahrungen und Bedürfnissen der Nutzer sich kontinuierlich Impulse für die Systemgestaltung ergeben. Wenn wir schon von Partizipation reden, dann eher in umgekehrter Richtung. Die eigentliche Gestaltungshoheit muß bei den Anwendern in den Fachabteilungen liegen, sie werden von den Zentralabteilungen beraten und unterstützt

Gerade in solch neuen Formen der Kooperation zwischen den ‚Systemexperten' in den Zentralabteilungen und den ‚Nutzungsexperten' in den Fachabteilungen kann ein wichtiger positiver Beitrag des Einsatzes der neuen Bürotechnik liegen, nicht zuletzt deshalb, weil damit der großen Verschwendung an Ideen, Engagement und Erfahrung, die sich viele Unternehmen heute leisten, entgegengewirkt werden könnte.

D.5 Zwischen Planung und wirklichem Leben*

Klassischer Ansatzpunkt des Projektmanagements in der Softwareentwicklung ist das Phasenschema. Der Entwicklungsprozeß wird in eine Reihe von Abschnitten aufgeteilt, die jeweils mit einem klar definierten Ergebnis enden (zum Beispiel Analyse, Definition, Entwurf, Programmierung, Test, Integration). Durch diese Gliederung soll der inhaltliche Ablauf der Entwicklung plan- und steuerbar gemacht werden. Für jeden Arbeitsschritt ist ein definiertes Ergebnis vorgegeben, auf dem dann der nächste Arbeitsschritt aufbauen kann. Dieses Phasenschema wurde in den letzten Jahren zunehmend kritisch beurteilt. Doch trotz aller Zweifel an seiner Angemessenheit ist es die vorherrschende Form der Strukturierung des Entwicklungsprozesse (61% der Projekte).

Software liefert nicht nur technische Lösungen, sie strukturiert zugleich das Feld, in dem sie Anwendung findet. Der Einsatz von Software kann zu Veränderungen in der Ausführung der Arbeit, ja selbst in der Definition der Arbeitsaufgaben führen. Dort, wo die Aufgaben von Menschen wahrgenommen werden, heißt dies: Softwareentwicklung ist zugleich Technikgestaltung und Arbeitsstrukturierung. Besonders dort, wo Software Arbeit im kooperativen Zusammenhang unterstützt, und dies ist faktisch bei allen betrieblichen Anwendungen der Fall, hat ihr Einsatz meist über den einzelnen Arbeitsplatz hinausreichende Auswirkungen. Sie kann Arbeitsabläufe, die Arbeitsteilungs- und Kompetenzstrukturen verändern. Software ist in diesem Fall nicht nur ein Arbeitsmittel, sondern ein Organisationsinstrument. Ihrer Entwicklung wächst damit eine betriebspolitische Signifikanz zu, das heißt, sie berührt in ihrem Anwendungsfeld die bestehenden Einfluß- und Interessensverteilungen.

Dies ist natürlich von Projekt zu Projekt in sehr unterschiedlichem Maße relevant, je nach den möglichen Auswirkungen, die der Einsatz von Software im Anwendungsfeld haben kann. Tendenziell gilt: In dem Maße, wie die Verfahren der Computerunterstützung zugleich umfassender wie auch flexibler nutzbar werden, gewinnt die Anwendungssituation als Gestaltungsdimension an Bedeutung und muß im Prozeß der Softwareentwicklung mit berücksichtigt werden.

Nur in wenigen der untersuchten Projekte war der konsequente Versuch zu erkennen, diese wirklich ‚nach Plan' abzuwickeln. Selbst dort, wo langfristige Planungen bestanden, wichen geplanter und tatsächlicher Projektablauf nicht selten erheblich voneinander ab: Nur in einem Viertel der Projekte wurde das Pha-

---

* Zuerst erschienen in: Transfer, 1993, Nr. 49, S. 10–13. Der Beitrag fasst Ergebnisse des „Interdisziplinären Projektes zur Arbeitssituation in der Softwareentwicklung" zusammen (vgl. dazu auch Weltz/Ortmann 1993).

senschema, nach dem man vorging, auch eingehalten, häufiger (41% der Projekte) kam es zu Überlappungen der Phasen. Arbeiten der nachfolgenden Phase wurden begonnen, obwohl die vorangegangene Phase formal noch nicht abgeschlossen war, auch nach Abschluss einer Phase wurden deren Ergebnisse nochmals einer Überarbeitung unterzogen.

In 13% der Projekte wurde der Projektablauf als Echternacher Springprozession charakterisiert, also jeweils zwei Schritte vorwärts, einen zurück. Der Projektverlauf war nicht eine stetige Fortentwicklung, in der ein einmal erreichter Entwicklungsstand als feste und verbindliche Basis für den nächsten Schritt diente, sondern dieser wurde immer wieder in Frage gestellt. Dies galt nicht allein für technische Entwicklungen, sondern vor allem auch für Beschlüsse und Vorgaben, auf die man sich geeinigt zu haben schien. In weiteren 13% wurde der Projektablauf als schlicht anarchisch bezeichnet, ohne erkennbare Systematik, weitgehend von den jeweiligen aktuellen Bedingungen und Zufälligkeiten bestimmt.

Ein linearer Zusammenhang zwischen ‚Planung' und Projektverlauf war kaum auszumachen:

- Wir trafen auf Projekte, die trotz fehlender Planung recht erfolgreich abgeschlossen wurden,
- und umgekehrt auf Projekte, die trotz (oder wegen) detaillierter Planung nur zu unbefriedigenden Ergebnissen führten oder gar abgebrochen wurden.

Viel eher konnte dagegen ein Bezug zwischen Projekterfolg und der Bewältigung von Anpassungserfordernissen hergestellt werden, wie sie sich im Verlauf des Entwicklungsprozesses stellten. Zum Beispiel dort, wo der technische Entwicklungsprozeß laufend mit der Suche nach Konsens und der Wissensakquisition verzahnt ist und damit die Entwicklungsziele und die Projektabwicklung laufend neu bestimmt werden. Gelingt dies nicht, geraten Projekte in die kritische Zone, weil ‚unbelehrbar' an den ursprünglichen – häufig diffusen oder irrealen – Zielen und Vorgehensweisen festgehalten wird.

Das „offizielle" Projektmanagement hinkte vielfach eher hinter dem Entwicklungsprozeß her, als daß es diesen bestimmte. Überspitzt formuliert: *Für viele Projekte gilt, daß sie nicht wegen, sondern trotz der praktizierten formalen Verfahren des Projektmanagements zu einem erfolgreichen Abschluß gebracht wurden.* Umgekehrt bot auch ein extensiver Einsatz formalisierter Verfahren des Projektmanagements keine Gewähr vor dem Scheitern.

Er kenne kein Softwareprojekt, so stellt der IBM-Manager Nocentini fest, das erfolgreich zu Ende geführt wurde, indem man den Plänen, die man ursprünglich entworfen habe, gefolgt sei. Auch wir trafen auf die Diskrepanz. Dies gilt für die Kalkulation des Projektvolumens wie für die Projektorganisation, für die Qualitätssicherung wie für den Personaleinsatz. Auch wir stellten immer wieder fest, daß Pläne nicht so sehr die Bedingungen im Projektverlauf strukturierten, vielmehr an jene angepaßt wurden. Und auch wir begegneten umgekehrt dem Phänomen, daß die gesetzten Plandaten zum primären Bezugspunkt bei der Projektabwicklung wurden, daß sie ein Eigenleben entwickelten und so das Ergebnis des Projekts gefährdeten.

Organisation von Softwareentwicklungsprojekten bedeutet nicht zuletzt die Bewältigung von Komplexität – und zwar in struktureller und prozessualer Hinsicht. Die strukturelle Komplexität ergibt sich nicht nur aus der beträchtlichen Kompliziertheit der Entwicklungs-Aufgaben auf technischer Ebene. Bei ihrer Bewältigung müssen auch die technischen, sozialen und betriebspolitischen Rahmenbedingungen berücksichtigt werden (etwa bereits im Einsatz befindliche Hard- und Software, Qualifikation der Anwender, betriebliche Kompetenzstrukturierung).

Aus der Tatsache, daß Software-Entwicklung nicht nur Technikgestaltung, sondern fast immer auch Arbeitsstrukturierung beinhaltet, ergeben sich besondere Anforderungen an die Gestaltung des Entwicklungsprozesses – bezüglich der Konsensbildung, des Ausgleichs divergierender Interessen, die mit der Entwicklung und der Anwendung der Software verbunden waren, und bezüglich der notwendigen Lernprozesse bei Entwicklern und Anwendern.

Die Anforderungen sind sehr unterschiedlich und häufig widersprüchlich. Zweifellos macht dies die Planung besonders schwierig – zugleich aber auch wichtig. Notwendig ist eine *Projektsteuerung,* die dem *Doppelcharakter von Softwareentwicklung als Technikgestaltung und Arbeitsstrukturierung* gerecht wird. Eine technikzentrierte ‚ingenieurmäßige' Projektplanung, die feste Vorgaben und Verfahrensweisen fixiert, scheitert dagegen an der Vielfalt dieser Anforderungen. Deren Bewältigung wird in vielen Projekten weniger durch die formalen Verfahren des Projektmanagements geleistet als durch informelle Aktivitäten und Initiativen.

Besondere Anforderungen an die Projektplanung ergeben sich auch aus der *prozessualen Komplexität* der Entwicklungsprozesse. Diese wird vor allem bestimmt durch ein Spannungsverhältnis zwischen der Notwendigkeit verbindlicher Zielsetzungen und Vorgaben und der Notwendigkeit zu ständigen Korrekturen. Entwicklungsverläufe müssen also *offen* gehalten werden.

Umgekehrt – und auch das war in vielen Projekten erkennbar – droht Softwareentwicklung allzu leicht zur *„unendlichen Geschichte"* zu werden, einer sich immer wieder verlängernden Jagd nach der perfekten Lösung. Die Planung und Abwicklung von Softwareprojekten erfordert auch Verbindlichkeit: Die Entscheidungsfindung, die Bereitstellung personeller und materieller Ressourcen, die Steuerung und Kontrolle von Projekten erfordern Aussagen über Leistungen, Termine und Kosten von Projekten. *Begrenzung ist ebenso notwendig wie Offenheit.*

Die Kunst der Planung von Softwareprojekten besteht darin, einen *Mittelweg zwischen Verbindlichkeit und Offenheit* zu finden.

In nur wenigen der untersuchten Projekte gelang es, diesen Mittelweg zu finden. Auf der einen Seite Projekte, in denen eine starre Planung den Entwicklungsprozeß eher behinderte als förderte – oder im Projektverlauf schlicht über Bord geworfen oder durch die Praxis unterlaufen wurde. Auf der anderen Seite Projekte, in denen gar nicht erst der Versuch einer Planung gemacht wurde, und die entsprechend aus den Fugen gerieten. Daß wir so häufig auf diese beiden gleichermaßen unbefriedigenden Alternativen stießen, dürfte nicht zuletzt auf die Konzepte von Planung zurückzuführen sein, an denen man sich orientierte. Schwäche dieser ‚statischen' Verfahren des Projektmanagements ist, daß sie das Spannungsverhältnis zwischen Offenheit und Verbindlichkeit einseitig zugunsten letzterer zu lösen versuchen.

Nicht selten allerdings fand man im Verlauf des Projekts dann doch noch zu einer mehr oder minder tragfähigen Lösung – sei es, daß realitätsfremde Planvorgaben weitgehend pragmatisch den sich aufdrängenden Gegebenheiten angepaßt oder durch informelle Regelungen ersetzt wurden, sei es, daß – ebenfalls weitgehend pragmatisch – in einem bis dahin weitgehend ungesteuerten Projektablauf ein Korsett von Vorgaben eingezogen wurde. Es erscheint bezeichnend, daß solche Lösungen eigentlich durchwegs ‚hausgemacht' oder genauer projektgemacht waren, also im Rahmen des Projekts Zug um Zug entwickelt wurden, in Reaktion auf sich abzeichnende Anforderungen und Restriktionen. Jedes Projekt fand so sehr pragmatisch zu ‚seiner' Lösung, wobei diese und der Weg, auf dem sie erreicht wurde, häufig untrennbar verbunden waren.

Warum wird nun an „statischen' Formen des Projektmanagements festgehalten, an der Regulierung des Entwicklungsablaufs nach dem Phasenschema, obwohl sich deren Unzulänglichkeit erwiesen hat und man sie auch kaum stringent anwendet? Warum orientiert sich auch die akademische, normative Informatik vorwiegend noch an diesen Konzepten? Bei der Wissenschaft liegt der Grund vermutlich darin, daß sich die Informatik nach wie vor sehr stark an der Ingenieurmetapher orientiert. Wenn Softwaresysteme wie Brücken oder Häuser ‚gebaut' werden, kann man dabei ebenso ‚ingenieurmäßig' vorgehen. Das Phasenmodell stellt sozusagen die ‚Methodologie' dar, um Softwareengineering als Ingenieurwissenschaft zu etablieren.

Das Phasenkonzept ermöglicht zu Beginn des Projekts, also zu einem Zeitpunkt, wo Durchsetzungsaspekte besonders wichtig sind, feste Aussagen über Zeiten, Kosten und Ablauf des Projekts. Daß es sich dabei meist um weitgehend fiktive Größen handelt, fällt im konkreten Entscheidungszusammenhang in vielen Unternehmen offenbar nicht so sehr ins Gewicht. Der Wunsch nach berechenbaren Projekten scheint hier nicht selten der Vater des Verfahrens zu sein, für den man auch billigend in Kauf nimmt, daß die Plandaten gar nicht eingehalten werden können. Ein weiterer für die Durchsetzung von Projekten nicht zu vernachlässigender Vorteil des Phasenkonzepts liegt darin, daß dort, wo die Konsensbildung bei der Softwareentwicklung schwierig ist, unangenehme Auseinandersetzungen in der Schwebe gehalten und auf einen späteren Zeitpunkt vertagt werden können; das böse Erwachen wird auf das Ende verschoben, wenn irreversible Fakten geschaffen sind.

Die Abwicklung *inkrementeller Entwicklungsprozesse* gestaltet sich demgegenüber wesentlich komplizierter: Ziele und Vorgaben müssen immer wieder neu überprüft und definiert werden. Dies stellt neue Anforderungen an das Projektmanagement und vor allem an die Verfahren der Entscheidungs- und Konsensbildung. Sie erfordern die laufende Neubestimmung von Vorgaben, kontinuierliche Abstimmung zwischen Entwicklungs- und Anwendungsbereich. Dies macht sie zugleich aufwendig und verletzlich.

Hieraus wird verständlich, warum inkrementelle Verfahren des Projektmanagements sich nur zögerlich in der Praxis durchsetzen. Bei ihnen lassen sich kaum im Voraus genaue Aussagen über den Umfang des Entwicklungsprozesses machen. Die *Ungenauigkeiten,* die das Phasenmodell mit seiner scheinbaren Planungspräzision verdeckt, liegen hier *offen* auf dem Tisch, was die Legitimierung eines Entwicklungsvorhabens nicht gerade erleichtern dürfte. Gleichwohl ist die inkrementelle Methode letztlich die *genauere,* denn im Unterschied zum Phasenkonzept liefert das inkrementelle Vorgehen zunehmend genauere Planungsdaten, so daß am Ende in der Tat eine ‚Punktlandung‘ möglich ist.

> „Der Projektablauf muß zu einem Entwicklungsablauf gemacht werden. Dies ist nun keineswegs selbstverständlich und auch im vorherrschenden professionellen Selbstverständnis gar nicht oder unzureichend gegenwärtig.“ (Laick)

Entwicklungsprozesse werden dabei nicht als „kontinuierliches Fortschreiten im Sinne von ‚Abarbeiten‘ begriffen, sondern als eine Folge von ‚Selbstreferenzen‘, Rückkopplungen, Iterationen und echten Rückschritten.“ Für die Bewältigung dieses Prozesses erscheinen starre Ablaufmodelle ungeeignet, gefordert sind „weiche beziehungsweise elastische Prozeßkonzepte“, ein offener Umgang mit „Negativphänomenen wie Störungen, Defiziten, Mängel, Konflikten“. „Projekterfolge werden auf einem Weg errungen, der gleichbedeutend ist mit fortwährendem Abwenden von drohenden Mißerfolgen. Das Managen projekthafter Prozesse ist ein Durch-Führen oder besser Hindurch-Müssen durch eine unvorhersehbare Kette kleinerer und größerer Krisensituationen. Projektmanagement ist eigentlich eine besondere Form von Krisenmanagement.“ Projektmanagement ist zugleich „Medium für Wandlungsvorgänge und ein Produkt solcher Wandlungsprozesse“ (Balck 1989).

Die Folgerung kann nun natürlich nicht ein Verzicht auf ‚offizielles‘ Projektmanagement sein, seine Reduzierung auf Prozesse der Selbststeuerung. Notwendig sind neue Konzepte und Verfahren, die eine Dynamisierung und Synchronisierung von Entwicklungsprozessen durch das Projektmanagement leisten.

Schon 1984 forderte Christiane Floyd ein prozeßorientiertes Modell der Systementwicklung,

> „das sowohl zur Organisation der Projektabwicklung als auch zur Einordnung von Techniken dient und das als Alternative zum Phasenmodell auf Benutzerbeteiligung, iterativem Entwurf und Versionsplanung beruht."

Die Softwareentwicklung habe sich bewußt auf die „Evolution von Systemen" zu konzentrieren. An die Stelle der „Planlastigkeit des Handelns" müsse ein neues Verhältnis von Plan und Evolution treten:

- Planerische Vorgaben müssen elastischer werden.
- Die Trennung von Planen und Ausführen muß überwunden werden
- Die Definition von Zielsetzungen ist ein evolutionärer Prozeß.

Notwendig ist die Einsicht – und deren Umsetzung in die Praxis –, dass Softwareprojekte kontinuierliche Entscheidungsprozesse sind, und zwar Entscheidungsprozesse, die sich immer auf beide Gestaltungsdimensionen – Technikgestaltung und Arbeitsstrukturierung – beziehen müssen. Indem also nicht ‚stillschweigend' über Technikentwicklung Arbeitsstrukturierung stattfindet, sondern die Zusammenhänge beider Gestaltungsdimensionen Gegenstand einer ausdrücklichen Diskussion sind. Eine solche Grundauffassung steht in diametralem Widerspruch zum Konzept des ‚Softwareengineering', von Softwareentwicklung als ingenieurmäßigem Prozeß. Ohne eine Überwindung dieses Mißverständnisses wird die Anwendung neuer evolutionärer Ansätze des Projektmanagements letztlich in der Luft hängen. Vieles spricht dafür, daß hierzu Impulse nicht zuletzt aus der Praxis kommen werden. Hier stießen wir ja immer wieder auf Formen des Projektmanagements, in denen, wenn auch nicht ‚offiziell', so doch de facto, Ansätze des evolutionären Vorgehens verwirklicht waren. Die akademische Informatik kann und muß mehr von der Praxis lernen, als dies in der Vergangenheit der Fall war.

Teil E: Zu den Forschungsmethoden

Einleitung

Die inhaltlichen Schwerpunkte unserer Untersuchungen, die sich mit der Gestaltung von Innovationsvorhaben auseinander setzten, wie auch die erarbeiteten Gestaltungskonzepte stehen in engem Wechselbezug zum empirischen und analytischen Vorgehen in unseren Projekten. Prägend war dabei nicht allein der Einsatz bestimmter empirischer Methoden – etwa von Fallstudien – oder die Verknüpfung von Forschung und Beratung, wie wir sie in Begleitforschungs- und Beratungsprojekten praktizierten. Prägend war, so wurde mir erst in der Retrospektive wirklich bewusst, eine Grundhaltung, mit der wir an unsere Arbeit gingen, die wir als kritisch-konstruktiven Blick bezeichnen möchten, das heißt die Bereitschaft, sich aktiv mit aller Konsequenz auf die ‚Praxis' einzulassen und dabei zugleich doch kritische Distanz zu wahren, eine nicht immer einfache Gratwanderung.

Im Beitrag E.1 „*Unser Forschungsansatz – der kritisch-konstruktive Blick*" werden die zentralen Dimensionen dieses Forschungsansatzes beschrieben.

Im Beitrag E.2 „*Beobachtende Teilnahme – ein Weg aus der Marginalisierung der Industriesoziologie*" wird dann gezielt unser professionelles Selbstverständnis als Industriesoziologen skizziert und dieses in Bezug zur generellen Situation der Industriesoziologie gesetzt.

E.1 Unser Forschungsansatz

Der kritisch-konstruktive Blick*

1. Validierung der Befunde durch Praxisbezug

Ein großer Teil der Projekte der Sozialwissenschaftlichen Projektgruppe für privatwirtschaftliche Auftraggeber wie für das BMFT (Bundesministerium für Forschung und Technologie) oder das RKW (Rationalisierungskuratorium der Deutschen Wirtschaft e.V.) hatte nicht nur die Entwicklung konkreter Gestaltungsvorschläge, sondern auch deren Umsetzung in die betriebliche Praxis zum Ziel. Wir haben dies nie als Handicap empfunden, sondern eher als Chance. Nicht nur hat uns dies den Zugang und die Belastbarkeit des ‚Feldes' erleichtert, – wir hatten in dieser Hinsicht praktisch nie Probleme – es hat uns auch Informationen und Einblicke vermittelt, die uns unter Umständen sonst nicht zugänglich gewesen wären.

Grundsätzlich ist der Nachweis der praktischen und konzeptionellen Leistungsfähigkeit industriesoziologischen Vorgehens für die ‚Praxis' – Unternehmen, Gewerkschaften, Verbände oder öffentliche Institutionen – von großer Bedeutung für den Stellenwert, den die Industriesoziologie sowohl im Wissenschaftsbereich wie in der Gesellschaft einnimmt. Hiervon hängt auch wesentlich ab, welche Möglichkeiten der Forschung ihr zugänglich sind. Weiter sehe ich darin auch einen Hygienefaktor, eine Form der Selbstkontrolle für uns Industriesoziologen. Damit sei aber selbstverständlich nicht einer Beschränkung auf ausschließlich praxisbezogene Forschung das Wort gesprochen.

Ein Problem, das uns bei vielen dieser Projekte beschäftigte, war die Gestaltung unseres Verhältnisses zu den betrieblichen Gesprächspartnern und das der *praktischen Validierung*, das heißt der Überprüfung unserer Befunde und Vorschläge in der Konfrontation mit deren Umsetzung in der Praxis und dann die Verwertung der Ergebnisse dieser Konfrontation im weiteren Forschungsprozess.

Vor allem die Arbeit in Begleitforschungsprojekten des BMFT-Programms „Humanisierung des Arbeitslebens" (HdA) war da eine lehrreiche Schule, in der wir manchmal auch kräftig Federn lassen mussten. Die ursprünglichen Gestaltungskonzepte stammten ja meist zunächst von uns. In dem langen, oft mehrjährigen Implementierungsprozess wurden sie dann an die jeweiligen unternehmensspezifischen Gegebenheiten angepasst. Das war natürlich mit Kompromissen ver-

---

* Dieser Text wurde noch nicht publiziert; die Abschnitte 2 bis 5 sind (mit leichten Überarbeitungen) dem Aufsatz „Arbeit mit Fallstudien" (Weltz 2010a) entnommen.

bunden, die nicht zuletzt der betrieblichen Durchsetzbarkeit geschuldet waren, deren Notwendigkeit und auch Wert wir aber meist auch einsahen und die mit fruchtbaren Lernprozessen für uns verbunden waren. Grundsätzlich kamen wir dabei zu der Überzeugung, dass Fallstudien besser als alle anderen empirischen Forschungsmethoden solche Lernprozesse ermöglichen bzw. nahe legen.

Auch in ‚reinen' Forschungsprojekten haben wir immer wieder die Erfahrung gemacht, dass in einer scheinbar abschließenden Präsentation, nicht nur bei den Auftraggebern, sondern auch bei unseren Gesprächspartnern einzelner Fallstudien, neue Aspekte auftauchten, die unter Umständen zu neuen Erkenntnissen oder Revisionen unserer Befunde führten. Vor allem wo wir konkrete Gestaltungsvorschläge formuliert hatten, aber nicht nur dort, erwiesen sich solche Dialoge als fruchtbar. Wir haben deshalb in vielen unserer Projekte großen Wert auf solche Präsentationen schon während des Forschungsprozesses gelegt und relativ viel Aufwand in diese investiert.

Als wichtig für die Ergiebigkeit der Fallstudien erwies sich ein prozessuales Vorgehen, d.h. dass wir nach einer ersten, intensiven Phase der Recherchen mit einem Teil unserer Gesprächspartner längere Zeit in mehr oder weniger kontinuierlichem Kontakt blieben, was einerseits gezielte Nacherkundigungen erleichterte, andererseits sicherstellte, dass wir Informationen über die weiteren Entwicklungen bekamen. Dies war insbesondere bei dem Tempo, mit denen sich diese Entwicklungen im Bereich der Verwaltung vollzogen, sehr wichtig.

Unser Wunschziel war, diesen dialogischen Prozess möglichst fest in den Projekten zu verankern. Bei den HdA-Begleitforschungsprojekten war ein solcher Dialog ja integraler, kontinuierlicher Teil des Projektauftrages. In dem Forschungsprojekt ‚Konfliktfeld Informationstechnik' haben wir dann ein solch dialogisches Verfahren, eine solch laufende praktische Validierung auch in ein ‚reines' Forschungsprojekt fest integriert.

> „Zur Vertiefung der Ergebnisse der empirischen Breitenuntersuchung führten wir in einigen Unternehmen ‚Betriebsläufe' durch: gemeinsam mit betrieblichen Experten sollten Gestaltungsentwürfe für den Einsatz von Informationstechnik erarbeitet und die aus dem empirischen Forschungsansatz ermittelten Gestaltungsvarianten als ‚Reaktionsanreize' in die betriebliche Arbeit eingebracht werden. Mit diesem experimentellen Ansatz wollten wir die Spannbreite möglicher Gestaltungsoptionen beim Technikeinsatz in der Praxis feststellen, ihre Vor- und Nachteile erörtern und Einblick in ihre jeweiligen Durchsetzungs- und Realisierungsbedingungen gewinnen." (Lullies et al. 1990, S. 53)

Die entwickelten Gestaltungsoptionen wurden dann einem weiteren Kreis möglicher Betroffener zur Diskussion gestellt, modifiziert und in den betrieblichen Entscheidungsprozess eingebracht.

Dieser Schritt *von der teilnehmenden Beobachtung zur ‚beobachtenden Teilnahme'* (siehe dazu genauer den folgenden Beitrag E.2) erwies sich nicht nur als wertvoll für eine Überprüfung und Korrektur unserer Befunde und Gestaltungsvorstellungen, sondern hat uns auch zusätzliche Einsichten vermittelt.

2. Das kritisch-konstruktive Selbstverständnis

Es stellt sich nun die Frage, ob die große Nähe, die sich naturgemäß bei solchem Vorgehen zu den Gegenübern in der ‚Praxis' ergibt – und das gilt für Arbeitgeberseite wie Arbeitnehmerseite gleichermaßen –, nicht die Gefahr der Vereinnahmung, der *Beeinträchtigung der Kritikfähigkeit* beinhaltet. Ohne Zweifel ist dies ein ernst zu nehmendes Problem. Ich glaube aber, dass dies ein Problem ist, das sich jeder empirischen Sozialforschung stellt, und ich meine, dass gerade die Nähe zur Praxis, das Sich-Einbringen des Sozialforschers Einblicke, konkrete Ansatzpunkte zur Kritik der ‚Praxis' vermittelt, wo die ‚reine' Forschung unter Umständen im Unverbindlichen, Allgemeinen verbleibt. Gerade gegen die Gefahr der Überschätzung der Rationalität des Managementhandelns erwies sich solch beobachtende Teilnahme immer wieder als heilsam. Wichtig war natürlich, dass wir uns dieser Gefahr der Vereinnahmung – sei es von Arbeitgeberseite, sei es von Arbeitnehmerseite – ständig bewusst blieben. Ich hoffe, dass uns das einigermaßen gelungen ist.

Dies verweist auf die Frage: Woher bezog diese *kritische Distanz,* die wir bei unserer Arbeit beizubehalten suchten, ihre Orientierung, wo lag sozusagen der archimedische Punkt dieses kritisch-konstruktiven Ansatzes industriesoziologischer Tätigkeit, wie wir sie verstanden? Es war die Überzeugung, dass die Entwicklung und Umsetzung tragfähiger Lösungen für die *Gestaltung menschengerechter Arbeit* in der betrieblichen Praxis grundsätzlich möglich ist, trotz der zweifellos immer in den Unternehmen wirkenden Interessengegensätze und Partialinteressen, d.h. Lösungen, die sowohl die Anforderungen menschengerechter Arbeitsgestaltung wie auch der Wirtschaftlichkeit erfüllen. Die Suche nach solchen Lösungsansätzen, ihre Ausdifferenzierung und ihre Erprobung in der Praxis standen im Mittelpunkt fast all unserer Projekte.

Nun scheinen die Entwicklungen der Arbeits- und Personalpolitik der Unternehmen der letzten Jahre nicht für die Tragfähigkeit unserer Konzepte zu sprechen. Von den arbeitsorganisatorischen und personalpolitischen Modellvorhaben, die damals in zum Teil mehrjähriger Laufzeit in der normalen betrieblichen Praxis durchaus ihre Praxistauglichkeit erwiesen hatten, ist in der betrieblichen Realität von heute kaum etwas geblieben, außer den seit Jahrzehnten in der Managementliteratur propagierten Beteuerungen, dass der Mensch im Mittelpunkt stehe und der Mitarbeiter das wertvollste Kapital des Unternehmens sei, eine Rhetorik, die täglich durch die arbeits- und personalpolitische Praxis in den Unternehmen widerlegt wird.

Was haben wir falsch gemacht? Sind wir einer unerfüllbaren Utopie aufgesessen, haben wir Schönwettermodelle entwickelt, die nur unter dem besonderen politischen, wirtschaftlichen und institutionellen Schutzraum, der für unsere Projekte geschaffen wurde, funktionsfähig waren, nicht aber in der harten betrieblichen Wirklichkeit, die von den Wettbewerbsbedingungen der Globalisierung bestimmt wird?

Ich bin nicht dieser Meinung. Schließlich waren unsere Gestaltungsvorschläge aus einer sorgfältigen Analyse bestehender Defizite in der betrieblichen Praxis entwickelt worden, in einem engen, häufig durchaus konfliktreichen Dialog mit betrieblichen Stellen – Defizite, die nicht zuletzt vorangegangenen Rationalisierungsmaßnahmen geschuldet waren. Es war wohl kein Zufall, dass wir mehrmals sozusagen in die Fußstapfen von McKinsey traten. Und schließlich haben sich dann unsere arbeits- und personalpolitischen Vorhaben teilweise über Jahre in der „normalen" betrieblichen Praxis bewährt, konnten wir meist – mit den in den Unternehmen verwandten Verfahren – ihre Wirtschaftlichkeit nachweisen. Das gilt ähnlich auch für Projekte anderer Institute aus jüngster Vergangenheit, etwa dem Projekt „Auto 5000" bei VW, wo über Jahre hinweg erfolgreich ein vom SOFI Göttingen entwickeltes personal- und arbeitsorganisatorisches Modell praktiziert wurde, das nun, unter veränderten unternehmenspolitischen Bedingungen wieder, „verschrottet" wurde.

Entscheidend für den Abbruch solcher Modellvorhaben war letztlich nicht, dass sie nicht ‚funktionierten', dass sie nicht wirtschaftlich genug waren, sondern dass sie nicht in den unternehmenspolitischen Rahmen passten, dass sie letztlich ein *Fremdkörper* in Unternehmen blieben, deren Arbeits- und Personalpolitik nicht an Aspekten der nachhaltigen Nutzung und Entwicklung von Personalressourcen ausgerichtet war, sondern eher von dem Diktat des Shareholder-Value und der Erzielung rascher Spareffekte bestimmt wurde.

Was bedeutet dies nun für die gegenwärtige Situation industriesoziologischer Aktivitäten? Machen Versuche der Entwicklung, Erprobung und Propagierung alternativer Ansätze nachhaltiger Arbeits- und Personalpolitik unter den bestehenden Bedingungen überhaupt noch Sinn? Ich meine ja. Angesichts der Kahlschlagmethoden, mit denen gegenwärtig Arbeits- und Personalpolitik in vielen Unternehmen praktiziert wird, angesichts der daraus resultierenden Demotivierung der Beschäftigten, der massiven Vernichtung von Qualifikationspotentialen erscheint die Propagierung von an Nachhaltigkeit orientierten Gegenentwürfen umso wichtiger, mag auch deren Umsetzung unter den gegenwärtigen Bedingungen utopisch scheinen. Über kurz oder lang werden die Unternehmen mit den *Folgen dieses Raubbaus* konfrontiert werden.

3. Der bipolare Forschungsansatz

Zentral für die Ausrichtung unserer Arbeit als Industriesoziologen war nicht eine formale Abgrenzung zu anderen Schwerpunkten der Soziologie oder anderen Fachrichtungen, auch nicht unser empirisches Instrumentarium, sondern die Orientierung an einem analytischen Konzept, das ich als *‚bipolaren Ansatz'* bezeichnen möchte, nämlich den gleichzeitigen und gleichgewichtigen Blick auf menschliche Arbeit einerseits und auf den institutionellen, organisatorischen und ökonomischen Rahmen andererseits, in dem diese stattfindet. Das heißt z.B., bei der Analyse von Industriearbeit war der betriebliche Rahmen, in dem sie sich vollzieht, immer zugleich Bezugspunkt der Analyse, umgekehrt war bei Untersuchung institutioneller oder organisatorischer Strukturen und Zusammenhänge, etwa den Formen betrieblicher Arbeitsorganisation, ihre Auswirkungen auf und ihre Abhängigkeit von menschlicher Arbeit wesentlicher Teil.

Sobald wir diesen bipolaren Ansatz aufgaben, ging tendenziell die Besonderheit und die *spezifische Leistungsstärke* unseres Vorgehens, sozusagen der kompetitive Vorteil anderen Fachdisziplinen gegenüber verloren, etwa gegenüber der Betriebswirtschaftslehre, der Organisationslehre, der Arbeitswissenschaft oder der Sozialpsychologie. Wir haben dies besonders in unseren Begleitforschungsprojekten deutlich erfahren, in denen wir immer mit Wissenschaftlern anderer Disziplinen zusammenarbeiteten und natürlich auch in Konkurrenz standen, aber auch in „reinen“ Forschungsprojekten, wie etwa dem zur Softwareentwicklung, in dem wir eng mit Informatikern und Arbeitswissenschaftlern kooperierten.

Dieser bipolare Ansatz war auch unter anderem ein Grund, warum wir so häufig bei unseren empirischen Projekten auf Fallstudien als einer Forschungsstrategie zurückgegriffen haben, deren mehrdimensionaler empirischer Ansatz prädestiniert erscheint für übergreifende Analysen der menschlichen Arbeit einerseits und ihrer institutionellen, organisatorischen und ökonomischen Rahmenbedingungen andererseits.

4. Induktives Vorgehen

Bezeichnend für unsere *Arbeitsweise* war der Weg vom Konkreten zum Allgemeinen. Dieses *induktive Vorgehen* – ausgehend vom empirisch erforschten (Einzel-)Phänomen, seiner detaillierten Darstellung, zur soziologischen Analyse und schließlich den verallgemeinernden Schlussfolgerungen –, hat die Arbeit in den Projekten, die wir im Rahmen unserer Projektgruppe bearbeiteten, immer wieder bestimmt. Das gilt vor allem für die Begleitforschungsprojekte im Rahmen des Programms „Humanisierung des Arbeitslebens“, aber auch für Untersuchungen wie jene über die „Einführung neuer Informationstechnik als Managementproblem“, zur „Wissenslogistik“ oder zur „Qualitätssicherung in der Informationsverarbeitung“.

Hinter diesem Vorgehen stand die Überzeugung, die uns in der Sozialwissenschaftlichen Projektgruppe bei unserer Arbeit verband, dass uns erst dann der Schritt ins ‚Allgemeine‘ legitim erschien, wenn wir nicht nur den eigentlichen Gegenstand unseres Forschungs- oder Gestaltungsauftrages sehr genau, sondern auch dessen technisch-organisatorische Rahmenbedingungen sehr unmittelbar und vielschichtig kannten. Oder umgekehrt, die Skepsis gegenüber freischwebenden Ableitungen und Verallgemeinerungen. Diese Erfahrung führte auch dazu, dass wir uns bei unseren Projekten zunehmend auf ein Feld konzentrierten: auf den technisch-organisatorischen Veränderungsprozess in der Verwaltung und bei Dienstleistungstätigkeiten, insbesondere die Einführung neuer Informationstechnik. Dies hatte den Vorteil, dass wir uns in diesem Bereich relativ solide Fachkenntnisse erwerben konnten und so auch kaum Schwierigkeiten hatten, eine inhaltliche Kontinuität bei der Projektakquisition zu erreichen.

Denn dieses so simpel erscheinende Vorgehen ist in der Praxis der empirischen Sozialforschung ein sehr anspruchsvolles – und leider auch sehr arbeitsintensives – Verfahren. Es erfordert nicht nur eine Beherrschung sehr unterschiedlicher sozialwissenschaftlicher Forschungsmethoden, sondern auch die Bereitschaft, sich inhaltlich voll auf den jeweiligen Forschungsgegenstand und seine Rahmenbedingungen einzulassen: in unserem Falle also etwa nicht nur auf die Arbeitsprozesse der untersuchten Betriebe und die daraus resultierenden Qualifikationsanforderungen, sondern auch auf die technischen, organisatorischen oder verfahrensmäßigen Rahmenbedingungen, zum Beispiel die Methoden der Wirtschaftlichkeitsberechnung, die in dem Unternehmen praktiziert wurden.

Es war nicht zuletzt diese *doppelte Fachkompetenz,* die dazu beigetragen hat, dass wir von unseren Gegenübern in den Unternehmen, in denen wir unsere Fallstudien durchführten, als kompetente Gesprächspartner anerkannt wurden, und zwar nicht nur in den Fachabteilungen, sondern auch in Stabsabteilungen wie Organisation und Controlling. Es war diese doppelte Fachkompetenz, die uns nicht nur die Durchführung unserer Forschungs- und Beratungstätigkeit wesentlich erleichterte, sondern auch Zugang zu Informationen und Einsichten eröffnete, die uns sonst kaum zugänglich gewesen wären.

Anspruchsvoll ist dieses induktive Vorgehen auch insofern, als es den Spielraum zur Arbeitsteilung in sozialwissenschaftlichen Forschungsprojekten einschränkt. Die Delegation der empirischen Erhebungsarbeiten, so wie sie in vielen akademischen Forschungsprojekten praktiziert wird, ist nur eingeschränkt möglich.

5. Der theorierelevante Mehrwert

Da ein Großteil unserer Projekte primär auf praxisrelevante, inhaltlich verhältnismäßig begrenzte Fragestellungen bezogen war, liegt der Vorwurf *mangelnder Theorierelevanz* nahe. Ich will hier nicht zum Dauerbrenner „Verhältnis von Theorie und Empirie" beitragen, wobei ich mir nicht sicher bin, ob wir alle mit ‚Theorie' dasselbe meinen. Dazu nur eine kurze Anmerkung: Ich bin der Überzeugung, dass die *Stärke eines theoretischen Ansatzes* wie die Chancen seiner Weiterentwicklung immer wesentlich von der *Tragfähigkeit seiner empirischen Basis* abhängt, d.h. nicht allein von der Verfügbarkeit theorierelevanter empirischer Befunde, sondern auch von deren *adäquater Verwertung* im Rahmen der Theoriebildung. Gerade hier gab es in der Vergangenheit Defizite.

Bleibt die Frage nach der *theoretischen Relevanz* unserer so gewonnenen Befunde. Ohne Zweifel führte die Aufgabenstellung wie auch das induktive Vorgehen vieler unserer Forschungsprojekte zunächst zu einer inhaltlichen Beschränkung, zu einer Konzentration auf bestimmte, inhaltlich klar umgrenzte Felder. Wir sahen aber in unseren Projekten immer auch *Bausteine*, die zu einem besseren *allgemeinen Verständnis der Arbeitswelt* und der für ihre Veränderung relevanten *Entwicklungstendenzen* beitragen sollten. Bei fast allen unseren durchaus praxisbezogenen Projekten entwickelte sich über die Kenntnisse, die uns die sehr genaue Auseinandersetzung unseres letztlich klar begrenzten Untersuchungsgegenstandes vermittelte, Schritt für Schritt ein Verständnis auch übergeordneter Zusammenhänge und Gesetzmäßigkeiten. Dieses ‚Allgemeine', zu dem wir dann gelangten, war oft etwas, das wir zu Beginn des Projektes so noch nicht im Blick gehabt hatten, das erst Schritt für Schritt im Laufe der Untersuchung sich entwickelte und konkretisierte, sozusagen als *‚theorierelevanter Mehrwert'*. Dieser sozusagen evolutionäre Erkenntnisprozess erscheint mir bezeichnend gerade für empirische Forschungsvorhaben, die sich primär auf Fallstudien stützen. Hierzu im Folgenden einige Beispiele:

Bei der Meisterstudie – „Vorgesetzte zwischen Management und Arbeitern" – war dies die Gegenüberstellung von *Normprinzip und Kooperationsprinzip* als ein allgemein gültiges, handlungsbestimmendes Orientierungsmuster für betriebliche Vorgesetzte.

> „Die disziplinarischen Aufgaben des Vorgesetzten im Industriebetrieb werden durch das Nebeneinander von Norm- und Kooperationserfordernissen bestimmt. Die arbeitsteilige Produktion eines Industriebetriebes erfordert die Regelung des Verhaltens der am Produktionsprozeß Beteiligten durch feste Normen. Solche Normen legen zum Beispiel Dauer und Termine der Arbeitszeit oder Verhaltensweisen am Arbeitsplatz fest; sie bestimmen, was der Vorgesetzte von seinen Untergebenen verlangen darf und umgekehrt. Arbeitsordnungen, Unfallverhütungsvorschriften, Lohnvereinbarungen sind Teile eines solchen Normsystems, das in

> jedem Betrieb existieren muß, zu dem aber ebenso Weisungen und Regelungen gehören, die nicht schriftlich fixiert sind. Indem er die Einhaltung der Normen vertritt, orientiert sich der Vorgesetzte am ‚Normprinzip'. Es ist jedoch unmöglich, das Arbeitsverhalten der an der Produktion Beteiligten vollständig durch von oben gesetzte Normen vorzuschreiben und festzulegen. Zwar gibt es Normen von großer Allgemeingültigkeit, wie zum Beispiel die Regel, möglichst wenig Ausschuß zu erzielen. Aber solche Regeln sind dann notwendigerweise so vage, daß ihre Interpretation und Anwendung doch bis zu einem gewissen Grade dem einzelnen Arbeiter überlassen bleiben muß. Eine intelligente Anwendung solcher allgemeiner Regeln auf die jeweilige Situation kann nicht erzwungen werden, sondern ist schließlich eine Frage der Fähigkeit und der Motiviertheit des einzelnen Arbeiters. Indem der Vorgesetzte eine solche Bereitschaft zur eigenständigen Mitarbeit seiner Untergebenen zu erhalten sucht, orientiert er sich am ‚Kooperationsprinzip'." (Weltz 1959, S. 124)

Bei dem Projekt für die Anglo-German-Foundation – „Innovation, Beschäftigungspolitik und industrielle Beziehungen" – gelang die Herausarbeitung des Typus der *kooperativen Konfliktverarbeitung* als einer typisch deutschen Lösung des Interessengegensatzes von Arbeitnehmern und Arbeitgebern bei der Einführung von technisch-organisatorischen Veränderungen (vgl. dazu den Beitrag C.1 „Kooperative Konfliktverarbeitung"). Bei dem Projekt „Innovation im Büro" war es die Herausarbeitung des Konzeptes der *betrieblichen Handlungskonstellation* (vgl. den Beitrag A.1 „Das Konzept der innerbetrieblichen Handlungskonstellation ..."). Bei den Projekten „Konfliktfeld Informationstechnik" und „Das Softwareprojekt" war es die Auseinandersetzung mit der doppelten Wirklichkeit der Unternehmen (vgl. dazu den Beitrag B.1 „Der Traum von der absoluten Ordnung ...").

Sozialwissenschaftliche Untersuchungen und Analysen müssen immer beides zum Gegenstand haben: Das ‚offizielle' System der Organisationsstrukturen, der Regelungen und anderer ‚objektiver' Größen, wie etwa den Technikeinsatz und die praktizierte Arbeitswirklichkeit, d.h. Arbeitsvollzüge und die Kooperationsformen der Beschäftigten. Stärker als andere Wissenschaftsdisziplinen scheint die Soziologie daher berufen, sich mit der ‚Doppelwirklichkeit' der Unternehmen auseinanderzusetzen, mit der ihr immanenten Widersprüchlichkeit und den daraus sich ergebenden Konsequenzen für die Unternehmen wie auch für die Beschäftigten.

Erst in der Retrospektive wird deutlich, wie eng die Wechselbeziehung zwischen den von uns angewandten empirischen Methoden, dem im Laufe unserer Arbeit entwickelten Forschungsansatz und den analytischen Konzepten war. So war es zweifellos folgerichtig, dass wir uns in vielen unserer Untersuchungen in starkem Maße auf die Fallstudienmethode stützten, einer Forschungsmethode, deren Einsatz sich besonders dort empfiehlt, wo es vor allem um ein Verständnis

– oder um es etwas anspruchsvoller auszudrücken, um das Verstehen – von Interdependenzen einer Vielfalt von unterschiedlichen Variablen in komplexen Konstellationen und Abläufen geht.

Leider fehlte uns in der Mühle des Projektgeschäftes dann der Atem, diese Ansätze außer in Aufsätzen in Fachzeitschriften für sich weiter zu entwickeln. Für unsere weitere Projektarbeit aber blieben diese Ansätze natürlich nicht folgenlos. Ich würde sagen, dass sich uns gerade die letzten Jahre unserer Arbeit in der Sozialwissenschaftlichen Projektgruppe als ein *kumulativer Prozess* wechselseitiger Befruchtung darstellen: Bei der Konzipierung und Durchführung weiterer Studien ging dieser ‚theoretische Mehrwert' ein, wie umgekehrt die neuen empirischen Befunde zu seiner inhaltlichen Ausdifferenzierung beitrugen.

Wenn ich nun rückschauend eine Entwicklung in unserer Arbeit mit Fallstudien beschreiben sollte, wäre es nicht so sehr eine zunehmende Kompetenz im Gebrauch einzelner empirischer Instrumente als zum einen der Weg von einem zunächst primär konstatierenden zu einem dialogischen Forschungsprozess, zum anderen die fortlaufende Weiterentwicklung des analytischen Bezugsrahmens. Der *‚Fortschritt'*, wenn man von einem solchen beim sozialwissenschaftlichen Forschungsprozess überhaupt reden kann, der Unterschied also etwa zwischen der Meisterstudie und den letzten Projekten der Sozialwissenschaftlichen Projektgruppe, *lag also nicht so sehr auf der Ebene der verwendeten empirischen Methoden, sondern auf der Ebene des konzeptionellen Rahmens, der deren Einsatz bestimmte.*

6. Selbstkritische Anmerkungen zum Forschungsansatz

Aus heutiger Sicht gibt es einiges in unserer Tätigkeit als empirisch forschende Industriesoziologen, was mir weiterhin gut gefällt und was ich wieder so machen würde, aber auch vieles, was ich eher kritisch sehe und was ich heute anders angehen würde.

(a) Als *positiv* sehe ich zunächst die Konstruktion der Sozialwissenschaftlichen Projektgruppe, d.h. jenes Forschungsteams, in dem ich seit meinem Ausscheiden aus dem Institut für sozialwissenschaftliche Forschung e.V. (ISF München) im Jahr 1974 gearbeitet habe. Wir arbeiteten in einem relativ informellen Verbund von vier oder fünf Sozialwissenschaftlern. Die Kosten für die Infrastruktur und die Zeit, die für administrative Aufgaben aufgewandt werden musste, waren extrem niedrig. Nur so, glaube ich, war es uns möglich, ohne Grundfinanzierung reine Projektarbeit mit einer recht umfangreichen Publikationstätigkeit zu verbinden.

(b) Wir arbeiteten im jeweiligen Projekt ohne Arbeitsteilung, d.h. weitgehend ohne Delegation einzelner Arbeitsschritte nach außen oder innerhalb des Teams. Das bedeutete natürlich nicht, dass der Projektbearbeiter alles allein gemacht hat, aber es gab keine Empirie, also Erhebung und Auswertung, in der er nicht selbst aktiv miteinbezogen war.

(c) Sehr hilfreich dafür war die Konzentration auf einen relativ klar identifizierbaren Bereich: der Büroarbeit bzw. Informationsverarbeitung, einem Bereich, in dem wir, glaube ich, ein solides Fachwissen der organisatorischen und technischen Rahmenbedingungen erworben haben, das auch von der ‚Praxis' anerkannt wurde.

(d) Positiv hat sich auch unsere zunehmend enge Zusammenarbeit mit Nachbardisziplinen vor allem der Betriebswirtschaftslehre, der Informatik und der Arbeitswissenschaften ausgewirkt: etwa als Begleitforscher in Humanisierungsprojekten, aber auch bei Forschungsprojekten, für die wir einiges lernen konnten, nicht zuletzt in Bezug auf die Aufbereitung unserer Befunde. Und es gab durchaus auch Rezeptionsprozesse in umgekehrter Richtung.

(e) Last but not least: Die Arbeit hat Spaß gemacht, und das scheint mir nicht nur auf die persönliche Lebenssituation bezogen wichtig.

Diesen positiven Aspekten steht nun leider vieles gegenüber, was ich aus heutiger Sicht eher *kritisch* sehe. Anlass dazu ist nicht nur ein Rückblick darauf, wie und was wir gearbeitet haben, sondern auch ein Blick auf das Umfeld, vor allem natürlich auf die weitgehende Folgenlosigkeit dessen, was wir gemacht haben, sowohl innerhalb der Industriesoziologie wie auch in der sogenannten ‚Praxis'.

(a) Gewisse Beschränkungen, die sich auch inhaltlich auswirkten, resultierten aus unserer projekt- und praxiszentrierten Arbeitsweise und dem damit verbundenen engen finanziellen Rahmen. So unterblieb weitgehend eine konsequente Weiterverfolgung und Ausdifferenzierung unserer konzeptionellen Ansätze.

(b) Ich habe zu egozentrisch gearbeitet. Viel zu lange habe ich erstaunlich unreflektiert und naiv die Rahmenbedingungen meiner Arbeit als selbstverständlich und gegeben hingenommen. Z.B. habe ich mich viel zu spät gefragt, ob das, was ich tue, den Aufwand an Zeit und Geld wirklich rechtfertigt. Zumindest für die öffentlichen Aufträge wurden ja zum Teil beträchtliche Steuergelder eingesetzt. Erst im Nachhinein habe ich mich gefragt, ob nicht so sehr die Ergebnisse unserer Arbeit als deren Rezeption und Umsetzung den Aufwand gerechtfertigt haben. Natürlich birgt eine Existenz, die von der Erteilung von Projektaufträgen abhängig ist, immer die Gefahr, dass einem die Erteilung eines Auftrages als ausreichende Legitimationsbasis erscheint.

(c) Ich habe lange projektorientiert gearbeitet mit der naiven Erwartung: Wenn ich da was Schönes herausgefunden habe, dann wird das schon für sich selbst sprechen. Erst spät habe ich damit angefangen, nicht nur forschungsorientiert, sondern auch ergebnisorientiert vorzugehen, etwa im Sinne folgender Fragen.

Zu Beginn des Projektes:

- Was will ich mit dem Forschungsvorhaben erreichen? Was ist – altmodisch gesprochen – mein zentrales Anliegen?
- Stimmt mein Forschungsansatz damit überein?
- Wer ist der Adressat, mein Zielpublikum, für das, was ich da produziere? Für wen kann und für wen soll es von Interesse sein?
- Wie muss ich die Darstellung meiner Befunde gestalten, um mein Zielpublikum zu erreichen?

Nach Abschluss des Projektes:

- Entspricht die Rezeption meinen Erwartungen? Wie ist das Feedback? Was sind die Verkaufsziffern?
- Hat sich das Ganze gelohnt? Rechtfertigen das Ergebnis und seine Rezeption die Kosten, die der Auftraggeber aufgewandt hat, und die Zeit, die ich damit verbracht habe?

(d) Ich bin viel zu lange den Auftraggebern zu defensiv begegnet; z.B. habe ich die institutionelle Borniertheit unserer Partner bei den öffentlichen und privaten Auftraggebern zu passiv hingenommen und die Nachbereitung des Projektes als zwar unbezahlten, aber wichtigen Teil des Projektes vernachlässigt.

(e) Erst spät habe ich das Management nicht nur als Gegenstand unserer Forschungsarbeit, sondern auch als Akteur entdeckt, mit dem zu kooperieren wesentliche Erfolgsvoraussetzung für das weitere Schicksal vor allem unserer betriebsbezogenen Projekte war. So gingen wir bei den HdA-Projekten davon aus, es genüge, im Pilotbereich ein überzeugend funktionsfähiges Modell auf die Beine zu stellen und dieses werde sich dann schon in die Breite durchsetzen. Das trat nur in einem Fall wirklich ein, und da hatten wir eben im Management einen überzeugten und durchsetzungsfähigen Partner.

(f) Wir haben mit unseren Pfunden zu wenig gewuchert. In den 1970er und 1980er Jahren waren für die industriesoziologische Forschung einmalig günstige Rahmenbedingungen gegeben. Es bestand allgemein ein Klima der Offenheit gegenüber Fragestellungen und Problemen, zu denen Antworten von der Industriesoziologie erwartet wurden. Bei öffentlichen wie privaten Auftraggebern, teilweise auch bei Gewerkschaften war die Bereitschaft vielfach hoch, sich auf industriesoziologische Forschung und Beratung einzulassen und dafür Mittel bereitzustellen. Das Programm „Humanisierung des Arbeitslebens“ war nur ein Ausdruck dieses Klimas und hat es sicher auch seinerseits beeinflusst.

Wir haben, so meine ich heute, das in dieser Situation liegende Potential nicht angemessen genutzt – womit ich nicht erfolgreiche Projektakquisition oder Erschließung dauerhafter Finanzierungsquellen meine, sondern die Etablierung der Industriesoziologie im öffentlichen Bewusstsein und im öffentlichen Geschehen in ähnlicher Weise, wie das der Betriebswirtschaft und der Volkswirtschaft gelungen ist.

Es wurde die Chance ausgelassen, die im Rahmen des HdA-Programms einige Jahre durchaus bestanden hat, als Kollektiv der Begleitforscher aufzutreten und sich nachdrücklich in der Öffentlichkeit zu Wort zu melden. Schließlich bildeten wir den legitimatorischen Mantel für ein legitimatorisches Programm. Die sich daraus ergebenden Möglichkeiten haben wir viel zu wenig genutzt.

Die Quittung, so ist mein Eindruck zumindest für unseren Arbeitsbereich, war eine Marginalisierung der Industriesoziologie – innerhalb der Soziologie wie auch gegenüber anderen Wissenschaftsdisziplinen und schließlich auch als Partner der ‚Praxis'. Das mag sich inzwischen wieder geändert haben, aber in den letzten Jahren meiner aktiven Forschungstätigkeit, also in der ersten Hälfte der 1990er Jahre, musste ich erleben, wie Nachbardisziplinen – Betriebswirtschaftslehre, Arbeitswissenschaften, Informatik – zunehmend erfolgreich auf genuin industriesoziologischem Terrain ‚wilderten' und das Bild der Wissenschaft nach außen prägten.

Natürlich hängt diese Marginalisierung der Industriesoziologie auch mit der Veränderung der politischen und gesamtwirtschaftlichen Rahmenbedingungen zusammen; aber zu einem guten Teil scheint mir dieser Bedeutungsverlust ‚hausgemacht' zu sein als eine Folge der mangelnden Nutzung günstiger Rahmenbedingungen. Es erschiene mir vermessen, nun Schlüsse auf die heutige Situation zu ziehen oder gar Ratschläge zu erteilen. Ich kann nur der Hoffnung Ausdruck geben, dass das eher düstere Bild der Lage der industriesoziologischen Forschung, das sich mir in den letzten Jahren meiner aktiven Forschungstätigkeit vermittelt hat, inzwischen wieder aufgehellt hat.

E.2 Beobachtende Teilnahme

Ein Weg aus der Marginalisierung der Industriesoziologie*

Werner Fricke konstatiert in seinem Aufsatz „Technikgestaltung und industriesoziologische Forschung“:

> „Sozialwissenschaftliche, insbesondere industriesoziologische Forschung wird schon jetzt, verstärkt in den kommenden Jahren, mit dem Anspruch konfrontiert, einen Beitrag nicht nur zur Analyse, sondern auch zur Mitwirkung in Prozessen der Technikgestaltung zu leisten. Ist es denkbar, daß sozialwissenschaftliche Forschung den Katalog klassischer Aufgaben (Beschreibung, Analyse und Erklärung sozialer Prozesse einschließlich der Produktion und Anwendung von Technik) dahin erweitert, daß sie – wohlgemerkt als Wissenschaft – an der Gestaltung sozialer Prozesse einschließlich der Technikgestaltung mitwirkt?“ (Fricke 1992, S. 297)

Fricke beantwortet diese selbstgestellte Frage mit einem eindeutigen „Ja“ und ich stimme ihm voll zu. Seine Analyse bewegt sich auf einer vorwiegend wissenschaftstheoretischen Ebene. Dem möchte ich auf einer pragmatischen, forschungstaktischen Ebene einige Anmerkungen hinzufügen:

1. Die Industriesoziologie spielt gegenwärtig in der deutschen Forschungslandschaft eine eher *marginale Rolle.* Ihre Wirkung nach außen, in die Verbände, in die Wirtschaft, in die öffentliche Verwaltung und die Politik, ist vergleichsweise gering.
2. Diese Situation ist wesentlich auf den ausgeprägten *Konservatismus* der Industriesoziologie bei der Wahl ihrer Forschungsthemen und Forschungsinstrumente zurückzuführen.
3. Für die Weiterentwicklung der Industriesoziologie ist ein verstärkter aktiver ‚konstruktiver‘ Bezug zur Praxis *notwendig.* Dazu vorab: ich habe einige Schwierigkeiten mit dem Begriff ‚konstruktive Sozialwissenschaft‘. Ich werde weiter unten erklären, warum das so ist.
4. Solch aktive, ‚konstruktive‘ Industriesoziologie ist nicht nur notwendig, sondern auch *möglich,* d.h. die Industriesoziologie ist durchaus in der Lage, ihr Wissen aktiv beratend in die Unternehmen einzubringen, und es besteht auch ein Bedarf und damit ein ‚Markt‘ für ein solches Angebot.

---

* Zuerst erschienen in: Senghaas-Knobloch, E./Lange, H. (Hg.) (1997): Konstruktive Sozialwissenschaft. Herausforderung Arbeit, Technik, Organisation. Münster u.a.O., S. 35–47. Der Beitrag basiert vor allem auf Erfahrungen aus den Begleitforschungs- und Beratungsprojekten.

5. Ein solches aktives Engagement birgt allerdings bestimmte Risiken.
6. Deren Beherrschung erfordert unter anderem Veränderungen im *Verhalten* und dem wissenschaftlichen *Selbstverständnis* der Industriesoziologen.

1. Die marginale Rolle der Industriesoziologie

Die gegenwärtige Situation der Industriesoziologie stellt sich widersprüchlich dar.

Einerseits: Sowohl im internationalen Vergleich, vor allem aber im Vergleich mit den ‚konkurrierenden' Wissenschaftsdisziplinen, hat die Industriesoziologie einiges zu bieten: interessante theoretische Ansätze, ein hohes reflektorisches Niveau, ein differenziertes methodologisches Instrumentarium. Sie weist eine beträchtliche Zahl bemerkenswerter Studien auf. Bei interdisziplinären Projekten war ich immer beeindruckt, wie hemdsärmelig andere Disziplinen zuweilen mit komplexen Zusammenhängen umgehen.

Andererseits: Angesichts dieser Stärken erscheint es erstaunlich, welch marginale Rolle die Industriesoziologie in der deutschen Forschungslandschaft spielt, vor allem, wie gering ihre Außenwirkung in den Verbänden, der Wirtschaft, der öffentlichen Verwaltung und der Politik ist. Auch im universitären Bereich hat sie an Gewicht verloren. Die Industriesoziologie hat offensichtlich nicht mit ihren Pfunden gewuchert.

Dabei besteht – als ein echtes Zeichen von Provinzialismus – eine erhebliche Diskrepanz zwischen der Wahrnehmung von außen und der Selbsteinschätzung. Angesichts dieses Sachverhalts stellt sich die Frage, was wir in der Industriesoziologie wollen: die selbstgenügsame Idylle interner Positionsbestimmungen oder eine Mitwirkung bei der Gestaltung neuer Entwicklungen?

Im letzteren Falle stehen wir in Konkurrenz mit Angehörigen der anderen Wissenschaftsdisziplinen: Anders als im akademischen Bereich gibt es in der Praxis keine institutionalisierten Schutzreservate, und dort haben konkurrierende Wissenschaftsdisziplinen – Betriebswirtschaftslehre, Arbeitswissenschaften, Sozialpsychologie, Management- und Organisationslehre, Ingenieurwesen, Informatik, Verwaltungswissenschaften etc. – in den letzten Jahren zunehmend Felder besetzt, die ihrer Natur nach soziologisch sind. Eine Marginalisierung im außerakademischen Bereich hat aber schwerwiegende Folgen für den Zustand und das Gewicht der Industriesoziologie insgesamt, nicht nur bei der Verteilung der Forschungsgelder, der Besetzung von Gutachtergremien, Beiräten etc., sondern auch für den Zugang zu Forschungsthemen, die für die zukünftigen gesellschaftlichen und wirtschaftlichen Entwicklungen besonders relevant sind.

2. Der Konservatismus der Industriesoziologie

Wie kam es zu dieser Marginalisierung der Industriesoziologie? Wesentlich scheint mir dazu eine ausgesprochen konservative Ausrichtung der Industriesoziologie bei der Auswahl ihrer Forschungsthemen und -methoden beigetragen zu haben, die in einem merkwürdigen Widerspruch zu ihrem ‚kritischen' Selbstverständnis steht. Es wäre zu untersuchen, wieweit neben strukturellen Gründen, wie etwa den hierarchischen Verhältnissen an den Lehrstühlen und in den Forschungsinstituten, nicht gerade auch jenes ‚kritische' Selbstverständnis zu diesem Konservatismus beigetragen hat.

Kennzeichnend für die Forschungsansätze einer Mehrheit der empirischen Projekte der letzten 20 Jahre waren folgende Merkmale.

Eine einseitige *thematische* Ausrichtung:

- als Konzentration auf den Produktions- und Arbeiterbereich – bei entsprechender Vernachlässigung von Verwaltung und Dienstleistungen (hier besteht eine – wohl nicht zufällige – Parallele zu den Gewerkschaften);
- als Konzentration auf die Technikfolgenabschätzung bei gleichzeitiger Vernachlässigung der Technikgenese und vor allem der darauf bezogenen betrieblichen Willensbildungsprozesse;
- als Konzentration auf die Auseinandersetzung mit Auswirkungen der Technik bei gleichzeitiger Vernachlässigung der Organisation als eigenständigem Untersuchungsgegenstand oder als Konzentration auf Fragen der Arbeitsorganisation bei gleichzeitiger Vernachlässigung wichtiger Aspekte der Unternehmensorganisation (z.B. Controlling);
- als Konzentration auf Kontakt und Nähe zu den Gewerkschaften und entsprechender Vernachlässigung des Managements: sowohl als einem Objekt der Analyse wie auch als notwendigem Gesprächspartner.

Eine einseitige *methodologische* Ausrichtung:

- als Vereinseitigung des empirischen Bezugs durch den Filter formalisierter Analyseinstrumente;
- als Konzentration auf Querschnittsuntersuchungen bei gleichzeitiger Vernachlässigung von Verlaufsuntersuchungen;
- als Verzicht auf ‚dialogische' oder experimentelle Verfahren und Forschungsansätze.

Diese inhaltliche und methodologische Ausrichtung der Industriesoziologie hat eine Reihe von negativen *Folgen* gezeitigt. Dazu gehören insbesondere die folgenden Punkte:

- mangelnde Kontinuität in der *Verbindung* mit Unternehmen und den dort ablaufenden Gestaltungsprozessen (etwa durch Schulung, Beratung, aktive Mitarbeit an betrieblichen Projekten);

- die industriesoziologische Forschung *hinkte* dadurch eher *hinter* den betrieblichen Entwicklungen *her,* als daß sie diese mitgestaltet hätte. Angesichts der Beschleunigung technisch-organisatorischer Veränderungsprozesse war allein schon durch die Zeiträume, die die Erstellung industriesoziologischer Befunde beansprucht, sichergestellt, daß die Befunde nur noch bedingte Aktualität besaßen, wenn sie dem potentiellen Adressatenkreis in der Praxis zugänglich wurden;
- *Forschungsfelder*, die gerade für die weitere Entwicklung wichtig erscheinen, blieben eher unbesetzt. So hat die Industriesoziologie, ähnlich wie die deutsche Industrie, wichtige technische und organisatorische Entwicklungen verschlafen. Das gilt zum Beispiel für die Mikroelektronik und Softwareentwicklung, desgleichen für Managementansätze und neue Formen der Unternehmensorganisation.
- Die daraus resultierende marginale Rolle der Industriesoziologie führte zu erheblichen *Wettbewerbsnachteilen* in der deutschen Forschungslandschaft. In der Konkurrenz zu den benachbarten sozial- und wirtschaftswissenschaftlichen Disziplinen hat die Industriesoziologie deutlich Terrain verloren.

Ein klassisches Beispiel für diesen Wechselbezug zwischen eigenem Agieren und Chancen bildet die Forschung im Rahmen des *HdA-Programms:* Das Programm eröffnete der Industriesoziologie, die ja eine wesentliche Rolle bei seiner Konzipierung gespielt hatte, große Chancen. Es eröffnete neue und neuartige Möglichkeiten eines stabilen, dauerhaften Betriebszuganges und im Zusammenhang damit: neue Lernchancen, neue Chancen der Einflußnahme und Profilierung in der Praxis und Politik, neue Forschungsfelder. Diese Chancen wurden aber nur unzureichend genutzt.

Sicher gab es für das unrühmliche Hinsiechen des Programms viele übergeordnete, gesellschaftliche Ursachen – und wir Soziologen waren ja auch sehr produktiv in der Analyse solcher Ursachen. Aber das Problem war auch hausgemacht, d.h. wesentlich von uns, den Industriesoziologen, mit zu verantworten.

Die Stars der Zunft waren lediglich in der Akquisition aktiv, überließen dann aber die weiteren Aktivitäten vor Ort weitgehend relativ *unerfahrenen* Assistenten, die damit in mehrfacher Beziehung überfordert waren.

Die Projekte wurden als relativ sichere *Finanzierungsquelle* betrachtet, quasi als Sinekure, deren Verfügbarkeit durch das hohe wissenschaftliche Renommee der Industriesoziologie sichergestellt schien.

Dem stand ein sehr hoher Anspruch gegenüber; der Anspruch der „Übertragung wissenschaftlicher Erkenntnisse", d.h. der eigenen, bereits vorab entwickelten Vorstellungen, in die Praxis. Dagegen wurde der Aspekt eher übersehen, daß die Projekte neuartige Lernchancen für die Industriesoziologie eröffneten, deren Wahrnehmung sich nicht zuletzt gerade für den Erfolg der Projekte selbst als äußerst wichtig erwies.

Man konzentrierte sich auf einige wenige, eher ‚orthodoxe' *Themen* wie etwa partizipative Ansätze, während andere Fragestellungen – etwa die Verankerung der Projektansätze gerade auch partizipativer Modelle – im weiteren Umfeld der Unternehmensorganisation vernachlässigt wurden. Eine der Folgen bestand in der geringen Stabilität der Projektresultate.

Der *Aufbereitung* der Ergebnisse und der Dimension der weiteren Umsetzung der Projektergebnisse in die ‚normale' Praxis außerhalb des Schutzraumes, den die Projekte geschaffen hatten, wurde generell zu wenig Beachtung geschenkt. Wenn man sich heute die Berichte über HdA-Projekte durchsieht, die in der „Grünen Reihe" erschienen sind, kann man nur den Kopf schütteln über soviel Umständlichkeit und wissenschaftliches Imponiergehabe, mit der teilweise durchaus brauchbare Ergebnisse praktisch jeder Rezeption durch die ‚Praxis' entzogen wurden.

Es gab keine *‚konzertierte Aktion'*. Jedes Projekt agierte für sich. Dadurch wurden Einflußmöglichkeiten sowohl in den Unternehmen, vor allem aber auch gegenüber den öffentlichen Auftraggebern verschenkt. Die Industriesoziologie ließ sich eine Alibirolle aufdrängen, ohne sich dies von den Auftraggebern entsprechend honorieren zu lassen.

Andererseits haben Projekte gezeigt, in denen konsequent und kompetent mit den betrieblichen Partnern zusammengearbeitet wurde, welche Möglichkeiten de facto bestanden. Bemerkenswert erscheinen mir insbesondere die Lernprozesse, die auf beiden Seiten, bei den Begleitforschern, wie ihren betrieblichen Partnern, stattfanden.

Insgesamt erscheint mir aber die Art und Weise, wie die Industriesoziologie im HdA-Programm agierte, symptomatisch für ihr wenig innovatives, konservatives wissenschaftliches Selbstverständnis zu sein. Welche Chancen dadurch verspielt wurden, wird durch die Tatsache deutlich, daß Gestaltungsansätze, die in den achtziger Jahren in HdA-Projekten entwickelt, dann aber nicht weiter verfolgt wurden, ein paar Jahre später, in japanischer oder amerikanischer Verkleidung, zu uns zurückkehrten und nun in der Öffentlichkeit und den Unternehmen eine breite Resonanz fanden.

3. Beobachtende Teilnahme ist notwendig

Soweit einige retrospektive Betrachtungen, die wohl etwas rüde und einseitig ausgefallen sind. Mir erscheint eine solche Überzeichnung aber sinnvoll, um einen wesentlichen Punkt herauszustellen: eben die Notwendigkeit, sich stärker ‚konstruktiv', d.h. in der Form aktiver Beteiligung an den betrieblichen Gestaltungsprozessen, auf die Praxis, einzulassen.

Ein Hinterherhinken hinter den technologischen und vor allem auch organisatorischen Entwicklungen kann nur vermieden werden, wenn wir Entwicklungen nicht nur im Nachhinein analysieren und evaluieren, sondern schon in ihrer Entstehung mitverfolgen. Das heißt: wir müssen uns mit den *Willensbildungs- und Entwicklungsprozessen* in den Unternehmen und Verwaltungen beschäftigen, und zwar nicht nur mit der Entwicklung von Technik, sondern vor allem auch der Unternehmensorganisation und -politik.

Dies setzt voraus, daß wir in diese betrieblichen Entwicklungs- und Willensbildungsprozesse mit *einbezogen* sind. Einer Betrachtung allein von ‚außen' (auch und gerade durch die sogenannten Experteninterviews) erschließen sich diese nur unvollständig, vor allem allzu leicht selektiv und damit irreführend.

Dies ist nur möglich, wenn ein enger, *kontinuierlicher Bezug* zu dem Geschehen in den Unternehmen über längere Zeiträume besteht. Dieser kann nur erreicht werden, wenn auch wir den Unternehmen etwas bieten und zwar mehr als kluge Post-festum-Analysen oder fertige Modelle, die wir uns am Schreibtisch ausgedacht haben. Die Unternehmen erwarten – und ich meine zu recht – mehr, nämlich die Bereitschaft, daß wir uns auch aktiv auf eine Beteiligung an den betrieblichen Gestaltungsprozessen einlassen, uns an der Erprobung unserer Vorschläge beteiligen.

Dies erfordert auch, daß wir die reine Beobachterrolle aufgeben und unter Umständen bereit sind, uns *aktiv* an diesen Prozessen zu *beteiligen*, d.h. unseren industriesoziologischen Sachverstand einzubringen und in der Auseinandersetzung mit der ‚Praxis' zu vertreten.

Zugleich muß dieser Prozeß aktiver Beteiligung an betrieblichen Gestaltungsprozessen selbst Gegenstand wissenschaftlicher Analyse und Reflexion sein. Eine solche *beobachtende Teilnahme* beinhaltet also nicht nur aktive Mitwirkung an betrieblichen Gestaltungsprozessen. Sie ist zugleich – so haben unsere Erfahrungen in zahlreichen Projekten immer wieder gezeigt – eine besonders ergiebige Form der Empirie. Im Gegensatz zu dem Hit-and-run-Verfahren formalisierter Querschnittsuntersuchungen vermittelt eine solche aktive Beteiligung am betrieblichen Geschehen ein sehr viel differenzierteres Verständnis der meist widersprüchlichen, vielfach gebrochenen Wirklichkeit in den Unternehmen und Verwaltungen. Sie eröffnet Einsicht in Prozesse und Zusammenhänge, die auch einer teilnehmenden Beobachtung, bei der die Wissenschaftler sich auf eine rein passive Rolle beschränken, eher verschlossen oder – gefährlicher noch – nur selektiv zugänglich sind. Die stärkere Nutzung unstrukturierter Methoden, wie zum Beispiel der sogenannten Experteninterviews, hat meiner Ansicht nach die Gefahr solch selektiver und erwartungskonformer Wahrnehmung betrieblicher Realität eher noch verstärkt. Nur zu leicht vermitteln sie das Gefühl einer intimen Kenntnis betrieblicher Zusammenhänge und Vorgänge, ohne eine ausreichende Grundlage zu bieten, zu beurteilen, wie weit diese nicht durch die Selbstdarstellung der Gesprächspartner geprägt ist. Die beobachtende Teilnahme konfrontiert die Wissenschaftler im Regelfalle früher als formalisierte Erhebungen mit sich abzeichnenden Problemlagen und neuen Schwerpunkten betrieblicher Aktivitäten. Vor allem aber bietet sie dem Sozialwissenschaftler die Möglichkeit der laufenden Überprüfung der Tauglichkeit seiner eigenen Vorschläge und Vorstellungen. So verstanden, gewinnt der Begriff „Aktionsforschung" eine doppelte Bedeutung: Gegenstand der Analyse ist sowohl betriebliches Handeln, wie auch die Aufnahme der eigenen Vorschläge.

Hier wird nun deutlich, warum der Begriff „konstruktive Sozialwissenschaft" das, was ich zu beschreiben versuche, nicht so recht faßt und mir eher zu unverbindlich scheint. ‚Konstruktiv' ist ja auch schon die Formulierung von Vorschlägen, Modellen, Verfahren, und an denen besteht ja in der Sozialwissenschaft wahrlich kein Mangel. Es kommt aber nicht nur darauf an, Vorschläge für die Praxis zu formulieren, sondern sich auf deren Umsetzung in die Praxis einzulassen, sich an dem Prozeß ihrer Erprobung aktiv zu beteiligen. Eine lehrreiche Erfahrung, die wir zum Beispiel in Begleitforschungsprojekten immer wieder machten: Es war meist kein Problem, schon nach relativ kurzer Zeit, ein paar Monaten, einen Gestaltungsvorschlag zu formulieren und diesen sogar im Unternehmen, vom Management, dem Betriebsrat und den ‚betroffenen' Arbeitern und Angestellten, akzeptiert zu bekommen. Seine Umsetzung in die betriebliche Praxis, seine stabile Verankerung als fester Bestandteil des betrieblichen Geschehens, stellte dann in der Regel einen langwierigen, leidvollen – und höchst informativen – Prozeß dar, in dessen Verlauf der ursprüngliche Vorschlag meist erheblich – und wie wir häufig einsehen mußten mit gutem Grund – modifiziert wurde. Gerade an diesen Prozessen haben wir am meisten gelernt.

Natürlich bin ich nicht der Ansicht, daß mit der Forderung nach aktiver Beteiligung an betrieblichen Gestaltungsprozessen rein diagnostische Querschnittsuntersuchungen überflüssig werden, die sich auf ein formalisiertes Instrumentarium stützen. Sie werden weiterhin unverändert notwendig sein. Es geht *mir* hier nicht darum, die Schlachten von gestern noch einmal zu schlagen, zumal sie sich heute eher wie Stürme im Wasserglas ausnehmen. Es geht hier lediglich um eine *Ausweitung unseres methodologischen Instrumentariums*, allerdings damit verbunden auch um eine Reorientierung unseres wissenschaftlichen Selbstverständnisses.

4. Beobachtende Teilnahme ist möglich

Beobachtende Teilnahme ist aus der Sicht der Industriesoziologie nicht nur notwendig, sondern auch möglich. Es besteht durchaus ein Bedarf für eine konstruktive, aktive Beteiligung der Industriesoziologie an der Praxis:

Die neuen arbeitspolitischen und unternehmensorganisatorischen Ansätze – z.B. Gruppenarbeit, Kontinuierlicher Verbesserungsprozeß, Simultaneous Engineering, fraktale Fabrik – sind inhärent soziologischer Natur, viel stärker als frühere arbeitspolitische Ansätze, die eher sozialpsychologisches Know-how abforderten. Sie erfordern ein Verständnis der Wirksamkeit soziologischer Zusammenhänge. Bei einer solchen *Soziologisierung der betrieblichen Praxis* könnte die Industriesoziologie eine wichtige Rolle spielen, eine Rolle, die von den konkurrierenden ‚affirmativen' Wissenschaftsdisziplinen bislang nur unzureichend übernommen wurde. (Beispiel: Konfliktverarbeitung als wesentlicher Aspekt des Projektmanagements bei Entwicklungsvorhaben.)

Die *Bereitschaft* der möglichen Kunden in den Unternehmen, etwa des Personalmanagements, sich auf Beratung durch Soziologen einzulassen, ist deutlich gewachsen. Die grundsätzlichen Vorurteile gegenüber der Soziologie dürften eher schwächer geworden sein. Zwar herrscht vielfach noch die Vorstellung, der Beitrag soziologischer Beratung habe wesentlich in der Sicherstellung von Akzeptanz betrieblicher Maßnahmen zu bestehen. Andererseits haben wir immer wieder Auftraggeber getroffen, die sehr wohl begriffen haben, daß der besondere Wert einer industriesoziologischen Beratung nicht zuletzt mit ihrer kritischen Grundhaltung verknüpft ist.

Dazu beigetragen hat nicht zuletzt eine allgemeine *Verunsicherung* des Managements über die Frage, wie den Anforderungen, denen sich die Unternehmen heute gegenüber sehen, zu begegnen sei. In die gleiche Richtung wirkt auch die *Unfähigkeit* der Unternehmen, selbst konzeptionell Ansätze zu entwickeln, die soziologische Zusammenhänge mit berücksichtigen. Vielfach bildet sich hier eine paradoxe Situation heraus: die neuen Ansätze – unter welchem modischen Etikett sie auch firmieren mögen: Lean Production, Lean Management, KVP (Kontinuierlicher Verbesserungsprozess), Gruppenarbeit – erfordern soziologische Ansätze, aber die angespannte wirtschaftliche Situation der Unternehmen erschwert die Entwicklung eben solcher Ansätze, die dazu beitragen sollen, die Situation zu bewältigen. Ein Beispiel bildet die Gruppenarbeit, mit deren Einführung sich die meisten Unternehmen ja recht schwer tun.

5. Risiken

Der Markt für eine konstruktive Sozialwissenschaft ist also da. Welche Risiken beinhaltet nun eine solche praxisbezogene Ausrichtung, ein solches Sich-Einlassen auf die betriebliche Praxis, für die Industriesoziologie? Ich möchte diese Problematik anband von vier Fragen diskutieren:

Können wir die neuen *Anforderungen* erfüllen? Die größere Praxisnähe konfrontiert uns mit Anforderungen, die wir auf vielen Gebieten nicht ohne weiteres erfüllen werden können. Zunächst einmal besteht zweifellos die Gefahr, daß wir in die Situation des Kaisers mit den neuen Kleidern geraten: daß sich so manches unserer Konzepte, das sich auf dem Papier beeindruckend ausnimmt, in der Konfrontation mit der Praxis als sehr viel weniger epochal erweist. Es wird mehr von uns gefordert als allgemeine, relativ unverbindliche Modelle und Konzepte. Wir werden vielfach zunächst eine gewisse Durststrecke zu überwinden haben, in der wir mehr Lernende, denn Lehrende sein werden, bis wir als ernstzunehmende Gesprächspartner wahrgenommen werden.

Geraten wir dabei in *Abhängigkeit* von ‚privatwirtschaftlichen' Auftraggebern? Zunächst einmal: Eine solche Abhängigkeit kann auch erzieherisch wirken, etwa in Richtung einer größeren Präzisierung unserer Aussagen, in einer Beschleunigung unserer vielfach eher bedächtigen Produktionszyklen. Zweifellos ist aber ein engerer Unternehmensbezug auch mit Abhängigkeiten verbunden, die sich auch negativ auf die Qualität unserer Arbeit auswirken können. So wird sicherlich die Beibehaltung jener distanzierten, kritischen Grundhaltung, die die Industriesoziologie gegenüber den konkurrierenden ‚affirmativen' Disziplinen auszeichnet, erschwert. Die Überlegung, ob ein kritischer Befund das gute Verhältnis zu einem betrieblichen Auftraggeber gefährden und damit einen Anschlußauftrag gefährden könnte, ist ja durchaus naheliegend. So haben wir bei unserer Tätigkeit des Öfteren erfahren, daß tatsächlich Folgeaufträge ausblieben, weil unsere Befunde oder Vorschläge jemandem im Management nicht in den Kram paßten, ein Risiko, daß allerdings durchaus auch bei öffentlichen Auftraggebern bestand. Zudem darf nicht übersehen werden, daß wir eine Verminderung der einseitigen Abhängigkeit von öffentlichen Auftraggebern erreichen, daß wir bei diesen an Attraktivität und Statur gewinnen, wenn es uns gelingt, auch Privatunternehmen als Auftraggeber zu gewinnen.

Wird die größere Nähe zum Management mit einem Verlust der traditionellen Nähe zu den *Gewerkschaften* erkauft? Geht die Arbeiter- und Arbeitsorientierung der Industriesoziologie verloren? Meines Erachtens ist das zumindest eine notwendige Konsequenz. Arbeits- und Arbeiterorientierung von Forschung heißt ja nicht, daß wir uns vorwiegend oder gar ausschließlich mit ‚dem Arbeiter' und seiner Arbeitssituation beschäftigen müssen. An sich müßte gerade ihre größere Vertrautheit mit dem Management und mit den internen betrieblichen Prozessen die Industriesoziologen zu kompetenteren – und gewichtigeren – Gesprächspartnern der Gewerkschaften machen.

Geht mit der aktiven Einbindung in betriebliche Gestaltungsprozesse der spezifische *analytische Zugriff* verloren, der die Industriesoziologie vor den konkurrierenden, affirmativen Wissenschaftsdisziplinen auszeichnet? Geraten wir in Gefahr, sozusagen betriebsblind zu werden? Zweifellos ist dies ein ernstzunehmendes Risiko. Wir können ihm nur begegnen, indem wir es uns als eine spezifische Herausforderung ständig im Bewußtsein halten, vor allem durch eine wohlbedachte Kombination von teilnehmender Beobachtung und analytisch-diagnostischer Forschung.

Wir haben bei unserer Akquisitionspolitik deshalb sehr bewußt auf eine ausgewogene Mischung von Begleitforschungs- und Beratungsprojekten und ‚reinen' Forschungsprojekten hingezielt. (Einen solchen Mix zu ermöglichen, sollte auch eine ausdrückliche Maxime öffentlicher Forschungsförderung sein.) Dies hatte allerdings eine thematische Askese in Form der Konzentration auf einen bestimmten Themenbereich zur Folge. Nur so war jene inhaltliche Kompetenz zu erwerben und zu halten, die notwendig ist, um gegenüber den Unternehmen als attraktive Gesprächspartner agieren zu können.

6. Neue Anforderungen

Die Wahrnehmung einer aktiven, praxisnahen Rolle konfrontiert die Industriesoziologen also mit neuen Risiken und Anforderungen, die Konsequenzen für ihr Verhalten und Selbstverständnis haben.

Erforderlich ist zunächst einmal die Bereitschaft, weniger Zeit an den Schreibtischen oder vor den Computern in den Instituten, und mehr Zeit *vor Ort,* in den Betrieben und Verwaltungen zu verbringen. Nur so kann eine stärkere und vor allem jene kontinuierliche Präsenz in den Unternehmen, jene dauerhafte Verbindung mit der Praxis erreicht werden, die erforderlich ist, damit diese sich uns in ihrer Differenziertheit und vor allem auch in ihrer Widersprüchlichkeit erschließt, so daß sich die Gefahr einer erwartungskonformen Wahrnehmung der betrieblichen Realität reduziert.

Wir müssen nicht nur stärker zur Kenntnis nehmen, was von den *Nachbardisziplinen,* etwa der Betriebswirtschaft oder der Informatik, in die Praxis eingebracht wird, sondern deren Wissen auch aktiv in unseren Gestaltungsansätzen mitverwerten.

Konsequenzen ergeben sich damit für die *Ausbildung* der Industriesoziologen. Die stark auf die Vermittlung formalisierter Methoden einerseits, theoretischer Ansätze andererseits ausgerichteten Studiengänge sollten ergänzt werden durch eine intensivere Vermittlung von anschaulichen Vorstellungen der betrieblichen Verhältnisse und einen Skeptizismus gegenüber allzu glatten, stromlinienförmigen Verallgemeinerungen. So sollte ein betriebliches Praktikum und die Aufarbeitung der dabei gemachten Erfahrungen zum festen Bestandteil des industriesoziologischen Ausbildungsganges gehören.

Konsequenzen ergeben sich auch für die *Organisation der Forschungsbetriebe.* Die notwendige stärkere Beteiligung am betrieblichen Geschehen produziert – wo sie stattfindet – Rückwirkungen auf den institutionalisierten Ablauf der Projekte und die hierarchischen Strukturen in den Forschungsinstituten und an den Lehrstühlen.

Erforderlich sind schließlich auch Korrekturen im *Selbstverständnis* der Sozialwissenschaften, bzw. der Sozialwissenschaftler. Zu überprüfen ist vor allem, was eine ‚kritische Haltung' unter den heutigen Bedingungen beinhaltet. Nach meiner Meinung bewährt sich eine solche Haltung nicht zuletzt in der Bewältigung der – zweifellos schwierigen – Doppelrolle von distanzierter Beobachtung und aktiver Teilnahme an den betrieblichen Gestaltungsprozessen. Das erfordert auch ein Verständnis davon, daß konstruktiv nicht notwendigerweise mit affirmativ gleichzusetzen ist.

Zu untersuchen ist auch, wie weit der Anspruch, den bestimmte Vorstellungen von der Rollenverteilung zwischen Wissenschaft und Praxis implizieren, erfüllt werden kann. Symptomatisch für ein eher problematisches Rollenverständnis erscheint mir etwa der Titel eines Artikels von Lutz/Schultz-Wild (1986): „Aufklärung als Gestaltung – zur Rolle der Sozialwissenschaften bei technisch-organisatorischen Innovationsvorhaben" – ohne Fragezeichen wohlgemerkt. Die Soziologen als die Aufklärer, die Praktiker als die – eher zögerlichen – Nachvollzieher? Demgegenüber ist hervorzuheben, daß der Gestaltungsanspruch einer – auch – auf beobachtende Teilnahme ausgerichteten Forschungspraxis vergleichsweise bescheidener ist: sie begreift sich nicht als Präzeptor, sondern als Diskussionspartner der Praxis. Ich zweifle, ob wir in den letzten Jahren wirklich in der Lage waren, diesem Anspruch voll gerecht zu werden. Gefordert ist da, so scheint mir, zunächst einmal – insbesondere solange wir die Durststrecke, die vor uns liegt, noch nicht bewältigt haben, – die Bereitschaft, uns als Lernende zu begreifen und die Praxis nicht nur als etwas zu sehen, das durch uns aufzuklären ist, sondern der gegenüber wir uns bewähren müssen.

Zusammenfassend: Aktive und zugleich beobachtende Teilnahme an betrieblichen Gestaltungsprozessen eröffnet der Industriesoziologie den Zugang und neue Formen des empirischen Zugriffes zu wichtigen Forschungsfeldern. Sie kann dazu beitragen, der Marginalisierung, in die sich die Industriesoziologie gebracht hat, entgegenzuwirken.

Literatur

Altmann, N./Binkelmann, P./Düll, K./Mendolia, R./Stück, H. 1980: Bedingungen und Probleme betrieblicher initiierter Humanisierungsmaßnahmen. HdA-Forschungsbericht. München

Altmann, N./Bechtle, G./Lutz, B. 1978: Betrieb – Technik – Arbeit. Elemente einer soziologischen Analytik technisch-organisatorischer Veränderungen. Frankfurt/M., New York

Altmann, N./Düll, K./Lutz, B. 1985: Forschungsverbund: Humanisierungsrelevante Veränderungen in der Arbeitswelt. Ein Gutachten. München

Antoni, C. 1994: Gruppenarbeit in Deutschland, eine Bestandsaufnahme bei den 100 umsatzstärksten Industrieunternehmen für die Jahre 1993/1994. Mannheim

Attewell, P. 1986: Imperialism within Complex Organizations: In: Sociological Theory, Vol. 4, S. 115–125

Ausschuß für wirtschaftliche Verwaltung (AWV) 1980: Arbeitswirtschaftliche und soziale Folgewirkungen neuer Technologien im Bereich der Textverarbeitung. Forschungsprojekt im Auftrag des RKW. München

Azumi, K./Hage, J. (Hg.) 1972: Organizational Systems. A Text-Reader in the Sociology of Organizations. Lexington

Bahrdt, H. P. 1958: Industriebürokratie. Stuttgart

Balck, H. 1989: Neuorientierung von Projektmanagement – Abkehr von mechanisierter Steuerung und Kontrolle. In: Reschke, H., Schelle, H., Schnopp, R. (Hg.): Handbuch Projektmanagement. Band 2. Köln, S. 1033–1055

Bartölke, K./Foit, O./Gohl, J./Kappler, E./Ridder, H. G./Schumann, M. 1980: Untersuchung der Einführung der Arbeitsbewertung im Hinblick auf eine humane Arbeitsgestaltung. HdA-Forschungsbericht. Karlsruhe

Baethge, M./Oberbeck, H. 1986: Zukunft der Angestellten – Neue Technologien und berufliche Perspektiven in Büro und Verwaltung. Frankfurt/M., New York

Bechtle, G. 1980: Betrieb als Strategie. Theoretische Vorarbeiten zu einem industriesoziologischen Konzept. Frankfurt/M., New York

Beck, U./Bonß, W. 1984: Soziologie und Modernisierung. Zur Ortsbestimmung der Verwendungsforschung. In: Soziale Welt, Jg. 35, S. 381–406

Beck, U./Bonß, W. (Hg.) 1989: Weder Sozialtechnologie noch Aufklärung? Frankfurt/M.

Beer, M. 1980: A Social Systems Model for Organizational Development. In: Cummings, T. (ed.): Systems Theory for Organizational Development. Chichester, S. 73–114

Bergmann, J. 1982: Industriesoziologie – eine unpraktische Wissenschaft? In: Beck, U. (Hg.): Soziologie und Praxis. Göttingen, S. 397–416

Binkelmann, P./Braczyk, H. J./Seltz, R. (Hg.) 1993: Entwicklung der Gruppenarbeit in Deutschland. Frankfurt/M.

Bjorn-Andersen, H. 1984: Information Technology and Power Changes in Organizations. In: Grewlich, K./Pedersen, F. H. (eds.): Power and Participation in an Information Society. Office of Official Publications of the European Communities. Brussels, S. 183–201

Bleicher, K. 1986: Strukturen und Kulturen im Umbruch: Herausforderung für den Organisator. In: zfo – Zeitschrift Führung + Organisation, Jg. 55, S. 97–108

Bleicher, K. 1994: Normatives Management. Politik, Verfassung und Philosophie des Unternehmens. Frankfurt/M.

Böllhoff, F. 1984: Management und Soziologie. In: Universität Bielefeld, Fakultät für Soziologie/Hoesch Rothe Erde-Schmiedag AG (Hg.): Industriesoziologie zwischen Theorie und Praxis. Ergebnisse, Erfahrungen und Perspektiven aus einem Projekt zur Verbesserung der Gießereiarbeit. Frankfurt/M., New York, S. 118–122

Bollinger, H./Lullies, V. 1989: Die Revolution im Büro findet nicht statt. In: Harvard Manager, H. 4/1989, S. 15–18

Bollinger, H./Lullies, V./Weltz, F. 1989: Technik als Trojanisches Pferd. In: Technische Rundschau, H. 38/1989, S. 8–12

Bollinger, H./Lullies, V./Weltz, F. 1990: Management als Hemmschuh. Die Revolution im Büro findet nicht statt. In: Wechselwirkung, H. 44, S. 18–21

Bollinger, H./Weltz, F. 1989: Zwischen Rezeptwissen und Arbeitnehmerorientierung. Der Arbeitsbezug soziologischer Beratung von Unternehmen. In: Beck/Bonß 1989, S. 245–275

Bosetzky, H. 1979: Die bewußte Schaffung von Unklarheit als innerorganisatorisches Problem. In: zfo – Zeitschrift Führung + Organisation, Jg. 48, S. 63–70

Braczyk, H. J. 1984: Von Unsicherheit und Skepsis zu realistischer Kooperation. In: Universität Bielefeld, Fakultät für Soziologie/Hoesch Rothe Erde-Schmiedag AG (Hg.): Industriesoziologie zwischen Theorie und Praxis. Ergebnisse, Erfahrungen und Perspektiven aus einem Projekt zur Verbesserung der Gießereiarbeit. Frankfurt/M., New York, S. 127–137

Brinckmann, H. 1979: Rationalisierung der öffentlichen Verwaltung durch Einsatz von DV. In: Hausen, H. R./Schröder, K. T./ Weihe, H. J. (Hg.): Mensch und Computer. Zur Kontroverse über die ökonomischen und gesellschaftlichen Auswirkungen der EDV. München, Wien, S. 109–122

Brinckmann, H./Grimmer, K./Jungesblut, B./Karlsen, T./Lenk, K./Rave, D. 1981: Automatisierte Verwaltung. Eine empirische Untersuchung über die Rationalisierung der Steuerverwaltung. Frankfurt/M., New York

Bullinger, H. J. 1987: Die strategische Bedeutung der Bürokommunikation. In: VDI (Hg.): Bürokommunikation '87. Düsseldorf, S. 25–63

Bullinger, H. J./Ulbricht, B./Vollmer, S. 1995: Wie führe ich Teamarbeit erfolgreich ein. Stuttgart

Bungard, W./Antoni, C./Lehnert, E. 1993: Gruppenarbeitskonzepte in mittleren Industriebetrieben. Mannheim

Diebold Deutschland 1987: Strategische Waffe Informationstechnik. Dokumentation des Internationalen Management-Symposiums. Frankfurt/M.

DLG (Hg.) 1994: Fachtagung Gruppenarbeit. Rostock

Filius, D. 1985: Gewachsene Machtstrukturen als Innovationshemmnis. In: zfo – Zeitschrift Führung + Organisation, Jg. 54, S. 227–232

Fricke, W. 1992: Technikgestaltung und industriesoziologische Forschung. In: Daheim, H. J./ Heid, H./Krahn, K. (Hg.): Soziale Chancen. Forschungen zum Wandel der Arbeitsgesellschaft. Frankfurt/M., S. 277–310

Fritscher, W. 1989: Differenzierung, Verdinglichung und Abstraktion. Über einige Beiträge, die eine autopoietische Systemtheorie zu einer kritischen Theorie moderner Rationalität leisten kann. Frankfurt/M., Bern

Gerst, D./Hartwig, T./Kuhlmann, M./Schumann, M. 1994: Gruppenarbeit in der betrieblichen Erprobung – ein „Modell" kristallisiert sich heraus. In: Angewandte Arbeitswissenschaft, H. 142, S. 5–30

Gerstein, M. S. 1987: The Technology Connections – Strategy and Change in the Information Age. Reading

Gersten, K./Volkholz, V. (Hg.) 1994: Arbeit und Technik in den neuen Bundesländern. Ergebnisse des 2. Bad Schandauer Innovationsgespräches zu den Erfahrungen und Perspektiven des Forschungsprogramms „Arbeit u. Technik" 1992–1993. Bauzen

Hammer, M./Champy, J. 1994: Business Reengeneering – Die Radikalkur für das Unternehmen. Frankfurt/M.

Hildebrandt, E./Seltz, R. 1989: Wandel betrieblicher Sozialverfassung durch systemische Kontrolle? Berlin

Hirsch-Kreinsen, H./Rampe, U. 1992: Arbeitsorganisation und leistungspolitische Gestaltung bei Gruppenarbeit. In: REFA-Nachrichten, Jg. 45/H. 1, S. 4–13

Holthaus, R. 1988: Der tägliche Kleinkrieg. Planung der Bürokommunikation für Fachabteilungen. In: Office Management, H. 4, S. 20–22

Howald, J. 1996: Industriesoziologie und Organisationsberatung. Frankfurt/M.

Ittermann, P. 1996: Sozialwissenschaftliche Organisationsberatung bei der Einführung von Gruppenarbeit. Bochum (unveröffentlichtes Manuskript)

Jacobi, U./Lullies, V./Weltz, F. 1980: Textverarbeitung im Büro. Frankfurt/M., New York

Jürgens, U./Naschold, F. (Hg.) 1983: Arbeitspolitik. Materialien zum Zusammenhang von politischer Macht, Kontrolle und betrieblicher Organisation der Arbeit. Opladen

Kern, H. 1979: Kritische Industriesoziologie? In: Kern, H. (Hg.): Kampf um Arbeitsbedingungen. Materialien zur „Humanisierung der Arbeit". Frankfurt/M., S. 231–245

Kern, H./Schumann, M. 1972: Der soziale Prozess bei technischen Umstellungen. Frankfurt/M.

Kieser, A./Kubicek, H. 1976: Organisation. Berlin, New York

Kiesmüller, T./Weltz, F./Bollinger, H./Ehrmüller, F./Sahelijo, T. 1987: Arbeitsstrukturierung in typischen Bürobereichen eines Industrieunternehmens (ASTEX). Bonn (Projektträger „Humanisierung des Arbeitslebens", Schriftenreihe Forschung, Fb 512)

Kirsch, W. 1971: Entscheidungsprozesse (Bd. 3: Entscheidungen in Organisationen). Wiesbaden

Kirsch, W./Esser, W. M./Gabele, E. 1978: Reorganisation. Theoretische Perspektiven des geplanten organisatorischen Wandels. München

Koubek, N./Hinze, D./Hundt, U./Maisch, K. 1980: Einzelwirtschaftliche Investitionsentscheidungen und Arbeitssysteme. HdA-Forschungsbericht. Karlsruhe

Kühl, S. 1994: Wenn die Affen den Zoo regieren: die Tücken der flachen Hierarchien. Frankfurt/M.

Küpper, W./Ortmann, G. 1988: Mikropolitik. Rationalität, Macht und Spiele in Organisationen. Opladen

Lammers, C. J. 1981a: Contributions of Organizational Sociology: Part I: Contributions to Sociology – A Liberal View. In: Organizational Studies, Vol. 2, S. 267–286

Lammers, C. J. 1981b: Contributions of Organizational Sociology: Part II: Contributions to Organizational Theory and Practice – A Liberal View. In: Organizational Studies, Vol. 2, S. 361–376

Lammers, C. J. 1975: Self-Management and Participation: Two Concepts of Democratization in Organizations. In: Organization and Administrative Sciences, Vol. 5, S. 17–33

Lullies, V. 1989: Neue Bürotechnik und Management. Bericht über die Veröffentlichungen der Sloan School of Management am Massachusetts Institute of Technology. In: zfbf – Schmalenbachs Zeitschrift für betriebswirtschaftliche Forschung, Jg. 41, S. 855–870

Lullies, V./Bollinger, H./Weltz, F. 1990: Konfliktfeld Informationstechnik – Innovation als Managementproblem. Frankfurt/M.

Lullies, V./Bollinger, H./Weltz, F. 1993: Wissenslogistik – Über den betrieblichen Umgang mit Wissen bei Entwicklungsvorhaben. Frankfurt/M.

Lutz, B. 1981: Möglichkeiten und Grenzen industriesoziologischer Begleitforschung bei der Implementierung neuer Fertigungstechnologien. (Thesen zu einem Referat.) In: P. Brödner (Hg.): PDV-Berichte – Neue Fertigungstechnologien und Qualität der Arbeitsplätze. Karlsruhe (Hektogr. Bericht über die Fachtagung im Juni 1980 in Karlsruhe)

Lutz, B./Schultz-Wild, R. 1986: Aufklärung als Gestaltung – zur Rolle der Sozialwissenschaften bei technisch-organisatorischen Innovationsvorhaben. In: WSI-Mitteilungen, Jg. 39, S. 669–678

Markus, L. M./Pfeffer, J. 1983: Power and the Design and Implementation of Accounting and Control Systems. Center for Information Systems Research/M.I.T. Working Paper, Nr. 78

Mayntz, R./Ziegler, R. 1977: Soziologie der Organisation. In: König, R. (Hg.): Handbuch der empirischen Sozialforschung, Bd. 9 (2. Aufl.). Stuttgart, S. 1–141

Minssen, H. 1993: Beraten(d)e Akteure – Industriesoziologie wird praktisch. In: Howald, J./ Minssen, H. (Hg.): Lean, Leaner ...? Die Veränderung des Arbeitsmanagements zwischen Humanisierung und Rationalisierung. Dortmund, S. 185–199

Moldaschl, M./Schultz-Wild, R. (Hg.) 1994: Arbeitsorientierte Rationalisierungsinseln und Gruppenarbeit im Maschinenbau. Frankfurt/M.

Naisbitt, J./Aburdene, P. 1989: Megatrends Arbeitsplatz. Von Infrastrukturen zur Lebensqualität. München

Naschold, F. 1984: Was kann Industriesoziologie leisten? In: Universität Bielefeld, Fakultät für Soziologie/Hoesch Rothe Erde-Schmiedag AG (Hg.): Industriesoziologie zwischen Theorie und Praxis. Ergebnisse, Erfahrungen und Perspektiven aus einem Projekt zur Verbesserung der Gießereiarbeit. Frankfurt/M., New York, S. 89–100

Ortmann, G./Becker, A./Schulz, H.-J./Windeler, A. 1990: Computer und Macht in Organisationen. Wiesbaden

Ortmann, G./Windeler, A. (Hg.) 1989: Umkämpftes Terrain: Managementperspektiven und Betriebspolitik bei der Einführung von Computersystemen. Wiesbaden

Pedler, M./Burgoyne, J./Bovdell, T. 1994: Das lernende Unternehmen: Potentiale freilegen – Wettbewerbsvorteile sichern. Frankfurt/M.

Pekruhl, U./Kleinschmidt, M. 1994: Kooperative Arbeitsstrukturen und Gruppenarbeit in Deutschland. Gelsenkirchen

Prewo, R./Ritsert, J./Stracke, E. 1973: Systemtheoretische Ansätze in der Soziologie. Eine kritische Analyse. Reinbek

Prigogine, I./Stengers, I. 1981: Dialog mit der Natur. Neue Wege naturwissenschaftlichen Denkens. München, Zürich

Ranson, S./Hinings, B./Greenwood, R. 1980: The Structuring of Organizational Structures. In: Administrative Science Quarterly, Vol. 25, S. 1–17

Rolf, A. 1983: Zur Veränderung der Arbeit in Büro und Verwaltung durch Informationstechnik. Münster

Röpke, J. 1977: Strategie der Innovation. Tübingen

Rusch, G. 1987: Erkenntnis, Wissenschaft, Geschichte: Von einem konstruktivistischen Standpunkt. Frankfurt/M.

Sandner, K. 1993: Prozesse der Macht – Zur Entstehung, Stabilisierung und Veränderung der Macht von Akteuren in Unternehmen (2. Aufl.). Heidelberg

Schmidt, J. 1987: Von der Organisationsentwicklung zur Selbstorganisation: Prozessbeschreibung und pragmatische Konsequenzen. In: Organisationsentwicklung, H. 4, S. 43–61

Schmidt, K. (Hg.) 1994: Corporate Identity in Europe. Frankfurt/M., New York

Schumann, M./Baethge-Kinsky, V./Kuhlmann, M. 1994: Trendreport Rationalisierung. Berlin

Shaiken, H. 1980: Die Auswirkung neuer Technologien für Beschäftige und deren Organisationen. Berlin

Springer, R. 1997: Reflexivitätssteigerung durch Organisationsberatung? Zur Aufgabe und Rolle der Industriesoziologie im industriellen Transformationsprozeß. In: Arbeit, Jg. 6, S. 33–49

Teubner, G. 1987: Hyperzyklus in Recht und Organisation. Zum Verhältnis von Selbstbeobachtung, Selbstkonstitution und Autopoiese. In: Haferkamp, H./Schmid, M. (Hg.): Sinn, Kommunikation und soziale Differenzierung. Frankfurt/M., S. 89–128

Tropitsch, H. 1994: Effizienzsteigerung durch mehr Partizipation – die neue Arbeitspolitik bei Mercedes-Benz zeigt Erfolge. In: Angewandte Arbeitswissenschaft, H. 142, S. 1–4

Türk, K. 1978: Soziologie der Organisation. Stuttgart

Vogel, H. C. 1988: Organisationsentwicklung als Begleitung selbstorganisierter Lernprozesse: Konstruktivistische Anmerkungen zur Planbarkeit von Veränderungsprozessen. In: Organisationsentwicklung, H. 3, S. 23–38

Weltz, F. 1959: Autoritätsausübung und Disziplinarfunktion des Vorgesetzten im Industriebetrieb. In: Deutsche Gesellschaft für Soziologie (Hg.): Verhandlungen des vierzehnten Deutschen Soziologentages. Stuttgart, S. 124–127

Weltz, F. 1976: Betriebliche Beschäftigungspolitik und Verhalten der Arbeitskräfte. In: Gewerkschaftliche Monatshefte, Jg. 27/H. 1, S. 9–25

Weltz, F. 1978: Innovation, Beschäftigungspolitik und industrielle Beziehungen. München

Weltz, F. 1982: Begleitforschung zwischen Aktionismus und Berührungsangst. Einige Anmerkungen zum Verhältnis von Industriesoziologie und dem Programm Humanisierung des Arbeitslebens. In: Soziale Welt, Jg. 33, S. 294–302

Weltz, F. 1984: Industriesoziologie und Praxisbezug. In: Lau, T. (Hg.) 1984: Zur Praxisrelevanz sozialwissenschaftlicher Forschung. München

Weltz, F. 1985a: Veränderungen der Leitungsfunktionen durch neue Technik. In: Office Management, H. 4, S. 486–470

Weltz, F. 1985b: Zellstruktur oder Infrastruktur? Zur Ursache der Fettleibigkeit von Großverwaltungen. In: Office Management, H. 9, S. 822–827

Weltz, F. 1986a: Aus Schaden dumm werden. Zur Lernschwäche von Verwaltungen. In: Office Management, H. 5, S. 532–534

Weltz, F. 1986b: Wer wird Herr der Systeme? Der Einsatz neuer Bürotechnologie und die innerbetriebliche Handlungskonstellation. In: Seltz, R./Mill, U./Hildebrandt, E. (Hg.):

Organisation als soziales System. Kontrolle und Kommunikationstechnologie in Arbeitsorganisationen. Berlin, S. 151–161

Weltz, F. 1987a: Die Zeitbombe tickt – Konfliktpotential beim Einsatz neuer Bürotechnik. In: Technische Rundschau, H. 38, S. 51–57

Weltz, F. 1987b: Information als Fetisch. Zur Diskussion um die neue Bürotechnik. In: Zeitschrift für Führung und Organisation, H. 6, S. 355–357

Weltz, F. 1988: Die doppelte Wirklichkeit der Unternehmen und ihre Konsequenzen für die Industriesoziologie. In: Soziale Welt, Jg. 39, S. 97–103

Weltz, F. 1991: Der Traum von der absoluten Ordnung und die doppelte Wirklichkeit der Unternehmen. In: Hildebrandt, E. (Hg.): Betriebliche Sozialverfassung unter Veränderungsdruck. Berlin, S. 85–97

Weltz, F. 1993: Zwischen Planung und wirklichem Leben. In: Technische Rundschau, 1993, Nr. 49, S. 10–13

Weltz, F. 1997: Beobachtende Teilnahme. Ein Weg aus der Marginalisierung der Industriesoziologie. In: Senghaas-Knobloch, E./Lange, H. (Hg.): Konstruktive Sozialwissenschaft. Herausforderung Arbeit, Technik, Organisation. Münster u.a.O., S. 35–47

Weltz, F. 2010a: Arbeit mit Fallstudien. In: Pongratz, H./Trinczek, R. (Hg.): Industriesoziologische Fallstudien. Entwicklungspotenziale einer Forschungsstrategie. Berlin, S. 233–256

Weltz, F. 2010b: Management by Potemkin und die doppelte Wirklichkeit der Unternehmen. In: Altmann, N./Böhle, F. (Hg.): Nach dem „Kurzen Traum“. Neue Orientierungen in der Arbeitsforschung. Berlin, S. 81–95

Weltz, F./Bollinger, H. 1987: Dezentralisierung und Integration: Zauberformel der Büroarbeit. In: Office Management, H. 3, S. 52–56

Weltz, F./Bollinger, H./Ortmann, R. 1989: Qualifikationsförderung im Büro. Konzepte und Praxisbeispiele. Frankfurt/M., New York

Weltz, F./Diezinger, A./Lullies, V./Marquardt, R. 1979: Junge Frauen zwischen Beruf und Familie. Frankfurt/M., New York

Weltz, F./Jacobi, U. 1980: Humanisierung der Arbeitsbedingungen in der Textverarbeitung und beim Dialogverkehr am Datensichtgerät. Sozialwissenschaftliche Begleitforschung im Bereich der Zentralen Schreibdienste des Kraftfahrt-Bundesamtes. Zwischenbericht. München

Weltz, F./Jacobi, U. 1986: Arbeitsgestaltung in der öffentlichen Verwaltung. Schreibdienste im Kraftfahrtbundesamt. Frankfurt/M., New York

Weltz, F./Lullies, V. 1983a: Innovation im Büro. Das Beispiel Textverarbeitung. Frankfurt/M., New York

Weltz, F./Lullies, V. 1983b: Menschenbilder der Betriebsorganisatoren. In: Rammert, W. (Hg.): Technik und Gesellschaft, Jahrbuch 2. Frankfurt/M., S. 109–128

Weltz, F./Lullies, V. 1987: Arbeitsstrukturierung in typischen Bürobereichen in einem Industrieunternehmen. Bonn (BMFT-Schriftenreihe)

Weltz, F./Ortmann, R. G. 1992: Das Softwareprojekt. Projektmanagement in der Praxis. Frankfurt/M., New York

Wiedemann, H. 1971: Das Unternehmen in der Evolution. Neuwied, Berlin

Willmott, H. 1981: The Structuring of Organizational Structure: A Note. In: Administrative Science Quarterly, Vol. 26, S. 470–474

Witte, E. 1973: Organisation für Innovationsentscheidungen – Das Promotorenmodell. Göttingen

Witte, E. 1977: Power and Innovation. A Two-Center Theory. In: International Studies of Management and Organization, Vol. 7, S. 47–70

Womack, J./Jones, D./Roos, D. 1992: Die zweite Revolution in der Autoindustrie (4. Aufl.). Frankfurt/M., New York

Zuboff, S. 1988: In the Age of the Smart Machine. New York

Werkkontext

Leben mit der Industriesoziologie*

Friedrich Weltz

Ich habe 1947 begonnen zu studieren, allerdings nicht Soziologie, sondern Anglistik, Germanistik und Amerikanistik. Ganz naiv, ohne irgendeine Vorstellung über die spätere Verwertung des Studiums. Ich habe halt gern gelesen, ein bisschen geschrieben, sogar etwas veröffentlicht und bin so ziemlich weltfremd in dieses Studium hineingerutscht. Es war eben die Nachkriegssituation. Übrigens war ich damit nicht allein, von der ganzen ersten Generation der Industriesoziologen – Popitz, Bahrdt, Jüres, Kesting, Pirker, Lutz, von Friedeburg, Lepsius – hat meines Wissens kein einziger Soziologie studiert.

Um auf die Universität zugelassen zu werden, musste ich zunächst ein halbes Jahr auf den Bau, habe dazu beigetragen, die ausgebrannte Universitäts-Zahnklinik wieder aufzubauen. Vorher hatte ich schon ein halbes Jahr als Holzfäller und als Küchenjunge in einem Jesuitenkolleg gearbeitet. Das war sozusagen indirekt schon meine Einführung in die Industriesoziologie. Ich habe dann ein rechtschaffen törichtes Anglistik-Studium absolviert, habe aber dabei doch ein paar Sachen richtig gemacht: Ich habe gleich einen Dolmetscher-Kurs besucht und dadurch sehr solide Englisch gelernt. Ich habe auch konsequent versucht, irgendwie ins Ausland zu kommen. So studierte ich 1949 zum Beispiel ein halbes Jahr mit einem Stipendium in London.

März 1953 war ich mit dem Studium fertig. Mir war vorher schon klar geworden, dass ich nicht in diesem Gebiet bleiben würde. Ich hatte mich schon indirekt für Soziologie zu interessieren begonnen, wieso weiß ich nicht mehr, und zwar für die Soziologie des Lesens. So habe ich drei Briefe geschrieben, einen an Frau Nölle-Neumann vom „Institut für Demoskopie" in Allensbach, einen an Professor Horkheimer am „Institut für Sozialforschung" in Frankfurt und einen an den Baron von Stackelberg bei Emnid in Bielefeld.

Alle drei haben, heute unvorstellbar, sofort höflich persönlich geantwortet und mich eingeladen, sie aufzusuchen. Ich stieg also auf mein Motorrad – eine NSU Quick mit der Spitzengeschwindigkeit von 70 Stundenkilometern, die ich aber eigentlich nur selten und nur bergab erreichte – und fuhr zuerst nach Frankfurt. Da hatte ich großes Glück. Ich kam ins Institut für Sozialforschung, begegnete zufällig gleich Herrn Sardemann und saß fünf Minuten später bei Horkheimer im Zimmer. Adorno war in Amerika. Ich habe Horkheimer erzählt von meinen Plänen über Lesesoziologie oder was ich mir damals halt drunter vorstellte,

* Überarbeitete Transkription eines Gesprächs, das Hans Pongratz mit Friedrich Weltz führte.

und Horkheimer hat geduldig zugehört und am Ende gesagt: „Das klingt ja sehr interessant, aber gut muss das werden."

„Karlchen" Sardemann war quasi die graue Eminenz des Instituts. Er war im Krieg Stabsfeldwebel in irgendeinem Hauptquartier gewesen und war gewohnt, mit den Größen von damals, des Heeres also, ehrerbietig, aber durchaus nicht devot umzugehen, und hat das eins-zu-eins im Frankfurter Institut umgesetzt, mit Horkheimer, Adorno, Pollock und – sehr wichtig – auch Frau Adorno. Wobei man dazu sagen muss, sowohl Horkheimer wie die Adornos hatten eine gewisse Affinität zu solchen Gestalten. Ein beträchtlicher Teil der ersten Generation der Mitarbeiter am Institut nach dem Wiederanfang bestand aus Quereinsteigern, überwiegend gescheit, aber alles andere als Mitarbeiter, die prädestiniert waren, ein empirisches Forschungsprojekt effizient durchzuziehen. Da ging es teilweise ziemlich lustig, aber auch ziemlich chaotisch zu.

Dann habe ich mich wieder auf mein Motorrad gesetzt und bin nach Bielefeld gefahren zu Herrn von Stackelberg, dem Gründer und Leiter von Emnid. Der sagte: „Sie kommen gerade im richtigen Moment, ich bin dabei, zu meinen sechs Instituten ein siebtes Institut zu gründen und das könnten sie leiten." Da habe ich zu mir gesagt: „Das ist vielleicht nicht ganz das Richtige", habe mich wieder auf mein Motorrad geschwungen und bin wieder zurück zu Karl Sardemann, saß gleich wieder beim Horkheimer und wurde als Volontär oder Praktikant eingestellt. Ich bin noch kurz nach Hause, Allensbach sparte ich mir, und habe ein paar Tage später im Institut in Frankfurt angefangen.

Zuerst unbezahlt, dann teilweise auch bezahlt habe ich an verschiedenen Projekten mitgearbeitet – z.B. an der „Heimkehrerstudie", an „Universität und Gesellschaft". Ich habe Interviews gemacht. Damals gab es ja noch die Hollerith-Maschinen, an denen die Lochkarten ausgezählt wurden und die immer im Keller standen. So stand ich stundenlang im Keller und habe endlos Korrelationen ausgezählt. So habe ich mich da irgendwie rein gearbeitet und auch viel gelernt, vor allem auch durch die ganzen Institutsveranstaltungen, die ich besuchen konnte und die sehr interessant waren. Neben den Seminaren und Vorlesungen von Horkheimer, Adorno und anderen Institutsangehörigen waren das auch Gastvorlesungen vieler Besucher aus Amerika, meist frühere Größen des Instituts für Sozialforschung, wie Hannah Arendt, Bruno Bettelheim, Herbert Marcuse, Leo Löwenthal. Das war im Sommer 1953.

Im September fuhr ich dann in die USA. Ich hatte ein Fulbright-Postgraduate-Stipendium bekommen, was etwas relativ Feines war, 270 Dollar pro Monat. Ich bin mit der „Independence" erster Klasse per Schiff nach New York gefahren, sehr edel, und kam nach Princeton. Das war ungeheuer elitär, ungeheuer abgehoben und ziemlich langweilig. Da habe ich mir gedacht, „Das ist es nicht, was ich brauche", bin nach New York, zum „Bureau of Applied Social Research" gegangen und wurde, wohl weil ich vom Institut in Frankfurt kam, gleich zu Lazarsfeld vorgelassen – so ungefähr wie in Frankfurt: „Da bin ich“ – und wurde als Praktikant eingestellt.

Dort habe ich zunächst praktisch wieder dasselbe gemacht wie im Institut in Frankfurt. Ich habe an einer Studie mitgearbeitet, in der das Verhalten von entlassenen US-Soldaten untersucht wurde. Es gab einen riesigen Datenhaufen, dessen empirische Qualität ziemlich fragwürdig war. Der Leiter der Studie war Hanan Selvin. Er hatte die Philosophie: Das Ausgangsmaterial mag so schlecht sein wie nur was, wenn wir es lange genug statistisch aufbereiten, wird schon was daraus. Für mich hieß das zunächst, dass ich wochenlang wieder im Keller an der Hollerith-Maschine stand oder am Tischrechner saß und irgendwelche Indizes errechnete – alles höchst abstrakt: Korrelationen, Korrelationen, Indizes, Indizes. Es gab dann einen langen Bericht mit dem schönen Titel: „The Effects of Leadership-Climate and Individual Characteristics on the Nonduty Behavior of Army Trainees“ – also ein richtig griffiger Titel, zwei dicke Bände. Mitbekommen habe ich, würde ich sagen, in dieser Zeit wenig, außer dem festen Entschluss: So will ich nie arbeiten. Interessanter waren die Seminare am Institut und an der Columbia-University: Da waren Lazarsfeld, Merton, Barber, Löwenthal und diese ganzen Leute – mit denen bin ich zum Teil auch persönlich bekannt geworden.

Ab Juli 1954 bin ich dann drei Monate mit einem Freund mit dem Auto durch ganz Amerika und Mexiko gegurkt; oft haben wir im Auto geschlafen oder im Freien. Auf der Rückreise bin ich von Veracruz aus in sechs Wochen auf einem Frachter nach Deutschland zurück gefahren.

Ich hatte mich von New York aus schon wieder beim Institut in Frankfurt beworben – diesmal als Mitarbeiter – und hatte so, als ich zurückkam, bereits eine Stelle als Assistent, für 450 DM im Monat. Ich kam an einem für das Institut kritischen, für mich wahrscheinlich sehr günstigen Augenblick. Die so genannte Betriebsklimastudie bei Mannesmann musste auf jeden Fall bis zum 1. Januar 1955 abgeliefert werden. Die Empirie – Befragungen und vor allem Gruppendiskussionen – war noch von der Generation von Mitarbeitern, die ich 1953 erlebt hatte, durchgeführt worden. Es gab einen Riesenverhau von Material und es gab einen Riesenverhau von Textentwürfen, von denen klar war, dass sie nicht als Bericht vorgelegt werden könnten. Das Ganze war politisch äußerst brisant, es ging ja primär um die damals heftig umstrittene Mitbestimmungsproblematik. Adorno und Horkheimer hatten als Notretter Ludwig von Friedeburg vom Institut für Demoskopie in Allensbach geholt und der hat dann – zusammen mit Egon Becker – in drei Monaten einen ziemlich sterilen, aber politisch unverfänglichen Bericht zu Stande gebracht. Das war zunächst wieder ein ziemlicher Wälzer, später gab es dann ein in jeder Hinsicht eher dünnes Buch von 120 Seiten, von denen ein Drittel Bemerkungen zur Methode waren.

Ich habe von Friedeburg und Egon Becker zugearbeitet. Und so saß ich wieder im Keller an der Hollerith-Maschine und zählte Lochkarten aus und am Schluss habe ich auch ein paar ziemlich überarbeitungsbedürftige Texte verfasst. So haben wir drei Monate – Tag und Nacht, teilweise wirklich die Nacht durch – gearbeitet, und der Bericht wurde wirklich am 1. Januar 1955 fertig und per Kurier nach Düsseldorf gebracht. Es war eindeutig von Friedeburg, der das durchgezogen hat, als der U-Boot-Kommandant, der er in den letzten Kriegstagen gewesen war. Ich habe da viel gelernt, in den drei Monaten mehr als wahrscheinlich in der ganzen Zeit in Amerika, u.a. auch, was Projektdisziplin heißt. Ich habe dann, glaube ich, in meiner ganzen Laufbahn als Sozialforscher, nie ein Projekt überzogen, sowohl vom Budget her wie vom Termin, und das verdanke ich nicht zuletzt Friedeburg.

Das war mein Einstieg am Institut, da wurde ich wirklich sofort ins kalte Wasser geworfen. Ich habe dann an einer Reihe von Studien mitgearbeitet. Meine erste, wirklich selbstständige Studie hieß: „Altersbild und Altersvorsorge“. Der erste Berichtsentwurf war, sagen wir mal vorsichtig ausgedrückt, nicht besonders gut geschrieben. Adorno hat – das muss man sagen – solche Texte sehr sorgfältig gelesen und annotiert, allerdings nicht immer sehr konstruktiv. So stand da, wenn irgendein blöder Ausdruck von mir kam: „Sic!“, unter Umständen mit mehreren Ausrufungszeichen oder: „Meinen Sie das wirklich?“, oder so ähnlich. Es war absolut destruktiv, zum Teil hämisch. Ich wurde irgendwann zu Adorno zur Besprechung zitiert und habe da ziemlich klar gesagt, dass ich das nicht hilfreich finde, und da hat Adorno an meinen Humor appelliert. Darauf habe ich gesagt: „Herr Adorno, das kommt mir vor, wie wenn der Unteroffizier an den Humor des Rekruten appelliert, wenn er ihn durch den Schlamm robben lässt“. Adorno hat mich aus dem Zimmer geschmissen, ging wutschnaubend durch das ganze Institut und hat dies allen erzählt, zum allgemeinen Gaudium. Aber das hatte den Effekt, dass von da an Adorno recht höflich mit mir umging und sich unser weiteres Verhältnis ganz freundlich gestaltete.

Das Ganze hatte seinen Hintergrund auf der heutzutage töricht anmutenden Auseinandersetzung von Adorno und Horkheimer einerseits und den Empirikern andererseits um den Gegensatz von Empirie und Theorie. Das ging soweit, dass Adorno Spitznamen verteilte. Der Friedeburg war, glaube ich, der Fliegenbeinzähler, ich war der Maikäfermageninhaltsanalytiker – als mein Spezialgebiet galt damals die Inhaltsanalyse, wegen meines Einstiegs über die Literatur. Wir fanden das nicht sehr witzig, eher blöd. Aber borniert waren vor allem wir – oder zumindest ich. Wir hätten einfach Adorno beim Wort nehmen und uns überlegen sollen, was seine Theorie für unsere empirische Arbeit bedeutet. Keiner hat damals daran gedacht, einfach zu überlegen, was heißt das jetzt nicht inhaltlich, sondern methodisch für unsere Arbeit. Mir ist zum Beispiel erst viel später klar geworden, dass, wenn ich Adorno beim Wort genommen hätte, ich daraus damals schon unseren Konstellationsansatz hätte ableiten können: Man muss nicht Korrelationen anhäufen, sondern es geht vor allem um die Analyse von Konstellationen.

Ich habe dann noch an einer Reihe von Projekten mitgearbeitet, das letzte war „Student und Politik". Da habe ich weitgehend den empirischen Ansatz entworfen und organisiert und ich glaube, es war ein ganz solider und auch innovativer Ansatz. Den Bericht hat dann zum großen Teil Jürgen Habermas geschrieben.

Im Sommer 1958 habe ich dann das Institut verlassen, quasi abgeworben von Mannesmann. Als Verbindungsmann zwischen Mannesmann und dem Institut fungierte ein Dr. Wolfgang Schneider, Sohn eines früheren Vorstandsvorsitzenden. Er war ein sehr kluger und geschickter Mann. Wir haben uns gut verstanden und der hat mich zu Mannesmann geholt. Schneider hatte einen direkten Draht zu Winkhaus, dem damaligen Vorstandsvorsitzenden von Mannesmann, und so bekam ich einen Vertrag als Berater, zunächst mal für ein Jahr. Statt bisher 650 DM bekam ich nun 1.500 DM im Monat, hatte ein eigenes Büro mit Blick auf den Rhein, eine eigene Sekretärin, war also plötzlich im Wirtschaftswunderland angekommen.

Mein erstes Projekt war die Studie „Industriesoziologische Untersuchung der Vorstellungen und Situation der Meister und Steiger". Als Mitarbeiter für die Feldarbeit holte ich mir vier Studenten aus Frankfurt. Jeder hatte seinen Bereich: Rudolf Billerbeck eine Zeche in Essen, Michael Schumann das Stahlwerk in Huckingen, Peter Märthesheimer das Röhrenwerk in Rath und Werner Sörgel die Kronprinz AG in Solingen, bei der vor allem Räder hergestellt wurden. Die waren alle vier sehr motiviert und haben sehr gut zusammengearbeitet. Drei, vier Monate saßen sie wirklich vor Ort. Wir hatten unbeschränkten Zugang zum Feld und wir hatten, glaube ich, auch einen guten Ansatz, wesentlich beeinflusst von den beiden Studien von Popitz und seinen Kollegen, „Gesellschaftsbild des Arbeiters" und „Technik und Industriearbeit", die eben erschienen waren. Die waren sicher unser Vorbild, an denen haben wir uns orientiert. Aber vor allem war uns gemeinsam eine große Neugier auf das Neuland, das wir betraten. Das war in all unseren Gesprächen, Protokollen, Notizen usw. spürbar. Noch heute würde ich sagen, das war mit die intensivste Feldarbeit, an der ich je beteiligt war.

Ich habe dann für Mannesmann einen Bericht geschrieben, aus dem wurde später auch ein Buch „Vorgesetzte zwischen Management und Arbeitern" – übrigens neben der WSI-Studie „Arbeiter, Management, Mitbestimmung" meines Wissens für lange Zeit – vermutlich bis zu unserem Buch „Konfliktfeld Informationstechnik – Innovation als Managementproblem" von 1990 das einzige industriesoziologische Buch, bei dem das Management im Titel vorkam. In dem Bericht an Mannesmann, wie auch später in dem Buch wurde allerdings nur ein Bruchteil dessen verwertet, was wir an Material angesammelt hatten. Ich stand ja unter hartem Zeitdruck, das nächste Projekt wartete – schon das Buch an sich war eigentlich ein Luxus. Ein Problem, mit dem ich im Weiteren immer wieder konfrontiert werden sollte.

Damals war weitgehend alles schon da, was man als Stil meiner empirischen Arbeit bezeichnen könnte: die Kombination von quantitativen und qualitativen Methoden, der Einsatz der Fallstudien. Vor allem arbeiteten wir nach der Philosophie: „Man kann nur über etwas schreiben, was man ganz direkt, also wirklich handgreiflich erfahren hat und kennt". So habe ich zum Beispiel selbst Nachtschichten im Bergbau mitgemacht, bin unter Tag von 10 Uhr nachts bis 6 Uhr morgens mit einem Steiger durch die Flöze gerobbt. Die anderen machten das genau so. Wir haben sehr eingehende Arbeitsbeschreibungen gemacht, aber dabei auch versucht, so viel wie möglich zu quantifizieren, etwa Kommunikationshäufigkeiten. Da war auch schon ein Grundmuster der analytischen Verarbeitung: die anschauliche Darstellung der empirisch erfassten Realität als Basis und dann deren Überhöhung durch ein analytisches Konzept, durch das die empirische Vielfalt auf einen Nenner gebracht werden sollte. Im Falle der Meisterstudie war das der Widerspruch von Kooperationsprinzip und Normprinzip als Grunddilemma der Rolle und Arbeitssituation des Meisters.

Weitere Projekte bei Mannesmann galten unter anderem der Fortbildung im Unternehmen und der Verbindung von Betriebsklima und Fluktuation. Die Fluktuation war damals eines der großen Probleme der Industrie. Da war ja alles im Wachsen, die Belegschaften expandierten ständig. Es mussten viele, auch nicht industrievorgebildete Leute neu eingestellt und integriert werden. Das führte zu gewaltigen Fluktuationsraten. Das war damals eines der zentralen Probleme, heute schwer vorstellbar. Die hatten Fluktuationsraten von 20 oder 30 Prozent, irre. Das führte zu einem Circulus Vitiosus: Je mehr sie einstellten, desto mehr gingen auch wieder, weil sie sich um die Neuen nicht genug kümmerten. Dieser Zugangs-Abgangs-Kreislauf war dann das, was wir wieder als übergeordnetes analytisches Erklärungskonzept heraus arbeiteten. Das fand dann ein paar Jahre später, 1966, seine Fortsetzung in einem Buch, das ich zusammen mit Burkart Lutz verfasste, mit dem schönen Titel: „Der zwischenbetriebliche Arbeitsplatzwechsel – zur Soziologie und Sozio-Ökonomie der Berufsmobilität".

Heute stellt sich mir die Situation der Industriesoziologie in der zweiten Hälfte der fünfziger Jahre und zu Beginn der sechziger Jahre als eine Periode der Entdeckungen dar, sozusagen als ein Zeitalter des Kolumbus. Die Welt der Arbeit war für uns ein noch unerforschtes Neuland, jedes Projekt war eine Entdeckungsreise. Ein ganz wichtiges Motiv für unsere Arbeit war schlichte Neugier. Kennzeichnend war auch ein Esprit de Corps unter den jüngeren Industriesoziologen, und zwar durchaus institutsübergreifend. Wir waren ja alle letztlich Anfänger. Wichtig war nicht die Abgrenzung und Profilierung untereinander, eher gegenüber den Vertretern der älteren Generation und anderer Teildisziplinen der Soziologie.

Symptomatisch für diese Situation war das so genannte „Industriesoziologenkränzchen“. Das begann mit einem informellen Treffen der Mitarbeiter der drei großen Projekte: „Gesellschaftsbild des Arbeiters“ und „Industriearbeit und Technik“ der Arbeitsgruppe von Popitz, Bahrdt, Jüres und Kesting im Auftrag der BASF, dann „Arbeiter, Management, Mitbestimmung“ des WSI von Pirker, Lutz und Braun schließlich die Betriebsklimauntersuchung des Frankfurter Instituts. Die beiden Studien von Popitz und Kollegen sind für mich noch immer mit das Beste, was die deutsche Industriesoziologie vollbracht hat. Ich habe sie allerdings schon lang nicht mehr gelesen. Das Buch von Pirker, Lutz und Braun ist ein gewaltiger Steinbruch mit viel Geröll, aber wenn man einzelne Kapitel liest, dann ist jedes für sich auch heute noch ungeheuer interessant und anregend. Die Betriebsklimastudie war dagegen unergiebiger.

Diese drei Teams haben sich zusammengesetzt, um Erfahrungen auszutauschen. Die Zentralfiguren waren Popitz, Bahrdt, Pirker, Lutz, Braun, von Friedeburg. Das waren die Hauptredner. Dann saßen noch so ein paar Figuren wie der Teschner und ich dabei. Das war zunächst der ständige Kern. Zu dem stießen dann im Laufe der Zeit noch andere Soziologen – Lepsius, Kluth, Dahrendorf, Habermas –, die sich aber eigentlich nicht primär als Industriesoziologen verstanden. Nach und nach haben diese ganzen Größen der neuen Industriesoziologie, mit Ausnahme von Lutz, Professuren übernommen, sind aus der Forschung raus. Die mussten nun ihre Vorlesungen machen, hatten anderes im Kopf. So ist das Kränzchen dann irgendwann berufsbiografisch bedingt eines sanften Todes gestorben; ich weiß gar nicht, wann wir uns das letzte Mal trafen.

Meine Arbeit bei Mannesmann fand nach drei Jahren ein Ende, nicht zuletzt weil Wolfgang Schneider zum Institut Mensch und Arbeit nach München ging. Mit dem habe ich dann in der Folge des Öfteren weiter zusammengearbeitet, nun als selbstständiger Soziologe. Zunächst habe ich viel für Forschungsinstitute wie Infratest oder INFAS gearbeitet, auch für das Frankfurter Institut. Ich habe zum Beispiel die Empirie für die Projekte „Mechanisierungsgrad und Entlohnungsform“ und „Die Grenzen des Lohnanreizes“ von Lutz organisiert und geleitet, als so eine Art Subunternehmer. Zum anderen habe ich auch als Ghostwriter für Infratest und für INFAS Berichte geschrieben, etwa für INFAS eine ganze Serie von Gewerkschaftsstudien, die – glaube ich – recht interessant waren. Daneben habe ich für eine Reihe von Unternehmen und Institutionen – insgesamt dürften es wohl über 40 gewesen sein – Untersuchungen durchgeführt und sie beraten, unter anderem Ford, Rheinstahl, DEMAG, Vorwerk, Bertelsmann, BMW, die IG Metall, was zumeist nur in hektographierten Berichten seinen Niederschlag fand, nur vereinzelt in Büchern wie zum Beispiel „Arbeit im Bürogroßraum“. In dieser Zeit habe ich schon viel mit Lutz zusammengearbeitet.

Neben diesen industriesoziologischen Tätigkeiten habe ich noch relativ viel anderes gemacht, was nur indirekt mit einer Anwendung industriesoziologischer

Arbeitsverfahren zusammenhing. So habe ich zum Beispiel 1962 einen Rinderzensus in Nordnigeria mit vorbereitet. Da bin ich mit einem Geographen, Werner Fricke, durch Nordnigeria gezogen. Man kann sich das heute schwer vorstellen: Es war ein Jahr nach der Unabhängigkeit von Nigeria, das war eigentlich noch das Afrika von 1930. Wir sind wochenlang mit dem Range Rover durch Nordnigeria gefahren, ohne ein weißes Gesicht zu sehen, da gab's vielleicht irgendwo noch einen versoffenen Engländer, der noch übrig geblieben war. Oder wir sind mit einem kleinen Flugzeug herumgeflogen und haben von oben Viehherden gezählt. Das hat sich dann noch mal im nächsten Jahr wiederholt. Es sollte ja damals der Niger-Damm gebaut werden. Ein Gebiet, so groß wie Bayern, wurde dann überflutet. Wir haben untersucht, wie viele der Nomaden da mit ihren Herden noch weideten.

Ebenfalls durch einen Zufall wurde ich Teilhaber einer Filmgesellschaft. Ein Freund von mir, Peter Berling, inzwischen ein erfolgreicher Schauspieler und Autor von historischen Romanen, hatte eine kleine Filmfirma, die FIOR. Er kam wiederholt und lieh sich Geld bei mir. Er hat das immer brav wieder zurückgezahlt und irgendwann sagte er: „Du, es ist einfacher, wenn ich nicht immer bei Dir Geld leihe, sondern Du steigst bei mir in der Firma ein". So bin ich da mit eingestiegen. Wir haben eine Zeit lang ganz gute Sachen gemacht, Kurzfilme, Dokumentationen, auch Preise gewonnen. Ich habe selber eine zweiteilige Sendung für das ZDF gemacht – die hieß „Verschenkte Chancen" und war eigentlich eine Umsetzung von Dahrendorfs „Bildung als Bürgerrecht". Das war ja die Zeit der großen Bildungseuphorie. Eine andere Dokumentation behandelte die Querbeziehung zwischen dem Opel-Werk und der Stadt Rüsselsheim. Die FIOR nahm dann bald danach ein Ende, weil der Peter größenwahnsinnig wurde und einen Spielfilm produzierte, der nicht lief, und so gingen wir pleite.

In dieser Zeit hatte ich auch einen Vertrag mit dem „Stern". Für den habe ich mehrere Dokumentationen gemacht, angefangen mit „Wie steht es um die Bundeswehr?" – das war ja die Zeit der Diskussion um die Bundeswehrreform des Grafen Baudissin –, die erschien dann 1964 auch als Buch. Knüller des Ganzen war eine Seite nur mit Zitaten, wie Vorgesetzte ihre Rekruten anredeten: „Vollblutidiot, idiotischer Bauerntrampel, Batterietrottel, Waschlappen, wir bräuchten die Prügelstrafe, wie unter Hitler ...". Andere Themen waren: „Armut in Deutschland", „Religion in Deutschland", „Aberglauben in Deutschland", alles griffige Themen. Wir konnten uns jeweils auf repräsentative Befragungen und Gruppendiskussionen stützen. In enger Zusammenarbeit mit zwei Redakteuren habe ich daraus Artikelserien gemacht.

Dann kam, zeitlich am schwerwiegendsten, 1967 der Beginn meiner Tätigkeit für das Goethe-Institut, auch wieder durch Zufall. Unsere Filmgesellschaft teilte ihr Büro mit einem Mann, der eine Konzertagentur betrieb und der Trachtengruppen usw. nach Afrika schickte. Wir saßen uns an unseren Schreibtischen gegenüber, und irgendwann schaute er mich nachdenklich an und sagte: „Sie könnten eigentlich auch mal für das Goethe-Institut verreisen“. Ich fand das interessant. Dann habe ich ein halbes Jahr nichts gehört, ich dachte schon gar nicht mehr daran, aber dann rief mich plötzlich die Zentrale des Instituts an, und eine Woche später saß ich im Bernheimer-Haus, in dem damals die Hauptverwaltung des Goethe-Instituts residierte, bei einer sehr netten Dame, Dr. Albrecht, und habe mit ihr die Pläne für die ersten zwei Reisen gemacht. Es war wie im Traum. Zuerst eine Reise von zwei Monaten durch den ganzen Vorderen Orient, von Griechenland bis zum Iran. Die zweite Reise sollte über ein Vierteljahr vom Iran bis nach Japan gehen, mit Ausnahme von Südkorea und Kambodscha praktisch ganz Asien, außer Indien, das für die folgende Reise vorgesehen war.

Dazu kam noch, dass Klaus von Dohnanyi, damals Staatssekretär im Wirtschaftsministerium, der mich von Infratest her kannte, zur gleichen Zeit eine Studienreise nach Japan machte, an der auch der spätere Präsident der Bundesbank, Pöhl, und der Leiter der Kreditanstalt für Wiederaufbau, Engelken, teilnahmen. Ich stieß in Tokio zu denen, und wir haben dann in 14 Tagen Japan durchforstet und ich habe in der Folge – unfasslich! – ein Kapitel des Berichts „Aspekte des Wirtschaftswachstums in Japan“ geschrieben, vor allem über Gewerkschaften, industrielle Beziehungen, Arbeitsmarkt.

In den folgenden Jahren bin ich für das Goethe-Institut jeweils mehrere Wochen oder mehrere Monate so ziemlich durch die ganze Welt getingelt. Mehrmals nach Indien und Ceylon, in Afrika in die meisten englischsprachigen Länder, in Südamerika nach Brasilien, Bolivien, Peru, dazu USA und Europa, insgesamt in mehr als 40 Länder. Das war eine sehr spannende Zeit und auch beruflich eine wichtige Erfahrung. Ich habe nicht nur über industriesoziologische Themen referiert – zum Beispiel auch über Jugend in Deutschland – und an den Reaktionen gemerkt, was an den deutschen Verhältnissen besonders war. Der Haupttrenner war die Mitbestimmungs- und Partizipationssproblematik, das Thema Gewerkschaften. Dann auch der theoretische und methodologische Ansatz der deutschen Industriesoziologie. Das ging von einer Mädchenoberschule bis zum Atomforschungsinstitut, also über eine große Bandbreite und führte bisweilen auch zu Neueinladungen; so habe ich ein Seminar mit dem Management von TATA, dem indischen Großkonzern, gemacht, zwei Wochen in ihrem Forschungszentrum über die ganze Beteiligungsproblematik. Oder ein Seminar in Ceylon mit Journalisten, drei Wochen, in denen ich ihnen beizubringen versuchte, wie man soziologische Untersuchungen macht, natürlich ein ebenso vermessenes wie naives Vorhaben, das aber trotzdem Spaß gemacht hat, ich hoffe nicht nur mir.

Zugleich war das auch ein beruflicher Scheideweg. Von Friedeburg hatte mir angeboten, dass ich bei ihm habilitieren könne über ein Jugend-Thema. Ich hatte dazu schon viel Material gesammelt. Dieses Vorhaben, und damit die Universitätslaufbahn, ist dem Goethe-Institut zum Opfer gefallen.

In diese Zeit fällt mein Einstieg in das Institut für sozialwissenschaftliche Forschung. Irgendwann schaute mich, genauso wie zuvor der Konzertagent, der Lutz nachdenklich an und sagte: „Also jetzt arbeiten wir die ganze Zeit zusammen" – ich hatte in der Zeit viel mit dem ISF zusammen gearbeitet – „Wollen Sie nicht bei uns einsteigen?" So bin ich Anfang 1971 in's Institut eingestiegen, allerdings mit drei Monaten Urlaub im Jahr, vor allem wegen meiner Goethe-Engagements. Das hat ganz gut geklappt. Meine Schwerpunkte waren zunächst einmal „Facharbeiter", dann „Innovation", zum Beispiel in einem umfangreichen Projekt mit Schultz-Wild und Pirker über numerisch gesteuerte Werkzeugmaschinen, auch über „Bildung und technischer Wandel". Daneben gab es sehr handfeste Projekte, zum Beispiel wieder „Betriebsklima", etwa für ESSO und Shell, die für das ISF ziemlich lukrativ waren, was für die damalige Situation des Instituts nicht unwesentlich war. Das hatte aber den Effekt, dass ich in dem doch sehr theoretisch orientierten Institut zunehmend in eine Randstellung kam. So bin ich Anfang 1975 wieder ausgestiegen.

Ich habe dann wieder als Selbstständiger gearbeitet, anfangs allein. Zunächst stand ich mit leeren Händen da, hatte dann wieder Glück. Irgendwie, ich weiß jetzt nicht mehr, wie das zu Stande kam, habe ich bald einen relativ großen Auftrag von der IBM bekommen für eine Untersuchung des Bereiches Textverarbeitung im Unternehmen. Das war zugleich ein Einstieg zu Vorträgen bei Kongressen und Seminaren für den Konzern.

Das wohl interessanteste Projekt in dieser Zeit war die Untersuchung für die Anglo-German Foundation for the Study of Industrial Society „Innovation und industrielle Beziehungen". In Großbritannien wurde die von Social Policy Research durchgeführt, in Deutschland von mir und Gerd Schmidt. Sie stützte sich wieder auf sehr intensive Fallstudien, in Deutschland in acht, in England in sechs Unternehmen. Ich habe auch in Großbritannien an den Recherchen mitgearbeitet. Auch hier habe ich wieder versucht, in genau dokumentierten Fallstudien anschaulich die Realität zu schildern, um dann in einem übergreifenden analytischen Konzept das Ganze auf einen Nenner zu bringen. Das war die Gegenüberstellung des Prinzips der kooperativen Konfliktbewältigung als kennzeichnend für die industriellen Beziehungen in der Bundesrepublik und auf der anderen Seite das der offenen Konfrontation in Großbritannien. Leider gab es über das Projekt nur ein Buch in Englisch, „The Approach to Industrial Change in Britain and Germany", so dass es in Deutschland kaum rezipiert wurde.

Wichtig für mich war die Erfahrung der Bedingtheit und der besonderen Wirksamkeit der kooperativen Konfliktbewältigung als Produkt der inner- und überbetrieblichen Rahmenbedingungen, vor allem der Mitbestimmung und des deutschen Betriebsverfassungsgesetzes, nicht nur für die im Vergleich zu Großbritannien dramatisch niedrigere Streikhäufigkeit, die damals eine große Rolle spielte, sondern vor allem auch für den Prozess der Einführung, wie auch das Ergebnis von Innovationen. Das war im Grunde schon der Einstieg in spätere konzeptionelle Ansätze, etwa der innerbetrieblichen Handlungskonstellation wie auch der nachhaltigen Innovation.

Dann kam es relativ bald nicht eigentlich zur Gründung, eher zum schrittweisen Entstehen der Sozialwissenschaftlichen Projektgruppe, der SPG. Ich brauchte für größere Projekte Mitarbeiter und so stellte ich zunächst Ulla Jacobi und dann Veronika Lullies ein. Später kamen noch Heinrich Bollinger und Rolf Ortmann dazu. Irgendwann haben wir uns diesen Namen gegeben, SPG. Das ist ganz aus der Projektsituation entstanden, quasi naturwüchsig. Es gab keinen institutionalisierten Rahmen, es ging extrem informell zu. Wir hatten kein gemeinsames Büro, jeder arbeitete bei sich zu Hause an seinem Apple, die wir uns schon sehr früh angeschafft hatten. Ungefähr einmal in der Woche setzten wir uns bei mir zusammen. Wir hatten keine Bürokraft, die Frau des Herrn Ortmann hat für uns geschrieben. Das alles, glaube ich, hatte eine stark disziplinierende Wirkung auf unsere Arbeit.

Wir hatten keine Grundfinanzierung, trotzdem versuchten wir von Beginn an den Spagat von handfesten Beratungs- und Auftragsprojekten einerseits, Präsenz in der Wissenschaft andererseits. Rein wirtschaftlich war das ein ziemlicher Luxus, weil wir ja für unsere Buchpublikationen und Artikel in Fachzeitschriften keine zusätzliche Finanzierung bekamen. Das war nur machbar, weil wir sehr ökonomisch arbeiteten, meist war mit dem Bericht an den Auftraggeber zugleich die Buchfassung weitgehend fertig.

Dazu kam, anfangs vor allem von mir, aber dann zunehmend auch von den Anderen, eine breit gestreute Vortragstätigkeit und Präsenz in Gremien, etwa im HdA-Ausschuss für Dienstleistungen, beim RKW (Rationalisierungskuratorium der Deutschen Wirtschaft e.V.), auch bei der DFG (Deutsche Forschungsgemeinschaft). Viele Seminare haben wir für Betriebsräte und Gewerkschafter gemacht, auch in Unternehmen und Behörden. Rein finanziell war auch das alles ein ziemlicher Luxus, aber zugleich eine recht effektive Form der Akquisition. Wir hatten die ganze Zeit unseres Bestehens als SPG eigentlich nie Schwierigkeiten mit der Akquisition, obwohl ich der denkbar schlechteste Akquisiteur bin.

Wir hätten auch zeitweise wachsen können. Ich habe uns aber bewusst auf dieser Größenordnung gehalten. Ein Grundsatz unserer Arbeit war, dass man nur über etwas schreiben kann, was man wirklich unmittelbar und anschaulich kennt und ganzheitlich versteht. Solch „ganzheitliches" Verstehen bezog sich nicht nur auf die soziologischen, sondern auch auf die technischen und organisatorischen Aspekte unseres Untersuchungsgegenstandes. Das hieß zum Beispiel, dass wir mit Wirtschaftlichkeitsberechnungen – etwa der Gemeinkostenanalyse, die damals Mode war – so vertraut waren, dass wir die Organisatoren der Unternehmen unter Umständen mit ihren eigenen Argumenten schlagen konnten. Das half uns zum Beispiel in einem Begleitforschungsprojekt, in dem wir mit einer solchen Rechnung die Wirtschaftlichkeit unseres arbeitsorganisatorischen Ansatzes nachwiesen. Im Grunde war das eine ziemliche Milchmädchenrechnung und jeder in dem Ausschuss, der da zusammensaß, ahnte vermutlich, dass es eine Milchmädchenrechnung war. Aber die formalen Legitimationskriterien waren erfüllt. Das war auch zugleich mit ein Einstieg in unsere „Entdeckung" der Doppelwirklichkeit der Unternehmen. Diese ganzheitliche Vertrautheit mit dem Untersuchungsgegenstand hat uns den Betriebszugang sehr erleichtert, weil wir ungefähr auf Augenhöhe mit unseren Gesprächspartnern in den Unternehmen reden konnten und somit von ihnen ernst genommen wurden.

Für die interne Organisation des Teams bedeutete dies: keine Arbeitsteilung. Also: Wer schreibt, macht auch selbst die Empirie. Wir haben nie Externe eingestellt, unsere Recherchen immer ganz selbst gemacht. Bei unseren empirischen Erhebungen, vorwiegend Fallstudien, stützten wir uns meist auf eine Kombination von standardisierten Befragungen, Intensivinterviews, Gruppendiskussionen, Arbeitsbeobachtungen , Auswertungen von Dokumenten wie Statistiken, Organisationsplänen, Arbeitsplatzbeschreibungen und zum Teil auf die aktive Teilnahme am betrieblichen Geschehen, zum Beispiel an Sitzungen.

In der Retrospektive würde ich sagen, dass wir großes Glück hatten mit dem Zeitpunkt, zu dem wir mit unserer Arbeit angefangen haben. Das war Mitte der 1970er Jahre, das war eine Zeit, die in mehrfacher Hinsicht für Industriesoziologen besonders interessant war und besonders günstige Arbeitsbedingungen bot. Da war politisch die Aufbruchstimmung der Ära Brandt, auch noch ein bisschen die Nachwehen der 1968er Jahre. In der Welt der Arbeit fand dies seinen Niederschlag in der Auseinandersetzung mit dem Taylorismus und dem Bewusstsein der Bedeutung von menschengerechter Arbeitsgestaltung. Ausdruck dieser Grundstimmung war 1973 die Verkündigung des Programms „Humanisierung des Arbeitslebens" (HdA) durch Willy Brandt. Schlüsselfigur war Hans Matthöfer als Forschungsminister von 1974 bis 1978.

Ich war durch mein IBM-Projekt gewissermaßen als Experte für Organisierte Textverarbeitung ausgewiesen. Und so lag es nahe, dass mein erstes Projekt 1976 im Rahmen des HdA-Programms sich mit der Organisierten Textverarbeitung befasste. Dass dies zugleich eine grundsätzliche Weichenstellung bedeutete, ahnte ich damals nicht, die Ausrichtung auf das „Büro" oder breiter gefasst den Dienstleistungsbereich.

Dieser Einstieg in das HdA-Programm über die Organisierte Textverarbeitung erwies sich als glückliche Fügung. Ihr kam in dieser Zeit in mehrfacher Hinsicht eine Schlüsselrolle zu. Vordergründig ging es um die Auseinandersetzung zweier Modelle der Arbeitsteilung und zwar nicht nur der Arbeitsteilung auf horizontaler Ebene, sondern auch der vertikalen Arbeitsteilung zwischen dem Management als Auftraggeber, und den Sachbearbeitern und dem Assistenzbereich. Zugleich war die organisatorische Gestaltung des Assistenzbereiches auch betriebspolitisch ein brisantes Thema. Der zentrale Schreibdienst beinhaltete ja nicht nur die Umsetzung tayloristischer Prinzipien in die Büroarbeit, also eine stark arbeitsteilige Arbeitsorganisation, er wurde auch betriebspolitisch eingesetzt als zentrales Kontroll- und Steuerungsinstrument. Es war wohl vor allem dieser Aspekt, der den Auseinandersetzungen um die Organisierte Textverarbeitung ihre Schärfe verlieh, wobei es häufig zu einer Frontstellung kam zwischen Fachabteilungen auf der einen Seite, Zentralabteilungen – Organisationsabteilung, Personalabteilung, Controlling – auf der anderen. Es war sicher kein Zufall, dass wir bei unserer Untersuchung sehr rasch auf die Bedeutung der innerbetrieblichen Handlungskonstellation für den Verlauf und das Ergebnis der Einführung technisch-organisatorischer Veränderungen stießen.

Das Thema „Textverarbeitung“ war aber nicht nur ein großes Politikum, das in den Unternehmen ausgetragen wurde, sehr stark auch in der öffentlichen Verwaltung, in der es ja viele zentrale Schreibdienste gab. Es existierte auch eine Öffentlichkeit. Es gab einen Verband für Textverarbeitung, es gab die Zeitschrift „Office Management“, es gab den Kongress für Textverarbeitung (nur für Textverarbeitung!), an dem 1.000 bis 1.500 Leute teilnahmen. Bei der CeBIT (Messe für Informationstechnik, Hannover) oder bei der ORGA (Internationale Büromesse Köln) gab es extra Veranstaltungen für Textverarbeitung. Es gab vor allem einen großen Bedarf an Orientierungs- und Argumentationshilfen. So fand unsere Untersuchung über die Textverarbeitung zwangsläufig viel Resonanz, und zwar vor allem in der ‚Praxis‘. So habe ich bei mehreren großen Kongressen das Eröffnungsreferat gehalten. Von dem Bericht über unsere Untersuchung – zwei dicke DIN-A4-Bände mit fast 800 Seiten – gingen 2.000 Exemplare weg wie nichts. Und es war auch in vielen Diskussionen erkennbar, dass die Leute das zum Teil sehr genau gelesen hatten. Auch die Gewerkschaften waren an dem Thema sehr interessiert. Natürlich wurden wir damit auch instrumentalisiert, aber solange wir der Überzeugung waren, dass dies durch die ‚richtige‘ Seite geschah, hatten wir damit keine Schwierigkeiten.

Für uns mündete das dann in drei große Begleitforschungsprojekte, wieder im Rahmen des HdA-Programms, zuerst beim Kraftfahrt-Bundesamt, dem KBA, in Flensburg, dann in der Hauptverwaltung der BMW AG in München und schließlich bei der Zahnradfabrik Friedrichshafen. In ihnen sollten arbeitsorganisatorische und arbeitspolitische Modelle für den Assistenzbereich entwickelt und erprobt werden. Sie liefen jeweils über einen Zeitraum von mehreren Jahren, in denen wir in den Unternehmen kontinuierlich präsent waren. Das war natürlich äußerst spannend und lehrreich, Unternehmen über einen so langen Zeitraum kontinuierlich von innen, von ganz unten bis zur Vorstandsebene zu erleben.

Inhaltlich war zunächst das Ergebnis die Erprobung des Assistenzkonzepts, also eines arbeitsorganisatorischen und teilweise auch arbeitspolitischen Modells der vertikalen und horizontalen Arbeitsteilung im Bürobereich, oder etwas weniger antiquiert ausgedrückt, eine Entwicklung im Bereich der Informationsverarbeitung. (Es war sicher ein Fehler, der ihre Rezeption beeinträchtigte, dass unsere Projekte, auch die Buchtitel, unter dem Begriff „Büro" firmierten.) Sekundäres Ergebnis unserer langen Präsenz in den Unternehmen war unter anderem die „Entdeckung" der Doppelwirklichkeit der Unternehmen. Die wurde uns mehr oder minder aufgedrängt, wie sie uns als Außenstehenden zuvor so eklatant noch nie aufgedrängt worden war – wobei doch erstaunlich war, wie lange wir dazu gebraucht hatten.

Ein Nebeneffekt der Arbeit in diesen Begleitforschungsprojekten war die Stärkung unseres industriesoziologischen Selbstbewusstseins. Wir haben ja sehr häufig zusammen und natürlich auch in Konkurrenz mit Arbeitswissenschaftlern, Informatikern, Betriebswirten etc. gearbeitet und festgestellt, dass wir deutlich realitätsbezogener arbeiteten, dass unsere Vorschläge zwar kritischer, aber zugleich konstruktiver waren. Nun kamen wir in diese Projekte mit dem Vorwissen aus unseren vorangegangenen Untersuchungen und mit klaren Vorstellungen, was wir wollten. Wir haben da nicht erst forschen müssen, waren mit der Problematik vertraut und wurden so meist als Berater rasch akzeptiert. Indirekt geholfen haben mag uns dabei bisweilen auch, dass wir in die Fußstapfen von Beratungsinstituten wie McKinsey traten und damit beschäftigt waren, das Porzellan, das die kaputt geschlagen hatten, wieder einigermaßen zu kitten.

Neben diesen Begleitforschungsprojekten und nachfolgend lief eine Reihe weiterer Forschungsprojekte. Unter anderem das Projekt „Qualitätsförderung im Büro" im Auftrag von Siemens, auch wieder eher zufällig entstanden. Nach einer Sitzung eines Gutachtergremiums schlug ein Organisator von Siemens mir dieses Thema vor. Das war wieder diese Form informeller Akquisition, die für uns eine so wichtige Rolle spielte. In dieser Studie setzten wir uns mit dem Problem der Informationsüberflutung auseinander, das – so prognostizierten wir schon 1987, also in einer Zeit, die bestimmt war von Utopien des papierlosen Büros – durch den breiten Einsatz der neuen Informationstechnologien nicht gelöst, sondern eher verschärft werden würde. Daraus folgte die Forderung: Informationsökonomie statt Informationsinflation. Die Studie erhielt den ersten Preis der Stiftung Industrieforschung und erschien zugleich – für eine industriesoziologische Publikation wohl ein Novum – in einer Serie von 18 Artikeln in der „Computerwoche".

Weitergeführt wurde die Auseinandersetzung mit der in dieser Untersuchung angestoßenen Thematik in dem Projekt „Konfliktfeld Informationstechnik – Innovation als Managementproblem", in dem wir das Konfliktpotential von Innovationsvorhaben im Bereich der Informationsverarbeitung untersuchten und dabei besonderes Augenmerk auf die Rolle des Managements in diesem Prozess richteten. Es folgte – leider nur wenig beachtet – das Projekt „Wissenslogistik – über den betrieblichen Umgang mit Wissen bei Entwicklungsvorhaben“, das die Behandlung von Wissen als betrieblicher Ressource zum Gegenstand hatte, einem Thema, das ja in der Folge zunehmende Relevanz bekam. Unser letztes Projekt war dann das interdisziplinäre Projekt „Projektmanagement in der Softwareentwicklung“, das wir zusammen mit einem arbeitswissenschaftlichen Team und einem Team von Informatikern durchführten. Unser Buch „Das Softwareprojekt“ wurde wieder zeitgleich als Serie von 26 Artikeln in der „Computerwoche“ veröffentlicht.

Kennzeichnend für die Durchführung der empirischen Arbeiten in diesen Projekten war die enge Verzahnung mit der ‚Praxis‘. So waren wir zum Beispiel in dem Projekt „Konfliktfeld Informationstechnik“ in einer Reihe von „Betriebsläufen“ aktiv an Entwicklungsvorhaben in den beteiligten Unternehmen beteiligt. Inhaltlich war ein Grundthema all dieser Projekte die Auseinandersetzung mit den Rahmenbedingungen von Innovation und der Versuch, die Voraussetzungen für die Kontinuität der Innovationsprozesse in den Unternehmen zu sichern.

Auch unsere Arbeit an dieser Thematik entwickelte so eine hohe inhaltliche Kontinuität. Dies brachte zwar eine gewisse Verengung mit sich, aber gleichzeitig, würde ich sagen, eine Erhöhung der analytischen Tiefe, die ihrerseits dann wiederum die Formulierung weit reichender analytischer Konzepte erlaubte. Solche analytischen Konzepte, wie etwa das der innerbetrieblichen Handlungskonstellation oder das der Doppelwirklichkeit der Unternehmen, gingen dann ihrerseits ein in die Analysen nachfolgender Projekte. Die Resonanz, die wir zwar nicht so sehr in der Industriesoziologie, aber in der Praxis und in Nachbardisziplinen wie der BWL, der Informatik oder der Arbeitswissenschaft fanden, hat uns in diesem Vorgehen bestärkt.

In der Industriesoziologie allerdings blieben wir lange Außenseiter, in doppelter Weise: von unserem Arbeitsgebiet „Büro“ her und von unserem betriebszentrierten analytischen Ansatz her. Die Schlachten der Industriesoziologie wurden ja nach wie vor auf den klassischen Feldern der Fertigung geschlagen, der Bandarbeit in den Automobilfabriken, im Maschinenbau. Das „Ende der Arbeitsteilung“, die innovative Arbeitspolitik fand dort statt, nicht in den Büros. Erst viel später wandte die Industriesoziologie ihre Aufmerksamkeit den Verwaltungen und Dienstleistungsbetrieben zu. Ich war, glaube ich, 15 Jahre Gutachter im HdA-Ausschuss für Dienstleistungen und in der ganzen Zeit unter Betriebswirten, Informatikern, Arbeitswissenschaftlern, Arbeitsmedizinern der einzige Soziologe. Ich kann mich auch nicht an die Beantragung eines industriesoziologischen Projektes in diesem Schwerpunkt erinnern.

Außenseiter waren wir vor allem auch durch unseren betriebspolitischen Ansatz. Analytische Konzepte wie das der innerbetrieblichen Handlungskonstellation oder der Doppelwirklichkeit der Unternehmen entsprachen nicht dem theoretischen Grundverständnis des industriesoziologischen Mainstreams der damaligen Zeit.

Dann kam 1989 die „Wende“. Sie bedeutete in mehrfacher Hinsicht eine Zäsur. Im Vordergrund stand nun die Eingliederung der DDR. Die Folgewirkungen waren auch in der Forschungsförderung rasch spürbar. Der Aspekt, Arbeitsplätze in den „neuen Bundesländern“ zu schaffen, spielte hier eine nicht unbeträchtliche Rolle. Das führte dazu, dass die Akquisitionsbedingungen für uns deutlich schlechter wurden. Wir haben dann 1992 beschlossen, die SPG aufzulösen. Das wurde durch die neuen Rahmenbedingungen nahegelegt, zugleich auch durch unsere biographische Situation. Heinrich Bollinger bekam eine Professur angeboten, Veronika Lullies eine Stelle bei einer Beratungsfirma und ich ein Forschungsstipendium für eine halbes Jahr an der Harvard University. So war das für uns alle, glaube ich, der richtige Zeitpunkt, was Neues anzufangen.

Nach der Rückkehr von Harvard habe ich dann noch ein paar Beratungsprojekte gemacht, zum Beispiel zur Einführung von Gruppenarbeit in Industrieunternehmen, einige Artikel für Fachzeitschriften geschrieben und „Entfesselte Wissenschaft“, eine Parodie auf den Wissenschaftsbetrieb, publiziert. Das war es dann.

Wenn ich nun abschließend noch mal auf meine berufliche Entwicklung zurückblicke, dann ist fast erschreckend, wie oft diese schlicht vom Zufall abhing, davon dass ich Glück hatte. Dass trotz all dieser Zufälle dann doch so etwas wie eine innere Logik durchscheint, hängt letztlich, glaube ich, vor allem mit zwei Dingen zusammen: der Bereitschaft zum Risiko – und dass ich irgendwie meinem Gespür folgte, was für mich richtig ist, wobei da die Frage, wieweit eine Tätigkeit mir Spaß machte, eine große Rolle spielte. Aus einer drögen Arbeitssituation kommen ja meist nur dröge Produkte.

Innovation als Forschungskonzept

Zum Werk und Wirken von Friedrich Weltz

Hans J. Pongratz

Das Werk von Friedrich Weltz hat über viele Jahrzehnte in Wissenschaft und Praxis bemerkenswerte Beachtung gefunden. Er zählt zu den wenigen Sozialforschern, die Veränderungsprozesse in Organisationen über einen so langen Zeitraum sowohl empirisch untersucht als auch aktiv mitgestaltet haben – und dabei eine vom institutionalisierten Wissenschaftsbetrieb unabhängige, selbstständige berufliche Existenz führen konnten. Seine Analysen sind von Betriebswirten, Informatikern und Sozialwissenschaftlern aufgegriffen worden. In den Unternehmen haben Manager seine – für wissenschaftliche Arbeiten in ungewöhnlich hohen Auflagen erschienenen – Publikationen ebenso gelesen wie Fachspezialisten. So ist es etwa in der deutschen Sozialforschung bisher meines Wissens nur Friedrich Weltz gelungen, eine wissenschaftliche Buchpublikation in Form einer Artikelserie in einer Zeitschrift für Praktiker zu veröffentlichen.[1]

Das Themenfeld des technisch-organisatorischen Wandels, für das Friedrich Weltz von Anfang der 1960er bis in die 1990er Jahre viele wegweisende Beiträge verfasst hat, wird inzwischen unter verschiedenen Schlagworten verhandelt. Eingebürgert hat sich der Begriff des Change Management, verwendet werden aber auch die Bezeichnungen organisatorischer Wandel, Reorganisation, Restrukturierung, Organisationsentwicklung oder Veränderungsmanagement. Doch hat diese Debatte um die Gestaltung betrieblicher Veränderungsprozesse bis heute – und da unterscheiden sich viele wissenschaftliche Publikationen nicht grundsätzlich von denen aus Beratungskontexten – eine einseitige Entwicklung genommen: Im Mittelpunkt stehen nicht systematische Analysen der Probleme von Veränderungsprozessen und realistische Bewertungen ihrer Gestaltungschancen, sondern plakative Erfolgsrezepte in Form von ambitionierten Change-Philosophien oder fleißigen Toolbox-Sammlungen (also Auflistungen von Kommunikations- und Beratungsinstrumenten).

---

1 Die damals führende IT-Zeitschrift „Computerwoche" druckte 1990 den Band „Qualitätsförderung im Büro" (Weltz et al. 1989) in 18 Fortsetzungen ab und später das Buch „Das Softwareprojekt" (Weltz/Ortmann 1992) in 26 Folgen. „Qualitätsförderung im Büro" wurde überdies 1990 mit dem ersten Preis für Qualitätsförderung der Stiftung Industrieforschung ausgezeichnet.

Eine Sichtung aktueller Literatur zu Veränderungsprozessen in Organisationen lässt deshalb kaum nachhaltige Spuren von Erkenntnissen empirischer Sozialforschung im Allgemeinen und der Konzepte und Befunde von Friedrich Weltz und seiner Sozialwissenschaftlichen Projektgruppe (SPG) im Besonderen erkennen. In den Sozialwissenschaften wiederum, insbesondere in der deutschen Arbeits- und Industriesoziologie, wurde zwar die durchgängige analytische Konsistenz seiner Schriften geschätzt, aber der realistische Gestalterblick, der sie nicht weniger auszeichnete, blieb dem wissenschaftlichen Zeitgeist lange fremd. Gerade diese Verbindung aber gilt es heute neu zu entdecken als Brücke zwischen betriebswirtschaftlicher und sozialwissenschaftlicher Perspektive. In der angelsächsischen Managementforschung sind solche Brückenschläge üblich und mit bekannten Namen, etwa John Kotter oder Rosabeth Moss Kanter, verknüpft. In Deutschland trifft ein solcher, die Disziplinen übergreifender Anspruch, wie die Rezeption des Werks von Friedrich Weltz belegt, immer noch auf erhebliche Vorbehalte – selbst wenn die Qualität der Forschungserträge unbestritten ist.

Der Zeit voraus – immer noch

Wie ist dieser merkwürdige Umstand zu erklären und warum eignen sich die Arbeiten von Friedrich Weltz dennoch weiterhin als Grundlage für eine sozialwissenschaftliche Fundierung des Change Management? Paradoxer Weise wird die Nachwirkung seines Werks gerade durch den Umstand beeinträchtigt, dass er seiner Zeit voraus war – und es weiterhin ist. Die zeitgenössischen Praktiker erkannten zwar die Relevanz dieser Schriften und nutzten sie als Hintergrundinformation, aber die Forschung zum Thema war für einen wissenschaftlich nachhaltigen Diskurs nicht hinreichend entwickelt. Als die Managementlehre im Verlauf der 1980er Jahre das Forschungsfeld schließlich entdeckte, richtete sie ihr Augenmerk weit stärker auf die Formulierung rezeptartiger Lösungsvorschläge als auf fundierte empirische Untersuchungen.

Der Debatte zum Change Management voraus war Weltz durch die frühe Bearbeitung von Themen: So hat er bereits in den 1970er Jahren Veränderungsprozesse in Organisationen untersucht und mitgestaltet, also zu einer Zeit als Großbetriebe noch nach festgefügten und perfektionierten Organisationsstrukturen als Dauerlösung strebten. In der Organisationstheorie war damals der Situative Ansatz vorherrschend, mit dem die für die jeweilige Struktur passenden Rahmenbedingungen zu ermitteln versucht wurden. Die Industriesoziologie widmete sich zwar bereits intensiv dem Veränderungsgeschehen in den Betrieben, aber vorwiegend mit Blick auf die Folgen technischer und arbeitsorganisatorischer Veränderungen, weniger auf die Anforderungen ihrer Umsetzung.

Die Veränderungsprozesse selbst waren Thema in den ersten Ansätzen der Organisationsentwicklung (siehe French/Bell 1994) mit ihrer Forderung nach Wandel der Organisation „von unten“ durch die Anregung von Entwicklungsinitiativen in den Reihen der Belegschaft. Die Philosophie der Organisationsentwicklung gründete auf der Annahme weitgehender Interessenübereinstimmung von Beschäftigten und Betrieben (bzw. deren Management) – und musste damit über kurz oder lang an der Realität betrieblicher Herrschaftsordnungen scheitern. An ihre Stelle trat das Change Management mit dem nunmehr einseitig in umgekehrter Richtung gewendeten Anspruch der systematischen Steuerung der Veränderungsprozesse „von oben“ (vgl. Doppler/Lauterburg 1994). Demgegenüber hatte Weltz von Beginn an den Blick auf die Machtprozesse und Konfliktpotenziale in Veränderungsprozessen gerichtet (siehe die Beiträge in Teil C dieses Bandes) – und so das Analysepotenzial der Industriesoziologie genutzt, um die Gestaltungschancen organisatorischer Veränderungen zu verbessern. Die Relevanz einer derart realistischen Betrachtungsweise hat sich seither zunehmend bestätigt (vgl. aus der Change-Forschung z.B. Greiner/Schein 1988; Ortmann et al. 1990; Buchanan/Badham 1999).

Die Perspektive „von unten“ rückte bei Weltz zwar nicht prinzipiell in den Mittelpunkt der Veränderungsinitiative, aber ihre Bedeutsamkeit für den Erfolg des geplanten organisatorischen Wandels hat er gleichwohl nachgewiesen. Dem Gestaltungsanspruch „von oben“ hat er Rechnung getragen, indem er sich an dessen Umsetzung beteiligte und ihm zugleich seine Grenzen aufzeigte. Weil sein Ansatz gleichermaßen realistisch wie komplex angelegt war, konnte er ihn durch weitere Studien beständig erweitern und vertiefen. Seine im vorliegenden Band vorgestellten Artikel dokumentieren die organische Entfaltung dieser Forschungskonzeption.

Außer einigen Veteranen der Organisationsentwicklung, wie z.B. Klaus Doppler (vgl. Doppler/Lauterburg 1994) oder Karsten Trebesch, dürfte es in Deutschland kaum jemand geben, der sich so intensiv und konstant mit organisatorischem Wandel beschäftigt hat wie Friedrich Weltz. Dieser Erfahrungsvorsprung hat es ihm auf der einen Seite erlaubt, konsequent an der Notwendigkeit und der Möglichkeit von geplanten Veränderungen in Betrieben festzuhalten, er hat ihn auf der anderen Seite aber zugleich immunisiert gegen die Change-Euphorie und die Reorganisations-Moden der 1990er Jahre. Auf die Versprechungen des Lean Management konnte er ebenso gelassen und nüchtern reagieren wie auf die Revolutionsrhetorik des Business Reengineering. Denn er verfügte seit langem über ein bewährtes Analyseraster, das es ihm erlaubte, die Schwachstellen dieser Ansätze gezielt ausfindig zu machen und die Schwierigkeiten ihrer Umsetzung klar zu benennen (siehe die Beiträge B.3 und D.1 in diesem Band).

Wer die einschlägigen Darstellungen zum Change Management regelmäßig verfolgt, darf sich wundern, wie wenig sich – jenseits der rhetorischen Dramatisierungen der Managementmoden – an deren inhaltlicher Substanz seit ihren Anfängen geändert hat. Ihre normativen Grundgedanken bleiben den frühen Konzeptentwürfen von Management-Gurus verpflichtet (vor allem Kotter 1990 und 1996 oder Kanter et al. 1992). Sie werden immer wieder ergänzt und variiert, die zugehörige Toolbox an Veränderungsinstrumenten wird ausgebaut und die Palette der Erfolgsbeispiele erweitert – aber der Glaube an die heilsversprechende Change-Lehre bleibt ungebrochen (zur Kritik aus sozialwissenschaftlicher Perspektive vgl. Collins 1998). Das 8-Stufen-Modell eines Change-Prozesses von Kotter zum Beispiel wird weiterhin als Erfolgsrezept verkauft, ungeachtet der verbreiteten Klagen über das Scheitern von Veränderungsprozessen – ob mit oder ohne acht Stufen.

Friedrich Weltz ist keinem Management-Guru gefolgt und er ist selbst keiner geworden. Sein breites Erfahrungswissen und originäres Analyseverfahren hatten ihn längst zu einer realistischen Einschätzung von Veränderungschancen geführt, als solche normativ vereinfachenden Leitkonzepte die Management-Literatur eroberten. Erst allmählich konnte sich eine empirische und theoretische Change-Forschung (siehe als zusammenfassende Darstellungen Armenakis/Bedeian 1999; Caldwell 2005; Demers 2007) mit Argumenten Gehör verschaffen, wie sie Weltz und die Sozialwissenschaftliche Projektgruppe oft bereits Jahre vorher formuliert hatten (zur vergleichenden Lektüre empfehle ich beispielsweise Kieser et al. 1998; Kühl 2002; Dawson 2003 oder als Klassiker Kanter et al. 1992):

- Die ausgeprägte Machtdynamik organisatorischen Wandels macht Change-Prozesse zum Gegenstand betriebspolitischer Auseinandersetzungen (Teil A in diesem Band).
- Dabei geraten die offiziellen Veränderungsziele in Widerspruch zum realen Wandlungsverlauf und werfen erhebliche Legitimationsprobleme auf (Teil B).
- Die im Veränderungsprozess zum Vorschein kommenden Interessenunterschiede verlangen nach produktiver Aushandlung, doch stattdessen werden notwendige Auseinandersetzungen hinausgeschoben und Konflikte verdrängt (Teil C).
- Damit bleibt ein wesentliches Lernpotenzial des organisatorischen Wandels, nämlich aus dem Gelingen und Scheitern von Veränderungsmaßnahmen Konsequenzen für dessen künftige Gestaltung zu ziehen, ungenutzt: „Legitimationsdruck zieht Scheinhaftigkeit und Lernschwäche nach sich.“ (Teil D).

Dies frühe Erkennen von zukünftigen Problemfeldern hat wesentlich mit Weltz‘ Arbeitsweise zu tun, vor allem mit der unmittelbaren Vertrautheit mit dem Geschehen in Unternehmen, das der Begleitforschungsansatz ermöglicht hat. So wies er beispielsweise bereits Mitte der 1980er Jahre auf die Gefahren einer Informationsinflation hin, als die meisten Experten die Vorzüge der neuen Informationstechnologien noch uneingeschränkt priesen (vgl. auch Beitrag D.3). Weltz hatte seit Ende der 1950er Jahre regelmäßigen und ausgiebigen Zugang zu Unternehmen und ihren Beschäftigten. Einen besonders günstigen Forschungsrahmen bot ihm dann das 1974 von der Bundesregierung initiierte Forschungsprogramm „Humanisierung des Arbeitslebens" (HdA). Weltz nutzte dessen Anspruch einer menschengerechten Arbeitsgestaltung zu einer beteiligungsorientierten Gestaltung seiner Projekte. In intensiver Feldarbeit näherte er sich dem Arbeitsalltag im Betrieb an und ermittelte die Handlungs- und Interessenperspektiven der Beteiligten. Gleichzeitig setzte er sich im Rahmen seines Gestaltungsauftrags intensiv mit den Anforderungen von Seiten des Managements auseinander. Im praktischen (und nicht nur theoretischen) Abgleich beider Perspektiven gelangen ihm besonders realitätsgerechte Einsichten.

Als Weltz seine frühen Analysen veröffentlichte, gab es Change-Forschung als vernetztes Wissenschaftsgebiet noch nicht. Das hat sich inzwischen zwar geändert, aber das Feld bleibt weit gefächert und zusammenfassende Darstellungen decken nur Teilgebiete ab. Deutsche Forschung konnte sich im internationalen Umfeld bisher kaum etablieren (wie die Artikel in den einschlägigen Zeitschriften „Journal of Change Management" und „Journal of Organizational Change Management" zeigen). Zwar findet sich in der deutschen Arbeits- und Industriesoziologie eine Fülle von Studien zum Wandel in den Betrieben, aber diese sind auf die Folgen und nicht auf den Prozess der Veränderung ausgerichtet. Untersucht wird in erster Linie, wie sich die Einführung neuer Technologien oder organisatorische Umstrukturierungen auf die Arbeitsbedingungen der Beschäftigten auswirken.

Neben den Studien von Weltz und der Sozialwissenschaftlichen Projektgruppe wurde später vor allem an der Sozialforschungsstelle Dortmund (siehe Howald/Martens 2010) und in den Forschungsgruppen um Werner Fricke (siehe Fricke 2010) und Eva Senghaas-Knobloch (z.B. Senghaas-Knobloch 2001) die praktische Umsetzung neuer organisatorischer Konzepte als Forschungs- und als Gestaltungsaufgabe erkannt und bearbeitet. Innerhalb der arbeitssoziologischen Forschung konnten sich all diese Ansätze erheblichen Respekt verschaffen, blieben aber dennoch in einer randständigen Position, wie der Blick in einschlägige Lehrbücher belegt (vgl. z.B. Deutschmann 2002; Böhle et al. 2010).

Analytischer Realismus – eine zeitlose Qualität

Während der Vorbereitung dieses Bands mit Weltz' Schriften habe ich sie zum ersten Mal im Zusammenhang gelesen. War zunächst mein Hauptmotiv für deren Veröffentlichung, wichtige Analysen und Konzepte der soziologischen Arbeits- und Organisationsforschung vor dem Vergessen zu bewahren, so machte ich nun die Entdeckung, dass es mehr als bedeutsame Einzelerkenntnisse in Form eingängiger Darstellungen sind, die dieses Werk auszeichnen: Es weist in exemplarischer Weise eine systematische Analysetechnik auf, die ich als analytischen Realismus bezeichnen würde.

Die Auswahl der Beiträge war neben den Kriterien der Relevanz und der Originalität vor allem von der Frage geleitet, welche Arbeiten so zeitlos sind, dass sie auch heute noch als gültige Analysen des organisatorischen Wandels gelesen werden können. Dieses Kriterium erschien zunächst als erhebliche Hürde, da Weltz' Forschung enge Zeitbezüge aufweist: Sie widmet sich technologischen und organisatorischen Veränderungen, die rasch veralten, weil sie beständigem Wandel unterliegen. So sind die ersten Computersysteme in den Verwaltungen der 1980er Jahre längst technisch überholt und erwecken heutzutage eher nostalgische Gefühle. Doch den gesichteten Aufsätzen gelang es regelmäßig, in der analytischen Systematisierung souverän diese Detailebene hinter sich zu lassen.

Selbst in Texten, die auf der Darstellung konkreter technischer Maßnahmen aufbauen, bleibt der analytische Anspruch dominierend, generelle Muster herauszuarbeiten, die den konkreten Erscheinungen zugrunde liegen. Nun ist dieser Verallgemeinerungsanspruch allem wissenschaftlichen Arbeiten zu eigen, doch Weltz setzt ihn auf spezifische Weise um. Selten nutzt er soziologische Theorien, obwohl er sie gut kennt, als Generalisierungsvehikel und nur selektiv bezieht er sich auf den (damals ohnehin nur in eingeschränktem Maße verfügbaren) Stand vergleichbarer Forschungsergebnisse, deren Entwicklung er aufmerksam beobachtet hat. In seinen Schriften findet sich vergleichsweise wenig explizite Bezugnahme auf die Fachliteratur der Soziologie, Informatik oder Betriebswirtschaftslehre. Weltz' sozialwissenschaftlicher Blick ist informiert und geschult durch diese Expertise, aber er dient sich ihr nicht an und ordnet ihr seine Befunde nicht unter. Fast wirkt es, als würde er ihr misstrauen, weil etablierte Annahmen und Konzepte die Sicht auf das reale Geschehen verstellen könnten.

Stattdessen vermittelt die Lektüre seiner Aufsätze den Eindruck, dem Analyseprozess selbst beizuwohnen und einem originären Erkenntnisvorgang zu folgen. Dieser unvermittelte analytische Zugang hat damit zu tun, dass Weltz die üblichen Referenzen auf das Notwendigste beschränkt und so jenen legitimatorischen Überbau reduziert, der wissenschaftliche Publikationen oft schwer zugänglich macht. Doch in erster Linie schafft er es, das Forschungsverfahren einem direkten Verstehen zu öffnen, das ohne Umwege über wissenschaftliche Semantiken und voraussetzungsreiche Fachbezüge auskommt. Erstaunlicher Weise gelingt das meist ohne die Veranschaulichung komplexer Gedankengänge durch exemplifizierende Fallgeschichten. Die analytische Erkenntnis erschließt sich vielmehr durch die implizite Bezugnahme auf allgemeine Erfahrungen mit

Organisationen, wie sie bei einem breiten Publikum vorausgesetzt werden können. Weltz inszeniert sich nicht als überlegener Experte, der Teile seines Wissens preisgibt, sondern er lässt den Leser selbst sich als Fachmann erleben, der tiefere Zusammenhänge durchdringt. Dieser direkte Zugang ermutigt zur Anwendung des Verstandenen ebenso wie zum eigenständigen Weiterdenken.

Wie erreicht Weltz das? Zur Erläuterung seiner Herangehensweise lassen sich zunächst jene Selbstbeschreibungen heranziehen, die in diesem Band mit prominenten Texten dokumentiert sind: der kritisch-konstruktive Blick, wie er zum Beispiel in der Validierung der Forschungsergebnisse in der Praxis zum Ausdruck kommt, der bipolare Forschungsansatz oder das induktive Vorgehen mit der Aussicht auf theoretischen Mehrwert (Beitrag E.1) sowie das methodische Verfahren der beobachtenden Teilnahme (Beitrag E.2). Diese Darstellungen belegen, dass Weltz sein analytisches Vorgehen und seine wissenschaftliche Positionierung immer wieder reflektiert und zur Diskussion gestellt hat. Sie lassen über einen bloßen persönlichen Stil hinaus einen charakteristischen und innovativen Forschungsansatz erkennen, wie er sich in der Forschungspraxis der Sozialwissenschaftlichen Projektgruppe vielfach bewährt hat.

Doch Weltz' Analysetechnik geht über methodische Verfahren und konzeptionelle Bezugspunkte hinaus. Die sich scheinbar leicht und selbstverständlich erschließende Verallgemeinerung, die seine Schriften auszeichnet, gründet in erster Linie auf einer handlungsnahen Zugangsweise zu soziologischen Sachverhalten. Weltz löst die bekannte Grundfrage der Sozialwissenschaften, wie individuelles Handeln und soziale Struktur zusammenhängen, auf pragmatische Weise, indem er zeigt, wie Organisation ‚gemacht' wird. Theoretisch gewendet ließe sich formulieren: Er untersucht die Alltagspraxis der Reproduktion organisatorischer Prozesse und Strukturen und identifiziert deren Mechanismen.

Aber da Weltz selbst die Theoriesprache immer gemieden hat, kann sie kaum der Eigenart seines Werkes gerecht werden. Ich will den Gedanken deshalb anhand des Analysekonzepts der „innerbetrieblichen Handlungskonstellationen" verdeutlichen, das sich der Einordnung in die gängigen organisationstheoretischen Raster entzieht. Eine innerbetriebliche Handlungskonstellation bezeichnet den situativ relevanten Handlungsrahmen bestehend aus „Partialinteressen, Kompetenzen und tatsächlichen Einflussmöglichkeiten, aus den sich daraus ergebenden Konflikten, Allianzen und Konkurrenzen und aus den damit verbundenen Durchsetzungs- und Legitimationsnotwendigkeiten" (Weltz/Lullies 1983, S. 156; siehe Beitrag B.1). Die Beschreibungen solcher Konstellationen erfolgen alltagsnah und der Zusammenhang ihrer Elemente bleibt intuitiv rekonstruierbar.

Diese Konzeption trennt nicht zwischen der Handlung und ihrem strukturellen Kontext, sondern zielt direkt auf deren alltagspraktische Verschränkung: Die Struktur, das sind die an Interessen und Regeln orientierten Handlungen der Anderen. Das Handeln des Einzelnen hat eine Vielzahl solcher regelmäßig erwartbarer Handlungsoptionen anderer in Betracht zu ziehen – nicht als Einzelaspekte, sondern in typischen Konfigurationen. Diese stellen sich als je nach Handlungssituation spezifischer Komplex dar – ein Komplex der trotz aller Vielfältigkeit und Dynamik eine gewisse Ordnung aufweist, die sich als Konstellation beschreiben lässt. Deren charakteristische Merkmale bilden eben jene analytischen Verallgemeinerungen, die Weltz in souveräner Manier herausarbeitet. Sein Ziel ist nicht die vollständige Bestandsaufnahme aller Bestandteile einer Konstellation, sondern die Identifizierung handlungsrelevanter Kernelemente.

Diese Analysetechnik erinnert in vielerlei Hinsicht an die Ursprünge der von Barney Glaser und Anselm Strauss (1998) entwickelten Grounded Theory: das offene, prozessorientierte Vorgehen, der ganzheitliche Blick, das induktive Auswertungsverfahren (welches Vorwissen gezielt zur Auswahl und Verdichtung von Konzepten nutzt) und die Verallgemeinerung als analytischer Ertrag, der sich als Generierung von Theorien mittlerer Reichweite verstehen lässt. Während die Grounded Theory aber zunehmend forschungstechnisch detailliert als qualitatives Verfahren (z.B. mit verschiedenen Kodierungsverfahren) ausgearbeitet und methodologisch verfeinert wurde (siehe Strauss/Corbet 1996), kultivierte Weltz eine pragmatische und alltagsnahe Vorgehensweise. Mit ihrer konsequenten Orientierung an der Praxis forschender Beratung bleibt die Analyse auch für Leser nachvollziehbar, die sich nicht für spezielle Forschungsverfahren interessieren. Wer Weltz liest, gewinnt immer wieder den Eindruck, da würden eigene Erfahrungen verwertet und man hätte selbst zu ähnlichen Schlussfolgerungen gelangen können.

Mit diesem Verallgemeinerungsmodus erzielt Weltz eine didaktisch-reflexive Wirkung: Er rekurriert auf verbreitete alltägliche Erfahrungen, er erschließt das scheinbar Bekannte auf neue und systematische Art und Weise und er verhilft zur Entdeckung eigener Handlungsverstrickungen. Die wissenschaftliche Methode schiebt sich hier nicht distanzierend zwischen Alltagsleben und Forschungsanspruch, sondern sie baut Brücken zwischen subjektiver Erfahrung und objektivierender Reflexion. Dem Leser ermöglicht sie es, Abstand zu gewinnen von den eigenen unmittelbaren Empfindungen und Verwicklungen, ohne den persönlichen Erfahrungshintergrund aus den Augen zu verlieren.

Die Kennzeichnung dieses Verfahrens als analytischer Realismus betont die Verschränkung der beiden Seiten: Die analytische Intention bleibt auf den Erfahrungshorizont der beteiligten Personen bezogen – und in der erlebten Wirklichkeit werden allgemeine Prozesse und Strukturen erkennbar. Die Analyse mündet in Abstraktionen, die der Realität entsprungen scheinen – und ihr nicht als von außen kommende Deutungen gegenübertreten. Diese Verbindung gelingt Weltz auf eine scheinbar mühelose und einfache Weise, die dazu verleiten kann, ihren wissenschaftlichen Gehalt zu unterschätzen. Durch ihre Klarheit gewinnen die Argumente klassische Züge im Sinne des Ausdrucks typischer Merkmale in einer stimmigen und zeitlos wirkenden Form: Weltz‘ Mittel dafür sind eine schnörkellose und nüchterne Sprache, markante Argumentationslinien und sinnfällige Deutungen. Seine Texte vermitteln die Gewissheit, dass sich trotz aller Komplexität sozialer Konstellationen einzelne Zusammenhänge schlüssig erkennen und wirkungsvoll gestalten lassen.

Wissenschaft und Praxis – die doppelte Wirklichkeit des F.W.

Analytischer Realismus im Stile eines Friedrich Weltz ist das Resultat einer abwechslungsreichen und vielseitigen beruflichen Biographie (siehe den Beitrag „Leben mit der Industriesoziologie“). Die für diesen Band ausgewählten Arbeiten stammen aus Weltz‘ wohl ertragreichster Schaffensphase von Mitte der 1970er bis Mitte der 1990er Jahre. In ihnen tritt Friedrich Weltz gleichermaßen als Sozialforscher wie als Organisationsgestalter in Erscheinung. Im Modus der beobachtenden Teilnahme erforscht er die Veränderungsprozesse, an deren Gestaltung er gleichzeitig aktiv mitwirkt. Die Forschungsberichte sind so verfasst, dass sie auch für die Mitarbeiter der untersuchten Betriebe – als Betroffene, Planende oder Entscheidende – verständlich und anregend waren. Weltz publizierte in den Fachzeitschriften der Soziologie ebenso wie in denen der IT-Branche.

Seine Schriften sind durchgängig der doppelten Perspektive von wissenschaftlicher Analyse und alltagsweltlichem Verstehen verpflichtet. Die Analyse ist an die Beratungsfunktion gekoppelt und die Gestaltungsaufgabe wird durch systematische Forschung fundiert: Der Berater wird vom Forscher über die Grenzen der Gestaltung aufgeklärt und erinnert diesen seinerseits an die Möglichkeit und Notwendigkeit der praktischen Veränderung. Weltz warnt weder vor Veränderung noch begeistert er für sie – er klärt die Bedingungen ihrer Verwirklichung. Dieser Realismus ist nicht einem Kompromiss zwischen Wissenschaft und Beratung geschuldet, er stellt nicht deren kleinsten gemeinsamen Nenner dar, sondern er bildet die analytische Grundlage eines Verstehens, das Raum lässt für den Dialog zwischen beiden Seiten.

Indem Weltz den doppelten professionellen Bezug zur Synthese eines analytischen Realismus hin entwickelt, gewinnt er Unabhängigkeit gegenüber beiden Seiten – Wissenschaft wie Praxis. Diese Unabhängigkeit hat mehrere Voraussetzungen. Erstens stellt sie sich bei einem Forscher ein, der – Weltz ist im Jahr 1927 geboren – zu jener Zeit bereits auf ein reichhaltiges Berufsleben zurückblikken kann. Wir begegnen in diesen Schriften einem erfahrenen Wissenschaftler, der sein Handwerk beherrscht, weil er es in unterschiedlichsten Kontexten erworben und erprobt hat. Nun konzentriert er seine Fähigkeiten gezielt auf das Forschungsfeld der geplanten Veränderung von Organisationen. Es findet sich wenig Überflüssiges in diesen Arbeiten. Da weiß einer, was er kann und was er will.

Eine wichtige Voraussetzung war die Einbettung dieser Studien in den kooperativen Zusammenhang der Sozialwissenschaftlichen Projektgruppe (SPG). Weltz fand seit Mitte der 1970er Jahre in Veronika Lullies, Heinrich Bollinger, Ulla Jacobi und Rolf Ortmann Kolleginnen und Kollegen, mit denen er sich die Aufgaben des Forschens, Beratens und Publizierens teilte. Über knapp zwei Jahrzehnte hielten sie – in wechselnden Zusammensetzungen und gelegentlich mit Unterstützung weiterer Kolleginnen und Kollegen – einen Projektbetrieb aufrecht, der mit wenig formalen Regelungen und Strukturen auskam und doch eine hohe inhaltliche und methodische Kohärenz entfaltete. Die für diesen Band ausgewählten Aufsätze sind Ausdruck eines individuellen Schaffens ebenso wie eines kollektiven Produktionsprozesses. Das klingt nur scheinbar paradox: Denn die gemeinschaftliche Leistung war angeregt und angeleitet vom erfahrenen Forscher, der selbst wiederum aus dem produktiven Verbund Unterstützung und Entlastung, sowie Bestätigungen und wohl auch Herausforderungen bezog, die ihn in seiner selbstbewussten Unabhängigkeit nachhaltig bestärkten.

Mit der Sozialwissenschaftlichen Projektgruppe hat sich Friedrich Weltz einen Arbeitszusammenhang und sozialen Bezugsrahmen geschaffen, der ihn auch jene ‚Unabhängigkeit' bewältigen ließ, die nicht frei gewählt war: die schwache Einbindung in die arbeits- und industriesoziologische Forschung in Deutschland. Obwohl Weltz an zwei der großen Institute – dem Frankfurter Institut für Sozialforschung (IfS) und dem Münchner Institut für sozialwissenschaftliche Forschung (ISF) – gearbeitet hatte, stieß sein Weg einer engen Verbindung von Forschung und Beratung im Fach lange Zeit nur auf mäßige Resonanz. Einer Industriesoziologie, die sich noch als gesellschaftstheoretisch angeleitet und auf die Kritik kapitalistischer Arbeitsverhältnisse ausgerichtet sah, erschien Weltz' konstruktiv-kritischer Ansatz wohl als theoriefern und allzu kompromissbereit (vgl. Pongratz 2005).

Weltz war als Fachmann weithin geachtet (nicht zuletzt als Gutachter in zahlreichen wissenschaftlichen Kommissionen), und die Studien der Sozialwissenschaftlichen Projektgruppe wurden viel rezipiert – aber sie wurden deshalb noch lange nicht als ‚richtige' Wissenschaft akzeptiert. So findet sich bis heute in den Lehrbüchern der Disziplin eher Weltz' (zweifellos eindrucksvolle) Untersuchung von 1964 über die Industriemeister (also auf einem klassischen Feld der Industriesoziologie) angeführt als eine seiner neueren Studien zur Gestaltung von Veränderungsprozessen. Seinen Schriften hat diese Distanz zum Mainstream nicht geschadet: Sie wirken nicht zuletzt deswegen heute zeitlos, weil sie kaum mit zeitgenössischen Fachdebatten belastet sind, von denen sich viele längst überholt haben. Und natürlich hat sich inzwischen auch die arbeits- und industriesoziologische Forschung in die Richtung bewegt, die Weltz frühzeitig eingeschlagen hatte (siehe die Beiträge in Pongratz/Trinczek 2010).

Diese Unabhängigkeit findet ihren Ausdruck nicht zuletzt im Erwerbsstatus: Weltz war in der hier dokumentierten Phase als Wissenschaftler wie als Berater selbstständiger Unternehmer. Jüngere Forscher kennen formale Selbstständigkeit heute eher in der prekären Gestalt des Sich-Durchschlagens mit Werkverträgen. Weltz dagegen wählte bewusst und mit dauerhaftem Erfolg ein selbstbestimmtes Modell einer wissenschaftlichen Karriere – nicht nur weil es sich gut mit Beratungsaufträgen vertrug, sondern vor allem weil er seine unternehmerischen Fähigkeiten wissenschaftsadäquat einzusetzen verstand: die Akquisition von Aufträgen über erfolgreiche Projekt- und Gremienarbeit, den Aufbau von Netzwerken durch vielfältige Vortragstätigkeiten, das Marketing der Ergebnisse über publikumswirksame Veröffentlichungen. Weil er kein Unternehmen oder Institut gründete – die SPG blieb ein informeller Zusammenschluss, der sich projektbezogen konstituierte –, konnte sich Weltz die Freiheit nehmen, als empirischer Sozialforscher vor Ort zu bleiben.

Wie es zu diesem in der sozialwissenschaftlichen Arbeitsforschung in Deutschland einzigartigen Berufsweg kam, darüber berichtet Friedrich Weltz erstmals in diesem Band in seinem Beitrag „Leben mit der Industriesoziologie". Seine Biographie erzählt nicht nur von Forschungsprojekten und Beratungsaufträgen, sondern sie lässt auch die praktische Lebenserfahrung eines Menschen erahnen, der stets neugierig und mutig genug war, sich auf neue Aufgabenfelder und Interessengebiete einzulassen. Retrospektiv betrachtet macht dieser Werdegang verständlich, wie Weltz jene interpretative Sicherheit und argumentative Verständlichkeit gewinnen konnte, die seinen analytischen Realismus auszeichnen: Der ständige Perspektivenwechsel zwischen Forschung und Beratung, die häufigen beruflichen Veränderungen, der regelmäßige Austausch mit Menschen unterschiedlichster fachlicher und regionaler Herkunft fordern permanent zu reflexiver Klärung von Standpunkten und Argumenten heraus. Weltz wirkt nicht wie jemand, der sich dadurch selbst infrage stellt. Vielmehr stellt er selbst immer wieder neue Fragen und beantwortet sie für sich und sein mannigfaltiges Publikum. Vor allem im Zuge intensiver Vortragstätigkeiten scheint er die Fähigkeit perfektioniert zu haben, wissenschaftliche Erkenntnisse auf eine Weise als allgemeine Einsicht zu formulieren, dass sie in den unterschiedlichsten Kulturkreisen verstanden werden.

Unterschätzt und doch beispielgebend – ein Werk wird besichtigt

Die empirischen Befunde und analytischen Kategorien von Friedrich Weltz reihen sich heute ein in eine Vielzahl ähnlicher Ergebnisse und erneuter ‚Entdekkungen'. In der deutschen Forschung ist vor allem die Machtproblematik des organisatorischen Wandels in mikropolitischer Theorieperspektive eingehend untersucht worden (vor allem von Ortmann et al. 1990 und Iding 2000). Strukturelle Dilemmata von Reorganisationen und die dadurch bedingten Entwicklungshemmnisse hat Stefan Kühl (1994, 2000) aufgezeigt. Ich selbst habe den anhaltenden Veränderungsdruck in den Betrieben interpretiert als Ausdruck einer internen Konkurrenzdynamik, welche die verschiedenen Gestaltungsansätze (z.B. Erneuerung oder Bewahrung) einer marktähnlichen Bewährungsprobe unterwirft (Pongratz 2009). All diese Forschungen sind durch die Studien von Weltz, Lullies, Bollinger und anderen angeregt, aber sie geben diese Bezüge selten explizit kund. Die mangelnde Bezugnahme auf vorliegende Forschungsergebnisse hat nicht nur die Nachwirkung des Werks von Friedrich Weltz beeinträchtigt, sondern eine Lücke in der gesamten Forschungsrichtung hinterlassen.

Heute muss sich die sozialwissenschaftliche Forschung zum organisatorischen Wandel fragen, warum sie trotz vielfach übereinstimmender Befunde auf so wenig Resonanz in der Praxis des Change Management stößt. Es kann nicht daran liegen, dass diese Praxis erfolgreich genug wäre, um auch ohne empirische Fundierung auszukommen. Die Schriften von Beratern und Wissenschaftlern zum Change Management sind durchzogen von Klagen über scheiternde Veränderungsprojekte und mangelhafte Umsetzung des Rezeptwissens. In Fallstudien, die sich einzelnen Veränderungsmaßnahmen in vertiefter Weise widmen, wird seit Jahren von den immer gleichen Problemen berichtet: Machtauseinandersetzungen in der oberen Führung, mangelnde Berücksichtigung der Interessen und Unterschätzung der Widerstände der Mitarbeiter, Unsicherheiten im mittleren Management, fehlende Lernbereitschaft von einem Projekt zum nächsten (vgl. mit eindrucksvollen Beispielen Huy 2002; Stensaker et al. 2002).

In einer schriftlichen Befragung der für größere Veränderungsprozesse verantwortlichen Manager in sämtlichen deutschen Großbetrieben (mit mehr als 1.000 Mitarbeitern), die ich zusammen mit Rainer Trinczek für die Unternehmensberatung C4 Consulting durchführte, stellten wir fest: Nur etwa ein Drittel der tief greifenden Veränderungsmaßnahmen wurden als „voller Erfolg" gewertet; die Change Manager schätzten ein weiteres Drittel noch als „überwiegend erfolgreich", den Rest aber als „wenig erfolgreich" oder „gescheitert" ein (Houben et al. 2007; Pongratz 2009; vgl. auch Greif et al. 2004).

Eine wesentliche Ursache für die anhaltenden Umsetzungsschwierigkeiten betrieblicher Veränderungen liegt in der notorischen Unterschätzung der sozialen Komplexität organisatorischen Wandels. Weltz hat die vielfältigen Dimensionen der Problematik ebenso analysiert wie ihre komplexen Wechselwirkungen (siehe zusammenfassend Beitrag D.1): Hohe Veränderungsansprüche erzeugen einen Legitimationsdruck bei den Verantwortlichen, dem sie mit offiziellen Erfolgsmeldungen begegnen, ohne die Probleme wirklich anzugehen (siehe Beitrag B.1); statt die unvermeidlichen Interessendivergenzen einer produktiven Konfliktverarbeitung zugänglich zu machen, beherrschen lähmende Machtauseinandersetzungen das Feld (siehe Beitrag C.3); und die Chancen, aus derartigen Erfahrungen Schlüsse für künftige Veränderungsprozesse zu ziehen, „aus ihrem Gelingen oder Scheitern zu lernen", bleiben weitgehend ungenutzt (siehe insbesondere Beitrag D.2). Diese und andere Problemfaktoren verstärken sich wechselseitig und münden in der Wiederholung der immer gleichen Fehler und damit in „institutioneller Lernschwäche". Demgegenüber bleibt die Change-Praxis von einem sozial-technologischen Gestaltungsanspruch durchdrungen, der von der Beherrschbarkeit der Einzelfaktoren und von der Steuerbarkeit des Gesamtprozesses ausgeht (siehe die Kritik von Collins 1998 oder Pongratz 2003).

Nur wenigen Beratungsansätzen ist es bislang gelungen, das Rezeptwissen, auf das sich das übliche Change Management verlässt, und die Forschungsergebnisse, welche dessen Schwierigkeiten aufzeigen, in produktiver Weise aufeinander zu beziehen. Natürlich weist auch die Ratgeberliteratur auf mögliche Probleme hin, und umgekehrt liefert die empirische Forschung Verbesserungsvorschläge. Doch die Vorschläge aus der Wissenschaft beschränken sich oft auf pauschale Appelle, und die Problemanalysen in Ratgebern bleiben meist oberflächlich. Eine enge Verzahnung von Analyse und Lösungsansatz findet sich vor allem in Projekten, in denen Forscher und Berater identisch sind oder eng zusammenarbeiten.

Im deutschsprachigen Raum geschieht das von sozialwissenschaftlicher Seite – wie bereits erwähnt – vor allem durch die Sozialforschungsstelle Dortmund und das Forschungszentrum Nachhaltigkeit der Universität Bremen, von Beraterseite vorwiegend im Umfeld der Systemischen Organisationsberatung (vgl. Königswieser et al. 2005 und die Diskussionen in der Zeitschrift „Organisationsentwicklung"). So sind Friedrich Weltz und die Sozialwissenschaftliche Projektgruppe mit ihrer Koppelung von kritischer Reflexion und konstruktiver Begleitung zwar nicht alleine geblieben, aber den Beratungsmarkt und die dort vorherrschenden Konzepten konnten sie nur marginal beeinflussen (vgl. Faust 2005).

Es gibt also viele Gründe, sich neuerlich mit dem Werk von Friedrich Weltz zu beschäftigen. Dass sein „Ertrag" trotz einer gewissen Resonanz lange Zeit nicht aufgegriffen worden ist, inzwischen aber vielfache inhaltliche Bestätigung gefunden haben, macht seine Anerkennung zu einer Frage wissenschaftlicher Redlichkeit. Dass es trotz aller zwischenzeitlichen Entwicklungen seinen innovativen Charakter nicht eingebüßt hat – weder für die Forschung noch für die praktische Gestaltung – und weiterhin unseren Blick auf Prozesse des Change Management zu schärfen vermag, lässt seine Rezeption als unverzichtbar erscheinen. Die neuerliche Veröffentlichung der Schriften von Friedrich Weltz zum organisatorischen Wandel ist sowohl als fachliches Votum für die durch die Sozialwissenschaftliche Projektgruppe vertretene Forschungsposition zu verstehen als auch als professionspolitischer Appell zur Pflege der Geschichtlichkeit der eigenen Fachdisziplin.

Eine Werkpräsentation dieser Art ist weit mehr als eine bloße Dokumentation von Schriften, sie ist die Rekonstruktion eines Schaffens in einer für die Fachgemeinschaft bedeutsamen Konstellation. Klassische Werke sind für die Identität einer Disziplin konstitutiv, weil sie die Eckpfeiler ihres kollektiven Gedächtnisses bilden. Die Arbeits- und Industriesoziologie weist zunehmend Gedächtnislücken auf: Wer kennt beispielsweise noch die Arbeiten von Heinrich Popitz oder Theo Pirker aus eigener Lektüre? Nicht nur in den meisten aktuellen Studien, sondern auch in neueren Lehrbüchern ist die Geschichte des Faches kaum mehr explizites Thema (siehe z.B. Hirsch-Kreinsen 2005; Minssen 2007; Böhle et al. 2010 – und im Kontrast dazu Lutz/Schmidt 1977; Deutschmann 2002 oder auch Pongratz/Trinczek 2010).

Das kollektive Bewusstsein einer fachlichen Einheit stellt sich nicht nur über thematische Ähnlichkeiten her, sondern auch durch die gemeinsame Orientierung an argumentativen Entwicklungssträngen, die wechselseitig aufeinander verweisen. Das Werk von Weltz und seinem Team könnte als wegweisender Forschungsstrang einen substanziellen Beitrag zur weiteren Entwicklung der Arbeits- und Industriesoziologie leisten – wenn es denn erinnert werden würde. In vielerlei Hinsicht repräsentiert es weiterhin jenen einst bedeutenden Zweig einer betriebssoziologischen Forschung, der seit Mitte der 1960er Jahre in Deutschland durch die zunehmend getrennte Entwicklung von Industriesoziologie und Organisationssoziologie ins Hintertreffen geraten ist (siehe Pongratz 2005, S. 33f.).

Der Begriff „Werk" hat in diesem Kontext eine sinnreiche Doppelbedeutung: Er bezeichnet den Zusammenhang der Texte eines Forschers im Sinne seines schriftlichen Lebenswerks, er steht aber auch für den Untersuchungsgegenstand, dem sich dieses Forscherleben gewidmet hat, nämlich dem – beständigen Wandlungen unterliegenden – kooperativen Arbeitsbetrieb (ob in der Fabrik oder im Büro). Gemeinsam ist beiden Bedeutungen der Bezug auf produktive Tätigkeiten und der Verweis auf deren inhaltlichen Konnex: das eine Mal die sich im Lebensverlauf diachron ansammelnden Schriften, das andere Mal der synchron stets von neuem herzustellende Verbund betrieblicher Einzelleistungen. Das wissenschaftliche Werk von Friedrich Weltz macht in seltener Deutlichkeit klar, auf welch komplexen sozialen Voraussetzungen ein Werk als ein kooperatives Unterfangen zur effizienten Herstellung unterschiedlichster Güter und Dienste beruht. Weltz' Schriften sind durchzogen nicht nur vom analytischen Verständnis, sondern auch von der persönlichen Achtung für die Leistungen der daran mitwirkenden und den Wandel produktiv bewältigenden Menschen. Sein Werk lädt ein zur Besichtigung ihrer Werke. Bitte folgen Sie mir!

Literatur

Armenakis, A. A./Bedeian, A. G. 1999: Organizational Change: A Review of Theory and Research in the 1990s. In: Journal of Management, Vol. 25, S. 293–315

Böhle, F./ Voß, G. G./Wachtler, G. (Hg.) 2010: Handbuch Arbeitssoziologie. Wiesbaden

Buchanan, D./Badham, R. 1999: Politics and Organizational Change: The Lived Experience. In: Human Relations, Vol. 52, S. 609–629

Caldwell, R. 2005: Things Fall Apart? Discourses on Agency and Change in Organizations. In: Human Relations, Vol. 58, S. 83–114

Collins, D. 1998: Organizational Change. Sociological Perspectives. London, New York

Dawson, P. 2003: Understanding Organizational Change: The Contemporary Experience of People at Work. Thousand Oaks, CA

Demers, C. 2007: Organizational Change Theories. A Synthesis. Los Angeles u.a.O.

Deutschmann, C. 2002: Postindustrielle Industriesoziologie. Theoretische Grundlagen, Arbeitsverhältnisse und soziale Identitäten. München

Doppler, K./Lauterburg, C. 1994: Change Management. Frankfurt/M., New York

Faust, M. 2005: Managementberatung in der Organisationsgesellschaft. In: Jäger, W./Schimank, U. (Hg.): Organisationsgesellschaft. Facetten und Perspektiven. Wiesbaden, S. 529–588

Finstad, N. 1998: The Rhetoric of Organizational Change. In: Human Relations, Vol. 51, S. 717–740

French, W. L./Bell, C. H. 1994: Organisationsentwicklung. Sozialwissenschaftliche Strategien zur Organisationsveränderung (4. Aufl.). Bern

Glaser, B. G./Strauss, A. L. 1998: Grounded Theory. Strategien qualitativer Forschung. Bern

Greif, S./Runde, B./Seeberg, I. 2004: Erfolge und Misserfolge beim Change Management. Göttingen

Hirsch-Kreinsen, H. 2005: Wirtschafts- und Industriesoziologie. Grundlagen, Fragestellungen, Themenbereiche. Weinheim, München

Houben, A./Frigge, C./ Trinczek, R./Pongratz, H. J. 2007: Veränderungen erfolgreich gestalten. Repräsentative Untersuchungen über Erfolg und Misserfolg im Veränderungsmanagement. Düsseldorf

Huy, Q. N. 2002: Emotional Balancing of Organizational Continuity and Radical Change: The Contribution of Middle Managers. In: Administrative Science Quarterly, Vol. 47, S. 31–69

Iding, H. 2000: Hinter den Kulissen der Organisationsberatung. Qualitative Fallstudien von Beratungsprozessen im Krankenhaus. Opladen

Kieser, A. 1996: Moden und Mythen des Organisierens. In: Die Betriebswirtschaft , Jg. 56, S. 21–39

Kieser, A./Hegele, C./Klimmer, M. 1998: Kommunikation im organisatorischen Wandel. Stuttgart

Knights, D./Willmott, H. (Hg.) 2000: The Reengineering Revolution. Critical Studies of Corporate Change. London

Königswieser, R./Hillebrand, M. 2005: Einführung in die systemische Organisationsberatung. Heidelberg

Kotter, J. P. 1996: Leading Change. Boston

Kühl, S. 1994: Wenn die Affen den Zoo regieren. Die Tücken der flachen Hierarchie. Frankfurt/M., New York

Kühl, S. 2000: Das Regenmacher-Phänomen. Widersprüche und Aberglaube im Konzept der lernenden Organisation. Frankfurt/M., New York

Kühl, S. 2002: Sisyphos im Management. Die vergebliche Suche nach der optimalen Organisationsstruktur. Weinheim

Kanter, R. M./Stein, B. A./Jick, T. D. 1992: The Challenge of Organizational Change. How Companies Experience it and Leaders Guide it. New York

Lutz, B./Schmidt, G. 1977: Industriesoziologie. In: König, R. (Hg.): Handbuch der empirischen Sozialforschung, Band 8 (2. Aufl.). Stuttgart, S. 101–238

Minssen, H. 2007: Arbeits- und Industriesoziologie. Eine Einführung. Frankfurt/M., New York

Ortmann, G./Windeler, A./Becker, A./Schulz, H.-J. 1990: Computer und Macht in Organisationen. Mikropolitische Analysen. Opladen

Pongratz, H. J. 2003: Soziologie als Herausforderung für die Beratung von Organisationen. Sozialwissenschaften und Berufspraxis, Jg. 26, S. 79–93

Pongratz, H. J. 2005: Industriesoziologie als Institution. Eine organisationstheoretische Deutung ihrer organisationstheoretischen Leerstellen. In: Faust, M./Funder, M./Moldaschl, M. (Hg.): Die „Organisation" der Arbeit. München, Mering, S. 21–41

Pongratz, H. J. 2009: Konkurrenz und Integration in Reorganisationsprozessen. Zur Problematik „schöpferischer Zerstörung" innerhalb von Organisationen. In: Soziale Welt, Jg. 60, S. 179–198

Pongratz, H. J./Trinczek, R. (Hg.) 2010: Industriesoziologische Fallstudien. Entwicklungspotenziale einer Forschungsstrategie. Berlin

Reiß, M. 1999: Change Management. In: Rosenstiel, L.v./Regnet, E./Domsch, M. (Hg.): Führung von Mitarbeitern. Handbuch für erfolgreiches Personalmanagement. Stuttgart

Senghaas-Knobloch, E. (Hg.) 2001: Macht, Kooperation und Subjektivität in betrieblichen Veränderungsprozessen. Mit Beispielen aus Aktionsforschung und Prozeßberatung in Klein- und Mittelbetrieben. Münster u.a.O.

Stensaker, I./Meyer, C. B./Falkenburg, J./Haueng, A. C. 2002: Excessive Change: Coping Mechanisms and Consequences. In: Organizational Dynamics, Vol. 31, S. 296–312

Strauss, A. L./Corbin, J. 1996: Grounded Theory: Grundlagen Qualitativer Sozialforschung. Weinheim

Weltz, F./Lullies, V. 1983: Das Konzept der innerbetrieblichen Handlungskonstellation als Instrument der Analyse von Rationalisierungsprozessen in der Verwaltung. In: Jürgens, U./Naschold, F. (Hg.): Arbeitspolitik: Materialien zum Zusammenhang von politischer Macht, Kontrolle und betrieblicher Organisation der Arbeit. Opladen, S. 155–170

Das Rad neu erfinden

Zur wissenschaftsbetrieblichen Funktion der nachvollziehenden Erfindung*

Friedrich Weltz

Die Notwendigkeit nachvollziehender Erfindung – lange Zeit umstritten – wird heute zumindest unter Wissenschaftlern allgemein anerkannt.[1] Ohne die – metaphorisch gesprochen – ständige Neuerfindung des Rades wäre eine geordnete Abwicklung und vor allem die allgemein angestrebte Ausdehnung des Wissenschaftsbetriebs kaum denkbar. Gegenüber der einfachen, man möchte sagen: ordinären Erfindung hat ja die nachvollziehende Erfindung den Vorteil, daß sie beliebig oft gemacht werden kann und insofern einen inhärent expansiven Charakter hat.

Die steigende Bedeutung der Nacherfindung kann abgeleitet werden aus den strukturellen Veränderungen der Wettbewerbsbedingungen im Wissenschaftsbetrieb.[2] Mit der exponentiellen Zunahme der Zahl der im Wissenschaftsbetrieb Tätigen und der sich daraus ergebenden Gefahr eines Profilierungsstaus wächst der Bedarf nach programmatischen Formulierungen und anderen Möglichkeiten kontrastiver Selbstdarstellung. Die Originalität der gesellschaftlichen Realität ist nun allerdings begrenzt, wie auch die Phantasie vieler Wissenschaftler. Den Ausweg bietet die nachvollziehende Erfindung.

Durch eine nachvollziehende Erfindung wird ein Sachverhalt, der bereits einmal oder gar mehrmals Gegenstand wissenschaftlicher Aktivität war, einer Neuformulierung erschlossen. Ein schönes Beispiel solch nachvollziehender Erfindung im Wissenschaftsbetrieb ist etwa die perennierende Neuentdeckung des qualitativen Interviews als Methode pseudologischer und banalwissenschaftlicher Forschung.[3]

---

* Diesen Text hat Friedrich Weltz unter Pseudonym veröffentlicht in: O. Wunderlich (Hg.), Entfesselte Wissenschaft. Beiträge zur Wissenschaftsbetriebslehre, Bielefeld 2004, S. 59–64. Wir danken dem Universitätsverlag Webler für die Publikationserlaubnis.

1 Vgl. hierzu die programmatische Schrift L. v. Irrwischs: Das fünfte Rad – Nacherfindung als Verpflichtung der Wissenschaften, Neuwied 1953.

2 Vgl. hierzu auch J. Umtrieb in diesem Band, S. 29.

3 Vgl. u.a. W. Halbherz: Das qualitative Interview als Instrument pseudologischer Forschung, Frankfurt a.M. 1956. S. Urheber: Das qualitative Interview – neue Wege in der

Als besonders dankbares, faktisch unerschöpfliches Feld nachvollziehender Erfindungen haben sich Kategorisierungen erwiesen – durchaus im Einklang mit der sich immer mehr durchsetzenden Erkenntnis, daß diese die vornehmste Aufgabe, den eigentlichen Kern des Wissenschaftsbetriebs konstituieren.[4] Richtungsweisend hier etwa die Erfindung des Vierebenenmodells durch Streng/Fröhlich, durch das das bislang im Lehrbetrieb der Betriebsamskeitslehre dominierende Dreiebenenmodell von Klein/Klein fast völlig substituiert werden konnte.[5]

Ein weites Feld wurde dabei den nachvollziehenden Erfindungen durch die beeindruckenden Fortschritte in der Methodologie der Kategorisierung erschlossen. Allein die Entwicklung von der These zur Hypothese, weiter zur Vierfeldertafel, der Matrix und schließlich, als krönendem Abschluß, zum Portfolio eröffnete unendliche Möglichkeiten zur nacherfindenden Neuformulierung an sich etablierter wissenschaftlicher Aussagen.

Klassisch wurde dies demonstriert an der nacherfindenden Transponierung von Martin Luthers – methodologisch heute kaum noch denkbaren – 14 Wittenberger Thesen in ein Portfolio, durch die völlig neue Möglichkeiten theologischer Kontroversen eröffnet wurden.[6]

Besondere Bedeutung kommt der nachvollziehenden Erfindung verständlicherweise in der Pseudologie und in der Banalogie zu, Disziplinen also, deren wissenschaftlicher Prozeß ja eine enge inhärente Affinität zum Prinzip der nachvollziehenden Erfindung hat. Aber auch in der Deutologie hat in den letzten Jahren die Nacherfindung erkennbar an Boden gewonnen.[7]

Ein weites Feld wurde gerade in den letzten Jahren durch den zunehmenden Gebrauch der interdisziplinären Nacherfindung erschlossen. So wurden etwa in der Pseudologie Forschungsthemen, die seit Jahrzehnten von der Banalogie mehr als hinreichend bearbeitet worden waren, nachentdeckt und vice versa.

In der Frauenforschung wird der nachvollziehenden Erfindung eine besondere Rolle zugewiesen. Wie die Nachempfindung sei die Nacherfindung eine spezifisch weibliche Stärke, wobei diese natürlich nicht biologisch, sondern sozial begründet wird. So stellte Dr. Frauke Toll-Modisch dem „harten", durch die

---

pseudologischen Forschung, Bielefeld 1975. M. Hurtig: Das qualitative Interview – eine Alternative?, Gießen1992.

4 Th. Kastlhuber: Die Welt als Matrix – Versuch einer Neuverortung der Wissenschaft, München 1984.

5 A. Klein, B. Klein: Das Dreiebenenmodell, Karlsruhe 1981. A. Streng, R. Fröhlich: Das Vierebenenmodell, Karlsruhe 1986.

6 O. Metatuerk: Luthers Wittenberger Portfolio, Weimar 1989. Vgl. auch die Protokolle der 13. Synode ev. luth. Bischöfe, Erlangen 1991.

7 Vgl. hierzu etwa die Verwertung von J. B. Deutends „Postkommunikation" in der deutologischen Diskussion.

maskuline Dominanz geprägten Wissenschaftsbetrieb einen „sanften", nachvollziehenden femininen Wissenschaftsstil gegenüber.[8]

Nun blieb allerdings die zunehmende Zahl der Nacherfindungen nicht ohne Kritik. Sie trage zu einer künstlichen, inflationären Aufblähung des Wissenschaftsbetriebs bei, die letztlich zu einer Entwertung der Produkte wissenschaftlichen Schaffens führe. „Alter Wein in alten Schläuchen?", „Noch mehr Eulen nach Athen?", so wurde ironisch gefragt.[9] Vereinzelt wurde die Nacherfindung sogar in die Nähe des Plagiats gerückt.[10]

Solche Anwürfe verweisen letztlich auf ein grundsätzliches Mißverständnis bezüglich des Charakters von Nacherfindungen: Der Plagiator übernimmt wissentlich und bewußt eine fremde Vorlage, schafft also nichts Neues, der Nacherfinder hingegen schafft sich die Realität neu.[11]

In diesem Zusammenhang erscheint die Unterscheidung zwischen nachvollziehender Erfindung und nachvollziehender Entdeckung relevant. Während bei ersterer mehr die Profilierung nach außen bestimmend ist, steht bei letzterer mehr die innere persönliche Bereicherung im Vordergrund. So ist die mehrfache Entdeckung des „Arbeiters" durch zahlreiche Generationen von Banalogen und Pseudologen primär als Teil wissenschaftlicher Selbstfindung zu verstehen, während die hartnäckige Neuerfindung des „Arbeiterbewußtseins" eher durch die Erfordernisse des Wissenschaftsbetriebes gegeben war. Prof. Dr. Bramarbas Posauner und Dr. Franz Joseph Schmäh haben allerdings mit Recht darauf hingewiesen, daß der Nacherfindung meist – rein subjektiv – auch deutliche Elemente des Entdeckens zu eigen seien, man könne als von nacherfindenden Entdeckern sprechen.[12]

Nun ist ohne Zweifel die enorme Zunahme der Nacherfindungen mit Folgeerscheinungen verknüpft, die nicht unbedenklich sind und in der Tat zu einer

---

8 F. Toll-Modisch: Sex and Temperament Revisited, Düsseldorf 1987. Vgl. auch A. Arm-Selig, F. Denck-Fehler, I. Huhn-Gack, L. Lahri-Vahry, O. Schoen-Ferber, S. Schwetzer-Stuessy, U. Toechterlein: Sonnenschein oder Mondlicht – maskuline und feminine Muster wissenschaftlicher Profilierung, Frankfurt a.M.1987, in: „Mitteilungen" der Initiativgruppe „Frau im Kosmos" der Sektion „Frauenforschung" der Deutschen Gesellschaft für Pseudologie, Nr. 2, S. 3–5.

9 X. Zenkisch: Noch mehr Eulen nach Athen? – der nachvollziehende Wissenschaftsbetrieb, Berlin 1988. E. Dolch-Hemisch: Auf den Schultern von Zwergen, Freiburg 1984. Vgl. auch S. Snipe: Lame Ducks and Blind Hunters, Oxford 1986.

10 L. Taendler: Das sechste Rad, Neuwied 1987.

11 Ein ähnliches Mißverständnis liegt der Verknüpfung des Nacherfindens mit dem Lustprinzip zugrunde, in der diese als spielerischer, ja beliebiger Akt begriffen wird. Ein solches Verständnis widerspricht völlig dem primär instrumentalen Charakter des Nacherfindens (vgl. M. Hurtig: Nacherfinden macht Spaß, in: Arbeitssomatische Hefte 17/ 1985, S .73–111).

12 B. Posauner, F. J. Schmäh: Der Nacherfinder als Entdecker, Wien 1987.

inflationären Ausweitung des Wissenschaftsbetriebs führen könnten. Die starke Verkürzung der Nacherfindungszyklen hat teilweise zu Ermüdungserscheinungen bei den betroffenen Wissenschaftlern geführt, die den Ruf nach einer restriktiven Regulierung laut werden ließen.[13] Eine zentrale Bewirtschaftung der Nacherfindungen, wie sie bisweilen schon gefordert wurde, ist allerdings mit Nachdruck abzulehnen, allein schon wegen der ungeklärten wissenschafts-ethischen Probleme, die eine solche Maßnahme aufwerfen würde. So bleibt nur der Appell an die Einsicht, an die freiwillige Selbstbeschränkung der Wissenschaftler. Das Beispiel der Freiwilligen Selbstkontrolle der Filmbetriebswirtschaft könnte hier den Weg weisen.

13 E. A. Nightmare: Publish or Perish – Survival of the Fastest, in: „Postcommunications Quarterly" 7/1988, S. 3-33.

Auftraggeber

Die Forschungs- und Beratungsprozesse, die den in diesem Band vorgestellten Aufsätzen zugrunde liegen, wurden von den folgenden Institutionen und Unternehmen in Auftrag gegeben:

Anglo-German Foundation
Bundesministerium für Bildung und Wissenschaft
Bundesministerium für Forschung und Technologie
Bundesministerium für Arbeit
Deutsche Forschungsgemeinschaft
Deutsche Gesellschaft für Personalmanagement
Hohe Behörde Luxemburg
Ministry of Animal Resources der Northern Region of Nigeria
Rationalisierungskuratorium der Deutschen Wirtschaft e.V.

Infas
Infratest
Institut Mensch und Arbeit
Prognos AG
Verlag Moderne Industrie

Redaktion „Capital“
Redaktion „Office Management“
Redaktion „Stern“

Senat Bremen
Senatsverwaltung Berlin
Sozialgericht Dortmund
Verwaltung des Deutschen Bundestags

AMC
Avon AG
Bertelsmann AG
BMW AG
DEMAG AG
Deutsche Bank AG
Deutsche Leasing AG
Deutscher Gewerkschaftsbund (DGB)
Esso AG
Ford AG
Goethe Institut, Hauptverwaltung
Hella AG
IG Metall
IBM AG
Kraftfahrt-Bundesamt Flensburg
Mannesmann AG
Mercedes-Benz AG
Oldenbourg Verlag
Pohlschröder AG
Porsche Diesel AG
Rheinstahl AG
Shell AG
Siemens AG
Spinnfaser AG
Vorwerk
Zahnradfabrik Friedrichshafen AG

Verzeichnis ausgewählter Publikationen

Bücher

Altersbild und Altersvorsorge der Arbeiter und Angestellten. Frankfurt/M. 1958 (mit L. von Friedeburg)

Student und Politik. Eine soziologische Untersuchung zum politischen Bewußtsein Frankfurter Studenten. Neuwied 1961 (mit J. Habermas et. al.)

Vorgesetzte zwischen Management und Arbeitern. Eine industriesoziologische Untersuchung der Situation und Vorstellungen von Meistern und Steigern. Stuttgart 1964

Arbeit im Bürogroßraum. Ergebnisse einer soziologischen Fallstudie. Köln 1966

Der zwischenbetriebliche Arbeitsplatzwechsel. Zur Soziologie und Sozioökonomie der Berufsmobilität. Köln 1966 (mit B. Lutz)

Technischer Wandel im Industriebetrieb. Die Einführung numerisch gesteuerter Werkzeugmaschinen in der Bundesrepublik. Frankfurt/M. 1973 (mit R. Schultz-Wild)

Facharbeiter im Industriebetrieb. Eine Untersuchung in metallverarbeitenden Betrieben. Frankfurt/M. 1974 (mit G. Schmidt und J. Sass)

Betriebliche Weiterbildung und Arbeitskräftepolitik. Eine industriesoziologische Analyse. Köln 1974 (mit J. Sass und W. Sengenberger)

Weiterbildung – Aktionsfeld für den Betriebsrat. Köln 1975 (mit W. Sengenberger und M. Maase)

The Approach to Industrial Change in Britain and Germany. A comparative study of workplace industrial relations and manpower policies in British and West German enterprises. London 1977 (mit E. Jacobs, S. Orwell und P. Paterson)

Junge Frauen zwischen Beruf und Familie. Frankfurt/M., New York 1979 (mit A. Diezinger, V. Lullies und R. Marquardt)

Textverarbeitung im Büro. Alternativen der Arbeitsgestaltung. Frankfurt/M., New York 1980 (mit V. Lullies und U. Jacobi)

Innovation im Büro. Das Beispiel Textverarbeitung. Frankfurt/M., New York 1983 (mit V. Lullies)

Arbeitsgestaltung in einer öffentlichen Verwaltung. Schreibdienste im Kraftfahrtbundesamt. Frankfurt/M., New York 1986 (mit U. Jacobi)

Arbeitsstrukturierung in typischen Bürobereichen in einem Industrieunternehmen. Bonn 1987 (mit T. Kiesmüller, H. Bollinger, F. Ehrmüller und T. Sahelijo)

Qualitätsförderung im Büro. Konzepte und Praxisbeispiele. Frankfurt/M., New York 1989 (mit H. Bollinger und R. Ortmann)

Konfliktfeld Informationstechnik. Innovation als Managementproblem. Frankfurt/M., New York 1990 (mit H. Bollinger und V. Lullies)

Das Softwareprojekt. Projektmanagement in der Praxis. Frankfurt/M., New York 1992 (mit R. Ortmann)

Wissenslogistik. Über den betrieblichen Umgang mit Wissen bei Entwicklungsvorhaben. Frankfurt/M., New York 1993 (mit H. Bollinger, V. Lullies und R. Ortmann)

Entfesselte Wissenschaft. Beiträge zur Wissenschaftsbetriebslehre. Führt sich die Wissenschaft selbst ad absurdum? Opladen 1993 und Bielefeld 2004 (unter dem Pseudonym O. Wunderlich)

*Aufsätze (mit * markierte Texte sind in diesem Band abgedruckt)*

Autoritätsausübung und Disziplinarfunktion des Vorgesetzten im Industriebetrieb. In: Deutsche Gesellschaft für Soziologie (Hg.): Verhandlungen des vierzehnten Deutschen Soziologentages. Stuttgart 1959, S. 124–127

Das Berufsbild der Meister und Steiger. In: Frankfurter Hefte, 1960, Heft 2, S. 123–127

*Kooperative Konfliktverarbeitung. Ein Stil industrieller Beziehungen in deutschen Unternehmen. In: Gewerkschaftliche Monatshefte, 1977, Jg. 28, H. 5, S. 291–301

*Kooperative Konfliktverarbeitung in Industriebetrieben. Eine kritische Wertung. In: Gewerkschaftliche Monatshefte, 1977, Jg. 28, H. 8, S. 489–494

Begleitforschung zwischen Aktionismus und Berührungsangst. Einige Anmerkungen zum Verhältnis von Industriesoziologie und dem Programm Humanisierung des Arbeitslebens. In: Soziale Welt, 1982, Jg. 33, S. 294–302

*Menschenbilder der Betriebsorganisatoren. In: Rammert, W. (Hg.): Technik und Gesellschaft, Jahrbuch 2. Frankfurt/M. 1983, S. 109–128 (mit V. Lullies)

*Das Konzept der innerbetrieblichen Handlungskonstellation als Instrument der Analyse von Rationalisierungsprozessen in der Verwaltung. In: Jürgens, U./Naschold, F. (Hg.): Arbeitspolitik. Materialien zum Zusammenhang von politischer Macht, Kontrolle und betrieblicher Organisation der Arbeit. Opladen 1983, S. 155–170 (mit V. Lullies)

Zellstruktur oder Infrastruktur? Zur Ursache der Fettleibigkeit von Großverwaltungen. In: Office Management, 1985, H. 9, S. 824–827

*Wer wird Herr der Systeme? Der Einsatz neuer Bürotechnologie und die innerbetriebliche Handlungskonstellation. In: Seltz, R./Mill, U./Hildebrandt, E. (Hg.): Organisation als soziales System. Kontrolle und Kommunikationstechnologie in Arbeitsorganisationen. Berlin 1986, S. 151–161

*Aus Schaden dumm werden. Zur Lernschwäche von Verwaltungen. In: Office Management, 1986, H. 5, S. 532–534

Maßstab für Planung ist der Bedarf. Der Flut die Schleusen öffnen – Anmerkungen zur Technisierung der Informationsverarbeitung. In: Computerwoche, 1986, H. 49, S. 53–55

Information als Fetisch. Zur Diskussion um die neue Bürotechnik. In: Zeitschrift für Führung und Organisation, 1987, H. 6, S. 355–377

*Die Zeitbombe tickt – Konfliktpotential beim Einsatz neuer Bürotechnik. In: Technische Rundschau, 1987, H. 38, S. 50–57

Die doppelte Wirklichkeit der Unternehmen und ihre Konsequenzen für die Industriesoziologie. In: Soziale Welt, 1988, Jg. 39, S. 97–103

*Die große Verschwendung – über den Umgang mit dem Endbenutzer. In: Computerwoche, 1988, Kongressbericht „Automation“, S. 4–8

Qualität im Büro. Die neue Herausforderung. In: Computerwoche, 1989 (als Serie von 18 Artikeln; mit R. Ortmann)

Aus Fehlern lernen. Ein Ansatz zur Qualitätsförderung im Büro. In: Office Management, 1989, H. 6, S. 20–22

*Eine Herausforderung, die weh tut. Qualitätssicherung im Büro. In: Technische Rundschau, 1989, Jg. 81/H. 29, S. 12–17 (mit H. Bollinger und R. Ortmann)

*Die Herrschaft der Zahlen. Verfügbarkeit von Daten in Unternehmen. In: Technische Rundschau, 1990, H. 42, S. 52–57

Technik als Einbahnstraße. In: Technische Rundschau, 1990, H. 20, S. 10–13

*Management by Potemkin. In: Technische Rundschau, 1990, H. 33, S. 10–12

*Management als Hemmschuh. Die Revolution im Büro wird vertagt. In: Wechselwirkung, 1990, H. 44, S. 18–21 (mit H. Bollinger und V. Lullies)

Die Konzeptionslücke – Systemische Rationalisierung zwischen Ideologie und Wirklichkeit. In: Bergstermann, J./Brandherm–Böhmker, R. (Hg.): Systemische Rationalisierung als sozialer Prozess. Zu Rahmenbedingungen und Verlauf eines neuen betriebsübergreifenden Rationalisierungstyps. Bonn 1990, S. 123–130 (mit H. Bollinger und V. Lullies)

*Konfliktfeld Informationstechnik. Konfliktverarbeitung statt Konfliktverdrängung. In: Office Management, 1991, H. 3, S. 31–40 (mit H. Bollinger und V. Lullies)

Rationalisierung im Büro – Konsequenzen für die Arbeitnehmervertretung. In: WSI-Mitteilungen, 1991, Jg. 44, S. 394–400

*Der Traum von der absoluten Ordnung und die doppelte Wirklichkeit der Unternehmen. In: Hildebrandt, E. (Hg.): Betriebliche Sozialverfassung unter Veränderungsdruck. Berlin 1991, S. 85–97

Selbstorganisation von Unternehmen. In: Niegel, W./Molzberger, P. (Hg.): Aspekte der Selbstorganisation. London 1992, S. 66–76

Projektmamagement in der Praxis. In: Computerwoche, 1992 (als Serie von 26 Artikeln)

Management und Computer: Bisher keine Erfolgsstory. In: Office Management, 1990, H. 7–8, S. 48–53 (mit H. Bollinger)

*Zwischen Planung und wirklichem Leben. In: Transfer, 1993, Nr. 49, S. 10–13

Die Zukunft der Arbeit in der Informationsverarbeitung. In: Forum Zukunft der Arbeit (Friedrich-Ebert-Stiftung, Bonn), 1993, Jg. 1, S. 5–41

Programmatik versus Praxis in der modernen Arbeitspolitik. In: Management Revue, 1996, Jg. 5, S. 92–104

*Beobachtende Teilnahme. Ein Weg aus der Marginalisierung der Industriesoziologie. In: Senghaas-Knobloch, E./Lange, H. (Hg.): Konstruktive Sozialwissenschaft. Herausforderung Arbeit, Technik, Organisation. Münster u.a.O. 1997, S. 35–47

Arbeit mit Fallstudien. In: Pongratz, H./Trinczek, R. (Hg.): Industriesoziologische Fallstudien. Entwicklungspotenziale einer Forschungsstrategie. Berlin 2010, S. 233–256

Management by Potemkin und die doppelte Wirklichkeit der Unternehmen. In: Altmann, N./ Böhle, F. (Hg.): Nach dem „Kurzen Traum“. Neue Orientierungen in der Arbeitsforschung. Berlin 2010, S. 81–95

Ebenfalls bei edition sigma – eine Auswahl

– bitte beachten Sie auch die folgende Seite –

Zeitfracht Medien GmbH
Ferdinand-Jühlke-Straße 7
99095 Erfurt, Deutschland
produktsicherheit@kolibri360.de